欧亚备要

主办：中国社会科学院历史研究所内陆欧亚学研究中心

主编：余太山　李锦绣

吐蕃统治敦煌西域研究

杨 铭 著

2018年·北京

图书在版编目(CIP)数据

吐蕃统治敦煌西域研究/杨铭著. —北京：商务印书馆，2014（2018.5重印）
（欧亚备要）
ISBN 978-7-100-10463-0

Ⅰ.①吐… Ⅱ.①杨… Ⅲ.①吐蕃－民族历史－研究 Ⅳ.①K289

中国版本图书馆CIP数据核字（2013）第280337号

权利保留，侵权必究。

吐蕃统治敦煌西域研究
杨铭 著

商 务 印 书 馆 出 版
（北京王府井大街36号 邮政编码 100710）
商 务 印 书 馆 发 行
三河市尚艺印装有限公司印刷
ISBN 978-7-100-10463-0

2014年12月第1版　　开本 710×1000　1/16
2018年5月第2次印刷　　印张 21
定价：85.00元

编者的话

《欧亚备要》丛书所谓"欧亚"指内陆欧亚（Central Eurasia）。这是一个地理范畴，大致包括东北亚、北亚、中亚和东中欧。这一广袤地区的中央是一片大草原。在古代，由于游牧部族的活动，内陆欧亚各部（包括其周边）无论在政治、经济还是文化上都有了密切的联系。因此，内陆欧亚常常被研究者视作一个整体。

尽管司马迁的《史记》已有关于内陆欧亚的丰富记载，但我国对内陆欧亚历史文化的研究在很多方面长期落后于国际学界。我们认识到这一点并开始急起直追，严格说来是在20世纪70年代末。当时筚路蓝缕的情景，不少人记忆犹新。

由于内陆欧亚研究难度大，早期的研究者要克服的障碍往往多于其他学科。这也体现在成果的发表方面：即使付梓，印数既少，错讹又多，再版希望渺茫，不少论著终于绝版。

有鉴于此，商务印书馆发大愿心，选择若干较优秀、尤急需者，请作者修订重印。不言而喻，这些原来分属各传统领域的著作（专著、资料、译作等）在"欧亚"的名义下汇聚在一起，有利于读者和研究者视野的开拓，其意义显然超越了单纯的再版。

应该指出的是，由于出版时期、出版单位不同，尤其是研究对象的不同，导致诸书体例上的差异，这次重新出版仅就若干大的方面做了调整，其余保持原状，无意划一，借此或可略窥本学科之发展轨迹也。

愿本丛书日积月累，为推动内陆欧亚历史文化的研究起一点作用。

余太山

饶 序

近廿年来，中外藏学有极大之进展。法京辑刊《伯希和藏文文书选集》两辑（1978、1979），王尧先生印行吐蕃金石、简牍二录（1982、1984），其藏史要籍译本，陆续问世，而《敦煌本吐蕃历史文书》先后绣梓，嘉惠来学，就中 P.T.1288 号《大事纪年》提供重要资料，尤为治史者所重视，钻研发蕴，大有其人。

龙朔中，吐蕃之叛，起于钦陵与吐谷浑不睦，递相表奏，各论曲直，朝廷未为与夺，激起怨怒，吐蕃以兵四十万败薛仁贵于青海大非川[①]，遂灭吐谷浑，其余众徙灵州内附，为置安乐州，吐蕃由是壮大。[②]继之，有四镇之争夺，唐室疲于应付，征伐累年。吐谷浑，藏人呼为阿赟者也。于阗为四镇之一，吐蕃称之为 li-yul，于其地设萨毗军帐，藏文资料若敦煌卷 P.T.960 号即《于阗教法史》残卷，暨《于阗国授记》，西方学者咸究心焉，而论著滋富。

吐蕃崛起，实肇于贞观十二年（638）入寇松州之役，杨铭先生以蜀人而留心藏事，频年纂辑，绩学忘疲。既致力于《大事纪年》，尚论吐蕃与突厥之关系，取婼羌古戍堡简册，钩索地名，穷其原委。复与周伟洲先生合

[①] 《大事纪年》载马年（高宗咸亨元年）赞普于 o dang，及 ji me khol 大破唐师，I. Beckwith 谓其地即大非川。

[②] 参见苏晋仁、萧𬭩子:《〈册府元龟〉吐蕃史料校证》"龙朔三年"条，四川民族出版社 1981 年版，第 34—35 页。

作，研究《吐谷浑纪年》残卷，解谬辨疑，抉发尤多。可谓覃思精通，妙达神恉者矣。余自识君重庆，屡荷嘉贶名篇，喜是书之杀青，信有裨于来者，爰不辞荒陋，聊缀数言，勉副盛心，用当喤引，冀为读君书之一助耳。

饶宗颐

1997 年清明

自　序

7世纪初，青藏高原上兴起了一个强大的政权——吐蕃。唐贞观初年，吐蕃著名的赞普松赞干布统一邻近的苏毗、羊同后，定都逻些（今拉萨），创建官制，厘定法律，使吐蕃很快强盛起来。贞观八年（634），吐蕃"始遣使者来朝"，随即向唐朝请婚；贞观十五年，唐太宗以宗室女文成公主下嫁，松赞干布亲赴河源相迎，由此奠定了吐蕃与唐朝关系的基础，揭开了一千多年来汉、藏关系的序幕。

7世纪中叶始，以噶氏家族为代表的贵族集团总揽了吐蕃朝政，他们对内强化军政机构，对外进行武力扩张。7世纪70年代前后，吐蕃征服了驻牧于今青海、甘肃、四川西北一带的吐谷浑、党项、白兰等族，占据了今青海省境内黄河以南、青海湖以西等地区。与此同时，吐蕃又进军西域，联合西突厥贵族与唐朝争夺安西四镇，并开始染指今南疆的鄯善。唐中宗景龙四年（710），金城公主下嫁吐蕃，双方关系出现稳定、和好的局面，但不久又起战端。由于唐朝当时处于强盛时期，又采取了积极防御、伺机进攻的战略，因此，在8世纪上半叶，吐蕃对唐朝陇右、河西的进攻没有显著的进展，双方战争主要集中在今青海东北的黄河一带。

唐玄宗天宝十四载（755），"安史之乱"爆发后，唐朝从河陇各地抽调了大批驻军，吐蕃军队乘虚而入，到广德元年（763）前后占领唐陇右诸州，到贞元七年（791），又攻占了唐河西数州之地及四镇之一的于阗。其中，沙州敦煌县于贞元二年（786）陷蕃。若从8世纪中叶吐蕃进据陇右算起，到唐宣宗大中二年（848）张议潮起事，推翻吐蕃在敦煌及河陇的统治时止，吐蕃统治这一地区近百年之久。

陇右、河西，初唐时归陇右道管辖，至唐睿宗景云二年（711），因政治和军事上的需要，从陇右道分出黄河以西为河西道。分治后的两道，前者领秦、原、河、渭、兰、鄯、阶、成、洮、岷、临、廓、叠、宕十四州，后者领凉、甘、肃、瓜、沙、伊、西七州。又，唐朝曾于上元二年（675）于鄯善设石城镇，隶沙州；同年，唐朝在于阗设毗沙都督府，隶安西大都护府。吐蕃攻占这一广大地区后，是如何进行统治的呢？这个问题不论是从民族关系史，还是从隋唐史的研究来看，都是一个很重要的课题。但吐蕃统治时期，河陇、西域与内地的联系大为削弱，汉文史籍对此记载不详，敦煌等地发现的汉、藏文书虽然弥足珍贵，但残缺不全，为探讨这一问题带来了不少困难。时至今日，中外一些学者结合汉文史籍与敦煌汉、藏文书，对吐蕃统治河陇、西域的问题虽作过一些研究，弄清楚了一些历史事实，但对某些重大的问题仍缺乏深入的研究，譬如吐蕃在河陇地区设置了什么样的军政机构，吐蕃时期敦煌的部落及土地制度如何，吐蕃是怎样统治鄯善、于阗的，吐蕃与吐谷浑、突厥、回鹘的关系如何等问题，均需要作进一步的探讨。

笔者在前人研究成果的基础上，着力在吐蕃史与敦煌史、西北民族史的相关领域上下功夫，利用敦煌古藏文文书不断影印出版、国内外藏学界研究成果不断问世的有利条件，对吐蕃统治河陇及西域这一重要历史阶段，展开了研究。其中，吐蕃对敦煌的统治无疑占有显著的位置，这主要是由于在敦煌保存了那段时期的一批文书，人们能够借以弄清楚当时的历史真相。相对而言，敦煌以外的地区，除了于阗和鄯善，保留下来的那一时期的文物或文书中与之有关的部分很少。所以说，要研究吐蕃统治河陇、西域的历史，敦煌的历史和文书均是第一位的，不从这里入手，不在这里掌握一把开启大门的钥匙，一切都无从谈起。因此，本书名为《吐蕃统治敦煌西域研究》。

目 录

上编　吐蕃对敦煌、西域的统治

吐蕃时期河陇军政机构的设置 3

吐蕃时期敦煌的部落及土地制度 19

吐蕃统治下的汉、胡诸族 33

吐蕃统治下的鄯善 53

吐蕃统治下的于阗 69

中编　敦煌、西域古藏文文书研究

一件有关敦煌陷蕃时间的藏文文书 85

P.T.1089《吐蕃官吏呈请状》研究 95

关于《吐谷浑（阿柴）纪年》残卷的研究 114

《大事纪年》所载吐蕃与突厥关系考 132

敦煌藏文卷子中的"蛮貊"研究 145

有关于阗王的藏文写卷研究 158

吐蕃简牍中所见的西域地名 168

下编　敦煌、西域古藏文文书所见名号考

东叶护可汗（ton ya bgo kha gan）考 183
吐蕃十将（tshan bcu）制考述 189
曹（tshar）：吐蕃统治敦煌及西域的一级基层兵制 201
藏文文献关于萨毗（tshal byi）的记载 210
敦煌文书中的 lho bal 与南波 218
通颊（mthong khyab）考 226
粟特（sog dag）考 233

附　录

吐蕃与南亚、中亚各国关系史述略 241
征引与参考文献 277
藏、汉译名对照 302
作者主要论著 316

后　记 322
再版后记 324

上 编
吐蕃对敦煌、西域的统治

吐蕃时期河陇军政机构的设置

7世纪初，地处青藏高原的吐蕃强盛起来，迅速向东北方向发展，不断进攻唐朝河陇地区。由于唐朝当时处于强盛时期，又采取了积极防御、伺机进攻的战略，所以，直到8世纪上半叶，吐蕃对河陇的进攻没有显著的进展，双方战争主要集中在今青海东北的黄河一带。

唐玄宗天宝十四载（755），"安史之乱"爆发后，唐朝从河陇各地抽调了大批驻军。吐蕃军队乘虚而入，到广德元年（763）前后占领唐陇右诸州，到贞元七年（791）又攻占了唐河西数州之地。从此，河陇地区相继为吐蕃所统治。吐蕃攻占这一广大地区后，是如何进行统治的呢？以下就吐蕃统治河陇的军政机构，即诸节度使的设置等问题展开讨论。

一、吐蕃河陇五节度的由来

结合汉、藏文史料来看，吐蕃于河陇地区主要采取了军政合一的所谓"节度使"制。

汉文史料不止一处记载，吐蕃在河陇设有节度使一职。《新唐书·韦皋传》载，贞元十七年（801），唐军攻维州，"吐蕃释灵朔（今宁夏灵武一带）

兵，使论莽热以内大相兼东境五节度大使，率杂房十万来救"①，就是一例。"五节度"之外，又有"四节度"说。大历九年（774），郭子仪上书曰："今吐蕃兼吞河、陇、杂羌、浑之众，岁深入畿郊，势逾十倍，与之角胜，岂易得邪？属者房来，称四节度，将别万人，人兼数马。"②《通鉴考异》卷一七引《汾阳家传》亦称，大历八年十月，"吐蕃四节度历泾川（泾河），过阁川（纳河）南，于渭河合军，公遣浑瑊等前后相接以待之"。可知确有吐蕃"四节度"之说。

吐蕃乘唐朝内乱，至广德元年已先攻占陇右诸州，后又相继攻占凉州（764）、甘州（766）、肃州（766）、瓜州（776）和沙州（786）。"四节度"之说最早见于大历八年左右，即是说大历十一年吐蕃攻占瓜州以前，吐蕃已于河陇占领区设置"四节度"③，攻占瓜、沙之后，又于瓜州新置一节度使。为了统一在河陇的军事行动，吐蕃将瓜州节度使划归东境节度大使统率④，故有前引"东境五节度"之称。

敦煌汉文卷子中，也有关于吐蕃节度使的记载，如 P.2991《莫高窟素画功德赞文》有"瓜沙境大行军都节度衙"，P.2449《祈福文》有"瓜州新节度使"，S.542《沙州诸寺丁仕车牛役簿》有"瓜州节度"等。⑤ 20 世纪 50 年

---

① 《旧唐书》卷一四〇《韦皋传》、卷一九六《吐蕃传》，《资治通鉴》卷二三六"贞元十八年正月"条所记略同。《新唐书》卷二一六《吐蕃传》则曰："论莽热没笼乞悉蓖兼松州五道节度兵马都统、群牧大使，引兵十万援维州。""论莽热没笼乞悉蓖"似为"大论·论莽热"之异写。唐代藏文声母 b 可对应切韵之明母 m，"没笼乞悉蓖"恐即"大论"（blon ched po）的译音，故两书所载，系为一人。"兼松州"详后。藏文与切韵声母对应，参见罗常培：《唐五代西北方音》附表一，历史语言研究所单刊甲种之十二。
② 《新唐书》卷一三七《郭子仪传》。
③ 胡三省于《资治通鉴》卷二四七"会昌四年三月"条"朝廷以回鹘衰微，吐蕃内乱，议复河、湟四镇十八州"下注："开元之盛，陇右、河西分为两镇而已。盖沦陷之后，吐蕃分为四镇也。"此言似取吐蕃"四节度"说。按《全唐文》卷六九九李德裕《赐缘边诸镇密诏意》曰："国家陇右、河西四镇一十八州，皆是吐蕃因中国有难，相继陷没。"则唐人所言河西四镇应即唐朝陇右、河西、安西、北庭四节度使，非指吐蕃于河陇所置四节度，胡注误。
④ P.2555《为肃州刺史刘臣璧答南蕃书》、P.3395《宰相尚腊藏嘘律钵礼佛文》、P.T.1083《据唐人部落禀帖批复的告牒》等文书，提出吐蕃"东道节度"、"东军相令公"等对沙州、肃州的统治或影响，详后。
⑤ 转引自藤枝晃：《敦煌千佛洞の中兴》，《东方学报》第 35 册（1964），第 43 页；戴密微著、耿昇译：《吐蕃僧诤记》，甘肃人民出版社 1984 年版，第 328 页；池田温：《中国古代籍帐研究》，东京大学出版会 1979 年版，第 523 页。

代初，法国学者戴密微著《吐蕃僧诤记》一书，提出敦煌汉文卷子中的"节度使"可能是藏文 stoṅ dpon（千户长）一词的对译。① 之后，日本学者藤枝晃认为"节度使"是《蕃汉对译语汇》中 khri dpon（万户长）的意译。② 匈牙利藏学家乌瑞则提出，敦煌汉文卷子中的"节度使"，应相当于藏文卷子中的 dmag dpon（将军），而"节度使"统领的军政机构就是藏文卷子中的 khrom（节度衙），这是 7 至 9 世纪吐蕃设于本土之外的一级军政机构，它管辖的范围相当于唐朝的几个州。③

P.T.1088 写本就有吐蕃瓜州节度衙的记载，曰："兔年春，瓜州节度衙 (kwa cu khrom) 会议在肃州举行。"④ P.T.1089 卷子记载，吐蕃统治中期，沙州节儿以下汉人官吏等对序列与位阶不满，常起争执，经"瓜州将军"(kwa cu dmag pon) 与都护等商议决定，颁布新的序列与位阶。⑤ 这些记载与汉文卷子中吐蕃瓜州"节度衙"、"节度使"的记载是相符合的。

吐蕃节度衙的出现是很早的，P.T.1288《大事纪年》记 676 年"董布躬身亲往青海节度衙（khri bshos khrom）"⑥，是目前看到的最早的记载。今青海湖以南以西地区，唐初是吐谷浑、白兰等族的居地。7 世纪中叶以后，吐蕃征服了这些民族，这一带为吐蕃占有。当时，吐蕃实行"五翼六十一东岱

---

① 戴密微著、耿昇译：《吐蕃僧诤记》，第 329 页。
② 藤枝晃：《吐蕃支配期の敦煌》，《东方学报》第 31 册（1961），第 220—221 页。
③ G. Uray, "KHROM: Administrative Units of the Tibetan Empire in the 7th-9th Centuries", *Tibetan Studies in Honour of Hugh Richardson*, Aris and Pillips, 1979, p.312. 国内外藏学家对 khrom 一词曾有不同的认识。khrom，今意为"市场"。英国学者 F. W. 托马斯在 1951 年出版的 *Tibetan Literary Texts and Documents Concerning Chinese Turkestan* 第 2 卷中，仍将 khrom 释为"市"；日本学者山口瑞凤译为"军团"；国内王尧等译注敦煌吐蕃历史文书时，曾把 khrom 释为地名，后从乌瑞说，认为 khrom 是一级军政机构，译作"行军衙"。此处"节度衙"的译法，是参照 P.2991 中的"瓜沙境大行军都节度衙"而来的。
④ M. Lalou, *Inventaire des Manuscrits Tibétains de Touen-houang Conservés à la Bibliothèque Nationale*, II, Paris, 1950, p.57.
⑤ 山口瑞凤：《沙州汉人による吐蕃二军团の成立と mkhar tsan 军团の位置》，《东京大学文学部文化交流研究施设研究纪要》第 4 号（1980），第 18 页。
⑥ G. Uray, "KHROM: Administrative Units of the Tibetan Empire in the 7th-9th Centuries", *Tibetan Studies in Honour of Hugh Richardson*, p.313. 参见王尧、陈践：《吐蕃兵制考略》，《中国史研究》1986 年第 1 期。

(千户)"的军事制度。^① 在吐蕃向外进行武力征服的过程中，这些千户被派往各地作战，因此当来自各个翼的千户进驻青海湖附近地区后，就必须设置一个新的军政机构来统一指挥，吐蕃青海节度衙就是在这种背景下出现的。之后，在攻占唐朝河陇及其他地区的过程中，吐蕃相继于新的占领区设置节度使，用以统辖进入该地区的各千户的行动，以及对被征服民族进行管理，这就出现了前面论及的诸节度使。《册府元龟·外臣部》曰："(吐蕃)自其王弃宗弄赞，唐太宗贞观后吞并诸蕃，地方千里，每十节度置一上相统之。"这里反映的就是吐蕃设节度使统辖新征服地区的情况。

吐蕃节度使这种军政官制，与唐朝在沿边地区设置的节度使制有相似之处。唐朝本有节度使一职，天宝年间，沿边有九节度使、一经略使，职权为管理当地军事、民政事务。^② 吐蕃在占领区设置 khrom 这种机构，其将军所领也是数州军民事务，故留居河陇及中原方面的唐人仍以"节度衙"、"节度使"相称，这就是汉文史料中有吐蕃节度使一类记载的原因。

二、河陇五节度使及其作用

根据汉、藏文史料，吐蕃于河陇地区设置的五节度使，是青海节度使、鄯州节度使、河州节度使、凉州节度使和瓜州节度使，现分述如下。

(一) 青海节度使

青海节度使是吐蕃河陇诸节度中最先出现的，《大事纪年》记 676 年吐蕃大臣董布等前往"青海节度衙"。《新唐书·吐蕃传》记仪凤初吐蕃曾进攻鄯、廓、河、芳诸州，吐蕃大臣董布前往青海节度衙，或与这次进攻有关。

---

① 参见巴俄·祖拉陈瓦：《智者喜宴》，民族出版社 1986 年藏文本，第 185—188 页；山口瑞凤：《吐蕃王国成立史研究》，岩波书店 1983 年版，第 912—914 页。五翼为：中翼（伍茹）、右翼（叶茹）、左翼（约茹）、支部翼（茹拉）、第三翼（孙波茹）。
② 参见《唐会要》卷七八《节度使》；《资治通鉴》卷二一五"天宝元年正月"条。

又,《资治通鉴》卷二一五"天宝元年(742)十二月"条曰:"戊戌,又奏破青海道莽布支营三万余众,斩获五千余级。"《旧唐书·韦皋传》有"(吐蕃)东道五节度"的记载,因而,所谓"青海道",应指吐蕃青海节度衙。

"安史之乱"以后,吐蕃攻占河陇,吐蕃青海节度使成为东境五节度之一。贞元五年(789),吐蕃青海节度使曾率兵南下,在唐朝剑南道巂州附近,配合吐蕃南线的腊城节度使与唐军作战。[①]会昌二年(842),吐蕃洛门川讨击使尚恐热与"青海节度使同盟举兵",反对新立的赞普乞离胡。[②]从当时吐蕃另有鄯州节度使来看,青海节度使的驻地似在青海湖东南一带。[③]

(二)鄯州节度使

《新唐书·吐蕃传》记会昌三年(843)吐蕃洛门川讨击使尚恐热率兵万骑"击鄯州节度使尚婢婢"。鄯州,治今青海乐都,为唐朝陇右节度使治所,吐蕃设鄯州节度使似亦在此。

吐蕃鄯州节度使,可能设置于吐蕃攻占唐朝鄯州(757)之后,拉萨《达札路恭纪功碑》记达札路恭功绩说:"于唐境之野猫川……湟水之滨……等地……开始纳贡。"[④]"野猫川"(khyar mo thang),又译"雅莫塘",托马斯认为在青海湖东面。[⑤]联系此方位及《达札路恭纪功碑》所涉事件的年代(755—763),可认为"唐境之野猫川"就在鄯州地方。P.T.16《吐蕃官吏礼佛文》中有"雅莫塘节度衙"[⑥],应即为吐蕃鄯州节度使所领。

---

① 《旧唐书》卷一四〇《韦皋传》。
② 《资治通鉴》卷二四六"会昌二年十二月"条。
③ 王忠认为吐蕃青海节度使似即东道节度使,驻跸河州。参见王忠:《新唐书吐蕃传笺证》,科学出版社1958年版,第151页。但吐蕃另有河州节度使一职,故不从,详后。
④ 王尧编著:《吐蕃金石录》,文物出版社1982年版,第84页。
⑤ F. W. Thomas, *Tibetan Literary Texts and Documents Concerning Chinese Turkestan,* II, London, 1951, p.106.
⑥ A. Macdonald et Yoshirô Imaeda, *Choix de Documents Tibétains Conservés à la Bibliothèque Nationale Complété par Quelques Manuscrits de l'India Office et du British Museum,* I, Paris, 1978, pp.12-13; G. Uray, "KHROM: Administrative Units of the Tibetan Empire in the 7th-9th Centuries", *Tibetan Studies in Honour of Hugh Richardson,* p.313.

（三）河州节度使

P.3770《礼佛文》曰，施以福田者有"宰相论赞没热，何周节度尚乞悉加"等。① 此"何周节度"系"河州节度"之异写。② 中晚唐的敦煌写本中，常将"河"写作"何"，如《妙法莲华经讲经文》、《维摩诘讲经文》、《太子成道经》等，均有"何"通"河"之例③，是知吐蕃设有河州节度使。河州，治今甘肃临夏，唐人曰："河州军镇要冲，屯田最多。"④ 吐蕃占领此地后，自然设节度使镇守。而且，河州还是吐蕃东境五节度大使的驻跸之地，是吐蕃统治河陇地区的政治、军事中心。

（四）凉州节度使

P.T.1089 文书，记载了吐蕃 mkhar tsan 节度衙的情况，这个节度衙下属吐蕃、孙波、吐谷浑和通颊等几个千户。其中，吐蕃、孙波人的地位较高，吐谷浑、通颊人次之。约在9世纪20年代，这个节度衙内因官位之争，发生了各族官吏间的纠纷。对此，吐蕃当局曾进行过调整。⑤

乌瑞认为 mkhar tsan 就是凉州（今甘肃武威）。⑥ 山口瑞凤认为，mkhar tsan 节度衙的驻地在安乐州（今宁夏中宁），论据有三：一是敦煌本吐蕃历史文书《赞普传记》载，赤松德赞（755—791）时，mkhar tsan 军曾陷唐数州，在陇山一带活动频繁；二是《达札路恭纪功碑》载达札路恭曾率 mkhar tsan 军"收吐谷浑属唐者多部"；三是《大事纪年》记 758 年论弃赞等率军赴 khar tsan 灵州（leng cu）。山口氏联系陇山、灵州和唐属吐谷浑驻地等地

---

① 此段文字系北大荣新江教授录于敦煌卷子微缩胶卷，谨谢。
② 戴密微著、耿昇译：《吐蕃僧诤记》，第 382—383 页。
③ 潘重规：《敦煌卷子俗写文字与俗文学之研究》，《国际汉学会议论文集》，台北，1981 年，第 5 页。
④ 《全唐文》卷二二八张说《河州刺史冉府君神道碑》。
⑤ 山口瑞凤：《沙州汉人による吐蕃二军团の成立と mkhar tsan 军团の位置》，《东京大学文学部文化交流研究施设研究纪要》第 4 号（1980），第 17—18 页。
⑥ G. Uray, "KHROM: Administrative Units of the Tibetan Empire in the 7th-9th Centuries", *Tibetan Studies in Honour of Hugh Richardson*, p.314.

理位置，故得出以上观点。①

但山口瑞凤的论据值得商榷。首先，mkhar tsan 军活动于陇山一带，其原驻地不一定就在陇山附近，郭子仪谓"属者虏来，称四节度"，说明吐蕃攻唐时，调集的军队来自不同地方。其次，归属唐朝的吐谷浑非止安乐州一部，分布于河西各地的还很多，如凉州界内就有吐谷浑部落。②

其实，藏文 mkhar tsan（又作 khar tsan、khar tshan）一词，应是凉州古称"姑臧"的对音，"姑臧"系月氏语，上古音作 ka tsang，4 世纪的粟特文作 ka tsān，8 世纪的突厥文作 kăčan。③ 因此，吐蕃 mkhar tsan 节度衙实得名于凉州的古称"姑臧"，这个节度衙的首领（相当于翼长）就是吐蕃凉州节度使，只不过汉文史籍没有确凿的记载而已。④

（五）瓜州节度使

比较而言，敦煌汉、藏文卷子中吐蕃瓜州（今甘肃安西）节度使的记载是最多的，除前面引用过的以外，这里略作补充。

S.1438《书仪》是一件长达 177 行的残卷，作者是一个归附吐蕃、被任命为沙州守使的汉人官吏，其中一部分文字涉及沙州玉关驿户起义事件。文书讲到，驿户起义平息后，"蒙留后使差新节儿到沙州，百姓具安，各就生计"⑤；"留后使"，应即吐蕃瓜州节度使。⑥"节儿"，是吐蕃占领河陇后派驻的州一级官吏，相当于唐朝州的刺史。这里，吐蕃留后使派遣新节儿到沙州的

---

① 山口瑞凤：《沙州汉人による吐蕃二军团の成立と mkhar tsan 军团の位置》，《东京大学文学部文化交流研究施设研究纪要》第 4 号（1980），第 28、30 页。
② 《旧唐书》卷四〇《地理志》陇右道："吐浑部落、兴昔部落……已上八州府，并无县，皆吐浑、契苾、思结等部，寄在凉州界内，共有户五千四十八，口一万七千二百一十二。"
③ 参见哈密顿著、耿昇译：《鲁尼突厥文碑铭中的地名姑臧》，《甘肃民族研究》1985 年第 3—4 期。
④ 《白居易集》卷五六《代王怭〈答吐蕃北道节度论赞勃藏书〉》有"大蕃河西北道节度使"之称，此"北道节度使"在河之内，又与唐朝灵、盐等州节度使相峙，似即指吐蕃凉州节度使。
⑤ 史苇湘：《吐蕃王朝管辖沙州前后》，《敦煌研究》创刊号（1983），第 133 页。
⑥ 唐代中后期，节度使之子弟或亲信将吏代行职务者，称节度留后，事后多由朝廷补行任命为正式的节度使。《书仪》作者为唐朝破落官吏，故因袭唐朝的称呼。参见《资治通鉴》卷二二二"广德元年三月"条下胡三省注。

情况，与 P.T.1089 文书记载瓜州将军调整沙州节儿以下蕃汉官吏序列的情况一致，证明了藏文卷子中的瓜州将军即汉文卷子中的瓜州节度使。

一件河西吐蕃文书记载了从吐蕃本土送紧急文书去瓜州节度衙的事件，开始一段文字云："蛇年冬十月十九日由文江岛宫盖印发出。传令使者江拉列传送紧急书信，前往瓜州节度衙（kwa cu khrom）。"①

从敦煌文书中，还能看出吐蕃瓜州节度使管辖的大致范围。P.T.1079《比丘邦静根诉状》谓吐蕃瓜州节度使曾主持制定"沙州以下、肃州以上"寺户的纳税标准。②汉文卷子中，有"送西州人户往瓜州"，"送西州寺户往瓜州"，"齐周差使，向柔远（属唐伊州）送粮，却回得生铁、熟铁二百斤已来"等记载。③可以看出，吐蕃瓜州节度使管辖的范围，大致是唐朝的肃州、瓜州、沙州、伊州和西州。

除瓜州节度使外，吐蕃置于河陇的其他诸节度使的辖地还不十分清楚，大致是凉州节度使辖河西走廊东段，河州节度使辖今甘肃东南一带，鄯州节度使辖今青海东部，青海节度使的辖地在青海湖附近地区。

从目前能见到的史料看，吐蕃节度使的内部组织情况，以凉州节度使最详，其官吏的名称和大致顺序如下：

> 翼长、万户长、大守备长、节儿（黄铜告身）、大营田官、大城塞长、上下部牧地大管理长、翼都护亲任官等、中守备长、副翼长、小守备长、大收税官、机密大书吏、事务总长、大司法吏、吐蕃和孙波千户长、通颊与吐谷浑千户长、节儿（红铜告身）、机密使者、机密中书吏、机密小书吏、吐蕃和孙波小千户长、汉—突厥语通译、龙家将军、红铜

---

① 陈庆英、端智嘉：《一份敦煌吐蕃驿递文书》，《社会科学》（甘肃）1981 年第 3 期。
② A. Spanien et Yoshirô Imaeda, *Choix de Documents Tibétains Conservés à la Bibliothèque Nationale Complété par Quelques Manuscrits de l'India Office et du British Museum*, II, Paris, 1979, p.424. 参见王尧、陈践译注：《敦煌吐蕃文献选》，四川民族出版社 1983 年版，第 46—47 页。
③ S.542《沙州诸寺丁仕车牛役簿》、P.3774《沙州僧龙藏牒》，池田温：《中国古代籍帐研究》，第 525—526、541 页。

告身官吏、事务都护、通颊与吐谷浑小千户长、大虎皮肩饰章者［及无官职红铜告身者］、机密［情报］收集与传递官、牧地管理都护、畜户大管理官、小虎皮肩饰章者、副牧地管理长、机密书吏小官、南山部落将校、畜产小管理官、法（佛教）事务官、配达官。①

由以上可知，吐蕃凉州节度衙的最高官吏是翼长，就是节度使本人——将军的实际官位，这与《智者喜宴》记载翼的军事长官称将军（dmag dpon）是一致的。②吐蕃一翼设翼长两人，共领十个千户。但由于其中的禁卫军千户、小千户经常被王廷直接征调，所以一个翼长通常只领有四个千户。吐蕃凉州节度使统领的千户也是四个，吐蕃、孙波、吐谷浑、通颊各一。这说明吐蕃河陇诸节度的建制，基本上是仿照本土翼长制而来的。

但是，吐蕃河陇诸节度使制不是本土翼、千户制的简单重复，因为其统治的河陇地区早已进入了封建社会；吐蕃虽然征服了这一地区，但不可能完全废除原来的各种封建制度，相反，其统治机构和统治政策还要受封建政治、经济因素的影响。因而，吐蕃节度使制度的组织和职能，与本土的翼长制相比，必然有新的变化。

吐蕃奴隶制政权是从部落军事联盟发展而来的，赞普王室的权力虽然已经突破了地域贵族集团的界线，但作为政权支柱的贵族集团还存在，吐蕃赞普不得不用会盟、封赐等手段来控制他们。在这种背景下，以方面军形式出现的吐蕃翼长制，实际上是以地方贵族集团为基础的，从翼长到千户长都是由地方贵族担任的。③

吐蕃河陇诸节度使的情形则有所不同，他们统辖的千户来自不同的翼，或者是由被征服的民众组成的。在这些来自不同地区和不同民族的千户之间，

---

① P.T.1089，此处译文参见山口瑞凤：《沙州汉人による吐蕃二军団の成立とmkhar tsan军団の位置》，《东京大学文学部文化交流研究施设研究纪要》第4号（1980），第17—18页。其中略有改动，如"千户军长"、"小千户军长"改作"千户长"、"小千户长"，"南泥婆罗之将校"改作"南山部落将校"。参见拙文《敦煌藏文卷子中lho bal研究》，《西北民族研究》1994年第2期。
② 巴俄·祖拉陈瓦：《智者喜宴》，第188页。
③ 王尧、陈践：《吐蕃兵制考略》，《中国史研究》1986年第1期。

氏族贵族的影响已被削弱。这些千户成员，再不是为某个贵族集团的利益参加作战，而是自觉或不自觉地为吐蕃在河陇的统治服务。这种变化，使吐蕃节度使制基本摆脱了贵族集团的影响，从而具有封建军政制的某些特点。

在以部落为单位组成的社会中，军事组织同时也是行政和生产组织。这种情况，自然也存在于吐蕃河陇节度使制度中。但是，对于被征服的河陇各族民众来说，最先，吐蕃节度使是以军事首长的身份出现的，只有在对他们实施行政职权的时候，节度使这种军事长官才开始具有行政长官的身份。恩格斯谈到5世纪德意志民族征服罗马，做了各行省的主人后，征服民族面临的首要问题，就是要设置一种类似国家机关的东西来统治地方，"于是军事首长的权力变为王权的时机便来到了"[1]。吐蕃节度使由军事首长演变为拥有各种权力的地方行政长官，根本的原因也在于此。

敦煌文书表明，在吐蕃攻占敦煌的初期，瓜州节度使等官吏就着手处理当地百姓中的房屋、田地纠纷，进行户口、土地登记，制定赋役标准等。之后，吐蕃在河西地区设置了一个新的盟会，用以协商解决该地区民众的各类事务，敦煌藏文文书P.T.1111称这个盟会为"德伦会议"（bde blon vdun tsa)，吐蕃瓜州节度使及其属官就经常充任这个盟会的主持人。[2] P.T.1079《比丘邦静根诉状》记载，827年，吐蕃先后召开德伦会议和瓜州节度衙会议，会后集中沙州、肃州僧统所属农户，"根据田地好坏，制定承担赋税标准"。[3]可以看出，作为吐蕃统治河陇地区的具体施政人，吐蕃节度使及其属官不仅是军事占领者，也是民政事务的主要管理者。

由上可以看出，吐蕃节度使制度作为一种地方统治体系，到吐蕃统治河陇中期，已表现出设官齐全、分工较细的特点。从军事方面看，以大、中、

---

[1] 恩格斯：《家庭、私有制和国家的起源》，《马克思恩格斯选集》第4卷，人民出版社1972年版，第148页。

[2] *Choix de Documents Tibétains Conservés à la Bibliothèque Nationale Complété par Quelques Manuscrits de l'India Office et du British Museum*, II, p.448；山口瑞凤：《吐蕃支配时代》，《讲座敦煌》第2卷《敦煌の历史》，大东出版社1980年版，第201、203页。

[3] *Choix de Documents Tibétains Conservés à la Bibliothèque Nationale Complété par Quelques Manuscrits de l'India Office et du British Museum*, II, pp.424, 437. 参见王尧、陈践译注：《敦煌吐蕃文献选》，第46—47页。

小守备长和城塞长为主，构成城镇警备系统；以都护、各族千户长和小千户长统领的千户，组成参战军队。当然，在和平时期，这些战士还要从事农业和畜牧业生产。民政方面，又可分出以节儿、机密书吏、事务总长、大司法吏、佛教事务官为主的行政官员，以及大营田官、上下部牧地大管理长、大收税官、牧地管理官、畜产大管理官等经济事务官员。这里，吐蕃节度使制将军事、行政、经济职能合为一体的特点，得到了充分的体现。

吐蕃节度使的分布地区，多在唐、蕃边境或与北方回鹘接境的地方，因此，节度使除了有对外参战和防守边境的职能外，还要处理和平时期与周边各政权相互交往的事宜。白居易《与吐蕃宰相尚绮心儿等书》曰："彼有要事，即令使来；此有要事，亦令使往。若封境之上，小小事意，但令边头节度，两处计会商量，则劳费之间，彼此省便。"①这说明在吐蕃统治河陇期间，唐、蕃之间的许多具体事务，是由吐蕃节度使与唐朝镇将交涉解决的。

总之，吐蕃在占领河陇地区后，曾设立了五个节度使，其职能是统一指挥所属的各千户的行动，对被征服民族进行各类管理。这种融军事、政治、经济职能为一体的地区统治机构，与本土原有的翼军事系统虽大同小异，但由于统治地区和统治对象的差异，表现出具有某些封建军政官制的特点，因而与唐朝的节度使制有近似之处。

三、吐蕃东境节度大使

吐蕃河陇五节度使之上还有东境节度大使或称"东面节度大使"一职，《新唐书·吐蕃传》谓吐蕃大臣赞磨代尚悉结为"东面节度使，专河、陇"就是一例。此职一般由吐蕃大臣担任，用以统一指挥河陇诸节度使的行动。

7世纪中叶开始，吐蕃为征服吐谷浑、党项等族，与唐朝争夺河陇之地，曾派大臣统摄东线战场。《新唐书·吐蕃传》云："钦陵专国久，常居中制

---

① 《白居易集》卷五六，顾学颉点校本，中华书局1979年版。

事，诸弟皆领方面兵，而赞婆专东境几三十年，为边患。"据推算，赞婆专东境在 7 世纪末的三十年间。① 从 8 世纪初到"安史之乱"以前，先后统率东线军队的吐蕃大臣，有莽布支、乞力徐、兀论样郭等。② 这种统率东线的大臣，可视为"安史之乱"后出现的吐蕃"东境节度大使"的前身，汉文史籍中有关吐蕃"东境节度大使"的记载不少，如表 1。

表 1 吐蕃东境节度大使一览表③

人名	称号	见载时间	主要活动
尚悉结	东面节度使	～765	率军陷长安（763），攻奉天（765）
赞磨	东面节度使	765～	攻邠州（764）、奉天（765）、临洮（768）
南（尚）奔息	东道节度	～783	部众有投唐者
论莽热	东境五节度大使	802	率攻灵朔之兵救援维州
尚绮心儿	东道节度	812	致书凤翔节度使，参加长庆会盟
论三摩	（东道）节度	819	与尚塔藏、尚绮心儿共围盐州
论结都离	东道节度使	820～	致书唐泾、原等州节度使
尚乞悉罗	东道都元帅	～822	致信物与唐朝官吏
论夷加羌	东[北]道元帅	837	致书唐天德军
？	东道节度使	849	被洛门川讨击使尚恐热所杀

表 1 中，仅笔者所见而列出的吐蕃东境节度大使或称东道节度使共九人，就此不完全的统计看，吐蕃东境节度大使的设置，从"安史之乱"一直到吐蕃在河陇的统治结束，有一定的连续性。

敦煌汉文卷子中，也有吐蕃东境节度大使的记载，多称作"东道节度"、"东军相令公"、"东军国相"、"东军宰相大论"等，与汉文史籍的记载基本一致。

---

① 王忠认为，赞婆专东境似在钦陵任大相（685）以后（《新唐书吐蕃传笺证》，第 55 页），似不妥。据《新唐书》卷一〇八《娄师德传》、《资治通鉴》卷二〇二"仪凤三年"条，赞婆彼时已为吐蕃青海军队之首领，至其奔唐，近三十年。
② 《新唐书》卷二一六《吐蕃传》、《旧唐书》卷九三《唐休璟传》。
③ 表 1 史料来源：《旧唐书》卷一九六《吐蕃传》；《新唐书》卷二一六《吐蕃传》；《资治通鉴》卷二四一"元和十四年十月"条，《通鉴考异》卷二二引《实录》；《册府元龟》卷九八〇《外臣部》；《全唐文》卷五一三于公异《奏投降吐蕃表》，卷五二三杨于陵《谢手诏许受吐蕃信物表》；《白居易集》卷五七《代忠亮〈答吐蕃东道节度使论结都离等书〉》。

《新唐书·吐蕃传》载，大历三年（768），吐蕃"引众十万复攻灵州，略邠州。先是，尚悉结自宝应后数入边，以功高请老，而赞磨代之，为东面节度使，专河、陇"。P.T.1288《大事纪年》记762年吐蕃众大臣率军攻长安，其中一人叫尚赞磨[①]，即是《吐蕃传》所载的赞磨。P.2555《为肃州刺史刘臣壁答南蕃书》曰："上赞摩为蕃王重臣，秉东道数节。"[②]"上"应作"尚"，这是吐蕃王朝外戚官吏的称号。这些记载表明，尚赞磨为吐蕃东面节度使（或称东道节度）一事，汉文史籍与敦煌文书的记载是相同的。

又，《册府元龟·外臣部》载，元和七年（812）二月，"吐蕃东道节度、论诰都宰相尚绮心儿以书遗凤翔节度使李惟简，惟简奏献之"。又载，唐蕃长庆会盟（821—822）后，尚绮心儿于河州"集东（方）节度使将帅凡百余人，看本国所署盟文，于台上高声晓读。读讫，因约束各守封界，无相侵掠"。可知9世纪10—20年代，尚绮心儿曾以宰相出任东境节度大使，统摄东线事务。P.3395《宰相尚腊藏嘘律钵礼佛文》曰："建斯福会者，则为东军相令公尚绮心儿。"[③]可见尚绮心儿任东道节度使一事，敦煌文书也有记载。

在敦煌藏文卷子中，khrom chen po（大节度衙）是吐蕃东境节度大使的标志。[④] P.T.1083《据唐人部落禀帖批复的告牒》记载了吐蕃大论于陇州会上发出的一道命令，内容是禁止吐蕃下级官吏抄掠沙州汉户女子。文后盖有一大印，左上方为一尊添翼的狮子，右下方书"大节度衙敕令之印"。[⑤] P.T.1217《一封文告的副本》记道："龙年孟春正月上旬，诸大尚论大节度衙署，收到

---

① 王尧、陈践译注：《敦煌本吐蕃历史文书》（增订本），民族出版社1992年版，第156页。
② 转引自佐藤长：《古代チベット史研究》，同朋舍1977年版，第553页。
③ 录自敦煌卷子微缩胶卷。
④ 笔者所见到的吐蕃时期的敦煌藏文卷子，除P.T.16《吐蕃官吏礼佛文》所记鄯州（雅莫塘）、凉州（姑臧）、瓜州节度衙为khrom chen po之形式外，其余卷子有khrom chen po文字者，均与"大论"、"大尚论"、"陇州"等官名或地名有关。后者，无疑可译作"大节度衙"，而前者似为一种特殊情况。
⑤ Choix de Documents Tibétains Conservés à la Bibliothèque Nationale Complété par Quelques Manuscrits de l'India Office et du British Museum, II, p.429. 参见王尧、陈践译注：《敦煌吐蕃文献选》，第51—52页。

从宗喀紫疆帐发来的告示，系由达日札夏禀呈。"① 从大节度衙的名称、位置和管辖范围来看，它应即汉文中所记的吐蕃东境节度大使的官衙。

吐蕃东境节度大使的驻地，从前引尚绮心儿集东境诸节度将帅"看本国所署盟书"一事看，是在河州。但 P.T.1083、P.T.1089、P.T.1113 等卷子则提到，吐蕃大论在陇州（long cu）会上，发出了盖有"大节度衙"之印的文书。② 陇州在今陇山以东，属唐朝关内道辖治，吐蕃虽曾数次攻略此州，却未能长期占驻。因此，敦煌藏文卷子中的"陇州"、"陇山"等，似指大方位而言。从吐蕃占领的河陇诸重镇中，河州最靠近唐朝守界，也最靠近陇山来看，吐蕃东境节度大使似多驻河州。

与东境节度大使（或称东道都元帅）有关，吐蕃在贞元年间（785—805），还设有一个"南道元帅"以统辖唐蕃边界南段事务，其人全名为"论莽热没笼乞悉蓖"，他先是在贞元九年（793）以"南道元帅"之职率军驰援维州③，后又在贞元十八年以"内大相兼东境五道节度兵马都群牧大使"或"兼松州五道节度兵马都统、群牧大使"的称号，率"灵朔之寇引众南下"，试图再解维州之围，结果为唐军所败④。此论莽热一人身兼数职，既统领东境五道节度，又兼松州五道节度，乍看殊不可解。

其实，如《册府元龟》所记，吐蕃自松赞干布以后，"吞并诸蕃，地方千里，每十节度置一上相统之"，此段文字正可用来说明以上诸书互歧的情况。据《旧唐书·王涯传》记，"故松州城，是吐蕃旧置节度之所"；此外有腊城、故洪、曩贡、西贡四节度，加松州节度共为吐蕃南道五节度。⑤ 论莽

---

① *Choix de Documents Tibétains Conservés à la Bibliothèque Nationale Complété par Quelques Manuscrits de l'India Office et du British Museum*, II, p.493. 参见王尧、陈践译注：《敦煌吐蕃文献选》，第 58 页。此处译文稍有变动。
② *Choix de Documents Tibétains Conservés à la Bibliothèque Nationale Complété par Quelques Manuscrits de l'India Office et du British Museum*, II, p.449；山口瑞凤：《沙州汉人による吐蕃二军团の成立とmkhar tsan 军团の位置》,《东京大学文学部文化交流研究施设研究纪要》第 4 号（1980），第 19 页。
③ 《新唐书》卷一五八《韦皋传》。
④ 《旧唐书》卷一九六《吐蕃传》。
⑤ 《旧唐书》卷一四〇《韦皋传》；《册府元龟》卷九八七《外臣部》。

热以"上相"（内大相）资格出任东境五节度大使，"兼松州五节度兵马都统、群牧大使"，正符合"十节度置一上相"之说。所以，论莽热有权指挥围攻灵朔的吐蕃军队南下救援维州。这也解释了贞元五年吐蕃青海节度使何以南下到唐剑南道附近作战的原因。由此可知，吐蕃如以大臣出镇河陇，东道和南道的诸节度使，皆可由其指挥。

综上所述，吐蕃在统治河陇期间，曾派大臣出镇河州等地，统摄东线军政要务，称为"东境节度大使"、"东军相令公"等。吐蕃东境节度大使的作用是多方面的，如对唐作战、会盟、交使，向河陇诸节度使传达赞普王廷的旨意，下达地区性盟会（陇州会议）的各种命令，处理有关蕃、汉官吏任免、千户建置等事务。[①]

结 语

通过以上讨论，似可得出几点认识：

1. 从 7 世纪中叶到 9 世纪中叶，吐蕃在进攻和统治河陇地区的过程中，为了统一指挥所属千户的行动，对被征服民族进行各类管理，曾先后设置了五个节度使。他们是青海节度使、鄯州节度使、河州节度使、凉州节度使和瓜州节度使，节度使的官署称"节度衙"。他们可以分别对应敦煌藏文文书中的 dmag dpon 和 khrom。这种节度使制，是吐蕃统治河陇地区的最重要的制度之一。

2. 为了统一对河陇地区的统治以及与唐朝的交往关系，吐蕃还以大臣驻跸河州等地，指挥河陇五节度使。汉文资料称这类大臣为"东境五节度大使"、"东军相令公"等，而藏文卷子中的 khrom chen po 是其所领官署的标志。

[①] *Choix de Documents Tibétains Conservés à la Bibliothèque Nationale Complété par Quelques Manuscrits de l'India Office et du British Museum*, II, p.449；山口瑞凤：《沙州汉人による 吐蕃二军团の成立と mkhar tsan 军团の位置》,《东京大学文学部文化交流研究施设研究纪要》第 4 号（1980），第 19 页。

3. 吐蕃设置的五个节度使分管河陇各地的军事、民政事务。他们在被征服的民众中建部落，划田地，定赋役，采取了一系列稳定社会秩序、督促农耕的措施。尽管这些措施不力，但对河陇地区经济的恢复、各族人民生活的稳定，起到了一定的促进作用。而且，这种具有某些封建特征的节度使制，对当时的吐蕃社会及对稍后的沙州归义军政权，都产生过一定的影响。①

---

① 用藏文写成的沙州归义军文书中，沿用了 khrom chen po 这一称号，很明显，这里已是用于归义军政权本身。参见 G. Uray, "L'Emploi du tibétain dans les Chancelleries des États du Kan-sou et Khotan Postérieurs à la Domination Tibétaine", *Journal Asiatique*, Tome 269, 1981, p.82。

吐蕃时期敦煌的部落及土地制度

根据已有的研究，在吐蕃统治敦煌时期，其政治、军事、经济和文化制度均带有鲜明的"吐蕃化"色彩，如军政方面的"部落制"、经济方面的"计口授田制"以及相应的文化政策等。以下分别作深入的考述。

一、吐蕃时期敦煌的部落

唐朝地方行政区划分为道（府）、州、县三级，县以下有乡、里之设。敦煌在吐蕃占领以前，属唐朝沙州都督府，为县一级政权单位。唐贞元二年（786），吐蕃攻占敦煌，废掉了当地原有的十三个乡，而代之以部落制。通过对 S.3287《子年百姓氾履倩等户籍手实牒》、P.3774《丑年十二月僧龙藏牒》的研究，多数学者认为吐蕃在敦煌建置部落的时间是在贞元六年（790）[①]，这是正确的，但是，吐蕃在敦煌百姓中组建部落并非一次就完成了的。换句话说，贞元六年首建部落之后，到吐蕃统治中期，敦煌部落的名称、规格及性质都发生了很大的变化。为了说明这个变化，兹将敦煌汉、藏文卷子中出现的部落考证如下。

---

① 池田温：《丑年十二月僧龙藏牒》，《山本博士还历纪念东洋史论丛》，东京，1972年，第34页；陈国灿：《敦煌所出诸借契年代考》，《敦煌学辑刊》1984年第1期。

（一）汉文卷子中的部落名称

僧尼部落 S.2729《辰年三月僧尼部落米净晋牒》内容为报告龙兴、大云等寺僧尼的情况，藤枝晃考定"辰年"为 788 年。

行人部落 S.1864《维摩诘所说经》题有"沙州行人部落"等文字，藤枝晃认为此卷写于 794 年。又，S.1475V6《酉年十一月张七奴便麦契》，有"行人部落百姓张七奴"，陈国灿考定"酉年"为 817 年。此外，S.5842、P.2449 亦有"行人部落"字样，但文书年代不可考。

擘三部落 S.5812《丑年令狐大娘诉状》有"擘三部落了监军"，其在文书中涉及的年代为 796 年。又，S.3287《子年百姓汜履倩等户籍手实牒》有"擘三部落"，藤枝晃考定"子年"为 832 年（壬子），陈国灿认为在 796 年（丙子），均不妥。因为，此户籍称"午年擘三部落已后新生口"，已有出度或出嫁者，"午年"为 790 年，"子年"则以 808 年（戊子）为妥。

丝绵部落 P.3613《申年正月沙州令狐子余牒》有"丝绵部落"，藤枝晃考定"申年"为 804 年。又，S.3287《子年百姓汜履倩等户籍手实牒》载，"女，担娘，嫁与丝绵部落张□"，时间亦在 808 年之前。P.3774《丑年十二月僧龙藏牒》有"齐周去酉年看丝绵硙"，"丑年"为 821 年，"去酉年"，当为 817 年（丁酉）。S.5812《丑年令狐大娘诉状》亦见"丝绵部落"字样，此文书写成于 821 年。此外，P.3491、S.5824 亦记有"丝绵部落"，但年代不可考。

下部落 S.3287《子年百姓汜履倩等户籍手实牒》载，"男，住住，娶下部落王海之女十二"，已知此手实写成于 808 年。S.1475V4《酉年三月曹茂晟便豆种契》有"下部落百姓曹茂晟"，陈国灿考定"酉年"为 817 年（丁酉）。

撩笼部落 S.542《戌年六月诸寺丁仕车牛役簿》有"撩笼部落使"，池田温考定"戌年"为 818 年（戊戌）。

阿骨萨部落 S.1475V12《卯年四月翟米老便麦契》等诸借契中，均有"阿骨萨部落"字样，陈国灿考定"卯年"为 823 年（癸卯）。又，P.3422《卯年武光子便麦契》、P.3730V4《未年吴琼岳龙华子便粟契》、S.?《卯年康再荣建宅文》亦载有"曷骨萨"、"纥骨萨"等部落名，这些文书的时间分别为

823、839、847年。此外，P.2686 载有"纥骨萨部落"，年代不可考。

悉董萨部落 P.4686《□年二月孙清便粟契》有"悉董萨部落百姓孙清"，据考，此文书写于 839 年。北图咸 59、P.2502 载有"思董萨"、"悉东萨"等，年代不可考。此外，S.6829《卯年张和和便麦契》有"悉董萨"部落名，陈国灿依此件之前有一丙戌年（806）的卷子推定为 811 年，但 S.6829 是同其他废杂文书粘连后，背面用于抄写《佛经疏释》的，这种随便粘贴的顺序，不能作为卷子实际年代的先后，故不采。

除以上所见，未能考定其系年的还有"中元部落"（S.1292）、"上部落"（P.3444、S.1475V4）等。若把上述有年代可考的部落排列起来，便可得到以下顺序：

僧尼部落	788 年
行人部落	794、817 年
致（擘）三部落	796、808 年
丝绵部落	804、808、821 年
下部落	808、817 年
撩笼部落	818 年
阿骨萨部落	823、839、847 年
悉董萨部落	839 年[①]

不难发现，820 年前后，敦煌的部落名称有一大变化。在此之前，部落的名称较多，有阶层（僧尼）、行业（行人、丝绵）、方位（下）等，以后出现的部落名称减少，它们是阿（曷、纥）骨萨和悉（思）董萨，在藏文卷子中分

---

① 以上所引汉文卷子的出处及系年，主要参见池田温：《中国古代籍帐研究》，东京大学出版会 1979 年版；中科院历史所编：《敦煌资料》第 1 辑，中华书局 1961 年版；藤枝晃：《吐蕃支配期の敦煌》、《敦煌历日谱》，《东方学报》第 31 册（1961）、《东方学报》第 45 册（1973）；陈国灿：《对未刊敦煌借契的考察》，《魏晋南北朝隋唐史资料》第 5 期（1983）；陈国灿：《敦煌所出诸借契年代考》，《敦煌学辑刊》1984 年第 1 期。

别写作 rgod sar、stong sar，直译为"新武士（东岱）"、"新东（岱）"，均带有军事千户的含义。①

（二）藏文文书反映的部落建制变化

敦煌部落建制的变化，在敦煌藏文文书中也有反映。

法国藏学家 M. 拉露女士，曾转写、解读过一件被编为 P.T.1089 的藏文文书，她称之为《公元 8 世纪大蕃官吏呈请状》。②后来，日本学者山口瑞凤重新翻译、注释了这份卷子，认为它出自 9 世纪 20 年代的敦煌。③这件文书记载了吐蕃在沙州编创两个汉人军部落的情况，其中一段文字称：

> 从敕命递送大臣论·悉诺热合乾等人之处发出的通达牌，由属庐·勒吐于鼠年季春月之四日送到。鼠年之夏，大尚论至边地主持召开陇州会议之际，将在沙州汉人二军部落分出之后，分派公务，任命官职，下达布告。④

"敕命递送大臣论·悉诺热合乾"（phrin blon blon stag bzher rgod khyung），即《唐蕃会盟碑》北面第 17 行的"给事中勃阑伽论悉诺热合乾"（bkavi phrin blon bran ka blon stag bzher hab ken）。⑤此人在汉文史籍中也见记载，《册

---

① 参见山口瑞凤：《沙州汉人による吐蕃二军团の创立と mkhar tsan 军团の位置》，《东京大学文学部文化交流研究施设研究纪要》第 4 号（1980），第 31 页。
② M. Lalou, "Revendications des Fonctionnaires du Grand Tibet au VIIIᵉ siècle", *Journal Asiatique*, vol.243, 1955, pp.171-212.
③ 山口瑞凤：《沙州汉人による吐蕃二军团の创立と mkhar tsan 军团の位置》，《东京大学文学部文化交流研究施设研究纪要》第 4 号（1980），第 25—27 页。
④ M. Lalou, "Revendications des Fonctionnaires du Grand Tibet au VIIIᵉ Siècle", *Journal Asiatique*, vol.243, 1955, p.178, 藏文转写第 51—53 行。参见山口瑞凤：《沙州汉人による吐蕃二军团の创立と mkhar tsan 军团の位置》，《东京大学文学部文化交流研究施设研究纪要》第 4 号（1980），第 19 页。
⑤ 王尧编著：《吐蕃金石录》，第 19、42、52 页；山口瑞凤：《沙州汉人による吐蕃二军团の创立と mkhar tsan 军团の位置》，《东京大学文学部文化交流研究施设研究纪要》第 4 号（1980），第 27 页。根据 P.T.1089 文书、《唐蕃会盟碑》北面第 17 行藏文，以及下文所引《册府元龟》、《新唐书·吐蕃传》所载，"论悉诺热"之"诺"应作"塔"（stag），二字形近，且原碑文字迹漫漶，故误。

府元龟·外臣部》"长庆元年（821）十月"条曰："是月，刘元鼎等与论讷罗同赴吐蕃本国就盟……元鼎至磨容馆之间，与蕃给事中论悉答热拥千余骑议盟事于藏河北川中。"《新唐书·吐蕃传》亦载："唐使者始至，给事中论悉答热来议盟。"根据这一线索，可认为上揭文书中的鼠（子）年，就是元和十五年（820，庚子），编创沙州汉人二军部落之事就是于此年筹办的。①

820年编成的沙州汉人二军部落，就是阿骨萨、悉董萨千户，这一点，可举出P.T.1078《悉董萨部落土地纠纷诉状》来证明。该文书载，姓王的两兄弟与窦氏毗连而居，因土地纠纷争执不下，某吐蕃官吏把有争议的田攫为己有，占用近二十年。后来，"自沙州百姓编军（vbangs rgod）分出之后"，王氏提出申诉，要求当局归还其地。吐蕃官吏占田的时间，据文中讲，是"后一个子年"。我们知道，自吐蕃贞元六年（790）在敦煌分部落后，到9世纪20年代共有三个子年，即796、808、820年。所谓"后一个子年"，即是第二个子年（808），亦即吐蕃官吏占田之年。之后，第三个子年（820）即"沙州百姓编军分出"之年，此时王氏兄弟被编入悉董萨部落。王氏成为军部落成员后，身份有所提高，于"辰年"（824，甲辰）夏，向当局提出还地的申诉。这个时间进程，正好符合从808年土地被占，到824年提出申请归还，"近二十年"②。所以，这件文书不仅反映了820年吐蕃在沙州编创两个汉人军部落的事实，而且表明了"悉董萨"即两个部落之一。③

早在松赞干布时，吐蕃就在部众中区分"桂"（rgod）和"庸"（gyung）两部分人。"桂"是参加作战的武士；"庸"是随军的后勤人员，包括各种奴

---

① 山口瑞凤早先推定汉人军部落成立的"子年"是832年，接触P.T.1079卷子后，他修订为820年。详见山口瑞凤：《沙州汉人による吐蕃二军団の成立と mkhar tsan 军団の位置》，《东京大学文学部文化交流研究施设研究纪要》第4号（1980），第25—27页；《汉人及び通颊人による沙州吐蕃军团编成の时期》，《东京大学文学部文化交流研究施设研究纪要》第5号（1981），第5页。
② 王尧、陈践译注：《敦煌吐蕃文献选》，第44—46页；藏文本，民族出版社1983年版，第79—82页。
③ 关于820年编成的两个汉人军部落，就是阿骨萨、悉董萨，详见山口瑞凤：《沙州汉人による吐蕃二军団の成立と mkhar tsan 军団の位置》，《东京大学文学部文化交流研究施设研究纪要》第4号（1980），第35页。

役工匠在内。①比较吐蕃前后在敦煌编创部落的情况，不难发现，820年以前的部落编制可能是非军事的，而后编成的阿骨萨、悉董萨千户，才具有了军事部落的名称和组织形式。P.T.1111卷子载"统计汉地沙州人'桂'、'庸'部众"②，可能就与组建阿骨萨、悉董萨部落有关。

吐蕃在敦煌编创军事部落的背景是十分明显的。"长庆会盟"前后，吐蕃统治敦煌已经三十余年，敦煌汉人经过初期的数次反抗斗争失败后③，已进入相对安定的阶段。吐蕃方面，攻占河陇已经数十年，为维系"西裔一方，大蕃为主"④的局面，他们急于与唐朝订立盟约，以换取唐朝对自己占有河陇的承认。因此，在会盟前后，吐蕃调整了自己的各项施政措施，以符合长期统治河陇的需要。在敦煌，吐蕃把初期的部落改编为军事部落，相应提高了汉人的政治地位，就是其政策变化的内容之一。

据P.T.1113卷子，吐蕃在编成两个汉人军事部落之后，又于长庆四年（824，甲辰）新编了一个通颊军部落。这件文书载："王与论·冲热辰年春于陇州会议，交与德伦盖有通达敕印（的文书），决定于沙州置一新通颊军千户。"⑤据考定，命令签发人论·冲热的活动年限为815—835年⑥；而且，他签发的另一件同具"辰年"的文书（P.T.1085）中，已见有"沙州汉人二军部落"⑦。820年以后到835年的吐蕃占领时期仅有一个"甲辰"，即824年，故这个新通颊千户的编成应在此年。通颊军部落是一种准军事的警备部队，

---

① 巴俄·祖拉陈瓦：《智者喜宴》，第188—189页。
② *Choix de Documents Tibétains Conservés à la Bibliothèque Nationale Complété par Quelques Manuscrits de l'India Office et du British Museum*, II, p.448.
③ 参见史苇湘：《吐蕃王朝管辖沙州前后》，《敦煌研究》创刊号（1983）。
④ 《旧唐书》卷一九六《吐蕃传》。
⑤ *Choix de Documents Tibétains Conservés à la Bibliothèque Nationale Complété par Quelques Manuscrits de l'India Office et du British Museum*, II, p.449. 参见山口瑞凤：《汉人及び通颊人による沙州吐蕃军团编成の时期》，《东京大学文学部文化交流研究施设研究纪要》第5号（1981），第7页。
⑥ 详见山口瑞凤：《汉人及び通颊人による沙州吐蕃军团编成の时期》，《东京大学文学部文化交流研究施设研究纪要》第5号（1981），第7—10页。
⑦ *Choix de Documents Tibétains Conservés à la Bibliothèque Nationale Complété par Quelques Manuscrits de l'India Office et du British Museum*, II, p.432.

多用于巡逻、守卫等，与吐蕃的军千户是有区别的，可能主要由寺户、杂户组成。①

自以上三个军部落编成以后，不知何年，吐蕃又编成了一个汉人军部落，这就是藏文卷子中记载的"悉宁宗"（snying tshom）千户。② 这三个汉人军部落——阿骨萨、悉董萨、悉宁宗，似即 P.4638《阴处士修功德记》中的"沙州三部落"③。

前述第一节考定的 821 年以前的部落共有六个，加上不能考定其卷子年代的"上部落"和"中元部落"，共有八个。但汉文卷子中的"擘三（致三）部落"，实际是指吐蕃擘三（phyugs tsan）千户管理的"上部落"和"下部落"④，故共得七个部落名称——僧尼、行人、丝绵、上、下、撩笼、中元部落，此即吐蕃在 820 年以前在敦煌初次划分的部落。820 年以后，由于形势变化，吐蕃在敦煌相继编创了阿骨萨、悉董萨、悉宁宗三个汉人军部落和一个通颊军部落。这四个军部落与早期七个部落的关系，尚需作进一步的探讨。笔者初步认为，后期的军部落可能取代了吐蕃统治初期的部落划分。藏文《编成表》记载，阿骨萨部落的主从四十人编排是僧俗混杂的，这或许反映了阿骨萨部落是在早期僧尼部落和另几个部落的基础上编创的。⑤

至于 821 年仍见丝绵部落一事，可有两种解释：第一，吐蕃在沙州编创两个汉人军部落之事，是从 820 年开始，而新部落的编成需要一段时间，或许已到次年；第二，820 年新编的两个部落未能全部取代以前的部落，824 年及稍后又新编了一个通颊部落和一个汉人军部落后，新旧部落交替才告结

---

① 参见拙文《通颊考》，《敦煌学辑刊》1987 年第 1 期。
② 参见山口瑞凤：《汉人及び通颊人による沙州吐蕃军团编成の时期》，《东京大学文学部文化交流研究施设研究纪要》第 5 号（1981），第 12 页。
③ 郑炳林：《敦煌碑铭赞辑释》，甘肃教育出版社 1992 年版，第 241 页。《阴处士修功德记》约成文于 839 年，如此悉宁宗部落的成立当在此以前。
④ 参见山口瑞凤：《汉人及び通颊人による沙州吐蕃军团编成の时期》，《东京大学文学部文化交流研究施设研究纪要》第 5 号（1981），第 12 页。
⑤ F. W. Thomas, *Tibetan Literary Texts and Documents Concerning Chinese Turkestan*, II, pp.67-71.

束。此外，敦煌藏文卷子中不见有820年以前的部落名称与阿骨萨、悉董萨并见的例子，这也是新旧部落交替的证据。①

二、吐蕃在敦煌的计口授田

敦煌汉文卷子S.9156《沙州诸户口数地亩计簿》，是一份写于吐蕃统治敦煌时期的田册残卷，其中以"突"为十亩之数，就是这个时期的标志。②这件田册残卷，记录了敦煌百姓元琮、武朝副等二十户的占田数。据统计，这二十户中，有十八户的占田数是一人一突；其余两户与此数只差几亩。此外，又有内容相似的S.4491文书，在这份文书中登记了二十二户农家的田亩数，其中有六户恰好也是一人十亩，其余不足此数的户差额均在十亩以内。③据此，有学者认为，吐蕃在占领敦煌期间，曾实行过"计口授田"的土地制度。④

吐蕃在敦煌计口授田，这个史实是比较清楚的。但是，吐蕃为什么要在敦煌施行计口授田制？这个制度的来源如何？施行的结局又怎么样？以下试作探讨。

（一）敦煌陷蕃之前的土地与人口比例

吐蕃攻占敦煌以前，唐朝在这一地区实行的是均田制。但由于该地区人口较多，可耕面积有限，农户的授田数一直不足。⑤据S.514《唐大历四年（769）沙州敦煌县悬泉乡宜禾里手实》统计：此手实共涉及14户、77人，

---

① 藤枝晃在《敦煌发现チベット语试释》（《游牧社会史研究》卷23，1963）一文中，曾将Ch.75, iii写本中的 dar pavi sde、rgod kyi sde 分别译为"丝绵部落"、"阿骨萨部落"。山口瑞凤认为，后者应直译为"军部落"，它是指从吐蕃本土来的擘三千户，参见山口瑞凤：《沙州汉人による吐蕃二军団の创立と mkhar tsan 军団の位置》，《东京大学文学部文化交流研究施设研究纪要》第4号（1980），第32页。
② 池田温：《中国古代籍帐研究》，第561—562页；姜伯勤：《突地考》，《敦煌学辑刊》1984年第1期。
③ 池田温：《中国古代籍帐研究》，第562—564页。
④ 杨际平：《吐蕃时期敦煌计口授田考》，《社会科学》（甘肃）1983年第2期。
⑤ 韩国磐：《北朝隋唐均田制度》，上海人民出版社1984年版，第212—213页。

合应授田 169 顷 97 亩，实授 9 顷 38 亩，仅占应授额的 5.52%，平均每人占田数是 12.18 亩。① 这被认为已是唐代敦煌农户授田额较高的纪录。②

在唐蕃战争中，敦煌的户数有所减少。但在河西诸州中，沙州陷蕃较晚，吐蕃军队由东向西进攻，迫使部分唐朝军民退入敦煌，加之吐蕃占领敦煌前夕，守城军民与吐蕃订有"毋徙它境"的城下之盟，因此，估计吐蕃占领敦煌前后，当地的人口数量变化不大，人口与土地的比例变化也不会太大。③ 吐蕃占领敦煌之初，当地仍然存在土地不足的现象。S.5812《丑年令狐大娘诉状》记：

> （吐蕃）论悉诺息来日，百姓论宅舍不定，遂留方印，已后见住为主，不许再论者。又论莽罗新将方印来，于亭子处分百姓田园宅舍，亦不许侵夺论理。④

这表明，吐蕃占领敦煌初期，当地百姓还因房、地产权问题发生过一系列纠纷，吐蕃当局曾再三派员进行处理，处理纠纷的原则一言以蔽之，就是"见住为主"，即基本上维持原状。从这一事实反映出，吐蕃占领初期的敦煌，人口减少量并不大，没有出现房屋、土地过剩的现象。因此，当时敦煌实际人口与土地数量的比例，与唐朝统治时期人多地少时的情况相比，变化应是不大的。或许可以更具体地讲，这时的人均占田数，有可能接近前示 S.514 文书反映的人均占田数略为十亩的情况。

（二）吐蕃计口授田制的来源

有学者引用过一份吐蕃时期在鄯善分田的文书，认为其所载亦为计口授

---

① 池田温：《中国古代籍帐研究》，第 215—216 页。
② 池田温、龚泽铣译：《中国古代籍帐研究》（概说），中华书局 1984 年版，第 345 页。
③ 史苇湘：《河西节度使覆灭的前夕》，《敦煌研究》创刊号（1983），第 123 页；齐陈骏：《敦煌沿革与人口》（续），《敦煌学辑刊》1981 年总第 2 期，第 69—70 页。
④ 藤枝晃：《吐蕃支配期の敦煌》，《东方学报》第 31 册（1961），第 212—214 页。

田的内容，故以此作为吐蕃在敦煌计口授田的旁证，并借以说明，计口授田制是从吐蕃社会的土地制度中照搬来的。① 这种说法值得商榷。

这份记载吐蕃在鄯善分田的藏文文书，编号为"米兰 iv, 93b"，被 F. W. 托马斯收入《有关西域的藏文文献和文书》第二卷中，开头的一段文字是：

> 兔年春，小罗布之王田划为五块，商定按耕田人数之多寡加以分配，依据长官和农田官所分结果，唱名登记于册。②

这里说的是"耕田人数"，而不是"每户人数"，只有在符合后者的情况下，才能说明吐蕃在鄯善也实行过计口授田。所以，它是不能当作吐蕃在敦煌实行计口授田的旁证的。

根据对米兰出土的藏文写本和木简进行的初步研究，发现在驻鄯善的吐蕃官吏和部落成员中，授田额确实多为一人一突。但这些领授人均系部落官吏和部落民本人，授田额与每户人数基本上无关。米兰文书中记载的授田额大多数是十亩，如像敦煌那样按每户人数多少授田，数额应该出现多少不等的现象。③ 因此，我们认为米兰藏文文书所反映的授田制度，不同于吐蕃在敦煌实行的计口授田制，而接近于中原均田制下以丁为对象的授田方式，它有可能是受唐朝在西州实行的一丁十亩制度的影响而制定的。④

那么，吐蕃在敦煌实行的计口授田制，是依照其自身社会的土地制度而来的吗？答案也不是肯定的。吐蕃本土的土地制度是名义上的赞普王权所有制，其中大致分为三种类型：赞普王族直接掌握的土地；奴隶主贵族掌握的

---

① 杨际平：《吐蕃时期敦煌计口授田考》，《社会科学》1983 年第 2 期。
② 陈践：《敦煌、新疆古藏文写本述略》，《甘肃民族研究》1983 年第 1—2 期。对照杨际平教授所引王忠译文（《新唐书吐蕃传笺证》），"按耕田（每户）人数加以分配"中的"每户"二字，原系译者按自己的理解加上的，藏文原无此意。
③ F. W. Thomas, Tibetan Literary Texts and Documents Concerning Chinese Turkestan, II, pp.119-166；王尧、陈践编著：《吐蕃简牍综录》，文物出版社 1986 年版，第 23—32 页。
④ 韩国磐：《北朝隋唐均田制度》，第 196 页。这里的"一丁"即为一户，新疆田制至清代亦如此。

土地，但赞普拥有收回或转赐的权力；部落官吏和部落民所有的土地。^① 关于第三种类型土地的具体划分办法，目前还没有史料能作说明。

我们认为，吐蕃在敦煌实行计口授田，似与当时敦煌人口、土地的比例有关。为了说明这一点，探明吐蕃计口授田制下农户占有土地的来源是十分必要的。前引 P.T.1078《悉董萨部落土地纠纷诉状》记载，经税吏、押衙等核实，有争议的田原属王氏兄弟的"祖辈永业与轮休地"，故依法判归之。^② P.3613《申年正月沙州令狐子余牒》，称令狐子余在唐时，有口分地六亩被人所换，吐蕃占领敦煌后，换地为丝绵部落所占，令狐子余向当局申请"却还本地"，经有关官吏核实后，亦"准状"归还。^③

上述两条史料说明，吐蕃统治者承认敦煌农户在唐时占有土地的合法性，因此所谓"计口授田"实际上是吐蕃在敦煌以前的土地占有基础上实行的。这与吐蕃官吏处理房屋、土地纠纷的"见住为主"原则也相符合。计口授田人均十亩的数额，应是吐蕃统治者通过 788—790 年之间的户口登记、部落划分等一系列施政后，根据当时可耕土地与人口数量的比例制定出来的。如前引 S.514 文书所示，唐大历年间，敦煌地区就出现了人均占田数约为十亩的现象，这或许就是吐蕃占领前后，敦煌实际人口与土地数量比例的反映。总之，计口授田是吐蕃当局在敦煌实际存在的土地、人口状况上实行的，目的是为了便于征收赋税。

（三）计口授田制的施行与破坏

据 P.3774《丑年十二月僧龙藏牒》的记载，吐蕃的计口授田是与首次划分部落（790）同时进行的。这件文书说：

> 齐周身充将头，当户突税差科并无。官得手力一人，家中种田、驱

---

① 陈庆英：《丈量土地面积的标准——论"突"（dor）》（藏文），《青海民族学院学报》1982 年第 2 期。
② 王尧、陈践译注：《敦煌吐蕃文献选》，第 44—46 页。
③ 池田温：《中国古代籍帐研究》，第 517 页。

使，计功年别三十驮。从分部落午年，至昨亥年，计三十年，计突课九百驮，尽在家中使用。①

此段文字谓齐周作"将头"（部落下属官吏），当局配"手力"（相当于唐之杂户）一名。"手力"除为齐周服杂役外，还为主人种田，每年缴粮食三十驮，从分部落午年（790，庚午）至昨亥年（819，己亥），共三十年，计"突课"九百驮。"突地"、"突税"、"突课"，是吐蕃时期土地、赋税、田课的相应名称。由此可知，吐蕃在敦煌计口授田、制定赋税标准等，始于790年。

吐蕃在敦煌第一次划分部落时，就一并进行了土地的划分，但这次计口授田是不彻底的。如前引令狐子余索回之地仅有六亩，少于一人十亩的标准。又，P.3774《丑年十二月僧龙藏牒》还说："去丙寅年（786），至昨午年（814，甲午）三十年间，伯伯私种田三十亩。年别收斛豆三十驮，已上并寄放合计一千驮。"②可知吐蕃时期，一些农户的占田数已超过一人一突的标准。这种情况，从840年前后的两份"兄弟分书"中亦可见到，兄弟共四人，每人分得约五十亩，而所分之地承自父辈。③此类多于或少于计口授田标准及"私田"存在的现象，说明吐蕃颁行的计口授田制开始实行就不彻底，以后沿用的时间也不长。

吐蕃当局所以未能把计口授田制颁行彻底、贯彻始终，除了敦煌陷蕃后并无大量空地可供授予外，还与当时的政治局势有关。吐蕃是通过订立城下之盟进入敦煌的，为建立自己有效的统治，吐蕃统治者起用了敦煌的世家豪族，如《阴处士修功德记》云：

自赞普启关之后，左衽迁阶；及宰辅给印之初，垂袪补职。蕃朝改授，得前沙州道门亲表部落大使。承基振豫，代及全安。六亲当五秉之

---

① 池田温：《中国古代籍帐研究》，第540页。
② 池田温：《中国古代籍帐研究》，第539页。
③ 池田温：《中国古代籍帐研究》，第555—559、565页。

饶，一家蠲十一之税。复旧来之井赋，乐已忘亡；利新益之园池，光流竟岁。①

对于这样一部分人，吐蕃当局自然不能触动其拥有的土地、庄园，而只能是复其"旧来之井赋"。不仅如此，世家豪族和一些汉人部落官吏在吐蕃的庇护下，还进行土地兼并，所谓"利新益之园池"就是真实的写照。这些人的兼并活动，对计口授田制无疑是一种破坏。

妨碍吐蕃实施计口授田制的另一种势力来自敦煌的寺院。据记载，敦煌陷蕃前仅有六七所寺院，到9世纪初就发展至近二十所，僧、尼总数约在千人以上。②由于吐蕃统治者也信奉佛教并敬重敦煌佛教人士，因此不可能去遏制寺院不断占有土地的势头，这也是计口授田制不能稳定和持久的重要原因之一。

结　语

通过以上讨论，可得出两点认识：

1. 吐蕃在敦煌建置部落主要有两次：第一次在790年左右，第二次是9世纪20年代。初期的部落编制应是非军事的，吐蕃统治中期，由于形势变化，吐蕃在敦煌地区先后编创了数个军事部落，把敦煌汉人及其他民族纳入自己的军事组织中，以符合对征服地区长期统治的政策。后一次编创的诸军事部落似取代了初期的部落，同时，这也反映出被统治的敦煌百姓地位较初期有所提高。

2. 所谓"计口授田"制，是吐蕃在敦煌原有的土地占有基础上施行的一种土地调整制度，人均大约十亩，目的在于方便征收赋税。但是，由于世家豪族、寺院以及蕃、汉官吏对土地的占有和兼并，使得这种制度施行

---

① 郑炳林：《敦煌碑铭赞辑释》，第239页。
② 史苇湘：《丝绸之路上的敦煌与莫高窟》，《敦煌研究文集》，甘肃人民出版社1982年版，第76,77页。

的范围、延续的时间都非常有限。大约到吐蕃统治后期，这种制度已经被废弃了。从这里也可以看出，吐蕃对敦煌原有的封建土地关系的调整是十分有限的。

吐蕃统治下的汉、胡诸族

唐玄宗天宝十四载（755），"安史之乱"爆发以后至791年，吐蕃军队攻占了唐朝陇右、河西及安西、北庭等地。吐蕃先后攻占的上述各地，以汉人居多，此外还有吐谷浑、党项、回鹘等族，吐蕃是如何统治这些民族的，无疑是探究吐蕃与西北民族关系史的重要课题。以下试论之。

一、汉人

前人每论及吐蕃统治下的汉人，多引唐沈下贤《对贤良方正直言极谏策》中的一段文字："自瀚海以东，神鸟、敦煌、张掖、酒泉，东至于金城、会宁，东南至于上邽、清水，凡五十郡、六镇十五军，皆唐人子孙，生为戎奴婢，田牧种作，或聚居城落之间，或散处野泽之中。"[①] 其实，沈下贤的记述，具有很大的片面性，并不完全符合当时的历史实际。"生为戎奴婢，田牧种作"，只是河陇一部分汉人的遭遇，并非所有汉人皆如此。

吐蕃在占领河陇和进攻关内道各州的战争中，确曾俘掠了一些唐朝士兵和百姓，后来用作奴隶。如787年吐蕃攻汧阳、华亭（今甘肃华亭一带），掠"男女万人以畀羌、浑，将出塞，令东向辞国，众恸哭，投堑谷死者千

---

① 《全唐文》卷七三四沈下贤《对贤良方正直言极谏策》。

数"①。吐谷浑、党项等游牧民族，得汉人多以为牧奴，故有死不从者。又如，"永泰初（765），丰州烽子暮出，为党项缚入西蕃易马。蕃将令穴肩骨贯以皮索，以马数百蹄配之"②。吐蕃是奴隶社会，战争中获得的俘虏是奴隶的重要来源之一，被俘虏的唐人及被转卖的唐人沦为吐蕃的奴隶，是不足为奇的。

吐蕃除从战争中俘虏唐朝军民用作奴隶外，在其统治下的敦煌地区，也曾抄掠汉人为奴。S.3287《子年五月氾履倩等户口状上》记："户氾国珍，死。妻张念念，在。……奴紧子，论悉歹夕将去。奴金刚□婢落娘，已上并论悉歹息将去。"③ P.T.1083《禁止抄掠汉户沙州女子牒》也说："往昔，吐蕃、孙波与尚论牙牙长官衙署等，每以配婚为借口，前来抄掠汉地沙州女子。其实，乃佣之为奴。"④

不过，吐蕃在敦煌地区的抄掠行动，不是针对大多数汉族百姓的。从S.3287文书所记的四户百姓来看，被吐蕃官吏抄掠的只有氾国珍一户，而且被掠之人都不是家庭成员，仅是那些原来就属于奴婢身份的人。一件敦煌藏文写本记载："在当妥关、弃札、穹恭和桑恭三人分派奴隶，举凡他们的人名、家庭、职业及如何纳税等，分别予以登记。"⑤ 这些有家室、职业，要纳税（有土地）的"奴隶"，很可能是吐蕃人到来以前敦煌就有的"杂户"，他们的地位本来就低于普通的百姓。⑥ 由此看来，P.T.1083卷子说的"汉地沙州女子"，当是指那些原来就是奴婢的人。

从敦煌文书记载的情况看，敦煌多数汉族百姓都掌握一定的生产资料，他们基本上还保持着小生产者的地位。在吐蕃的计口授田制度下，敦煌农户都能按家庭的人数占有一块土地。他们用自己的生产工具在土地上进行

---

① 《新唐书》卷二一六《吐蕃传》。
② 段成式：《酉阳杂俎》续集卷七《金刚经鸠异》。
③ 池田温：《中国古代籍帐研究》，第519—522页。
④ 王尧、陈践译注：《敦煌吐蕃文献选》，第51—52页。
⑤ F. W. Thomas, *Tibetan Literary Texts and Documents Concening Chinese Turkestan*, II, p.50.
⑥ 《唐会要》卷八六《奴婢》。

耕种，收获物除纳赋税外，其余的都归自己所有。在劳力不足的情况下，他们还可以把属于自己的土地分佃给他人，如 P.3613《申年正月令狐子余牒》说："孟授索底渠地六亩。右子余上件地，先被唐朝换与石英顺。其地替在南支渠，被官割种稻，即合于丝绵部落得替，望请却还本地。子余比日已来，唯凭此地，与人分佃，得少多粮用，养活性命，请乞羌矜处分。"① 而且，敦煌农户还有权出卖自己的土地，S.1475《未年安环清卖地契》记载："宜秋十里西支地壹段，共柒畦拾亩，东道，西渠，南索晟，北武再再。未年十月三日上部落百姓安环清为突田债负，不办输纳，今将前件地出买（卖）与同部落人武国子。"② 这些事实说明，吐蕃统治下的农户，是有一定独立经济的小生产者，他们不是在经济上和人身关系上都依附于吐蕃统治者的奴隶。

敦煌多数汉人能够保持封建农民的地位，主要是由于他们向吐蕃统治者斗争的结果。吐蕃攻占敦煌之前，当地的汉族军民进行了 10 年守城抗战。③ 吐蕃占领初期，敦煌汉人又发动过数次起义，反抗吐蕃的统治，如 S.1438《书仪》就记载了驿户氾国忠与张清起义的事件。④ 这些斗争，使吐蕃统治者认识到汉族百姓中蕴藏着巨大的反抗力量，他们不得不在统治政策上有所让步。一方面，他们拉拢唐朝的破落官、汉族世家豪族参与政权管理，如封他们做守使、部落使等；另一方面，实行计口授田等措施，力图维护汉族百姓原有的经济地位，安定民心。

到吐蕃统治中期，即长庆会盟（821）前后，吐蕃统治敦煌已经三十余年，敦煌汉人经过初期的数次反抗斗争失败后，已进入相对安定阶段。吐蕃方面，攻占河陇已经数十年，为维系"西裔一方，大蕃为主"⑤ 的局面，他们急于与唐朝订立盟约，以换取唐朝对自己占有河陇的承认。因此，在会盟

---

① 池田温：《中国古代籍帐研究》，第 517 页。
② 中国科学院历史研究所资料室编：《敦煌资料》第 1 辑，第 293 页。
③ 《新唐书》卷二一六《吐蕃传》。
④ 史苇湘：《吐蕃王朝管辖沙州前后》，《敦煌研究》创刊号（1983）。
⑤ 《旧唐书》卷一九六《吐蕃传》。

前后，吐蕃调整了自己的各项施政措施，以符合长期统治河陇的需要。在敦煌，其政策变化体现在，吐蕃把初期的僧尼、行人、丝绵等部落，改编为军事部落，称作"阿骨萨"（rgod sar）、"悉董萨"（stong sar）等。① 把汉人部落划归"桂（武士）"（rgod）的行列，而与"庸"（gyung）相区别，无疑提高了汉人的政治地位。

敦煌多数汉人并非处于奴隶的地位，还可以从吐蕃在这一地区的其他施政中得到说明。

据 S.1438《书仪》记载，吐蕃统治初期的一次汉人驿户起义平息后，吐蕃当局为安抚民心，恢复当地正常的生产、生活秩序，应汉人官吏所请，"所税布麦"，"半放半征"，结果起到了"凡厥边氓（氓），不任胥（喜）悦"的效果。同时，又因百姓耕种时"例乏耕牛，农器之间，苦无钢铁"，经"相公"亲自过问，"更蒙支铁，远送敦煌"，使"耕农具既，多耕自广"。②

针对基层官吏抄掠汉户女子为奴的情况，吐蕃当局曾发布过《禁止抄掠汉户沙州女子牒》，明令"勿再令无耻之辈持手令前来择配，并允其自择配偶"③。另外，吐蕃赞普王宫还应敦煌汉人官吏之请，下令禁止当地节儿官吏侵占民庶果园，P.T.1085 卷子说："辰年冬十一月上旬，亨迦宫用印颁发之告牒，令下沙州节儿。据沙州二唐人部落之民庶禀称：沙州每年定期向宫廷及大行军衙交纳年贡礼品'冬梨'一次，王廷虽已拥有果园多处，但仍要增加（年贡）。以往，蒙圣神王臣之恩典，我等蛮貊边鄙之民户，每户修筑一座果园，且从未交纳年贡礼品及岁赋。（如今）节儿长官等经常不断欺压掠夺乃至霸占（果园）。为今后不再发生掠夺、侵占民庶果园事，恳求颁布一严诏令，并赐以钤印告牒云云等情，据此，大尚论以下恐热、论腊藏悉通均

---

① 详见拙文《吐蕃时期敦煌部落设置考》，《西北史地》1987 年第 2 期。
② 史苇湘：《吐蕃王朝管辖沙州前后》，《敦煌研究》创刊号（1983）。
③ 王尧、陈践译注：《敦煌吐蕃文献选》，第 52 页。

用印（亨迦宫敕令之印）并摁指印颁发如上。"①

上述吐蕃统治者的一系列措施，虽然是从自己的长远利益出发的，但它毕竟从一个侧面反映了敦煌汉人并非处于奴隶地位。

从一些较零散的记载来看，河陇其他地区的汉人也没有全部沦为吐蕃的奴隶，如贞元二十年（804）唐人吕温随侍御史张荐出使吐蕃，归途中，见鄯城（今西宁）"城外千家作汉村"、"耕耘犹就破羌屯"，②说明当地汉人仍旧聚族而居，耕稼收获，与以前的生产、生活状况没有多少区别。长庆二年（821），唐大理卿刘元鼎为吐蕃会盟使，"逾成纪、武川，抵河广武梁"，见"故时城郭未堕，兰州地皆粳稻，桃李榆柳岑蔚，户皆唐人，见使者麾盖，夹道观"。③这也说明，河陇汉人的境遇没有多大变化。总之，在吐蕃统治下的河陇地区，除一部分人以外，相当多的汉人并没有沦为吐蕃的奴隶，相反，由于他们的斗争，使自己基本上保持了小生产者的地位。那种"生为戎奴婢"的说法，是在不了解吐蕃统治河陇全貌的情况下，由唐朝封建官吏之口说出的，因而不可能不带有片面性。

我们说吐蕃统治下并非所有汉人都沦为了奴隶，不是要否认吐蕃统治所具有的民族压迫性质。从本质上看，吐蕃对汉人的统治，是奴隶制政权对已进入封建社会地区的统治。在这种统治之下，汉族人民不仅备受政治压迫、民族歧视，而且受到沉重的经济剥削。因此，即使他们没有沦为吐蕃统治者的奴隶，他们的实际地位也是很低的。这一点，在吐蕃部落制中汉人官吏的位置问题上，可以得到充分说明。

P.T.1089文书记载的敦煌蕃汉官吏的名称和大致排列顺序如下：节儿论、万户长州内权限者、万户都护、大都督、吐蕃人千户长、副节儿、小都督、汉人都护、汉人副千户长、吐蕃人小千户长、小节儿、财务官州内权限

---

① 王尧、陈践：《敦煌藏文写卷P.T.1083、1085号研究》，《甘肃民族研究》1983年第4期。
② 《全唐诗》卷三七一《经河源汉屯作》。
③ 《新唐书》卷二一六《吐蕃传》。

者、汉人副小千户长、汉人守备长、全体汉人大收税官、万户长书吏。①这个序列表，是在敦煌汉人官吏因地位太低，提出申诉后经吐蕃当局重新调整过的，但汉人官吏的附庸地位仍然十分明显。主要表现为，大都督以上官吏，汉人部落的千户长、小千户长一类要职，均由吐蕃人充任，汉人只能任千户、小千户长的副职。②而吐蕃姑臧（mkhar tsan）军团属下，吐谷浑（阿柴）部落有自己的千户长，且地位紧接吐蕃千户长之后。③这说明汉人官吏的地位，在一定时期内还在吐谷浑部落官吏之后。

从敦煌文书的记载来看，吐蕃对被征服民族采取的是一种"字（告身）高位卑"的政策。所谓"字高"，即授予的告身比较高，如附蕃的于阗王被赐以"王号"，"许以王者威仪"，于阗的主事大臣也被赐以金告身、玉告身等。但是他们实际地位很低，于阗王的地位排在吐蕃监视官（银告身）之下，主事大臣则在吐蕃铜告身官吏（相当于节儿）之下。④敦煌汉人官吏的情况也大致如此，如汉人副千户长为大黄铜告身，但实际地位在持红铜告身的吐蕃人千户长之后。⑤

在吐蕃的统治下，汉人除了政治地位低下外，在经济上还受到较重的剥削。S.1475V6《酉年十一月张七奴便麦契》说："酉年十一月行人部落百姓张七奴为纳突不办，于灵图寺僧海清处便佛麦陆硕。其麦限至秋八月内还足。"⑥同卷V4《未年安环清卖地契》，记载他因"突田债负，不办输纳"，只得将土地出卖抵债。敦煌百姓借粮、卖地以缴赋税，说明吐蕃统治者的课税已成为他们沉重的负担。千佛洞73. iv, 14藏文写本记载："节度衙长官于去

---

① 山口瑞凤：《沙州汉人による吐蕃二军团の创立と mkhar tsan 军团の位置》，《东京大学文学部文化交流研究施设研究纪要》第4号（1980），第22页。
② 山口瑞凤：《吐蕃支配时代》，《讲座敦煌》第2卷《敦煌の历史》，第213—217页。
③ 山口瑞凤：《沙州汉人による吐蕃二军团の创立と mkhar tsan 军团の位置》，《东京大学文学部文化交流研究施设研究纪要》第4号（1980），第17页。mkhar tsan 即姑臧（凉州）。
④ 详见拙文《唐代吐蕃统治于阗的若干问题》，《敦煌学研究》第5期（1986），第42—43页。
⑤ 山口瑞凤：《沙州汉人による吐蕃二军团の创立と mkhar tsan 军团の位置》，《东京大学文学部文化交流研究施设研究纪要》第4号（1980），第19—20页。
⑥ 中国科学院历史研究所资料室编：《敦煌资料》第1辑，第385—386页。

年整顿当妥关官署。一名突（田）官宝（某），在返途中为郝儿思所害。"①表明了敦煌百姓甚至以武力反抗吐蕃的征敛。

除了落后的部落制统治、沉重的赋税剥削以外，吐蕃还在汉人中推行强制同化的政策，《新唐书·吐蕃传》记载敦煌被占领后，"州人皆胡服臣虏"。吐蕃统治的残酷性和掠夺性，必然会激起敦煌乃至整个河陇地区的汉族人民的反抗。这种反抗在吐蕃统治初期表现十分激烈，在中期有所缓和，但没有停止。吐蕃统治后期，由于吐蕃河陇驻军将领的混战，这一地区内的各族人民再次蒙受了战争带来的灾难，因而张议潮等人能振臂一呼，联合河陇各族人民推翻吐蕃的统治。

二、吐谷浑

在西北诸游牧民族中，吐蕃对吐谷浑的征服和统治是较早的。

吐谷浑，原是鲜卑慕容部的一支，西晋末（4世纪初），首领吐谷浑率所部西迁今甘肃、青海间。唐朝初年，其居地大致以青海为中心，西抵南疆，东至甘南。吐蕃对吐谷浑的征服和统治，有三个过程：从贞观十二年（638）吐蕃"率羊同共击吐谷浑"始，至龙朔三年（663），其间吐蕃不断进攻吐谷浑，最后"遂有其地"②；麟德元年（664）至天宝十四载（755），吐蕃加强对被征服的吐谷浑部众的控制，在其故地上重建了附蕃的"吐谷浑国"；天宝十五载以降，吐蕃攻占河陇、西域等地，原居于河陇、西域各地的吐谷浑部众，又受制于吐蕃，直至其统治结束。

讨论吐蕃与吐谷浑的关系和对其民众的统治，有必要先说明蕃属吐谷浑小王及其臣僚的情况。

P.T.1288《大事纪年》、P.T.1287《赞普传记》和斯坦因 vol.69, fol.84 藏

---

① F. W. Thomas, *Tibetan Literary Texts and Documents Concening Chinese Turkestan*, II, p.49.
② 《新唐书》卷二一六《吐蕃传》、卷二二一《吐谷浑传》。详见周伟洲：《吐谷浑史》，宁夏人民出版社1985年版，第96—106页。

文写本《吐谷浑（阿柴）纪年》①，记载了吐谷浑成为吐蕃属国后，其内部发生的重要历史事件，如689年，吐蕃将公主赤邦（khri bangs）嫁给吐谷浑王，建立了王室之间的紧密联系；693、695年，吐蕃大论钦陵前往吐谷浑；708年，吐谷浑莫贺吐浑可汗（ma ga tho gon kha gan）任免本国官吏，随之进行了户口清理；710年，金城公主入藏，途中于吐蕃地面停留，吐谷浑可汗与母后赤邦率众亲迎，双方互致礼节；711年，吐蕃朵地大论到吐谷浑可汗处，同年吐蕃授予一吐谷浑贵族玉石告身；714年，吐谷浑国有难，吐蕃派员前往支援；727年，吐蕃任命外甥吐谷浑小王（vbon va zha rje）为大论，等等。②

由上可知，663年，吐谷浑王诺曷钵率余部迁于内地后，吐蕃择其王室余裔立为可汗，并嫁以公主，以后，吐蕃所属的吐谷浑国始有王位相传。727年后，仍能不断看到吐谷浑王的活动，如745年，吐谷浑小王与吐蕃大论莽布支率军进攻唐朝堡塞③；748年，唐将哥舒翰击吐蕃于积石军（今青海贵德），俘获吐谷浑王子悉弄参及子婿悉颊藏④；779年，吐蕃桑耶寺兴佛诏书中，居于盟誓者首位的有"甥吐谷浑（阿柴）王"；赤德松赞（798—815）时兴建的噶琼多吉英寺盟誓文书之首，又有"外甥吐谷浑（阿柴）王……莫贺吐浑可汗"⑤。这些史料说明，在吐蕃统治下，吐谷浑王世系相传，他们在诸小邦王中占有比较重要的地位。

---

① 《吐谷浑纪年》，又称《公主纪年》。英国学者F. W. 托马斯认为，此文书所记为634—643年间吐蕃与吐谷浑之间的重要事件。其中提到的唐公主，即下嫁吐蕃松赞干布的文成公主。匈牙利藏学家G. 乌瑞撰文指出，此文书包括的年代应为706—715年，文书记载的唐公主是金城公主。笔者倾向于乌瑞的观点。参见F. W. Thomas, *Tibetan Literary Texts and Documents Concerning Chinese Tukestan*, II, pp.8-16（译文见托马斯编著，刘忠、杨铭译注：《敦煌西域古藏文社会历史文献》，民族出版社2003年版，第7—10页）；G. Uary, "The Annals of the 'A-ZA Principality—The Problems of Chronology and Genre of the Stein Document, Tun-huang, vol.69, fol.84", *Proceedings of the Csoma de Körös Memorial Symposium,* Edited by Louis Ligeti, Budapest, 1978, pp.541-548.
② 王尧、陈践译注：《敦煌本吐蕃历史文书》（增订本），第148—152页；托马斯编著，刘忠、杨铭译注：《敦煌西域古藏文社会历史文献》，第7—10页。
③ 王尧、陈践译注：《敦煌本吐蕃历史文书》（增订本），第154页。
④ 《旧唐书》卷一八三《王子颜传》。
⑤ 巴俄·祖拉陈瓦：《智者喜宴》，第372、411—412页。

吐蕃所属"吐谷浑国"的活动范围,大致在东濒青海湖、西抵南疆、北邻敦煌、南包柴达木盆地这个区域内,基本上就是原吐谷浑的活动地。吐蕃攻占河陇地区后,蕃属吐谷浑的活动范围更向北、向西发展。根据敦煌藏文文书的记载,在于阗、鄯善、沙州、凉州一线,都有吐谷浑的部众活动。鄯善有"吐谷浑(阿柴)上部万人部落"(va zha khri sde stod pa);沙州(敦煌)附近有"吐谷浑(阿柴)路"(va zha steg)、吐谷浑"千户"(stong sde);而吐蕃凉州节度使属下,紧接吐蕃、孙波千户长之后,有"通颊与吐谷浑(阿柴)千户长"(mthong khyab dang va zhavi stong pon)。[①]

史载,吐谷浑"有城郭而不居,随逐水草,庐帐为室,肉酪为粮"[②],是典型的游牧部落。被吐蕃征服之后,吐谷浑仍然保留了原有的部落形式。在敦煌和新疆米兰发现的藏文文书中,记载有"吐谷浑(阿柴)新万户"(va zha khri sde gsar)、吐谷浑"千户"、吐谷浑"万户长"(khri dpon)、"都护"(spyan)、"千户长"等名称。[③]但是,吐谷浑部落中的这些官吏,似由吐蕃当局指派。Ch.vol.56, fol.72 藏文写本是一份申请担任吐谷浑千户长的文书,其中提到吐谷浑地面两个小镇的前任千户长是经"德伦盟会"任命的;申请人说这次该他们出任了,他们受到了垄阿柴王(吐谷浑王)和大论的推荐,恳请上峰批准。[④] P.T.1222 写本,记载了发给吐谷浑新万户长、都护告身的情况。[⑤]这些事实,说明吐蕃当局对吐谷浑部落官吏的任命,有最后的决定

---

① 以上参见周伟洲:《吐谷浑史》,第 180 页;托马斯编著,刘忠、杨铭译注:《敦煌西域古藏文社会历史文献》,第 14—16、18—21 页;拙文《吐蕃时期河陇军政机构设置考》,《中亚学刊》(四),北京大学出版社 1995 年版;《唐代吐蕃统治于阗的若干问题》,《敦煌学研究》第 5 期(1986),第 43 页。
② 《旧唐书》卷一九八《吐谷浑传》。
③ 托马斯编著,刘忠、杨铭译注:《敦煌西域古藏文社会历史文献》,第 18—20 页;M. Lalou, *Invendaire des Manuscrits Tibétains de Touen-houang Conservés à la Bibliothèque Nationale*, II, pp.58, 86;"Revendications des Fonctionnaires du Grend Tibet au VIIIe Siècle", *Journal Asiatique*, CCXLIII, 1955, 1-4(2), p.177。
④ 托马斯编著,刘忠、杨铭译注:《敦煌西域古藏文社会历史文献》,第 18—21 页。"德伦盟会"是吐蕃攻占河西地区后,为协商解决该地区民众的各类事务而设置的一个新的盟会。
⑤ M. Lalou, *Invendaire des Manuscrits Tibétains de Touen-houang Conservés à la Bibliothèque Nationale*, II, p.86。

权,这与吐蕃任命敦煌汉人官吏的情况是一致的。①

吐蕃对吐谷浑部众的统治是十分严酷的。M.I.xxiv, 0031 藏文木简记载:"吐谷浑(阿柴)农夫被分派进行耕种时,要派出军队进行监视。"②这应是一件发给吐蕃米兰驻军官吏的命令,进行监视的目的,可能在于督察生产、防止部落纠纷,便于粮食、物品的征收等。另一支木简记载了吐蕃向吐谷浑部众征收贡赋的情况:"吐谷浑(阿柴)上部万人部落,凡属唐所辖者……每户征收五升(青稞);万人部落田赋以六成计征,所征青稞混合堆置一处,一部分(青稞)如以羊驮运不完,可派牛运。"③还有一件藏文写本记载,敦煌附近的一个吐谷浑部落,向敦煌吐蕃官吏缴纳了 30 担粮食。④这些记载表明,吐蕃统治者对吐谷浑部众的征敛是不轻的。

吐蕃役使吐谷浑的另一重要方式,就是驱使其部众为战争服役。据藏文史书《智者喜宴》记载,早在松赞干布时期,被征服的吐谷浑部众就被派驻积石山(今阿尼玛卿山)一带,为吐蕃守边。该书 ja 函记载:"所谓'下勇部'在玛朋木热以下、嘎塘陆茨以上,由通颊九政权部和吐谷浑(阿柴)六千户所据……""玛朋木热"应在积石山一带。⑤在后来的唐蕃战争中,吐谷浑人经常被吐蕃所驱使。如 P.T.1288《大事纪年》记 734 年,"于'岛儿'集会议盟,征集吐谷浑之青壮兵丁"⑥;《旧唐书·吐蕃传》记广德元年(763),"吐蕃以吐谷浑、党项羌之众二十余万,自龙光度而东",贞元三年(787),"吐蕃率羌、浑之众犯塞,分屯于潘口及青石岭"。M.I.59.RM (5) 木简是一件求援文书,曰:"卑职之父没陵岩茹噶,心情急躁,遇(敌人)属彭辟昝,被杀。我已四面被围,别无他法……请从吐谷浑部或通颊派援

---

① 参见山口瑞凤:《吐蕃支配时代》,《讲座敦煌》第 2 卷《敦煌の历史》,第 213—225 页。
② 托马斯编著,刘忠、杨铭译注:《敦煌西域古藏文社会历史文献》,第 22 页。译文有改动。
③ 王尧、陈践编著:《吐蕃简牍综录》,第 38 页。文中"凡属唐所辖者",似指以前属唐而新近被吐蕃征服的吐谷浑部众。
④ 托马斯编著,刘忠、杨铭译注:《敦煌西域古藏文社会历史文献》,第 14 页。
⑤ 巴俄·祖拉陈瓦:《智者喜宴》,第 189 页。译文引自黄颢:《〈贤者喜宴〉摘译(二)》,《西藏民族学院学报》1981 年第 1 期。
⑥ 王尧、陈践译注:《敦煌本吐蕃历史文书》(增订本),第 153 页。

兵……十人，消除危险，乞予垂怜！"①

另一支木简记载，吐蕃在吐谷浑部众中建立了"桂（武士）之部"。②直到吐蕃统治河陇末期，吐谷浑人还受到吐蕃的调遣，《新唐书·吐蕃传》会昌二年（842）载："（尚恐热）略地至渭州，与宰相尚与思罗战薄寒山，思罗败走松州，合苏毗、吐浑、羊同兵八万保洮河自守。"贞元二十年（804），出使吐蕃的唐使吕温，写过一首《蕃中答退浑词》，序曰："退浑种落尽在，而为吐蕃所鞭挞，有译者诉情于予，故以此答之。"词中有"万群铁马从奴虏，强弱由人莫叹时"之句，形象地反映了吐谷浑部众受吐蕃奴役的情况。③

吐谷浑是吐蕃征服较早的民族之一，又由于两族在社会形态及生产、生活习俗上接近，所以吐蕃征服吐谷浑后，采取了扶植小王、保存部落、驱以为用的政策。由于这些原因，吐谷浑小王及其贵族在吐蕃征服的诸族中占有相对优越的地位。这一点，从吐谷浑小王在桑耶寺等兴佛盟誓中的地位，以及吐蕃凉州节度使属下的吐谷浑千户长仅次于吐蕃千户长等情况中，可以得到说明。将这些情况与敦煌汉人只能任副千户长的记载④相比较，也可以看出某段时期内，吐谷浑官吏的地位是高于汉人官吏的。但是，吐谷浑人民的情况就不同了，他们常被吐蕃奴役驱使，因而对吐蕃的统治强烈不满。史料中不乏吐谷浑部众脱离吐蕃、投奔唐朝的记载，如圣历二年（699），吐谷浑七千余帐随吐蕃论弓仁投唐，被安置于河西；次年，吐谷浑数万众"突矢刃，弃吐蕃"，归附唐朝，被安置于甘、肃、瓜、沙数州；开元十一年（723），一批吐谷浑人诣沙州内属，唐玄宗诏河西节度使张敬忠安抚之；开元二十二年，吐谷浑部落发动叛乱，反对吐蕃统治。⑤

---

① 王尧、陈践编著：《吐蕃简牍综录》，第63页。
② 王尧、陈践编著：《吐蕃简牍综录》，第57页。
③ 《全唐诗》卷三七一。"退浑"，即吐谷浑，"语谬为退浑"，见《新唐书》卷二二一《吐谷浑传》。
④ 参见山口瑞凤：《吐蕃支配时代》，《讲座敦煌》第2卷《敦煌的历史》，第213—217页。
⑤ 《新唐书》卷二二一《吐谷浑传》；《资治通鉴》卷二○六、卷二一二；《册府元龟》卷九七七《外臣部》；王尧、陈践译注：《敦煌本吐蕃历史文书》（增订本），第153页。

三、白兰、党项及多弥

白兰 西羌的一支，其名始见于《华阳国志》"汶山郡"条："有六夷、羌胡、羌虏、白兰峒、九种之戎。"《隋书·西域传》"附国"条所举"其东北连山，绵亘数千里，接于党项，往往有羌"的数十种羌之中，亦有"白兰"。至《新唐书·党项传》谓："又有白兰羌，吐蕃谓之丁零，左属党项，右与多弥接。胜兵万人，勇战斗，善作兵，俗与党项同。"

据有的学者研究，隋唐之际，白兰的位置在今青海南部到四川西北之间。①

唐武德中，白兰曾遣使入朝；贞观初年，又率众内属。贞观十一年（637），吐蕃因向唐求婚不遂，率羊同共击吐谷浑；稍后，吐蕃"又攻党项、白兰羌，破之"②，这是白兰与吐蕃接触较早的记录。《新唐书·党项传》曰："龙朔后，白兰、春桑及白狗羌为吐蕃所臣，籍其兵为前驱。""龙朔"系唐高宗李治年号，为661—663年，其间，吐蕃攻占了吐谷浑地方，白兰之地北邻吐谷浑，自然相继为吐蕃所占。③白兰被吐蕃征服后，具体的情况史书记载很笼统，从史书谓吐蕃"藉其兵为前驱"看，知道他们多被驱使于吐蕃的对外战争中。

吐蕃对白兰的驱使，引起了其部众的不满。《新唐书·吐蕃传》开元十六年（728），吐蕃使臣致唐朝边将书说："昨弥不弄羌、党项交构二国，故失欢，此不听，唐亦不应听。"据研究，"不弄"即"白兰"④，这条史料反映了白兰部众对吐蕃统治的不满。又《册府元龟·外臣部》曰："十三载（754），闰十一月乙亥，吐蕃白兰二品笼官董占庭等二十一人来降，并授左武卫员外大将军。"此处吐蕃、白兰并举，表明为吐蕃所辖之白兰。"笼官"

---

① 冉光荣、李绍明、周锡银：《羌族史》，四川民族出版社1984年版，第172页。
② 《新唐书》卷二一六《吐蕃传》。
③ 《新唐书》卷二二一《吐谷浑传》谓："吐谷浑居甘松山之阳，洮水之西，南抵白兰，地数千里。"
④ 参见陈宗祥：《试论格萨尔与不弄（白兰）部落的关系》，《西南民族学院学报》1981年第4期。

似即藏文 slung dpon 一词的翻译,为吐蕃封给被征服地区的地方驿传、军需官吏的称呼之一种。①白兰首领既臣属于吐蕃,被封为"笼官",又转而附唐,反映了他们对吐蕃统治的反抗。

党项 原西羌部落之一,北周灭宕昌、邓至羌,其部兴起。隋开皇四年(584),首领拓拔宁丛内附,授大将军。贞观初,细封步赖举部归唐,唐以其地置轨州,授刺史领之,其地在今青海省东南部河曲与四川松潘以西山谷地带。

吐蕃强盛后,迅速向东北方向发展,即与党项接触。《新唐书·吐蕃传》记其贞观年间攻吐谷浑后,又攻党项、白兰等。之后,由于吐蕃不断侵逼,党项诸部"请内徙,始诏庆州置静边等州处之。地乃入吐蕃,其处者皆为吐蕃役属,更号弭药"②。汉文"弭药",藏文作 mi nyag。藏文史籍中记载了这部分党项人与吐蕃的关系。如《智者喜宴》载,松赞干布的妃子之一茹雍妃洁莫尊,即弭药王之女,她建造了逻些卡查寺;松赞干布还下令在弭药地方建造了雍佐热哺嘎神殿。③在吐蕃统治下,弭药人在宗教、建筑、医学方面作出了不少贡献,如以弭药人为主建造了康地的隆塘准玛寺;他们还参与了桑耶寺的建造。赤松德赞时的弭药人容杰,即是著名的"吐蕃九名医"之一。④

当然,吐蕃对被征服的党项部众统治十分严厉。《新唐书·南诏传》载南诏王致韦皋书曰:"吐蕃阴毒野心,辄怀搏噬。……往浑王为吐蕃所害,孤遗受欺;西山女王,见夺其位;拓拔首领,并蒙诛刈;仆固志忠,身亦丧亡。"其中,"拓拔首领",即指被征服的党项族首领。有学者据此认为,在吐蕃统治下,党项部落被解散,部众沦为奴婢,吐蕃"出师必发豪室,皆以

---

① 陈践践:《笼馆与笼官初探》,《藏学研究》,中央民族学院出版社1993年版,第171—182页。
② 《新唐书》卷二二一《党项传》。
③ 巴俄·祖拉陈瓦:《智者喜宴》,第217、240页。
④ 巴俄·祖拉陈瓦:《智者喜宴》,第230页;《多麦佛教史》,西北民院油印本,第39页;李竹青:《唐代杰出的藏族医学家玉妥宁玛·云丹贡布》,《西藏民族学院学报》1984年第2期。

奴从，平居散处耕牧"，或即指此。①对吐蕃的严酷统治，党项部众也进行反抗。《新唐书·吐蕃传》载：长寿元年（692），吐蕃属部首领"率贵川部与党项种三十万降"；稍后，又有"羌、蛮八千"来附。

除被吐蕃征服的党项人众外，迁于今宁夏、陕西一带的党项诸部，也常与吐蕃联合，侵扰唐朝州县。但这些党项人时而附蕃，时而归唐，与以上所论不同，故不详举。

多弥　《新唐书·西域传》载："亦西羌族，役属吐蕃，号难磨。滨犁牛河，土多黄金。"从同传谓白兰羌"左属党项，右与多弥接"之句看，多弥的位置在黄河河源以下，所临"犁牛河"应为牦牛河，即今通天河上游。②

《新唐书·吐蕃传》载吐蕃源流说："或曰南凉秃发利鹿孤之后，二子，曰樊尼，曰傉檀。傉檀嗣，为乞佛炽盘所灭。樊尼挈残部臣沮渠蒙逊，以为临松太守。蒙逊灭，樊尼率兵西济河，逾积石，遂抚有群羌云。"积石山（今阿尼玛卿山）以西正是多弥的驻地。所以，有学者认为"难磨"（nam）即对南凉之"南"。③

汉、藏文史料中，都有吐蕃统治下"南国"即"多弥"的记载。如《册府元龟·外臣部》载："开元二十九年（741），十二月，女子国王赵曳夫⋯⋯喃国王各遣其子来朝，具献方物。"同书《外臣部》、《帝王部》又分别记载，"天宝十三载（754）二月，剑南节度奏：女国、南王国及白狗并率部落内属"；"天宝十三载，女国、南国、狗国并率部落内属，其大首领皆授员外中郎将，以安慰"。后两条所指，当属同一事件。

在新疆南部发现的、属于唐代的藏文简牍，记录了被征服的"南国"人在于阗、鄯善一带活动的情况，如麻扎塔格 c, ii, 0042 木简载："乍夏志以上，甲仓慕堡以下，在浦茹（nan ru），有三名斥候，一名逃散，由士兵至各处设法搜捕"；另一支编号为麻扎塔格 c, iv, 0036 的木简载："在巴尔本对河，

---

① 王忠：《论西夏的兴起》，《历史研究》1962年第5期。
② 参见谭其骧主编：《中国历史地图集》（五），地图出版社1982年版。
③ F. W. Thomas, *Nam, An Ancient Language of the Sino-Tibetan Borderland,* London, 1948, pp.58-61.

岸边关卡由浦茹（nan ru）巴充任地方长官。"①可见，"南国"人被吐蕃征服后，编入军旅，称为 nan ru，服役到了南疆地面。

四、回鹘、沙陀及粟特人

吐蕃统治下的河陇诸族，除有汉人、吐谷浑人及诸羌族人外，还有属于突厥系的回鹘人、沙陀人，以及来自中亚的粟特人。

回鹘 又称回纥，是隋唐时漠北草原上韦纥、仆固、同罗、拔野古等游牧部族的总称。这个民族来源较早，与唐朝、吐蕃都有密切的联系。吐蕃与回鹘首次接触大约在唐代宗广德二年（764）。当时，吐蕃已攻占陇右等地，势欲东进，恰逢唐将仆固怀恩叛乱，联合回鹘与吐蕃进攻邠州，后因怀恩暴卒，这次吐蕃、回鹘联兵遂告失败。此后，由于吐蕃攻占河西诸州，并继续向西域发展，这就威胁到回鹘与西域等地的交通，双方关系遂致恶化。在790—791年的北庭之战中，吐蕃与回鹘之间发生了首次较大的冲突。之后的816年，吐蕃又曾发大军进攻回鹘在漠南的牙帐，结果无功而还。②

尽管吐蕃与回鹘为争夺西北地区，导致双方的对立，但由于历史的原因，部分回鹘人曾经成为吐蕃统治下的臣民。7至8世纪之交，因后突厥政权强大，"迫夺铁勒之地，故回纥、契苾、思结、浑四部度碛，徙居甘、凉之间以避之"③。《旧唐书·地理志》记"吐浑、契苾、思结等部，寄在凉州界内，共有户五千四十八，口一万七千二百一十二"，可见甘、凉之间的回鹘人为数不少。《资治通鉴》记载，开元十五年（727），还发生过一起回鹘人袭杀唐朝河西节度使王君㚟，载其尸奔吐蕃的事件。吐蕃攻占河陇后，似有一批回鹘人留居甘、凉之间，元和三年（808），回鹘一度从吐蕃手中夺取凉州，可能就得到过这些人的帮助。

---

① 王尧、陈践编著：《吐蕃简牍综录》，第48、59页。
② 《册府元龟》卷六六〇《奉使部》。
③ 《资治通鉴》卷二一三"开元十五年九月"条。

840年，黠戛斯人击破回鹘，"有回鹘相驭职者，拥外甥庞特勤及男鹿并遏粉等兄弟五人、一十五部西奔葛逻禄，一支投吐蕃，一支投安西"①。842—843年，又有"特勤叶被沽兄李二部南奔吐蕃"，估计这两部约有一万人。②这些投奔吐蕃的回鹘人大概也处于甘、凉一带，唐末五代的甘州回鹘政权就是以他们为主建立起来的。《新五代史·四夷附录》记："（回鹘）其国本在娑陵水上，后为黠戛斯所侵，徙天德、振武之间，又为石雄、张仲武所破，其余众西徙，役属吐蕃。是时吐蕃已陷河西陇右，乃以回鹘散处之。"这段文字大致叙述了回鹘余众投奔吐蕃的经过。

南疆米兰和麻扎塔格出土的藏文文书，记载了吐蕃役使回鹘部众的情况。一支木简谓："狗年，驯化回纥（hor）部落温列肯。派去神山谈判时，桑囊高尔和则高尔……"另一支木简也提到"已归化回纥（hor）部落之江玛支"。③ 这些回鹘部落可能就是投奔吐蕃的回鹘余众，或者是蕃、回战争中被吐蕃俘获的回鹘人。他们受吐蕃役使，充任斥候、力夫等。④ 此外，在藏文木简中还见有突厥的记载。如一支木简记载借粮人名单，内曰"突厥（dru gu）人芒顿之妻领取谷子六升"，另一支木简谓"那雪部落二十名汉属突厥（dru gu）人及零星小部之埭乌玛桑和门结穷二人派往布拉林去替换"。⑤ 8世纪末至9世纪，吐蕃有将北方回鹘人、突厥混称的习惯⑥，故这些dru gu人可能就是回鹘人。

沙陀　为突厥别部，唐贞观年间，居金莎山（今尼赤金山）之阳、蒲类海（今巴里坤湖）之东，以境内有大沙碛，故得名。7世纪70年代始，吐蕃进入西域，联合西突厥部分贵族，不断进攻唐朝安西四镇。大约在唐玄宗

---

① 《旧唐书》卷一九五《回鹘传》。
② 《旧唐书》卷一九五《回鹘传》。此二部系回鹘国破时，随乌介可汗南下的十三部之一，史载此十三部"犹称十万众"，故知。
③ 王尧、陈践编著：《吐蕃简牍综录》，第43、58页。
④ F. W. Thomas, *Tibetan Literary Texts and Documents Concerning Chinese Turkestan*, II, pp.141-142, 149.
⑤ F. W. Thomas, *Tibetan Literary Texts and Documents Concerning Chinese Turkestan*, II, pp.39, 57.
⑥ 森安孝夫：《チベット语史料中に现われる北方民族：Dru-guとHor》，《アジア·アフリカ言语文化研究》第14卷（1977），第43页。

先天初（712—　），沙陀部落西徙北庭，以避吐蕃。唐德宗贞元六年（790），吐蕃攻占河陇诸州后，开始进攻北庭。当时，沙陀、葛逻禄、白眼突厥等，因恨回鹘"多渔撷"，皆附吐蕃，"与共寇北庭，陷之"。[①]

吐蕃陷北庭后，迁沙陀部众于甘州，封其首领尽忠为"军大论"，在对唐战争中，常驱其众为前锋。[②]"大论"一词，藏文作 blon ched po，吐蕃王朝中只有王族高官才享有此衔，如 P.T.1083《据唐人部落禀帖批复的告牒》，开始部分为："亥年春，大论于陇州会上用印发出之告牒。"[③]吐蕃封尽忠为"军大论"，似因沙陀早先助其陷北庭有功，迁甘州后，又常为"前锋"等缘由。《册府元龟·外臣部》记："沙陀突厥在甘州，习俗左老右壮，混杂男女，略与吐蕃同，其悍捷便弓马胜之。"这说明，作为游牧民族，吐蕃和沙陀在生活习俗上基本相同；"悍捷便弓马"，所以常被吐蕃驱为"前锋"。在吐蕃统治之下，沙陀保持了原有的部落组织，汉文史书记载沙陀归唐时，朱邪尽忠"帅部落三万"东来[④]，就可证明。

沙陀脱离吐蕃、投奔唐朝的事件，汉文史书有两种说法：一是元和三年（808），回鹘一度从吐蕃手中夺取凉州，吐蕃怀疑此役中沙陀与回鹘暗通了消息，欲迁沙陀于河外。沙陀不服，于是举众归唐。[⑤]二是元和年间，唐朔方灵盐节度使范希朝闻沙陀"勇劲，希朝诱致之，自甘州举族来归，众且万人"[⑥]。这两种说法反映的事件可能都是真实的，只是时间略有先后而已。应该强调，吐蕃对河陇各族的役使和掠夺是十分沉重的，沙陀部众所以要脱离吐蕃归唐，主要的原因还在于不堪吐蕃役使。

粟特　吐蕃统治下的敦煌、鄯善地区，还有一些粟特人或其后裔，他们

---

① 《新唐书》卷二一八《沙陀传》。
② 《新唐书》卷二一八《沙陀传》。
③ *Choix de Documents Tibétains Conservés à la Bibliothèque Nationale Complété par Quelques Manuscrits de l'India Office et du British Museum*, II, p.429. 此处汉译文，参见王尧、陈践译注：《敦煌吐蕃文献选》，第 51 页。
④ 《新唐书》卷二一八《沙陀传》。
⑤ 《资治通鉴》卷二三七；《旧五代史》卷二五《唐书·武皇纪》。
⑥ 《旧唐书》卷一五一《范希朝传》。

来自今中亚撒马尔干地方，即汉唐地理书记载的昭武九姓之国。

粟特人的东来，可追溯到公元初，但当时主要是一些商人。隋末唐初，粟特人开始成批移居我国新疆及河西走廊地区。唐贞观年间，康国首领康艳典率众来居鄯善旧城，改名兴谷城。高宗上元二年（675），唐朝改兴谷城为石城镇，划归沙州管辖。① 8世纪初，吐蕃占领鄯善，这一地区的粟特人自然受到吐蕃的统治。② 敦煌和米兰藏文文书记载了吐蕃统治下，粟特人活动的情况。M.I.0285,iv,17木简记："答应交与色达村之羊款：交绮穷二升粮，吉那一升，绮穷又二升，居士二升半，彭烈半升，多荣保沙弥一升，粟特人（sog po）五升。"③ 又，73RMF木简记载："粟特人（sog po）处军官良田一突。"④ 这反映了吐蕃统治下，粟特人进行畜牧生产的一般情况。

另一个粟特人聚落在敦煌。据敦煌汉文文书记载，8世纪中叶，敦煌县城东面一里处有一个粟特人聚居的村落，在共约300户、1400多人的村落中，以康、安、石、曹、罗、何、米、史、贺为姓的占绝大多数。这个村落大概形成于7世纪前半叶，到8世纪被编为"从化乡"，为敦煌13乡之一。⑤ 吐蕃攻占敦煌后，"从化乡"与敦煌其他乡都被取消，大部分粟特人沦为寺户。据S.542《戌年六月沙州诸寺丁仕车牛役簿》统计，在184笔供役记录中，属于康、安、石、曹等九姓的寺户共52笔，占全部供役户的三分之一弱。⑥ 敦煌粟特人沦为寺户的原因是较明显的。吐蕃统治以前，作为移民，粟特人拥有的耕地较一般汉户要少，外出经商是他们重要的谋生手段。⑦ 吐蕃攻占

---

① 池田温：《沙州图经考略》，《榎博士还历记念东洋史论丛》，明和印刷株式会社1975年版，第92页；《寿昌县地境》，转引自向达：《唐代长安与西域文明》，三联书店1957年版，第441页。
② 据敦煌藏文卷子《阿柴纪年》，709年，蕃属吐谷浑国的莫贺吐浑可汗与其母赤邦"定夏宫于七屯"，七屯即今米兰地方。F. W. Thomas, Tibetan Literary Texts and Documents Concerning Chinese Turkestan, II, pp.8-15，哈密顿著、耿昇译：《仲云考》，《西域史论丛》第2辑，新疆人民出版社1985年版，第166页。
③ 王尧、陈践编著：《吐蕃简牍综录》，第61页。
④ 王尧、陈践编著：《吐蕃简牍综录》，第28页。
⑤ 池田温：《8世纪中叶における敦煌のソグド人聚落》，《ユーラシア文化研究》1（1965），第53—76页。
⑥ 池田温：《中国古代籍帐研究》，第523—534页。
⑦ 菊池英夫：《隋唐王朝统治时期的河西与敦煌》，《讲座敦煌》第2卷《敦煌の历史》，第171—172页。

河陇地区后,唐朝联结中亚以至西方的贸易、交通一度受阻,吐蕃控制的地区内,商业贸易活动明显减少,货币几乎绝迹[①],这对于经商的粟特人是一种打击。另一方面,吐蕃统治敦煌时期,当地寺院有很大的发展,需要较多的人力、物力为其服务,因而,大批缺乏耕地的粟特人沦为寺户。

结 语

综上所述,可以得出以下认识:

1. 唐代吐蕃统治河陇时期,尽管有部分唐俘及汉人奴婢、杂户等沦为奴隶,但相当多的汉人基本上保持了封建小生产者的地位。敦煌地区在吐蕃统治下,大部分百姓都占有一块土地,可以分佃、出卖;收获物除纳税外,余下均归自己所有。同时,吐蕃还在敦煌地区采取了一系列减免赋税、添置农具、促进农业生产的措施,也从侧面反映了多数汉人并非处于奴隶地位。史料所见河陇其他地区的情况,也基本类此。这一方面是汉人斗争的结果,另一方面,吐蕃为维持统治也作出了一些努力和让步,这些因素客观上稳定了统治者与被统治者之间的关系,对当时河陇地区经济、社会的恢复与发展有一定的促进作用。

2. 吐蕃攻占河陇地区后,散居河陇乃至鄯善地区的吐谷浑、白兰、党项、回鹘、粟特等部众,曾受到吐蕃不同程度的统治。吐蕃奴隶制政权的性质决定,在此期间,这些少数民族人众或充作斥候、力夫,或沦为寺户,受吐蕃的驱使、奴役是很沉重的。因而他们不堪吐蕃役使,寻机归唐;或保全部众,以求发展,在后来推翻吐蕃在河陇统治的斗争中,起了不小的作用。[②]

3. 还应该看到,吐蕃对河陇、西域地区胡、汉民族的统治,客观上密切

---

① 藤枝晃:《吐蕃支配期の敦煌》,《东方学报》第 31 册 (1961),第 252—259 页。
② 如参加 848 年张议潮起义的头面人物中,就有一叫安景旻的人,他可能就是粟特人的代表,见《通鉴考异》卷二二引《建中实录》。

了吐蕃与这些民族的交往和联系。吐蕃统治时期，各族军民在一起耕作、生息，相为婚姻，形成了各民族杂居互处、互相融合的局面。吐蕃统治结束之后，青海、甘南地区的吐谷浑、党项、白兰等族，大量融合于吐蕃人之中，成为了后来藏族的一部分。这是我国民族关系史上极有意义的一页。

吐蕃统治下的鄯善

今新疆东南的若羌地区，大致西过且末，东北至罗布泊，南临阿雅格库木库勒，即汉唐地理书所载的鄯善。西汉元凤四年（前77）汉昭帝改楼兰为鄯善后，北魏曾于鄯善设镇，隋亦于鄯善置郡。唐贞观中，中亚康国酋帅康艳典率众迁居鄯善旧城，亦曰兴谷城，其北有蒲桃城，东有七屯城，西南有新城，南有萨毗城，西有且末城。唐朝曾于上元二年（675），在鄯善置石城镇，隶属沙州；在且末置播仙镇，隶属安西大都护府。神龙年间（705—706），唐经略使周以悌于播仙劝阙啜忠节联络吐蕃，以击其主。从当时的形势看，鄯善旧城至萨毗一线已非唐所有，而为吐蕃及附蕃的吐谷浑控制。

吐蕃进入鄯善，有一定历史背景。其一是对吐谷浑的征服，我们知道吐谷浑的活动地域东过青海、西抵且末；其二是除与唐朝争夺河陇外，吐蕃在7世纪中叶开始进入西域，以图在西面获得较大的发展。这样，鄯善自然成为吐蕃进出西域的理想据点。

一、吐蕃进入鄯善的时间

要说明吐蕃自何时始进入鄯善，得从其与吐谷浑的关系说起。吐谷浑自4世纪建国后，至5世纪末6世纪初，有很大的发展。其时，北魏封伏连筹为吐谷浑王兼领鄯善，疆域"东至叠川，西邻于阗，北接高昌，东北通秦岭，方千余里"①。北魏宋云等人西行鄯善，见城中驻有吐谷浑王次子。②唐初，地志谓有役属突厥之土人，"以征税繁重，率城人入碛奔鄯善，至并吐浑居住"③。贞观九年（635），唐军伐吐谷浑，北路军过青海，追至且末，是知吐谷浑部众远居鄯善一带。唐灭吐谷浑后，立慕容顺为可汗，随即又立顺之子诺曷钵为可汗。④

贞观十二年（638），吐蕃借口吐谷浑阻其向唐请婚，"率羊同共击吐谷浑"；之后，经过显庆五年（660）、龙朔三年（663）的战争，吐蕃破吐谷浑之众，"遂有其地"。⑤之后出现了吐蕃进出鄯善的记载，如 P.T.1288《大事纪年》第 19、21 条："及至龙年（668），赞普驻于'札'之鹿苑，且于'且末国'（ji ma gol）建造堡垒。是为一年"；"及至马年（670），赞普驻于'倭塘'。于'且末国'击唐军多人。是为一年"。⑥ ji ma gol，托马斯等认为在新疆东部，佐藤长认为即且末一带。⑦

结合其他史料得知：7 世纪后半期，鄯善已成为吐蕃进出西域的交通要道。因为从 662 年始，吐蕃就进入西域，以后 665、676、687 等年均有吐蕃活动于西域的记录。⑧吐蕃进出西域的路线，当时主要为从青海西抵鄯善的"吐谷浑道"，成书于 676—695 年的《沙州图经》说："萨毗城，右西北去石城镇四百八十里，其城康艳典造。近萨毗泽〔？〕日六十里，山险，恒有吐

---

① 《梁书》卷五四《河南国传》。
② 《洛阳伽蓝记》卷五引《宋云惠生行记》。
③ 羽田亨：《唐光启元年书写沙州、伊州地志残卷に就いて》，《羽田博士史学论文集·历史篇》，京都，1957 年，第 590—591 页。
④ 周伟洲：《吐谷浑史》，第 90—91 页。
⑤ 《新唐书》卷二一六《吐蕃传》；《新唐书》卷二二一《吐谷浑传》。
⑥ 王尧、陈践译注：《敦煌本吐蕃历史文书》（增订本），第 146 页。
⑦ J. Bacot et F. W. Thomas et Ch. Toussaint, *Documents de Touen-houang relatifs à l'histoire du Tibet*, Paris, Librairie Orientaliste Paul Geuthner 12, Rue Vavin, VIe 1940-1946, p.33；佐藤长：《古代チベット史研究》，第 316—318 页。而山口瑞凤、白桂思、黄布凡等认为该地即为青海的"大非川"，因为恰好汉文史料记载咸亨元年（670）薛仁贵于大非川被吐蕃击败。言外之意，当年吐蕃并未占据鄯善。山口瑞凤：《吐蕃王国成立史研究》；Christopher I. Beckwith, *The Tibetan Empire in Central Asia*, Princeton University Press, Princeton, 1987；黄布凡、马德：《敦煌藏文吐蕃史文献译注》，甘肃教育出版社 2000 年版。
⑧ 参见拙文《〈大事纪年〉所载吐蕃与突厥关系考》，《中亚学刊》（五），第 127—131 页。

蕃、吐谷浑来往不绝。"① 可见，7 世纪后半期，鄯善已成为吐蕃进出西域的交通孔道。

武则天永昌元年（689），吐蕃曾嫁公主赤邦（khri bang）给归属的吐谷浑王，到 8 世纪初赤邦已做母后，其子是吐谷浑莫贺吐浑可汗（ma ga tho gon kha gan）。709 年赤邦母子"定夏宫于 se tong"，托马斯认为 se tong 即"七屯"。② 据此可认为 8 世纪初吐蕃、蕃属吐谷浑已控制了鄯善地方。③

《新唐书·尉迟胜传》记载尉迟胜曾与高仙芝联合收复了萨毗和播仙，冯承钧认为其或在天宝六载（747）高仙芝讨小勃律之役。④ 天宝十三载，诗人岑参于北庭写有《献封大夫破播仙凯歌六章》，其中有"官军西出过楼兰"、"千群面缚出蕃城"等句。⑤ 可认为此两次唐军所破，均为驻鄯善的吐蕃人或吐谷浑人。

天宝十四载"安史之乱"爆发，唐朝抽调大批河陇驻军东向平叛，吐蕃军队乘虚进据河陇诸州（755—791），安西都护府属下的西州、于阗亦为吐蕃所有。⑥ 而早为吐蕃所据的鄯善，就成为其控制西域的中心。

二、米兰藏文简牍和写卷中的鄯善诸城

吐蕃统治下鄯善诸城的情况，唐史阙载；在《沙州图经》等地志中，亦不能见其全貌。但在出自米兰的藏文简牍和写卷中，却可见到鄯善诸城镇的

---

① 池田温：《沙州图经考略》，《榎博士还历记念东洋史论丛》，第 93 页。
② 王尧、陈践译注：《敦煌本吐蕃历史文书》（增订本），第 148 页；托马斯编著，刘忠、杨铭译注：《敦煌西域古藏文社会历史文献》，第 7—10 页；哈密顿著、耿昇译：《仲云考》，《西域史论丛》第 2 辑，第 166 页。
③ 但荣新江的观点与托马斯不同，他认为 se tong 应当位于吐谷浑的大本营——青海湖与河源一带。参见荣新江：《通颊考》，《文史》第 33 期，中华书局 1990 年版，第 119—144 页。
④ 沙畹编、冯承钧译：《西突厥史料》，中华书局 1958 年版，第 118 页。
⑤ 陈铁民、侯忠新：《岑参集校注》，上海古籍出版社 1979 年版，第 153—154 页。
⑥ 《元和郡县图志》卷四〇。斯坦因在和田东北的丹丹乌里克发现了一批汉文书，年代为 781—791 年，这与唐史所记吐蕃陷西州的时间相近，故可认为于阗陷落在 791 年左右。参见向达译：《斯坦因西域考古记》，中华书局 1936 年版，第 48—49 页。

情况。以下举其要者述之：

大鄯善 《沙州图经》有"大鄯善城"，即贞观中康居人所居"兴谷城"，原鄯善旧城，上元二年（675）改名"石城镇"，属沙州。① 藏文文书称"大罗布"（nob ched po），其地在今若羌县。②

吐蕃称大鄯善为 nob ched po，系受当地胡语影响。《大唐西域记》载玄奘回程至鄯善一节曰："复此（且末）东北行千余里，至纳缚波故国，即楼兰地也。"③《元和郡县图志》卷四〇"伊州"条："纳职县，贞观四年置。其城鄯善人所立，胡谓鄯善为纳职，因县名焉。"知胡人又讹"纳缚波"为"纳职"。而藏文 nob ched po，似为"纳缚波"的对音。不过，唐之纳职县不在鄯善旧地，而在伊州（今哈密）西南不远的拉布楚克。④《旧唐书·地理志》谓"贞观四年，于鄯善胡所筑之城置纳职县"，意鄯善人于伊州西南筑城，仍以旧城之名相称；《新唐书·地理志》不察，误为"以鄯善故城置纳职县"。⑤

出自米兰的藏文木简记道："大罗布（nob chen po）之论……被召集和来自怯台（ka dag）的后方守卫一起……火速送至大、小罗布。"⑥ 是知大鄯善（大罗布）为吐蕃统治该地的一重要城镇。

小鄯善 即汉之"伊循"，唐之"七屯"；胡人因其西有大鄯善城，故又称"小鄯善"，其地在今米兰。藏文文书于此亦有两记：一为"小罗布"（nob chung），一为 rtse mtong，后者为"七屯"之音写，前者即"小鄯善"之对译。⑦

---

① 《寿昌县地境》，转引自向达：《唐代长安与西域文明》，第 441 页。
② F. W. Thomas, *Tibetan Literary Texts and Documents Concerning Chinese Turkestan*, II, pp.135-136；季羡林等：《大唐西域记校注》，中华书局 1985 年版，第 1033—1034 页。
③ 季羡林等：《大唐西域记校注》，第 1033 页。
④ 《元和郡县图志》卷四〇"伊州"条下谓："纳职县，下。东北至州一百二十里。"
⑤ 冯承钧认为，从 4 世纪末年起，鄯善人已活动至哈密。见冯承钧：《楼兰鄯善问题》，《西域南海史地考证论著汇辑》，中华书局 1975 年版，第 33 页。
⑥ F. W. Thomas, *Tibetan Literary Texts and Documents Concerning Chinese Turkestan*, II, p.135.
⑦ 池田温：《沙州图经考略》，《榎博士还历记念东洋史论丛》，第 92 页；季羡林等：《大唐西域记校注》，第 1033—1034 页；F. W. Thomas, *Tibetan Literary Texts and Documents Concerning Chinese Turkestan*, II, pp.135-136.

出自米兰的一支藏文木简谓大、小鄯善的关系："……人们有权力及分得土地……命其回到……土地。目前看田人住在堡塞中……大罗布王田（nob ched po kyi rje zhing）……属民居于小罗布（nob chung）。"① "大罗布王"，似指归附吐蕃的当地部族首领，或为康居移民之后裔。这支木简谓其属民已迁至小鄯善，则大鄯善主要住有吐蕃人。

努支城　《沙州图经》说："新城，右康艳典之居鄯善，先修此城，因名新城，汉为努支城。"地在今若羌西南之巴什仕里。米兰藏文文书作 klu rtse，似为"努支"之音译。②米兰藏文文书提到了努支城斥候官、士兵、伙夫及送往努支城的信件等，足见其为鄯善要塞之一。③

且末城　《寿昌县地境》："播仙镇，故沮末城。汉书西域传云：去长安六千八百二十里。随（隋）沮末郡。上元三年。改为播仙镇也。"米兰藏文文书称作 cer cen，地在今且末西南不远。④

一支米兰藏文木简曰："在萨毗（tshal byi）之且末（cer cen），北边通颊人员甚少。根据旧令及新任命万户[长官]的命令，没有我的批准，那些人员似乎不应被作为斥候抽走。"⑤据此可知：萨毗、且末皆位于鄯善边地，这与汉史上且末去鄯善较远相符；据此还可知，吐蕃在且末设有万户长官。

以上四城大鄯善、小鄯善，努支，且末，通常被称"鄯善四城"。⑥

萨毗城　据前引《沙州图经》等，知其亦为康艳典所筑，城近萨毗泽（今阿雅格库木库勒），因泽得名。萨毗城为吐蕃、吐谷浑占据较早，

---

① F. W. Thomas, *Tibetan Literary Texts and Documents Concerning Chinese Turkestan*, II, p.140.
② F. W. Thomas, *Tibetan Literary Texts and Documents Concerning Chinese Turkestan*, II, pp.138, 156；哈密顿著、耿昇译：《仲云考》，《西域史论丛》第 2 辑，第 169 页。
③ F. W. Thomas, *Tibetan Literary Texts and Documents Concerning Chinese Turkestan*, II, pp.138, 156.
④ 向达：《唐代长安与西域文明》，第 442 页；F. W. Thomas, *Tibetan Literary Texts and Documents Concerning Chinese Turkestan*, II, pp.121, 131-132；哈密顿著、耿昇译：《仲云考》，《西域史论丛》第 2 辑，第 169—172 页。
⑤ F. W. Thomas, *Tibetan Literary Texts and Documents Concerning Chinese Turkestan*, II, p.121.
⑥ 哈密顿著、耿昇译：《仲云考》，《西域史论丛》第 2 辑，第 169—172 页。

成为其进入鄯善之咽喉。藏文文书作 tshal byi，为"萨毗"之音译。米兰藏文文书中关于"萨毗"（tshal byi）的记载较多，其中见有萨毗"将军"（dmag pon）、"翼长"（ru pon）等，其地似为吐蕃驻鄯善最高长官的住所。①

三、吐蕃统治下鄯善的主要居民

自汉代改楼兰为鄯善，并在伊循屯田以来，鄯善成为民族杂居的地区。汉唐之间，其主要居民大致有：鄯善人、汉人、鲜卑人、吐谷浑人、康居人、突厥人、回纥人等。在吐蕃统治下，鄯善居民的民族成分有何变化呢？现择要述之。

吐谷浑人 除鄯善人外，吐谷浑是鄯善较早的居民之一。前文提到鄯善地区有"吐谷浑（阿柴）上部万人部落"，可见鄯善系吐谷浑活动地区之一。

反映鄯善吐谷浑部落的藏文史料较多。如一支出自米兰的藏文木简提道："详细统计数字，如前所颁。彼此多（日来）日夜巡逻，午前、午后十分警惕。……如在萨毗（tshal byi）地面发现可疑足迹，由吐谷浑（va zha）军负责……"②这里明确讲：萨毗地面有吐谷浑部落，他们负责当地警卫任务。吐谷浑人众可能为萨毗的主要居民，这与他们较早以来就活动与此有关。另一支出自米兰的藏文木简曰："……筹集寮属官员等人之行军所需牌票，与小罗布……之军官加野悉诺迁战，吐谷浑军……"③可见鄯善一带确有吐谷浑部落活动。

在米兰藏文简牍中，还有反映吐谷浑人从事农业生产，向吐蕃纳税，以

---

① F. W. Thomas, *Tibetan Literary Texts and Documents Concerning Chinese Turkestan*, II, pp.121, 122, 125.
② 王尧、陈践编著：《吐蕃简牍综录》，第48页。
③ 王尧、陈践编著：《吐蕃简牍综录》，第46页。"小罗布"（nob chung）原译"婼羌"。

及"吐谷浑上万户"、"吐谷浑千户"等名称的内容。[①]这些都表明吐谷浑是吐蕃治下鄯善的主要居民之一。

粟特人　又称康居人，原居中亚。其人善于经商，足迹遍于唐西北各地。唐代吐蕃统治下的鄯善，亦有粟特人活动。一支米兰藏文木简曰："答应交与色达村之羊款：交绮穷二升粮，吉那一升；绮穷又一升，居士二升半，彭列半升，多荣保沙弥一升，粟特人（sog po）五升。"[②] 前文指出：贞观中有康居移民迁至鄯善，建数城，其首领康艳典被唐任为石城镇使，以招西域商贾。武后时其裔康佛耽延、康地舍拔兄弟犹于该地主事。鄯善入蕃后，康居移民自然为吐蕃所役属。

突厥人　据《大事纪年》，吐蕃在最初进出西域时，称西域为"突厥之境"（dru gu yul），但当其占领南疆等地后，便能具体地辨别当地的民族或部族了。藏文木简中有关于突厥人的记载，如一支木简提到诸借粮人："萨贝之妻，门婆领取一升，色吉、约尔诺、布穷三人领取三升。突厥（drug）芒顿之妻领取谷子六升。"[③] 另一木简载："那雪部落二十名汉属突厥人及零星小部之隶乌玛桑和门结穷二人派往布拉林去替换。"[④]"那雪"（nag shod）部落系吐蕃五茹之一孙波茹的一个小千户[⑤]，其名出现于米兰木简中，知其已迁至鄯善驻守。那雪部落中出现的以前属唐的突厥人，可能是被征服后充作牧奴的。

米兰藏文木简中还有"突厥啜尔"（dru gu vjor）、"突厥君门"（dru gu vjon man）、"上部突厥"（stod gyi dru gu）等职官名或地名[⑥]，反映出吐蕃统

---

① F. W. Thomas, *Tibetan Literary Texts and Documents Concerning Chinese Turkestan*, II, pp.27, 30.
② 王尧、陈践编著：《吐蕃简牍综录》，第 61 页。Sog 可能即 Sogdian 之简体，参见伯希和著、冯承钧译：《沙州都督府图经及蒲昌海之康居聚落》，《亚洲学报》，1916 年，转载于《西域南海史地考证译丛》第七编，中华书局 1957 年版，第 25—29 页。
③ 王尧、陈践编著：《吐蕃简牍综录》，第 39 页。
④ 王尧、陈践编著：《吐蕃简牍综录》，第 57 页。
⑤ 巴俄·祖拉陈瓦：《智者喜宴》，第 188 页。
⑥ 王尧、陈践编著：《吐蕃简牍综录》，第 59、60 页；F. W. Thomas, *Tibetan Literary Texts and Documents Concerning Chinese Turkestan*, II, pp.123-124.

治鄯善时，突厥人不在少数。

回纥人 7、8世纪之交，因北方后突厥汗国兴起，一批回纥部落南下至河西；"安史之乱"后，吐蕃攻占河陇，自然有部分回纥人受制于吐蕃。此外，840年回纥汗国崩溃后，也有一支回纥人投奔吐蕃。[①]尽管8—9世纪时，吐蕃人将北方回纥人、突厥人相互混称[②]，但在米兰木简中，除见用dru gu指突厥外，还有hor一词指回纥人。

米兰藏文木简中，有"已归化回纥（hor）部落之江玛支"、"回纥人斥候"、"回纥力夫"等字样，吐蕃对回纥人的役使可见一斑。[③]

汉人 鄯善地区很早以来就有少量汉人活动，他们多半为商人、力夫、屯田官兵等。吐蕃统治下的鄯善，仍可找到汉人的足迹。

出自米兰的一件写卷讲道：小鄯善城吐蕃官吏处理一件奴隶逃亡案件，主要涉及一个叫吴再（phu tsab）的汉人，他被吐蕃人雇为佣工，后来逃跑。另一件写卷提到在小鄯善城的通颊地段，一个叫兰永（leng hyan）的僧人与农夫笃笃（tevu tevu）分佃，从名字看，他们似乎亦为汉人。[④]

四、驻屯鄯善的吐蕃部落

据藏文史书记载，唐代吐蕃在原有统治区内设立的军政区划为"茹—东岱（千户）"制，共有五茹、六十一千户。[⑤]从米兰出土的藏文写本及木简中，可以见到如下一些吐蕃部落的名称，说明吐蕃攻占河陇等地过程中，这些部落或其中的一批成员进入了鄯善地区。

---

① 《资治通鉴》卷二一二"开元十五年九月"条；《旧唐书》卷一九五《回鹘传》。
② 森安孝夫：《チベット语史料中に现われる北方民族：Dru-gu と Hor》，《アジア・アフリカ言语文化研究》第14卷（1977），第43页。
③ 王尧、陈践编著：《吐蕃简牍综录》，第58页；F. W. Thomas, *Tibetan Literary Texts and Documents Concerning Chinese Turkestan*, II, pp.141-142, 149。
④ F. W. Thomas, *Tibetan Literary Texts and Documents Concerning Chinese Turkestan*, II, pp.162-164。
⑤ "五茹"为：伍茹、叶茹、约茹、茹拉、孙波茹，加上羊同的十个千户，共有六十一个千户，见巴俄·祖拉陈瓦：《智者喜宴》，第185—188页。参见山口瑞凤：《吐蕃王国成立史研究》，第912—914页。

岛岱部落 米兰藏文简牍中有"岛岱（dor te）部落之……"岛岱，在《智者喜宴》中作 dor sde，是吐蕃伍茹的千户之一。在吐蕃对唐战争中，岛岱部落以勇猛善战著称，P.T.1287《赞普传记》赤松德赞一节记有："民庶之中岛岱与致三部落英勇善战之勇夫，颁赐虎皮牌。"[1] 可以认为，由于对唐朝作战的需要，吐蕃岛岱千户曾远征河陇，且驻于鄯善，故留名于米兰藏文简牍之上。

局巴部落 一支木简记："局巴（zom）部落……"局巴在《智者喜宴》中作 com pa，也是吐蕃伍茹的千户之一。

支村部落 一支木简记："支村部落（vbri cher）下部之岛巴芒金之（地、房）契约。"支村在《智者喜宴》中作 vbri mtshams，属吐蕃伍茹的千户之一。vbri cher，《吐蕃简牍综录》译作"大必力"。

朗迷部落 一件写本说："我等来自朗迷（lang myi）部落，从父辈起就遵命……在通颊服役。"朗迷在《智者喜宴》中作 lang mi，是吐蕃叶茹的千户之一。

那雪部落 记载那雪部落的藏文简牍较多，王尧、陈践编著的《吐蕃简牍综录》一书中有 186、210、211、233、252、253 等编号。其中一支木简记："那雪（nag shod）部落之阿郭包尔赞。"那雪在《智者喜宴》中记作 nags shod stong bu chung，意为"那雪小千户"，为吐蕃孙波茹的千户之一。此外，简牍中又有 nag khrid gyi sde，即"那赤部落"，托马斯认为那赤部落与那雪部落有关。

郭仓部落 有两支简牍记载："上郭仓（rgod tshng stod）部落东木江地方之拉珠赞"，"亲为换工。下郭仓（rgod tshang smad）部落长之田，三突"。一件写本提到了"郭仓部落（rgod tsang）的十三个巡哨"[2]。上下郭仓在《智者喜宴》中记作 rgod tshang stod smad，是孙波茹的两个千户。记有郭仓部落

---

[1] 王尧、陈践译注：《敦煌本吐蕃历史文书》（增订本），第 167 页。译名有改动。
[2] T. Takeuchi, *Old Tibetan Manuscripts from East Turkestan in The Stein Collection of the British Library*, The Centre for East Asian Cultural Studies for Unesco, The Toyo Bunko – The British Library, 1997, 1998, p.176.

的米兰藏文简牍，在《吐蕃简牍综录》中还有128、186、246、249、250、251等编号。

喀若部落　有四支出自米兰遗址的古藏文简牍提到了这个部落。其中一支较为完整的可能为一份名册，前半段文字为："驿吏为喀若（kha dro）部落之郎鲁顿，寮属为管仓部落之萨东鲁道，男伙夫为那雪部落之拆通玛，伙夫之仆役为恰拉部落之甲木萨肖。"另一支则提到了"喀若（kha dro）部落之王田（rje zhing）"。喀若在《智者喜宴》中记作 kha ro，同样是孙波茹的一个千户。

则屯部落　一件契约文书写道："则屯部落（rtse vthon gyi sde）的托古芒杰从朗赤勒处借得小麦和大麦各半克（khal）。偿还的时间定于蛇年仲秋月之二十日，地点为大罗布（nob chen por）。"① 则屯在《智者喜宴》中记作 rtse mthong，亦是孙波茹的一个千户。

恰拉部落　上引简文提到了"伙夫之仆役为恰拉（cha sla）部落之甲木萨肖"。cha sla 为吐蕃与孙波边界的下羊同的一个千户。

通颊部落　有一支木简记载："通颊（mthong khyab）部落所属之巴若赤。"一写本记有"通颊部落"（mthong khyab stong sde）；一件借契提到借出方为"通颊部落的东仁（thong kyab kyi sde ldong pring）"。② 通颊在《智者喜宴》中记作 stong khyab，是附在孙波茹之后的汉人部落。在敦煌汉文文书中，常能见到"通颊"这个名称，在《赞普传记》、《大蕃官吏呈请状》等藏文写本中，也有 mthong khyab 的拼法。③

宗木部落　《吐蕃简牍综录》第187—191号，记有一个"宗木"（vdzom）

---

① T. Takeuchi, *Old Tibetan Manuscripts from East Turkestan in The Stein Collection of the British Library*, p.189.
② T. Takeuchi, *Old Tibetan Manuscripts from East Turkestan in The Stein Collection of the British Library*, pp.143, 201.
③ "通颊"是吐蕃的一种役职部落的名称，它起源于吐蕃本土，人员主要用于巡逻、守卫等。吐蕃攻占唐朝河陇地区后，曾把这种建制引入被征服的民族之中，在河西各地编制了五个通颊万户，主要由汉人、粟特人充任。详见拙文《通颊考》，《敦煌学辑刊》1987年第1期。

部落，并分为上下两部，其中第 190 号木简有："上宗木（vdzom stod）部落之蔡邦·通究。"蔡邦（tshe spang）是吐蕃古老的氏族之一，敦煌吐蕃历史文书中常见这个家族姓氏，因此，上下宗木部落可能是吐蕃本土部落的名称。《智者喜宴》记载，吐蕃叶茹有一个松岱（gzong sde）千户，与"宗木"（vdzom stod）读音接近，可能为同一千户名称的异写。

五、吐蕃统治鄯善的主要军政机构

吐蕃是怎样统治鄯善的呢？这可以从吐蕃于鄯善所设置的军政职官上反映出来。在敦煌或米兰藏文文书中都出现过 khrom 一词，现代藏语释作"市场"。20 世纪 20 年代，英国学者托马斯在编译《有关西域的藏文文献和文书》时，亦释 khrom 为"市"。[①] 但匈牙利学者乌瑞著文指出：藏文文书中所谓 khrom，就是敦煌汉文写本中的吐蕃"节度使"，是吐蕃在 7—9 世纪中统治河陇、西域等地的一级军政机构。乌瑞指出，吐蕃时期，khrom 的分布地是：玛曲（黄河上游）、雅莫塘（青海东北）、凉州、瓜州、小勃律等。至于鄯善地区，乌瑞认为吐蕃很有可能曾于萨毗设一节度使（khrom），但他尚未提出具体的史料依据。[②]

笔者也认为，吐蕃占据萨毗较早，其地又有将军（dmag pon）、翼长（ru pon）等高级官吏，鄯善地区的节度使似设于萨毗。与在瓜州设节度使一样，吐蕃在萨毗设节度使，总领鄯善方面的军政事务是很自然的，节度使之职就是调节、统一诸部之间的行动，以维系吐蕃对鄯善的统治。

节度使之下还设有各种职能的官吏，现据出自米兰的藏文文书列出主要者：

---

① 托马斯编著，刘忠、杨铭译注：《敦煌西域古藏文社会历史文献》，第 250—251 页。
② G. Uray, "KHROM: Administrative Units of the Tibetan Empire in the 7th-9th Centuries", *Tibetan Studies in Honour of Hugh Richardson*, pp.310-314. 乌瑞著、荣新江译：《KHROM（军镇）：公元七至九世纪吐蕃帝国的行政单位》，《西北史地》1986 年第 4 期，第 106—113 页。

表2　吐蕃统治鄯善官吏简表[1]

名称	所见地	出处
节度使（dmag dpon 或 ru pon）	萨毗	《文献》117、133页；《写本》124、143页
都护（spyan）	大鄯善等	《写本》124、203页
万户长（khri dpon）	大鄯善、萨毗	《综录》64页；《文献》116页
节儿（rtse rje）	大鄯善等	《综录》41、63、64、69页；《写本》165、199页
守备长（dgra blon）	小鄯善等	《综录》51页
民吏（dbang blon）	怯台	《写本》169页
岸本（mngan）	小鄯善等	《写本》124页
千户长（stong pon）	大鄯善	《综录》58、64页；《文献》121页
副官（gyab,sgab）	那雪千户	《文献》121页
农田官（zhing pon）		《综录》28、32页
财务官（rtsis pa）		《综录》26—27页
秋收监临官（ston pon）	大、小鄯善	《综录》65页
小千户长（stong cung pon）		《文献》121页
税吏（khral pon）		《综录》32页
司法吏（khrim bon）		《文献》118页

现就其中若干重要官职作一说明：

1. **万户长**：万户长、千户长、百户长是亚洲内陆游牧民族中常见的官名。在吐蕃统治鄯善时期，曾在当地设置此类官吏，为节度使下属的高官，管理3—5个千户中的民户，以及这些千户中军户方面所涉的民政事务。[2] 吐蕃在鄯善地区大约设置了2个万户长，分别在大鄯善、萨毗两地，所领共约10个千户。其他城镇是否还有，尚需进一步检索。

2. **节儿**：节儿位忝万户长之下，相当于唐刺史。如吐蕃统治下的沙州，就设有节儿一官，为州最高军政长官。[3] 根据出自米兰的藏文文书可知，吐

---

[1] 此表格中，《文献》即《敦煌西域古藏文社会历史文献》，《综录》为《吐蕃简牍综录》，《写本》即 Old Tibetan Manuscripts from East Turkestan in the Stein Collection of the British Library。

[2] 山口瑞凤：《汉人及び通颊人による沙州吐蕃军团编成の时期》，《东京大学文学部文化交流研究施设研究纪要》第5号（1981），第6页。

[3] 藤枝晃：《吐蕃支配期の敦煌》，《东方学报》第31册（1961），第221—223页。

蕃在鄯善设有节儿一职①，其余萨毗、且末等城镇亦应设有。

3. **千户长**：千户是吐蕃社会中最基本的军事组织，藏文史籍《智者喜宴》载，吐蕃五茹和羊同共六十一千户。在吐蕃向外发展的过程中，五茹及羊同中的一些千户离开原地，开往河陇或西域。米兰藏文文书中出现不少的千户名称，反映了进驻鄯善的吐蕃千户的情况。②

4. **小千户长**：一个千户之下分作两个小千户；小千户长即五百户长，相当于唐之乡吏。小千户长之下又有百户长、十户长等。③

通过上述可知，吐蕃统治鄯善的军政设置仍沿用本土的部落制；但又因具体统治对象、统治地方不同，表现出职官系统复杂化的倾向，这与吐蕃统治沙州等地的情况有相似之处。

六、吐蕃统治下的鄯善地区的土地、赋税制度

从米兰出土的古藏文文书可以看出，吐蕃在鄯善设有负责经济事务的官员，如"农田官"、"秋收监临官"、"税吏"等。考古工作者在米兰发现了吐蕃时期的戍堡，其中有麦穗、糜子、葫芦籽等农作物，戍堡外不远处还发现了渠道遗址，反映了吐蕃在鄯善地区进行生产的情况。④

出自米兰的藏文文书中，也记录了有关经济的情况，根据这些记载，似可把吐蕃统治下鄯善的土地占有情况分为三类：

第一类是"官田"，或可称"俸禄田"(mngan zhing)、"王田"(rje zhing)，是吐蕃占领鄯善后划给各千户官吏、酋帅的土地，以及当地土豪归

---

① T. Takeuchi, *Old Tibetan contracts from Central Asia*, Daizo Shuppan, Tokyo, 1995. *Old Tibetan Manuscripts from East Turkestan in The Stein Collection of the British Library*, p.124, no.377; p.202, no.596.

② T. Takeuchi, *Old Tibetan Manuscripts from East Turkestan in the Stein Collection of the British Library*, p.126, no.383.

③ G. Uray, "Notes on the Thousand-districts of the Tibetan Empire in the First Half of the Ninth Century", *Acta Orient. Hung*, Tomus XXXVI. Fasc. 1-3, 1982, pp.545-548.

④ 陈戈：《新疆米兰古灌溉渠道及相关的一些问题》，《考古与文物》1984 年第 6 期。

附吐蕃后保留的土地。前者可称作俸禄田，后者多称为"某某小王田"。官田的份额多为一人一突（dor，10亩），但也有多出或不足的情况，如"……之农田一突，邦布小王农田一突，资悉波农田一突半，悉斯赞新垦荒地在通颊有两突，零星散地一突"，"下桂仓部落长之田，三突"，"税吏开桑和则屯有差地一突"，"门穹俸禄田一突"。[①] 以上数支藏文木简，记录了财务官（资悉波）、邦布小王、千户长、税吏等人的授田或占田情况。

第二类是千户成员领受的土地。吐蕃进驻鄯善后，除千户官吏有权占用外，当局还把一些土地分给各个千户，由千户内部进行划分，如木简所谓"那雪（部落）之田三突"，"那雪（部落）……两突地"等。部落民的占田额，多为一人一突，如"鲁拉错领受田一突"，"洛卓有中等田一突"，"老总之农田一突"。

第三类是垦荒地。吐蕃驻鄯善当局鼓励千户成员开垦荒地，垦荒地虽要记入木简，但占田量似乎要宽一些，如前揭"悉斯赞新垦荒地在通颊有两突"，就是一例。另一支木简记录："保超地方新开荒四突。"吐蕃当局鼓励垦荒，反映出鄯善地方耕地不足。唐朝在全国实行均田制时，由于西州等地田地太少，百姓受田还不足狭乡的给田量，故在西州实行过严格的一丁一突制，因此可认为，吐蕃在鄯善地方的配田份额是受唐制的影响。[②]

此外，还有分佃千户官吏土地耕种的情况，如"班丹领受：资悉波之田地三突，军官俸田一突，茹本之新垦荒地一突，副先锋官田一突……""则屯地一突，又一突半，由玉通耕种，佣资付给小麦。"[③] 千户官吏的土地除与千户成员分佃外，一部分也由他们所属的佣奴耕种，如"那松之农田佣奴三人……（领受）农田三突"，"论赞之农田佣奴领受聂拉木以上查茹拉（地方）

---

① 王尧、陈践编著：《吐蕃简牍综录》，第24—32页。以下未注出处者均同。俸禄田和差地，鄯善地方吐蕃官吏或小王占田的情况，于此可见一斑。
② 池田温著、龚泽铣译：《中国古代籍帐研究》（概论），第189页。吐蕃曾在小鄯善地方"依照权限与以往的分田制度"划分田地，见托马斯编著，刘忠、杨铭译注：《敦煌西域古藏文社会历史文献》，第138—140页。
③ 托马斯编著，刘忠、杨铭译注：《敦煌西域古藏文社会历史文献》，第144页。

农田四突"。

以下，简略谈谈藏文木简中反映的赋税制度。藏文木简中所见的赋税情况大致可分为三种：一是农产品地租（zhing zhun），通常缴纳实物，如青稞、小麦等，一支木简说："吐谷浑（阿柴）上部万人部落，凡属唐所辖者……每户征收五升（青稞）；万人部落田赋以六成计征，所征青稞混合堆置一处，一部分（青稞）如以羊驮运不完，可派牛运。"[①] 二是按户或人数计征的税（khral），也是缴纳实物，如"论悉冲木热等，前往小罗布，交纳赋税：岸钟悦青稞二克，麦子三克"。[②] 三是劳役地租，以服役形式完成纳税任务，如米兰木简中有 blavu 字样，即现代藏文"乌拉（差）"（vu lag）之异体，这是一种由上派下的劳役。吐蕃在鄯善实行的赋税制度，在形式上略与唐制同，但从征收量上看比唐制大得多，如所征吐谷浑部落田赋为十分之六。这除与吐蕃奴隶制政权的性质有关外，也可看出鄯善地区吐蕃驻防千户较多，沉重的负担不得不转嫁到千户成员，尤其是非吐蕃的当地属民身上。

结　语

吐蕃统治鄯善的结束，与其退出河陇地区的时间略同，即 9 世纪中叶。此后，似仍有吐蕃人活动于鄯善，后晋天福年间（936—943）高居诲等出使于阗，称："自灵州渡黄河至于阗，往往见吐蕃族帐，而于阗常与吐蕃相攻劫。"是知于阗近旁亦有吐蕃人。当然，其时鄯善地方的主要居民已为仲云等族了。[③]

[①] 王尧、陈践编著：《吐蕃简牍综录》，第 37—38 页。以下未注出处者均同。
[②] 藏文 khal，现代藏文译"克"，1 克约合 14 千克。但吐蕃时期，khal 的量还应大一些，参见王尧、陈践编著：《吐蕃简牍综录》，第 33 页。上文所举吐谷浑部落纳田赋文中，"升"藏文为 bre，20 升 = 1 克。
[③] 《新五代史》卷七四《四夷附录·于阗》；哈密顿著、耿昇译：《仲云考》，《西域史论丛》第 2 辑，第 163—164、168、172 页。

由上述可知，在与唐朝争夺河陇、西域等地的过程中，吐蕃从7世纪后半叶始，就致力于经营鄯善这一重要地区。自8世纪初吐蕃完全占领鄯善，直至9世纪中叶一百余年的时间内，吐蕃在鄯善各地驻屯部落，组编军队，设立职官，划地征税，对居于该地的各族民众实施了有效的统治。吐蕃对鄯善的控制虽然削弱了唐朝对西域的施政，但若从我国多民族国家的形成过程及各族人民共同建设边疆、保卫边疆的历史来看，吐蕃对鄯善乃至对我国西北其他地方的统治，均有其应该肯定的一面。

吐蕃统治下的于阗

今新疆和田地区，大约东到民丰，西至皮山，就是汉唐地理书记载的于阗国。西汉通西域后，于阗属西域都护管辖；东汉初，其王曾助班超平定西域。以后，西晋曾封于阗统治者为"亲晋于阗王"。南北朝时期，于阗政权与内地诸王朝保持着密切的联系。唐贞观年间，唐朝于其地置于阗镇，为"安西四镇"之一。

7世纪后半叶，地处青藏高原的吐蕃在与唐朝争夺陇右、河西的同时，又派兵进入西域，联合西突厥贵族频频进攻安西四镇，于阗成为双方争夺的重要地区。755年"安史之乱"爆发后，唐朝无力西顾，吐蕃乘机攻占了河陇及于阗地区，到9世纪中叶吐蕃王朝崩溃为止，吐蕃统治于阗有半个世纪。本章仅就吐蕃攻占和统治于阗的若干问题作初步探讨。

一、吐蕃对于阗的进攻和占领

吐蕃进入西域约始于7世纪中叶，特别是唐高宗龙朔初年（约661年）以后数年间。麟德二年（665），史书记载："疏勒、弓月两国共引吐蕃之兵，以侵于阗。诏西州都督崔知辩及左武卫将军曹继叔率兵救之。"[①] 这是目前看

[①] 《册府元龟》卷九九五《外臣部》，原作"西川"，据《通鉴考异》卷一○改为"西州"。有学者认为这次崔知辩等出兵取得了胜利，见王小甫：《唐、吐蕃、大食政治关系史》，北京大学出版社1992年版，第53页。

到的汉文文献中吐蕃进攻于阗的最早记录。以后数年间,于阗可能受吐蕃控制,因为据《新唐书·吐蕃传》记载,咸亨元年(670),吐蕃"入残羁縻十八州,率于阗取龟兹拨换城。于是安西四镇并废"。[①] 之后,唐朝联合西域诸国进行反击,使吐蕃在西域的攻势有所减弱,《旧唐书·高宗本纪》曰:上元元年(674)十二月"于阗王伏阇雄来朝",上元二年正月"以于阗为毗沙都督府,以尉迟伏阇雄为毗沙都督,分其境内为十州,以伏阇雄有击吐蕃功故也"。是知于阗又复归唐朝控制。调露元年(679),唐朝复置安西四镇,于阗亦为其中之一。[②]

武则天垂拱年间(685—688),吐蕃加强了对西域的进攻。从《旧唐书·唐休璟传》、唐写本《氾德达告身》等记载看,此时因吐蕃的进攻,迫使唐朝再次放弃了包括于阗在内的安西四镇。[③] 武后长寿元年(692),唐朝收复四镇,同时册立于阗王尉迟璥,由武威军总管王孝杰护送归国。此后一直到"安史之乱"以前,由于唐朝加强了在西域各地的戍卫,吐蕃未能在于阗得手。但从8世纪初起,吐蕃已控制了与于阗毗邻的鄯善。[④] 天宝六载(747),于阗王尉迟胜就曾经随安西节度使高仙芝进讨鄯善的吐蕃驻军。[⑤]

唐玄宗天宝十四载,"安史之乱"爆发,唐朝抽调河陇驻军东向赴援,吐蕃乘机攻占河陇诸州(756—787)。其间,于阗也受到吐蕃军队的困扰。于阗东境丹丹乌里克遗址出土的大历三年(768)文书曰:"(前略)被镇守军牒称:得杰谢百姓胡书,翻称、上件百姓□□深忧养苍生。顷年被贼损,莫知□□计。"[⑥] 从杰谢镇处于阗东境的位置看,"贼"字所指,似即从鄯善西向进扰于阗的吐蕃军队。

---

① 《唐会要》卷七三《安西都护府》亦载:"咸亨元年四月二十二日,吐蕃陷我安西,罢四镇。"
② 《册府元龟》卷九九五《外臣部》。
③ 参见周伟洲:《略论碎叶城的地理位置及其作为唐安西四镇之一的历史事实》,《新疆历史论文集》,新疆人民出版社1977年版,第141—143页;拙文《〈大事纪年〉所载吐蕃与突厥关系考》,《中亚学刊》(五),第130—131页。
④ 森安孝夫:《吐蕃の中央アジア進出》,《金泽大学文学部论集·史学科篇》4 (1984),第1—85页。
⑤ 《新唐书》卷一一〇《尉迟胜传》;沙畹编、冯承钧译:《西突厥史料》,第118页。
⑥ M. A. Stein, *Ancient Khotan*, vol.1, Oxford, 1907 (Repr., New York, 1975), p.523.

但于阗全境的陷落是在贞元六年（790）吐蕃攻占北庭之后，因为贞元四年左右路过于阗的悟空记道："次至于阗，梵云瞿萨怛那，王尉迟曜，镇守使郑据，延住六月。"①表明当时的于阗还在唐军及尉迟王的掌控之中。贞元七年，吐蕃攻陷西州，这才腾出军队来全力进攻于阗。于阗东面安得悦遗址发现的残壁刻书，透露了于阗陷落的消息，刻书谓："贞元七年记……至建闻其兵马使死，及四镇大蕃……和大蕃官太常卿秦嘉兴归本道。"②"兵马使"似即驻守于阗的唐军将领，其人战死，和蕃官秦嘉兴等散归本道，故刻书以记其事。P.T.1287《赞普传记》也记载了吐蕃攻占于阗的史实和时间下限，曰："此王（赤松德赞，755—797）之时，没庐·赤苏茹木夏领兵北征，收抚于阗于治下，抚为编氓并征其贡赋。"③可见，汉、藏文书对吐蕃攻占于阗的记载，大致是相符的。据此，我们认为吐蕃攻占于阗的确切时间是在791—796年之间。④

二、驻屯于阗的吐蕃部落

贞元七年，吐蕃攻占于阗后，是怎样统治这一地区的呢？我们可以从驻屯当地的吐蕃部落说起。在和田东北约一百公里处的麻扎塔格遗址出土的藏文简牍和写本中，记有许多吐蕃千户的名称，现列举如下：

章村部落 斯坦因所获麻扎塔格藏文文书（以下简称 M.Tagh）0614 号木简："桑俄尔部落之古局穹，从章村（vbrong tsams）部落囊玛家，借马去巡察农田分布情况及界标。"章村在《智者喜宴》中记作 vbrang mtshams，

---

① 《悟空入竺记》，见杨建新主编：《古西行记选注》，宁夏人民出版社 1987 年版，第 125 页。
② M. A. Stein, *Ancient Khotan*, vol.1, p.546．"贞元七年"说，参见森安孝夫：《吐蕃の中央アジア进出》，《金泽大学文学部论集·史学科篇》4（1984），第 57—58 页。
③ 王尧、陈践译注：《敦煌本吐蕃历史文书》（增订本），第 167 页。
④ 日本学者吉田丰撰文提出，于阗陷蕃的确切年代应在 790—796 年之间，见吉田丰：《コータン出土 8—9 世纪のコータン语世俗文书に关する觉え书き》"第二部 アーカイブ问题と历史"，神户市外国语大学研究丛书 38，2006 年，第 49—96 页。中译文见荣新江、广中智之译：《有关和田出土 8～9 世纪于阗语世俗文书的札记》（二），《西域文史》第 3 辑，科学出版社 2009 年版，第 94—96 页。

在吐蕃的伍茹和叶茹中各有一个章村千户，此简所记的章村部落，不知属于哪一个茹，暂列为伍茹。

畿堆部落 M.Tagh.0027号木简："畿堆（skyi stod）部落之阔安切息。"畿堆在《智者喜宴》中记作 skyid stod，是属于伍茹的一个千户。

叶若布部落 M.Tagh.1616号木简："交与叶若布（yel rab）部落之洛列松。"在《智者喜宴》中，叶若布是属于伍茹的小千户部落，记作 yel rab stong buv chung。

达布部落 M.Tagh.0332号木简："达布（dags po）部落之斯库尔顿。"达布是吐蕃古老的小邦之一，后被悉补野家族征服。《赞普传记》说：伦赞赞普时，"于达布地方，有已入编氓之民户谋叛，赞普与诸大论相聚而议降服达布王"。达布在《智者喜宴》中记作 dvags po，是约茹的千户之一。

聂巴部落 M.Tagh.0075号木简："聂巴（mnyal pa）部落之托巴尔孜勤。"聂巴在《智者喜宴》记作 dmyal pa，也是约茹的千户之一。

洛札部落 M.Tagh.0028号木简："洛札（lho brag）部落之罗布尔启请。"洛札在《智者喜宴》中亦记作 lho brag，也是约茹的千户之一。

辗克尔部落 M.Tagh.0193号木简："辗克尔（nyen kar）部落之阔阿木拉列，担任小节儿总管职务后去军中。"辗克尔在《智者喜宴》中也记作 nyen kar，是叶茹的千户之一。此外，《吐蕃简牍综录》第241、242号，亦见辗克尔之名。

朗迷部落 M.Tagh.0077号木简："朗迷（lang myi）部落之牧鲁勒囊继续充当斥候……"在《吐蕃简牍综录》中，出现朗迷部落名称的简牍还有200、201、249等编号。《智者喜宴》中，朗迷记作 lang mi，也是叶茹的千户之一。

帕噶尔部落 M.Tagh.0291号木简："帕噶尔（phod kar）部落之噶瓦鲁。"《智者喜宴》中帕噶尔记作 phod dkar，也是叶茹的千户之一。

象部落 M.Tagh.0025号木简："象（shang）部落之哇·梅斯策布。"象部落在《智者喜宴》中记作"象小千户"（shangs stong bu chung），也是叶茹的千户之一。

芒噶部落　M.Tagh.0343 号木简："向芒噶（mang dkar）部落……"芒噶部落在《智者喜宴》中记作 mang kar，是茹拉的千户之一。

赤邦木部落　M.Tagh.0033 号木简："赤邦木（khri boms）部落之引彭拉顿。"赤邦木部落在《智者喜宴》中记作 khri phom，也是茹拉的千户之一。

娘若部落　M.Tagh.0016 号木简："……娘若（myang ro）……"娘若部落在《智者喜宴》中亦记作 myang ro，也是茹拉的千户之一。

赤塘部落　M.Tagh.009 号木简："赤塘（khri dang）部落之支彭列。"赤塘部落在《智者喜宴》中记作 khri vthang，也是茹拉的千户之一。

岗呈木部落　M.Tagh.0239 号木简："……恩南·门列。岗呈木（gad sram）部落之卓木通阿领糌巴三升。"岗呈木部落在《智者喜宴》中记作 gad pram，也是茹拉的千户之一。《吐蕃简牍综录》中，225、453 号木简亦记有岗呈木部落。

计藏部落　M.Tagh.0016 号木简："计藏（spying rtsang）部落之斯古赞巴。"《智者喜宴》中计藏部落记作 spyi gtsang，是下羊同的千户之一。

雅藏部落　M.Tagh.002 号木简："雅藏（yang rtsang）部落贵如黄金的黄色骠马死去。"雅藏部落《智者喜宴》记作 yar gtsang，也是下羊同的千户之一。

此外，在麻扎塔格出土的藏文简牍中，有一倭措巴（vo zo po），与《智者喜宴》所记羊同上部之火州（vo co）千户音相近，两者似为同一部落名称的异写。又有桑俄尔（bzang vor）部落，似为叶茹的千户之一松岱（gzong sde）的不同写法。此外见于麻扎塔格藏文简牍的，还有埃彭（mngad vphan）、朗（rlang）、德宗木（ste vjom）、雅尔江（yar vskyong）、孔巴（gom pa）、章赞（grang brtsang）、拉琼（la khyung）、卓擦（bro tshams）、康（khang）、吉（dgyes）、峡地（kyab）、尼木巴（nyi mo bag）、略才（nyag tshwe）、恩木茹巴（ngam ru pa）、材茂巴（rtshal mo pag）、仲昝（brong tsam）等部落名称，有待作进一步研究。[①]

[①] 以上部落名称见王尧、陈践编著：《吐蕃简牍综录》，第 35、41、50—58 页；巴俄·祖拉陈瓦：《智者喜宴》，第 186—188 页。

据藏文史籍《智者喜宴》记载，吐蕃的军事区划分为五茹：伍茹、叶茹、茹拉、约茹、孙波茹，每一茹统率约十个千户。① 在吐蕃进攻河陇及西域等地的过程中，这些千户纷纷离开原来的驻地，奔赴前线作战，之后即驻屯于各占领区。麻扎塔格文书中出现的上述千户，就分别属于约茹、茹拉、伍茹和叶茹。当然，并不是说在吐蕃统治时期，于阗地方一下就驻进了这么多的吐蕃千户，实际上是这些千户先后驻守过于阗，或者是来自这些千户的吐蕃人曾经到过该地区，这两种情况都有可能。我们知道，吐蕃攻占河陇之后，要统治的地区很广，战线拉得太长，人力显然不够，自然不会以五茹中的十五个千户同时用于于阗的屯守。相反，如果说这些千户或其中的成员轮流驻守过该地区，则是很有可能的。

另一方面，记载这些千户名称的藏文写本和简牍，多是以"某部落某人何事"的格式出现的，如"洛札部落之罗布尔启请"、"辗噶尔部落之阔阿木拉列担任小节儿总管职务后去军中"云云，加之在出土于麻扎塔格的文书中，至今尚未见到有万户长、千户长及小千户长的记载，因此有理由认为吐蕃驻守于阗的完整的千户并不多，一些人员可能是从邻近地区的千户中抽调去的。总之，在河陇诸地中，吐蕃攻占于阗较晚，在人力缺乏的情况下，吐蕃轮流抽调一些千户或这些千户中的部分人员驻守于阗，均有可能。

三、吐蕃统治于阗的军政官吏

吐蕃文献表明，吐蕃统治于阗时期，在今和田市以及其北面约 185 公里的麻扎塔格都驻有军队和官吏。特别是麻扎塔格，此地当时被称作"神山"，吐蕃在此构筑的军事要塞，不仅与于阗各地保持经常的联系，甚至吐蕃本土、鄯善以至于吐蕃在西域最远的据点的文书都曾经被送到这里，其重要性不言而喻。

---

① 巴俄·祖拉陈瓦：《智者喜宴》，第 185—188 页。

吐蕃在今麻扎塔格驻扎有军队和节儿等官。一支木简记载:"由……送往神山节儿和官衙(下略)。"①另一支木简说:"阿摩支尉……向神山节儿请示。"②"阿摩支尉"是于阗官员,他的行动受吐蕃节儿支配,表明吐蕃节儿是统治于阗的主要官吏。"节儿"(rtse rje),是吐蕃攻占河陇后设置的州一级官吏的名称,它相当于唐朝的州刺史,如吐蕃统治下的沙州就设有节儿一官,负责当地的军事、民政事务。③吐蕃在于阗也设置节儿一官,其职能相同。

但是,吐蕃统治于阗的最高长官非止节儿一类,一件出自麻扎塔格的藏文文书记载"从热桑等地推荐下民,由驻于阗将军(dmag pon)之官邸签署"④,敦煌藏文文书 P.T.1089 也记载了"统治于阗的持银告身的吐蕃论"以及"持红铜告身的节儿"⑤,这说明吐蕃驻于阗的最高长官为持银告身的将军。根据《智者喜宴》的记载,吐蕃时期茹的军事长官就称为"将军"(dmag pon),可见吐蕃派驻于阗的官吏级别是很高的。在麻扎塔格出土的藏文文书中,还见有 jo cho、jo po 与 nang rje po 等称号,参照敦煌藏文文书关于沙州吐蕃官吏的记载,可知这是吐蕃千户成员及属民对上级官吏的尊称。一般说来,jo cho 可用于将军,而后两者用于节儿。⑥

除上述吐蕃驻于阗的将军和节儿等官吏之外,还有一些负责具体事务的官吏,试列表如下。

---

① 托马斯编著,刘忠、杨铭译注:《敦煌西域古藏文社会历史文献》,第 182 页。
② 托马斯编著,刘忠、杨铭译注:《敦煌西域古藏文社会历史文献》,第 169 页。"尉",原件作 yong,托马斯认为或可转写为 yod。据罗常培《唐五代西北方音》,古藏文韵母 o、u 可互换,故 yod 又作 yud,可译作"尉"。
③ 藤枝晃:《吐蕃支配期の敦煌》,《东方学报》第 31 册(1961),第 221—223 页。
④ 托马斯编著,刘忠、杨铭译注:《敦煌西域古藏文社会历史文献》,第 171 页。
⑤ 山口瑞凤:《沙州汉人による吐蕃二军团の成立と mkhar tsan 军团の位置》,《东京大学文学部文化交流研究施设研究纪要》第 4 号(1980),第 16 页。
⑥ 托马斯编著,刘忠、杨铭译注:《敦煌西域古藏文社会历史文献》,第 196、207 页。参见山口瑞凤:《吐蕃支配时代》,《讲座敦煌》第 2 卷《敦煌の历史》,第 218 页。

表3　吐蕃统治于阗官吏简表[1]

名称	出处
将军（dmag pon）	《文书》195—196 页；P.T.1089
节儿（rtse rje）	《文书》193、211 页；P.T.1089
军事长（dpung pon）	《文书》179、445 页
岸本（mngan）	《文书》200、211 页
守备长（dgra blon）	《综录》194 页
小节儿（rtse rje chung）	《文书》466 页
农田官（zhing pon）	《综录》194 页
司牧官（pyug pon）	《综录》174 页
驿站长（tshugs pon）	《文书》171 页

从上表可以看出，目前见到的吐蕃驻于阗官吏的种类虽然不多，但重要的职官都已具备。军事方面有军事长、守备长，民政方面有农田官、司牧官等，他们分别负责地区范围内的作战、斥卫、驿传和征收粮畜产品等。

在上述官吏系统之下，吐蕃千户成员主要负责斥卫和驿传事务。如一件写本说："朗迷[千户的]达通，驿站长。"[2]一支木简记载吐蕃人充任斥候，"绮力拓拔向俄东菊慕两名吐蕃斥候和两名于阗斥候交代"[3]。另一件写本记载："在喀则，两名吐蕃人，两名于阗人"，"在于阗扞弥，两名吐蕃人，一名于阗人"。[4]从这些记载来看，吐蕃统治时期，于阗地区的斥卫、驿传等事务是由吐蕃人和于阗人共同承担的，不言而喻，吐蕃人在其中起着监领的作用。

吐蕃千户成员有这么一个特点，战时是战士，和平时期是生产者，这种情况也会反映到吐蕃驻于阗的军队中间。一支木简记载了吐蕃人与于阗人因争占草场而发生纠纷的情况："宇结向部落酋长乞力玛吉禀报：住在此地之

---

[1] 表中《文书》是指 F. W. Thomas, *Tibetan Literary Texts and Documents Concerning Chinese Turkestan*, II；《综录》是指王尧、陈践编著的《吐蕃简牍综录》。
[2] 托马斯编著，刘忠、杨铭译注：《敦煌西域古藏文社会历史文献》，第152页。"驿站长"原译"班长"。
[3] 王尧、陈践编著：《吐蕃简牍综录》，第55页。
[4] 托马斯编著，刘忠、杨铭译注：《敦煌西域古藏文社会历史文献》，第154页。

于阗住户及吐蕃住户，他们在草场方面如若不和，请于阗人找些牧地，不另找一合适牧地不行。"① 可以看出，吐蕃军队在于阗除参与斥卫、驿传等事务外，还从事畜牧等生产，以养活自己。

四、吐蕃统治时期的于阗王及其臣民

吐蕃的将军、节儿等官吏驻于今麻扎塔格地方，可以说这里是吐蕃统治于阗的军政中心；但从该地距离于阗较远的情况看，吐蕃的统治是通过于阗地方政权实现的。

P.T.1089 记载了吐蕃统治下于阗王及其主事大臣的情况："有如于阗国主，与（其）贡献相符，上峰御恩感昭，赐以王号，许以王者威仪，却处于（统治）于阗的银告身（吐蕃）论之下。于阗主事大臣等，虽被授予金告身（及玉石告身）等，仍处于（吐蕃方面）红铜告身的节儿之下。"② 可知吐蕃统治时期，原先的于阗王世系仍然存在。这种情况与吐蕃征服其他民族后，设小邦王作为附庸的情况相似，如吐蕃征服吐谷浑之后就扶植了吐谷浑可汗（或称小王）以统属部。③ 吐蕃之所以保留于阗王世系，有两个重要的原因：其一，自 7 世纪 60 年代以来，吐蕃屡次进出于阗地区，双方虽时有战争，但也有过联盟；其二，于阗是西域佛教圣地之一，而佛教在 8 世纪下半叶已盛行于吐蕃④，为保护西域的佛教僧人，吸收佛教文化，吐蕃自然在统治政策上有所让步。当然，如上文所示，于阗王虽有"王者威仪"，但他实际的地位在统治于阗的吐蕃大论之下，也即在前文论及的将军

---

① 王尧、陈践编著：《吐蕃简牍综录》，第 67 页。
② 山口瑞凤：《沙州汉人による吐蕃二军团の成立と mkhar tsan 军团の位置》，《东京大学文学部文化交流研究施设研究纪要》第 4 号（1980），第 16 页。参见 M. Lalou, "Revendications des Fonctionnaires du Grend Tibet au VIIIe Siècle", *Journal Asiatique*, CCXLIII, 1955, 1-4(2), p.177。
③ 参见周伟洲、杨铭：《关于敦煌藏文写本〈吐谷浑（阿柴）纪年〉残卷的研究》，《中亚学刊》（三），第 95—108 页。
④ 参见王辅仁：《西藏佛教史略》，青海人民出版社 1982 年版，第 32—48 页。

之下，这种"字（告身）高位卑"的政策，是吐蕃统治河陇、西域诸族施政的主要特点。吐蕃统治下的敦煌也出现过这种情况。为此，敦煌的汉人官吏还向吐蕃当局提出过申诉，要求提高他们的实际地位。而上文所示的于阗王及其主事大臣的情况，就是由敦煌汉人部落的吐蕃人千户长和小千户长举出的，他们的意图是想用于阗王的例子，来提醒上司不要提高汉人官吏的实际地位，这就恰恰反映了于阗王及其主事大臣作为吐蕃统治者附庸的事实。

吐蕃统治时期的于阗王，与初、晚唐时期于阗的尉迟王室是何种关系？目前尚不能作具体的回答，但从吐蕃册立于阗王的背景及其早先称"于阗国主"（li rje，直译"李王"）来看[1]，有可能仍是出于尉迟王族的。

一件出自麻扎塔格的古藏文写本说："对马年冬论·禄扎等在斜坦会上所作决断之回复。雅藏部落的娘·塔通向于阗王（li rje）的兵吏于阗人巴纳索取丝绸两匹做利息。交付期限为孟冬月之二十三日。"[2]另一件写本是于阗王向吐蕃官吏赤热等人的汇报书，其中提到在于阗赫格（hel ge）和纳（nag）地方发生了抢劫案件，于阗王说他已将一个犯案的于阗人送到了吐蕃有关人员处，并承诺要尽快处置其他犯案者。[3]这些资料说明，于阗王的职责是处理本民族的一般事务，并协助吐蕃官吏处理一些较为重大的事件，总之其行动是受吐蕃官吏节制的。

前揭古藏文木简说"阿摩支尉……向神山节儿请示"，其中"阿摩支"原文作 a ma ca，源于梵文 amātya，意为大臣、辅相，所以日本学者山口瑞凤在 P.T.1089 文书的释读中，译作"主事大臣"。在《册府元龟·外臣部》和《新唐书·西域传》中，"阿摩支"是作为于阗王和疏勒王的称号用的，但鉴

---

[1] M. Lalou, "Revendications des Fonctionnaires du Grend Tibet au VIIIᵉ Siècle", *Jouranl Asiatique*, CCXLIII, 1955, 1-4(2), p.177. 古藏文献多以 li yul 称于阗，故 li rje 可译作于阗王，直译"李王"。参见王尧、陈践译注：《敦煌吐蕃文献选》，第 143 页。
[2] 托马斯编著，刘忠、杨铭译注：《敦煌西域古藏文社会历史文献》，第 166—167 页。译文有改动。
[3] 托马斯编著，刘忠、杨铭译注：《敦煌西域古藏文社会历史文献》，第 163—164 页。

于 P.T.1089 写本中，阿摩支之上已有"于阗国主"等文字，故山口氏译作"主事大臣"是恰当的。上揭文献表明，"阿摩支"这个称号在吐蕃统治于阗时期还存在，而且冠此称号者，仍为于阗王族姓氏"尉迟"，这说明吐蕃的统治是以维持于阗贵族的地位为前提的，这种情况与同时期吐蕃在敦煌的统治一样，吐蕃当局维护了汉人世家豪族原有的政治、经济地位。[①] 但是在吐蕃统治时期，"阿摩支"的地位似乎开始降低，在于阗甚至有相当于乡、村一级的官吏也冠有此称号。[②]

在吐蕃统治下，于阗人除了有自己的王、主事大臣外，在神山戍堡内也驻有于阗官吏，其职责应是协助吐蕃人处理日常事务，一件古藏文写本说："呈神山的于阗官府：于阗人布桂的请求书。"[③] 这条史料也反映了于阗官吏的附庸地位。

关于于阗民众受吐蕃役使的情况，麻扎塔格文书中也有一些记载，除前文所示于阗人与吐蕃人一起充任斥候外，还涉及驿传、纳粮等。一支木简记载了于阗人充任驿传的情况说："从于阗驿站发给神山岸本书信：一天一夜要行五个驿站，此木牍迅速紧急送往高齐巴。木牍不能按时到达或有失误，依法惩办，从于阗……"关于于阗民众向吐蕃缴纳粮食及其他物品的记载，一支木简记载："交与使者沙弥，于阗人布鸟寄往神山之青稞与木牍"；另一支木简说："此木牍上所载及以下……首领，神山之青稞二百克四升……已交托于阗布多，彼往神山，收到青稞后木牍仍交与布多。"[④] 还有一件写本提到，一个吐蕃官吏已收到油和羊毛等物品。[⑤] 这些记载表明，驻于阗的吐蕃官吏曾向于阗人征收粮食和物品，至于具体措施、数量如何，需作进一步探讨。

---

① 参见史苇湘：《丝绸之路上的敦煌与莫高窟》，《敦煌研究文集》，第 74—75 页。
② 此外"阿摩支"也有用于吐蕃官吏的情况，详见文欣：《于阗国官号考》，《敦煌吐鲁番研究》第 11 卷，上海古籍出版社 2009 年版，第 126 页。
③ 托马斯编著，刘忠、杨铭译注：《敦煌西域古藏文社会历史文献》，第 180 页。
④ 王尧、陈践编著：《吐蕃简牍综录》，第 59 页。"神山"原译"鄯善"，依托马斯译文改。
⑤ 托马斯编著，刘忠、杨铭译注：《敦煌西域古藏文社会历史文献》，第 353 页。

除对于阗人进行役使、征敛外，吐蕃对于阗人的惩治也较严厉，如一件藏文写本说，马年初春月考核士兵，决定处死一名叫苏达的于阗人，原因是此人在服役中多次惹起麻烦，死刑将在于阗士兵面前进行。[①]一支木简记载："凡出现让敌人脱逃者，应惩处（处死）"[②]，这有可能也是针对于阗人的。吐蕃的统治激起了于阗人的不满，他们用各种方法来进行反抗，一支木简记载："悉诺谢之驿吏向大兄赞巴报告，于阗山一名坐哨于十一日夜逃跑，哨口空阒，无人防守。"[③]另一件古藏文写本说，于阗人拦劫了运往吐蕃据点的粮食及其他物品。[④]

五、麻扎塔格文书反映的其他民族

吐蕃统治时期，于阗地方还有其他民族活动的遗迹，如吐谷浑、回纥、突厥等。

关于吐谷浑（va zha），一件写卷谓："马年仲夏之月，神山堡塞与兵站众人之口粮，大麦之类，已送去一百四十驮。神山粮官伯颇勒的口粮，由吐谷浑运粮人玉赞送到。"[⑤]另一支木简提到吐谷浑斥候。[⑥]吐谷浑自4世纪建国后，盛时疆域"东至叠川，西邻于阗，北接高昌，东北通秦岭，方千余里"。445年，吐谷浑王慕利延还一度侵入于阗。[⑦]7世纪60年代，吐蕃征服吐谷浑，占领了青海以西至鄯善一带的吐谷浑故地。在进攻和统治于阗的过程中，吐蕃自然要驱使吐谷浑部众为其服役，麻扎塔格文书中出现的吐谷浑运粮者、斥候，即属于此种情况。

---

① 托马斯编著，刘忠、杨铭译注：《敦煌西域古藏文社会历史文献》，第216—217页。
② 托马斯编著，刘忠、杨铭译注：《敦煌西域古藏文社会历史文献》，第388页。
③ 王尧、陈践编著：《吐蕃简牍综录》，第48页。
④ 托马斯编著，刘忠、杨铭译注：《敦煌西域古藏文社会历史文献》，第163—164页。
⑤ 托马斯编著，刘忠、杨铭译注：《敦煌西域古藏文社会历史文献》，第180页。译文有改动。
⑥ 王尧、陈践编著：《吐蕃简牍综录》，47页。
⑦ 《魏书》卷一○一《吐谷浑传》。

一支木简提到了回纥（hor）人："武乡坝子，此侧潜伏有回纥人斥候一名"；另一支木简记载了"已归化回纥部落之江玛支"。①7至9世纪，回纥人不断移居河西、西域等地。吐蕃统治这一地区时，一部分回纥人受其役使，"已归化回纥部落"，即是受吐蕃控制的回纥人之一。

据P.T.1288《大事纪年》，吐蕃称唐代的西域为"突厥之境"（dru gu yul），吐蕃攻占于阗之后，将与于阗相邻的一些地方称作"突厥啜尔"（dru gu cor），意即"突厥州"。②出自麻扎塔克的一支木简曰："给巴本以下和突厥啜尔以上斥候之木牍：新增的（斥候木牍）不能遗失，专门送往神山，不得怠惰，夜以继日，偷懒惰怠而延误者严予惩罚。"③还有一些木简或文书，也提到了"突厥啜尔"这个地方，估计距今麻扎塔格不远。

麻扎塔格文书中，还见有孙波（sum po）、南茹（nan ru）、勃律（bru zha）等族名或地名④，这些史料反映了吐蕃统治于阗时期，部族活动频繁，与邻近地区联系密切等特点。

结　语

9世纪中叶，吐蕃王朝在贵族混战、奴隶和平民大起义中崩溃了，其对河陇的统治也相继结束，于阗恢复了尉迟王的统治。⑤但是吐蕃统治的影响在于阗并没有很快消退，反而存在了很长一段时间。据钢和泰写本记载，925年于阗王李圣天派使团前往沙州，带队的就是吐蕃人，使团向沙州方面

---

① 王尧、陈践编著：《吐蕃简牍综录》，第49、58页。
② 张琨：《敦煌本吐蕃纪年之分析》（An Analysis of the Tun-huang Tibetan Annals），《东方文化》第5卷第2期，148页。李有义等译文，见《民族史译文集》第9辑（1981），第69页。
③ 王尧、陈践编著：《吐蕃简牍综录》，第48页。
④ F. W. Thomas, Tibetan Literary Texts and Documents Concerning Chinese Turkestan, II, pp.235-236, 241, 253, 458, 469.
⑤ 参见张广达、荣新江：《关于唐末宋初于阗国的国号、年号及其王家世系问题》，《于阗史丛考》，上海书店1993年版，第32—52页。

递交的呈请书分别用于阗文和藏文写成。① 从已刊布的敦煌文书看,这一时期的许多官方文书也是用藏文写成的。② 可见吐蕃的影响,在河陇到西域地区,尤其是在于阗、敦煌等地还长期存在。

总之,在 791—850 年的半个多世纪中,吐蕃曾通过自己的官吏和附属的地方政权,对于阗实行了有效的统治。尽管吐蕃人的征敛、役使曾引起于阗民众的不满和反抗,但从其统治带来的影响看,又有促进民族交往、融合的一面。

---

① F. W. Thomas & S. Konow, "Two Medieval Documents from Tun-huang", *Oslo Etnografiske Museums Skrifter*, 3. 3, 1929, pp.122-160;黄盛璋:《钢和泰藏卷与西北史地研究》,《新疆社会科学》1984 年第 2 期。
② G. Uray, "L'Emploi du tibétain dans les Chancelleries des États du Kan-sou et Khotan Postérieurs à la Domination tibétaine", *Journal Asiatique,* Tome 269, 1981, pp.81-90. 译文见乌瑞著、耿昇译:《吐蕃统治结束后甘州和于阗官府中使用藏语的情况》,《敦煌译丛》第 1 辑,甘肃人民出版社 1985 年版,第 212—220 页。

中 编
敦煌、西域古藏文文书研究

一件有关敦煌陷蕃时间的藏文文书

有关敦煌何时陷于吐蕃，历来有多种说法，其中有两说是学术界采用得比较多的，即戴密微（Paul Demiéville）的787年说和藤枝晃等引用的《元和郡县图志》"建中二年（781）陷于西蕃"说。[①] 笔者发现，斯坦因搜集品中有一件登录为Fr.80（730, vol.73, fol.37）的敦煌藏文文书，其中有明确的纪年内容，可能对学术界讨论敦煌的"陷蕃"时间，有一定的参考作用。

此文书右方缺损，长15.5厘米，宽16厘米，存楷书体的藏文11行，字小，方正而清晰。国外首先释读这件文书的，是英国学者F. W. 托马斯，他在1927年刊出的《英国皇家亚洲学会杂志》上，转写、英译和注释了包括Fr.80在内的一批敦煌藏文文书。托马斯认为，这件文书似乎出自一位唐朝破落官吏之手，反映的是沙州被吐蕃占领之后发生的由汉人发动的一次起义，当地秩序的恢复，以及此后经历的一段升平时期。这件文书后来被编入《有关西域的藏文文献和文书》第二卷（1951）中。[②] 在1955年出版的该书第三卷中，托马斯对Fr.80文书所涉及的人名、地名及词汇作了进一步考

[①] 戴密微著、耿昇译：《吐蕃僧诤记》，第225页。山口瑞凤指出，戴密微的计算方法是西欧满年才算的传统算法，所以成了787年，应该是786年，见《吐蕃支配时代》，《讲座敦煌》第2卷《敦煌の历史》，第198页。藤枝晃：《吐蕃支配期の敦煌》，《东方学报》第31册（1961），第209页。

[②] F. W. Thomas, *Tibetan Literary Texts and Documents Concerning Chinese Turkestan*, II, pp.47-48. 译文见刘忠、杨铭译注：《敦煌西域古藏文社会历史文献》，第36—37页。

释。[①] 此之前的 1952 年，法国著名汉学家戴密微出版了《吐蕃僧诤记》一书。于其中的第二章"史料疏义"中，他在讨论"吐蕃统治敦煌时代一位汉族节度使的档案文书"（S.1438 背《书仪》）时，全文引用了 Fr.80 残卷。但他否定了托马斯关于该文书出自唐人官吏的说法，并排除了将此文书作者与 S.1438 背《书仪》作者勘同的可能性。[②]

国内学者首先引用这一文书的是姜伯勤先生，他在 1981 年发表的《唐敦煌"书仪"写本中所见的沙州玉关驿户起义》一文中，引用了托马斯译文的某些段落，并肯定藏文文书记载的汉人起义，绝不会晚于大中五年（851）。[③]

笔者最近反复阅读、考证了这件文书，认为其所载的内容对解决争论已久的敦煌陷蕃时间的问题，可以提供某些新的线索和思路。故不揣浅陋，在托马斯、戴密微、姜伯勤等人的研究基础上，结合 S.1438 背《书仪》，作了以下的研究。

一、古藏文文书拉丁字转写与汉文释文

〔1〕Pho brang Von cang do sna bkyevi phyag rgya phog ste / zha sngar snyan du...

〔2〕pos / Sha cuvi skun kar vbangs dang bchas su phyag du bzhes te / ...

〔3〕chab srid la bsdos te / Bod vbangs gyi mchog bkum gyis shing / thugs...

〔4〕pag To dog rtse rjer bskos the dgung lo bdun lags na yang / Sha [cu]...

〔5〕bkum nas / slad gyis Khrom gyis mdab non pas lhog pavi [rngo]...

〔6〕bdag spus bthus te rtse rjer stsald nas / dgung lo bchu...

---

① F. W. Thomas, *Tibetan Literary texts and Documents concerning Chinese Turkestan*, III, London, 1955, pp.31-32.
② 戴密微著，耿昇译：《吐蕃僧诤记》，第 37 页。
③ 姜伯勤：《唐敦煌"书仪"写本中所见的沙州玉关驿户起义》，《中华文史论丛》1981 年第 1 辑，第 158 页。

〔7〕nang krug dang pan pun du ma gyurd pha lags / Rje blas [kyang stsang]…

〔8〕pa yang myi chad phar vbul zhing blar yang sman yon thogs pa bdag [glo]…

〔9〕snas myi dbul bar phyag rgya vgav zhig chi gnang zhes gdol…

〔10〕dbul bar gnang zhes / Bkav blon Btshan bzher dang blon [ny]…

〔11〕phyag rgya vchang du stsald pha /

〔1〕温江岛宫用印颁发之告牒：诸座悉听：

〔2〕[赞]普取得沙州城池、百姓和财物……

〔3〕[汉人]不满王政，杀死吐蕃上等臣民……

〔4〕任命……帕为都督节儿。七年时，亦被沙州……

〔5〕杀死。之后，节度使致力恢复[秩序]……

〔6〕以我的办事能力，命我做节儿。至十年……

〔7〕已无内患与不和发生。上司[粮]……

〔8〕未断。向上亦交贡品。我……

〔9〕心未认。对此恳求颁布一批复告牒……

〔10〕颁布告牒者：噶论·赞热与论[宁]……

〔11〕盖印发出。[①]

二、文字考释

第1行：Pho brang Von cang do，"温江岛宫"，吐蕃赞普驻地。托马斯先是认为：温江岛宫即是文书作者的住地，当距沙州不远。在后来的修订中，他又倾向于认为温江岛宫就在逻些（拉萨）附近，因为一件出自楚布寺的碑铭就载有此名。国内王尧、陈践二位先生提出：温江岛宫作为宫殿名或地名，在拉萨东南。[②] 笔者认为，温江岛宫固然是文书的发出地，但其所载内容的申诉人却是在沙州，Fr.80文书实际上是吐蕃温江岛宫批转的一件由

---

① 以上译文曾经西藏民族学院文国根教授审订。
② 王尧、陈践译注：《敦煌本吐蕃历史文书》（增订本），第181页。

沙州官吏呈吐蕃宫廷的文告副本。类似情况还见于 P.T.1083《据唐人部落禀帖批复的告牒：禁止抄掠汉户沙州女子牒》、P.T.1085《据唐人部落禀帖批复的告牒：禁止掠夺沙州汉户果园牒》。①这三件文书的格式很相近，开头分别是"温江岛宫用印颁发之告牒"（Fr.80）、"大论于陇州军帐会议上用印颁发之告牒"（P.T.1083）、"亨迦宫用印颁发之告牒"（P.T.1085）；接着，转述沙州官吏、唐人部落使禀帖的内容；文尾是颁发告牒的官吏或机构的签名、盖章，分别为"颁发告牒者噶论·赞热与论[宁]……盖印发出"（Fr.80）、"告牒如上，用印发出"（P.T.1083）、"大尚论以下恐热、论腊藏悉通均用印并摁指印颁发如上"（P.T.1085）。

第2行：Sha cuvi skun kar vbangs dang bchas，"沙州城池、百姓和财物"。Sha cu，"沙州"一名频繁见于敦煌藏文文书，仅拉露所编《巴黎国家图书馆藏伯希和收藏敦煌藏文写本目录》第二卷（1955），就有 16 个编号的文书提到了 Sha cu。除上述 P.T.1083、1085 号以外，另如 P.T.1127、1128、1129、1130 号等。②

第3行：Bod vbangs kyi mchog，"吐蕃上等臣民"。这种提法与 P.T.1085 文书中，唐人自称 dbag cag lho bal mgo mtho mthos kyang，"我等蛮貊边鄙之民户"形成鲜明的对比，反映出吐蕃入主敦煌后所居的统治者的地位。

第4行：To dog rtse rje，"都督节儿"，吐蕃统治敦煌及河陇其他地区的官吏称号。"都督"一名来源于突厥，作 Turk；但藏文 To dog 明显是汉文"都督"的译音。rtse rje，"节儿"一词，国内外藏学界已有诸多讨论，总起来说可以译成"总管"或"长官"，具体级别却要以其辖地的大小而定。③沙州节儿自是吐蕃统治时期本州的最高军政长官，上司为吐蕃瓜州节度使，下

---

① 王尧、陈践译注：《敦煌吐蕃文献选》，第 51 页；王尧、陈践编著：《敦煌吐蕃文书论文集》，四川民族出版社 1988 年版，第 45 页。
② M. Lalou, *Inventaire des Manuscrits Tibétains de Touen-houang Conservés à la Bibliothèque Nationale*, II, p.66.
③ 王尧：《敦煌吐蕃官号"节儿"考》，《民族语文》1989 年第 4 期；张云："节儿"考略，《民族研究》1992 年第 6 期。

统沙州全境蕃汉官吏、部落百姓。① 另需注意的是：同期的敦煌汉文文书中，多以"节儿、都督"的排列顺序出现，而不是 Fr.80 文书"都督、节儿"这样的顺序，如 S.2146《行城文》"又持胜福，庄严节儿都督"，P.3256《愿文》"节儿都督，富位时迁"，S.6010《行城文》"又我乞利本、节儿、都督等"，几乎无一例外。

第 5 行：Khrom，"节度使"，又可译作"节度衙"，是古藏文中与这两个汉名词相对应的一个词。同时，敦煌藏文文书中又有 dmag dpon（将军）一词，可以指代相当于节度使地位的某种官吏。② 据匈牙利著名藏学家乌瑞的研究，khrom 是 7 至 9 世纪吐蕃创设于本土之外的一级军政机构，其辖境相当于唐朝的数个州。③ 故国内学者倾向于把 khrom 这个词译为节度衙或节度使。④ 敦煌汉、藏文卷子中，多有关于吐蕃节度使和节度衙的记载，如 P.2991《莫高窟素画功德赞文》中有"瓜沙境大行军都节度衙"，P.2449《祈福文》中有"瓜州新节度使"，S.542《沙州诸寺丁仕车牛役簿》中有"瓜州节度"，P.T.1088 有"兔年春，瓜州节度衙（kwa cu khrom）会议在肃州举行"，P.T.1089 有"经瓜州将军（kwa cu dmag pon）与都护商议决定，向沙州节儿颁发 [新的] 序列与位阶"。⑤ 由此亦可知，吐蕃于瓜州有节度使／节度衙（dmag dpon / khrom）之设。

第 7 行：Rje blas，"上司"，或可译作"阁下"、"上王"、"王差"、"王命"等。此词的含义较泛，在不同的上下文中有不同的译法，归纳起来有尊

---

① 拙文《关于敦煌藏文文书〈吐蕃官吏呈请状〉的研究》，《马长寿纪念文集》，西北大学出版社 1993 年版，第 370、374 页。

② P.T.1089 文书第 46、47 行说："经瓜州将军（kwa cu dmag pon）与都护商议决定，向沙州节儿颁发 [新的] 序列与位阶"；同文书还记载：吐蕃凉州节度使又称作"翼长"（ru dpon），这与藏文史书《智者喜宴》所载翼的长官称"将军"（dmag dpon）是一致的。详见拙文《关于敦煌藏文文书〈吐蕃官吏呈请状〉的研究》，第 368、370、373 页。

③ G. Uray, "KHROM: Administrative Units of the Tibetan Empire in the 7th-9th Centuries", *Tibetan Studies in Honour of Hugh Richardson*, p.312.

④ 马德：《khrom 词义考》，《中国藏学》1992 年第 2 期。

⑤ M. Lalou, *Inventaire des Manuscrits Tibétains de Touen-houang Conservés à la Bibliothèque Nationale*, II, p.57；拙文《关于敦煌藏文文书〈吐蕃官吏呈请状〉的研究》，《马长寿纪念文集》，第 370 页。

称、供职、职务等几方面的内涵。① 笔者曾译 rje blas 为"阁下",认为其常用于称呼那些在民事或宗教事务中有地位的官吏,但不是专称而是一种泛称。②

第 10 行:Bkav blon Btshan bzher,"噶论·赞热"。托马斯在修订此文书的注释时,曾将此人比定为《唐蕃会盟碑》中的"纰论伽罗笃波属卢·论赞热土公"(phyi blon bkav la gtogs pa cog ro blon btsan bzher lho gong)。笔者虽然赞成托马斯对此二人的勘同,但认为两者的官职是不同的,表明文书与会盟碑不是同一时期的文物。实际上,文书中的 Bkav blon 与《唐蕃会盟碑》中的 Bkavi phrin blon "承旨官"(唐人译"给事中")更为接近,前者似属后者的简略式;而会盟碑中的给事中为"勃阑伽论悉诺热合乾"(bran ka blon stag bzher hab ken),也即《册府元龟·外臣部》"盟誓"所载的"蕃给事中论悉答热"。所以有理由认为,论·赞热在文书写成时的官职为"噶论"(给事中),至《唐蕃会盟碑》问世之际,已升迁为纰论伽罗笃波(意为"外相")。这就为讨论文书的年代提供了一条线索,即文书写成于唐蕃长庆会盟(821)之前。此外,论·赞热(blon btsan bzhre / bzher)一名还见于 P.T.1205 背面和 P.T.1294 文书。前者是一篇习作,为 blon btsan bzher gyi mchid gsol bav,"论·赞热致帖"。③ 后者一段藏文为:zhan lon ched po zhan khri sum bzher dang bcan(/ btsan)bzher dang / blon mdo brcan la scogs pha hor yul du chub srid drang bavi che rgya rgod kyi sde(大尚论·尚绮心儿与论·赞热、论·多赞引汉人军部落赴攻回鹘牙帐)。④《册府元龟·奉使部》"敏辩"记长庆元年(821)吐蕃都元帅尚书令尚绮心儿对唐使刘元鼎说:"回鹘小国

---

① W. S. Coblin, "Notes on old Tibetan RJE-BLAS", in E. Steinkellner(ed.), *Tibetan History and Language: Studies Dedicated to Uray Géza on His Seventieth Birthday*, Arbeitskreis für Tibetische und Buddhistische Studien Universität Wien, Wien, 1991, pp.63-67.
② 参见拙文《和田出土有关于阗王的藏文写卷研究》,《西域研究》1993 年第 4 期。
③ *Choix de Documents Tibétains Conservés à la Bibliothèque Nationale Complété par Quelques Manuscrits de l'India Office et du British Museum*, II, p.489.
④ M. Lalou, *Inventaire des Manuscrits Tibétains de Touen-houang Conservés à la Bibliothèque Nationale*, III, Paris, 1961, p.4.

也，我以丙申年逾碛讨逐，去其城郭二日程。"丙申年即元和十一年（816），文书中的给事中论·赞热，此时已由囊论（内府官）系统转为率军作战的外府官，当有所升迁。这为判定 Fr.80 文书的年代又确定了一个下限。

三、文书的年代与相关问题

讨论 Fr.80 文书所载内容及其年代，可将敦煌汉文文书 S.1438 背《书仪》作为对比资料。

敦煌遗书伦敦藏 S.1438 卷子背面有《书仪》残稿 177 行。据史苇湘先生的研究，《书仪》的作者是一位投降吐蕃政权的唐朝官吏，他深受吐蕃赞普和宰相的重视，被任命为蕃朝的沙州守使，曾经帮助吐蕃王朝镇压过沙州的驿户起义。后来，他申请出家做了和尚，他的这份《书仪》就存放于莫高窟寺院里。据史先生的粗略统计，这份《书仪》包括：上吐蕃赞普表 2 件，上唐朝皇帝表 1 件，状 6 件，启 12 件，祭文 1 件。作者姓名暂不可考。[①]

笔者在对比了 Fr.80 与 S.1438 背这两件文书的内容后，初步认为：这两件藏、汉《书仪》的作者是同一个人，在前件中称为"节儿"，后者虽未标明其官衔，但从"牧守流沙"云云，当为沙州汉人最高的官吏，与节儿相当，且两件文书所载某些事件的时间、内容基本一致，以下试作分析。

Fr.80 第 2 行："[赞]普取得沙州城池，百姓和财物……"S.1438 背第 12 行有"自敦煌归化，向历八年"，第 37 行有"自归皇化，向历十年"。这里的"赞普取得沙州"、"敦煌归化"、"自归皇化"，与 P.3774《沙州僧龙藏牒》"初蕃和之日"、S.5812《令狐大娘诉状》"直至蕃和以来"的"蕃

---

① 史苇湘：《吐蕃王朝管辖沙州前后——敦煌遗书 S.1438 背〈书仪〉残卷的研究》，《敦煌研究》创刊号（1983），第 131—141 页。以下凡 S.1438 背《书仪》引文均于此，不再另注。需补充的是，笔者在反复阅读此《书仪》后发现：其中通联书写的公私文书，基本上是按类别排列的。依笔者的初步排列分类：前三篇文书（第 3—44 行）为上吐蕃赞普表，第 44—70 行为致唐朝官吏书，第 70—107 行为呈吐蕃官吏启，等等。据此，《书仪》现在的书写顺序，并非文书写作时间的先后顺序。这里仅举一例：第 28 行有"年过六十，老不加智"，而第 40 行则说"臣今五十七，鹤发已垂"。

和",均指同一事件,即建中二年(781)沙州城池、百姓首次归顺吐蕃的事件。①

Fr.80第3—4行:"[汉人]不满王政,杀死吐蕃上等臣民……任命……帕为都督节儿";《书仪》第71—72行:"唯此沙州,屡犯王化,干戈才弭,人吏少宁,列职分官,务(存)抚养,未经两稔,咸荷再苏,氾国忠等,去年拟逃瀚海……"以下要说到氾国忠等起义在贞元三年(787),则文中记叙的"未经两稔"的沙州百姓起义及"列职分官"之事,当发生在贞元元年。这个时间当系Fr.80所载的汉人杀死吐蕃官吏、当局任命……帕为都督节儿的年份。

Fr.80第4—5行:"七年时,亦被沙州……杀死";S.1438背第72—73行说:"氾国忠等,去年拟逃瀚海,远申相府,罚配酒泉,岂期千里为谋,重城夜越,有同天落,戕煞蕃官。"第96—97行又说:"厶誓众前行,拟救节儿、蕃使,及至子城南门下,其节儿等已纵火烧舍,伏剑自裁,投身火中,化为灰烬。"沙州自建中二年首次归顺吐蕃,"七年时",已是贞元三年;汉、藏文书所记载的沙州汉人起义,杀死吐蕃节儿诸官的内容又基本一致,所以驿户氾国忠等人的起义当即在贞元三年。再者,《书仪》作者是在贞元四年被任命为沙州守使的(详后),其任职当年写给吐蕃某宰相的信中,追述氾国忠等"去年拟逃瀚海"及随之引发的事件,则氾等的起义确在贞元三年。

Fr.80第5—6行:"之后,节度使致力恢复[秩序]……以我的办事能力,命我作节儿。"《书仪》第78—79行说驿户起义被平息后,"已蒙留后使差新节儿到沙州,百姓俱安,各执农务",第81—82行说"勃(悖)逆之人,已闻伏法,胁徒之类,锢送瓜州,百姓具安,各执生计"。汉文的"留后使",正好对应藏文khrom(节度使)②;"留后使"的种种举措正好可作"节度使致力恢复秩序"的注解。那么,《书仪》中的"新节儿"是否就是藏文文书的

---

① 《元和郡县图志》卷四〇"沙州"条:"建中二年陷于西蕃。"
② 唐代中后期,节度使之子弟或亲信将吏代行职务者,称节度留后,又称留后使,事后多由朝廷补行任命为正式的节度使。《书仪》作者为唐朝破落官吏,故因袭唐朝的称呼。参见《资治通鉴》卷二二二"广德元年三月"条下胡三省注。

作者呢？笔者认为不是，理由有三条：其一，《书仪》第 37 行说"自归皇化，向历十年，牧守流沙，才经两稔"，据此可知，《书仪》的作者是在沙州归顺吐蕃后的第八年（788）被任命为沙州牧守的[①]；同样，Fr.80 文书的作者是在"七年时"发生节儿被杀事件"之后"，被任命为节儿的，"七年……之后"已属第八年，因此这两个文书的作者当系一人，是汉官而非蕃官。而氾国忠等人的起义发生在贞元三年夏秋之季，"蒙咨留后发遣专使，城池获安"，亦在当年"孟秋尚热"之时，是知新节儿的上任是在贞元三年。总之，前者的任命在第八年，后者在第七年，所任命的人物不相同是自然的。其二，《书仪》作者在平定氾国忠等人的起义中，立了大功。他先是"见事急，遂走投龙兴寺，觅蕃大德，告报相将逐便回避，于时天明，厶遂出招集百姓十余人，并无尺铁寸兵可拒其贼，厶誓众前行，拟救节儿、蕃使"，知节儿等已自裁后，他又"渐合集百姓，设诈擒获……氾国忠等人，一无漏网"。正是由于《书仪》作者有这些表现，才被吐蕃王朝任命为沙州守使的，而这一过程，恰好能给 Fr.80 文书的"以我的办事能力，命我作节儿"作注解。相反，《书仪》中提到的"新节儿"就没有、也不可能有这样的经历和表现。其三，藏文 rtse rje 一词，在汉文文书中虽仅简单地音译为"节儿"，但若将汉文的管守、太守、牧守译成藏文，仍是 rtsa rje 这个词，因为 rtsa rje 的基本含义就相当于汉文的"守"。[②] 所以，尽管《书仪》未提到作者具体是何官职，但从"牧守流沙"来看，应是沙州汉人方面的最高官职，将其译为藏文仍称 rtsa rje。而且，《书仪》作者当时有可能就是被称作"节儿"。因为在吐蕃时期的汉文文书中，出现过"二节儿"（S.2146《置文》）、"蕃汉节儿"（P.2341 背《燃灯文》）等提法。据此，有学者推断在吐蕃统治的沙州地区，

[①] 史苇湘也认为，《书仪》作者"是在敦煌陷落八年之后，才出任吐蕃王朝的沙州守使的"。见《吐蕃王朝管辖沙州前后——敦煌遗书 S.1438 背〈书仪〉残卷的研究》，《敦煌研究》创刊号（1983），第 134 页。

[②] 石泰安著、耿昇译：《敦煌写本中的印—藏和汉—藏两种辞汇》，《国外藏学研究译文集》第 8 辑，西藏人民出版社 1992 年版，第 175 页。

节儿之职同时也有汉人担任的,与吐蕃节儿并行管理沙州政务。① 如是,《书仪》作者为汉人节儿,其所载"新节儿"为吐蕃节儿。

Fr.80 第 6—7 行:"至十年……已无内患与不和发生。"S.1438 背第 125—126 行:"沙州官吏、百姓特沐赞普鸿恩,相府仁造,各居产业,怛腹无忧,凡厥氓不胜怃跃,更蒙支铁,远送敦煌,耕农具既,多耕自广,此皆相公为国。救旱如渴指梅,邦家有人,蔑不济矣。"以上藏、汉文书所描述的合境平安景象,可以说是指同一时段的同一内容。因为,从《书仪》第 84—85 行得知,氾国忠等起义的当年或次年(787—788),敦煌还存在"农器之间,苦无钢铁,先具申请,未有交分"的情况,而上文说,吐蕃宰相已将钢铁"远送敦煌,耕农具既",则此事必在其后,兹定为贞元五、六年(789—790)之间,这也接近藏文文书所说的"至十年"(790)。正是因为在贞元六年时,沙州已出现了上述藏、汉文书所描述的升平景象,于是才有了吐蕃在敦煌创置部落、分领百姓之举动,其时间即 P.3774《沙州僧龙藏牒》所说的"分部落午年"(庚午,790)。此正是 Fr.80 文书写成的那一年。

综上所述,笔者认为 Fr.80 文书与 S.1438 背《书仪》的作者是同一人,两件文书所载的某些事件的时间、内容基本一致,即建中二年(781)沙州首次陷蕃后,至贞元六年(790)前后,其地发生的数次汉人反抗吐蕃统治的起义,起义被镇压的经过,以及其后出现的升平景象。

---

① 邵文实:《沙州节儿考及其引申出来的几个问题》,《西北师大学报》1992 年第 5 期。

P.T.1089《吐蕃官吏呈请状》研究

伯希和所获的敦煌藏文文书中，除著名的《敦煌本吐蕃历史文书》以外，还有一件记载 8 至 9 世纪吐蕃占领河陇时期的蕃、汉官吏制度的文书，它就是被编为 P.T.1089 的《吐蕃官吏呈请状》。此写本长约 1 米，宽 31 厘米，基本保存完好，共计写有古藏文 84 行。

1955 年，法国著名藏学家拉露（Marelle Lalou）在《亚洲学报》（*Journal Asiatique*）上刊布了 P.T.1089 文书的拉丁字母转写，并用法文作了翻译和注释，该文章名为《公元 8 世纪大蕃官吏呈请状》。[1] 从这以后过了许多年，国际藏学界很少有人对此文书作进一步研究，引用它来阐述吐蕃官职的也不多见。直到 70 年代末，日本藏学家山口瑞凤感到有必要重新审订拉露的译文，以适应世界范围内藏学发展的需要。所以，尽管山口氏曾经受过拉露女士的亲自指导，他还是愿冒受人批评之风险，重新译注了 P.T.1089 文书，对拉露译文中某些不确切的年代比定作了订正。山口瑞凤的文章题为《沙州汉人による吐蕃二军团の成立と mkhar tsan 军团の位置》，发表在《东京大学文学部文化交流研究施设研究纪要》第 4 号（1980）上。山口瑞凤在文章的序言中说到，拉露刊布和译注的 P.T.1089 文书，"这是为探讨吐蕃统治时期的敦煌（即沙州）与其邻近占领区有关吐蕃统治机构而介绍的最有用的史料，但

---

[1] M. Lalou, "Revendications des Fonctionnaires du Grand Tibet au VIIIᵉ Siècle", *Journal Asiatique*, vol.243, 1955, pp.171-212.

是，用此史料来论述吐蕃统治机构的研究文章，至今未见"。① 这就道出了P.T.1089文书在吐蕃史研究上的重要性。

山口瑞凤发表上述文章之前，还在《敦煌の历史·吐蕃支配时代》一文中，引述了P.T.1089文书的内容。尤其是在该文的第二章中，他以"吐蕃在敦煌的统治形态"、"汉人军二部落の组成"、"沙州汉人军二部落成立时期"等为题目，详尽地分析了P.T.1089文书记载的蕃汉官吏名称和结构。

国内学术界对P.T.1089文书的介绍和研究，始于汶江先生，他在《西藏研究》1987年第3期上发表了《吐蕃官制考——敦煌藏文卷子P.T.1089号研究》一文。该文翻译了拉露的法文文章，并结合此文书讨论了吐蕃的中央和地方官职。在文书的年代比定上，重申了拉露的观点。

两年之后，王尧、陈践两位先生在《中国藏学》1989年第1期上发表了《吐蕃职官考信录》一文。该文包括：前记、P.T.1089原文、译文、吐蕃职官表，共四个部分。据介绍，该文所引的P.T.1089原文，是根据巴黎图书馆藏的原卷胶片过录（转写）的；译文则以作者对原文的研究为基础，参考山口瑞凤的《敦煌の历史·吐蕃支配时代》而译出。对诸如文书的写成时间、内容分类等重要问题，该文没有涉及。

通过对P.T.1089文书的研究过程的简短回顾来看，可以说国内外学者各有成就。拉露女士筚路蓝缕，奠定了基础；山口瑞凤后来居上，把研究大大推进了一步。王尧等以深厚的古藏文和吐蕃史功底，从原文入手，夺国内研究之首功；汶江则首先翻译拉露文章，功不可没。

但是，对P.T.1089文书的研究显然不能就此画上句号。从国内外藏学界已经取得的研究成果来看，基本上还局限于对文书本身的翻译和探讨上，能够结合其他史料来讨论专门问题的，也只有山口瑞凤等一两人而已。因此，可以说对P.T.1089文书的研究和引用，还仅仅是开了个头，还有许多问题，包括文书的内容和文书范围以外的有关问题，都还值得去探讨、解决。正是

---

① 山口瑞凤在注释中举例说：藤枝晃的《吐蕃支配期の敦煌》就没有参考这件文书。

基于此，笔者才不揣冒昧，集自己多年来的研究心得[①]，对P.T.1089文书展开进一步的考释。

一、文书的解读

以下对P.T.1089文书所作的解读，是以山口瑞凤的翻译为基础，参照拉露过录的原文而完成的。对于山口瑞凤漏译及采用王尧等译文的地方，笔者将在注释中一一指出。山口瑞凤对文书进行解读时，凡属较重要的人名、地名、官名、术语等，都在译文后面附上了原藏文的拉丁字母转写。不同的部分，在译文中以括号来表示。译文中，六角括号里的数字即原文的行数，方括号用来表示补充与说明。在下面的译文中，笔者尽量做到了保留山口瑞凤应用上述规则的原貌。

P.T.1089文书译文：

〔1〕狗年冬腊月，由柴地（zha）议政厅（vdun sa）给公文盖了御印……〔2〕关于［序列（gral）与］位阶（thabs）意见不一致之事，沙州万户长（khri dpon）和万户都护（khri spyan）以前曾呈请过……〔3〕……以前上奏之后，经受理，议决了序列［与位阶］……〔4〕奏上时，命令照盖了御印之文施行。［议决］了的序列与位阶［写成了一览表］……〔5〕从沙州节儿论（rtse rje blon）以下的下级官吏，对序列与位阶的意见不一致，以后的序列与位阶按此〔6〕已写成的一览表。狗年冬季，宫廷驻于［地名空缺］。德伦会议（bde blon gyi vdun sa）由尚·赞桑（zhang btsan bzang）和论·结卓（blon rgyal sgra）〔7〕都护（spyan）论·坚热（blon byang bzher）

[①] 笔者1985年暑期在中央民族大学进修藏文时，承蒙北京大学历史系荣新江教授赠送山口瑞凤的文章复印件一份，后来作硕士学位论文《论唐代吐蕃对河陇地区的统治》时，曾反复研读，多处引用了P.T.1089文书及山口瑞凤的研究成果。1986年以后，我陆续发表的《吐蕃时期敦煌部落设置考》、《通颊考》、《试论吐蕃统治下汉人的地位》等文，或多或少地引用过P.T.1089文书，它们分别载于《西北史地》1987年第2期、《敦煌学辑刊》1987年第1期、《民族研究》1988年第4期。

和论·喻卓（blon gyu[sgra]）于 [柴地] 召集，此系陆、岸两部落（lug ngan sde gnyis）及廓尔巴（dkor pa）与玛曲大行军衙地（rma grom pa thang）对峙之际[①]，所以〔8〕沙州万户长与万户都护提出了如下呈文：

此呈，在沙州，以前由吐蕃方面任命的千户长（stong pon）[②]之职位，仅有一人持大藏（gtsan cen pa）之位。但〔9〕自去年 [鼠年] 以来，沙州汉人组成军团之后，也随即定下了千户长和小千户长（stong cung）的 [职位]。并授予千户长小黄铜告身的位阶，小千户长的位阶〔10〕授予大红铜告身。[为此]，汉人都督（to dog）与千户长 [之间] 就序列与位阶的意见不一。吐蕃方面任命的小千户长，与汉人副都督（todog vog pon）〔11〕及汉人副千户长（stong zla）等也有持黄铜告身的，[彼此] 亦对序列与位阶的意见不一致。现在副节儿（rtsa rje vog pon）之序列虽在大都督〔12〕之下，[但在] 副都督安本义（van bung yig）与汉人方面任命的都护（spyan）张大力（cang stag legs）之上。去年 [鼠年]，[由于] 姑臧军团（mkhar tsan khrom）[③]〔13〕的官吏对序列与位阶的意见不一致之事，将军（dmag pon）向大尚论（zhang lon ched po）论·结赞（blon rgyal tsan）和论·腊卓（blon legs sgra）提出了呈请，〔14〕经讨论作出了决定。根据此决定：吐蕃和孙波（bod sum）的千户长之下为通颊（mthong khyab）与吐谷浑（va zha）的千户长，在其下为节儿红铜告身者（rtse rje zangs [dang] / [pa]），其下为吐蕃和〔15〕孙波的小千户长与通颊、吐谷浑之小千户长，在其以下为红铜告身的无官职者（zangs pa sug stong）和带大虎皮肩饰章者（stag gi can pa / cen pa）等等。节儿和〔16〕都督之序列与位阶仍如以前的顺序，仅仅整顿了从前的形式而未加改变。对吐蕃方面新近任命的千户长和小千户长应如何等〔17〕

[①] 山口瑞凤原译为："此即，二群歹徒及贡物管理者与玛·仲巴塘对峙之际。"现采用王尧、陈践两位的译名。

[②] 藏文 stong sde，意为千户区、千户所、千户部落，或有一千户人家的地区；stong dpon，即千户长，千夫长，千总，或作为一千人的首领。山口瑞凤在翻译 stong dpon 和 stong cung 时，均加上了"军"字，作千户军长、小千户军长，以下同。

[③] 山口瑞凤原译"mkhar tsan 军团"，笔者译作"姑臧军团"。

[同汉人]的顺位、序列与位阶等等,因我等不应提议决定,谨根据圣上之御命执行。在〔18〕尚未决定的情况下,如官吏已开始就任的同时等,因为如此程序之琐事,很难一致,若引起争端,对完成圣上差事〔19〕极为不利,于圣上亦无益,此种情况定难于继续维持。千户长们的序列,都督二人与副节儿们的〔20〕顺序应如何办才是适当的,汉人的副千户长和吐蕃[方面任命]的小千户长又由哪一方居上位?亦请下达御示。奏上。

[沙州的汉人千户长、小千户长的呈文如下:]〔21〕根据沙州汉人官吏之奏请,沙州的都督们奏请居我等千户长和小千户长之上位。被任命为南山部族(lho bal)① 的都督和〔22〕副千户长的官吏们,位居[吐蕃方面任命]正式官吏之上位一事,还不曾有过这种做法和相应的实例。如有上奏之例,则只有于阗国主(li rje)〔23〕进贡之例可对照,即通过进贡得到圣上恩赐,赐以王号,准许享有王者威仪(rgyal chos)。但却仍在[统治]于阗的持有银告身的[吐蕃]论之下〔24〕任职。于阗的阿摩支(a ma ca)② 等的位阶虽授以金告身、[玉石告身]等,但其地位仍处于[吐蕃方面任命]红铜告身的节儿之下。统率南〔25〕山部族千户的万户长、千户长和小千户长虽持有玉石告身及金告身之位阶,但据说还不及至多持有大藏(gtsang cen)位的[吐蕃方面的]大将校(dmag pon ched po),〔26〕而在持藏(gtsang pa)之位的小将校之下。如此中央与边区[分别订立]的两种序列与位阶[之原则]因是过去规定的,所以即使附上了既定规则,〔27〕这样的御定准则仍保存于圣上之手。任命的沙州都督与副千户长等,与奏文提到的南山部族大集团相比,贡〔28〕献并不大,故位阶亦不高,所以序列与位阶应遵循以前所定的相应实例,我等[千户长和小千户长]应为上

---

① lho bal,山口瑞凤译作"南泥婆罗"。后来,他在《汉人及び通颊人による沙州吐蕃军团编成の时期》一文中,放弃了这种译法,也未提出新的见解。见《东京大学文学部文化交流研究施设研究纪要》第 5 号 (1981)。笔者译作"南山部族",理由见后。

② a ma ca,源于梵文 amātya,意为"大臣"、"辅相",参见 F. W. Thomas, *Tibetan Literary Texts and Documents Concerning Chinese Turkestan*, II, p.191;《新唐书》卷二二一《西域传》、《册府元龟》卷九六四《外臣部》记为"阿摩支"。山口瑞凤原译为"总督",据上改。

位，当否，请决定，奏请。

沙州都〔29〕督与副千户长们之奏请 [如下]：我等被任命为大都督及节儿之辅佐（rtse rjevi zla），赐以颇罗弥石告身 [等]，在 [我等之] 上的红铜告身节儿〔30〕之上，[迄今] 没有包括各 [汉人] 千户长，而现在经由姑臧军团向将军呈请的结果，决定千户长〔31〕们位居红铜告身节儿之上位，据此 [汉人之] 千户长们应居大都督之上位 [，那是不恰当的]。另外 [无论如何]〔32〕银告身副都督和副千户长持有黄铜告身者之上，不能包括 [同汉人一样的] 红铜告身的小千户长，如此我等〔33〕都督应位居吐蕃方面任命的千户长和小千户长之上。可否，奏请赐复。

[列举三种参考资料]

[I] 姑臧军团的官吏的序列与〔34〕位阶 [之关系]，向大尚论呈请，经议定而接受的文书，作为盖有御印的文书由吐蕃方面任命的汉人官吏经手保存。〔35〕据其所载，关于姑臧军团对官吏的序列与位阶意见不一之事，与以前所定方法和预定完成圣上差事相〔36〕对照，向大尚论呈请后议论决定。[其] 序列与位阶 [如下]：

翼长（ru dpon）—万户长（khri dpon）—大守备长（dgra blon chen po）—节儿（rtse rje）〔37〕黄铜告身者（ra gan pa）—大营田官（zhing pon chen po）—大城塞长（mkhar dpon chen po）—上部、下部牧地大管理长（stod smad kyi phyug mavi gzhis pon chen po）—翼都护亲任官者（ru spyan nang kor las bskos pa）〔38〕等—中守备长（dgra blon vbring po）—副翼长（ru theb）—小守备长（dgra blon chungu）—大收税官（khral po chen po）—机密大书吏（gsang gi yi ge ched po）—事务总长（rtsis pa ched po）—大司法吏（zhal ce pa ched po）—〔39〕吐蕃、孙波之千户长（bod sum gyi stong pon）—通颊与吐谷浑之千户长（mthong khyab dang va zhavi stong pon）—节儿红铜告身者（rtse rje zhangs pa）—机密使者（gsang gi pho nya）—机密中书吏（gsang gi yi ge pa vbring po）—〔40〕机密小书吏（gsang gi yi ge pa chungu）—总管（spyi gcod）①—吐蕃、孙波之小千户长（bod sum gyi stong cung）—汉、回鹘语通译（rgya drugi lo tsa pa）—龙家将军（lung dor gyi dmag pon）②—红铜告身官吏者（zangs pa sna la gtogs pa）—事务（rtsis）[41] 都护（spyan）—通颊与吐谷浑之小千户长（mthong khyab dang va zhavi stong cung）—大虎皮肩饰章者 [与无官职红铜告身者]（stagi zar can pa [dang zangs pa] sna la ma gtogs pa）—机密 [情报] 收集官与传递官（gsang gi rub ma pa dang vgyed ma pav）—牧地管理都护（gzhis pon spyan）—[42] 畜产大管理官（byang vtsho ched po）—小虎皮肩饰章者（stag zar cung pa）—副牧地管理长（gzhis pon vog pon）—机密小书吏（gsang gi yi ge pa phra mo）—南山部族之将校（lho bal gyi dmag pon chungu）—畜产小管理官（byung vtsho chungu）—法（佛教）之（chos kyi）[43] 事务吏（rtsis pa）—简牍文书官（khram pa）—占卜风水师（sam mkhan）③。

[Ⅱ] 由沙州节儿的通告牌使者曹勋子（tshevu shun tse）于狗年春三月 [44] 七日送到，[沙州] 节儿以下汉人官吏们对序列与位阶意见不一致、经常发生争执一事，就序列与位阶 [45] 愿接受 [或服从] 瓜州将军议决的文书，以后如出现此情况时是否适合，[46][其结果是] 各自遵照沙州节儿论以下汉人官吏们的序列、位阶执行。经瓜州 [47] 将军与都护议定的称号，由沙州节儿发布的序列与位阶表示 [如下表]：

节儿论（rtse rje blon）—汉人之万户长（rgyavi khri dpon）—[48] 汉人之万户都护（rgyavi khri spyan）—大都督（to dog ched po）—副节儿（rtse rje vog pon）—小都督（to dog chungu）—汉人之都护（rgyavi spyan）—吐蕃方面任命的千户长等（stong pon bod las bskos pavi rnams）—汉人方面任

---

① 山口瑞凤原未译，仅标注 "？"，"总管" 系王尧的译法。
② drug，原译 "突厥"，考虑到 8 世纪末至 9 世纪，吐蕃有将北方回鹘人、突厥混称的习惯，现改译为回鹘，以下译 drug 为回鹘者，理由同此，详见森安孝夫：《チベット语史料中に现われる北方民族：Dru-gu と Hor》,《アジア・アフリカ言语文化研究》第 14 卷（1977），第 43 页。lung dor，山口瑞凤原译 "遗弃地将军"；黄盛璋译 "龙家"，见氏著《汉于阗吐蕃文献所见 "龙家" 考》，《丝绸之路民族古文字与文化学术讨论会文集》，三秦出版社 2007 年版，第 225—258 页。
③ khram pa，山口瑞凤原译作 "配达官（？）"；sam mkhan，未译。这里采用王尧、陈践二位的译法。

命的副千户长（stong pon gyi zla rgya las bskos pavi）〔49〕等—小节儿与财务官州内权限者（rtse rje chungu dang mngon go cu rub）—吐蕃方面任命的沙州全体守备长（sha cu spyivi dgra blon bod las bskos pa）—吐蕃方面任命的汉人小千户长等（rgyavi stong cung bod las bskos pavi rnams）—汉人方面的副小千户长（stong cung gi zla rgya la）〔50〕任命者等（bskos pavi rnams）—汉人方面任命的守备长（dgra blon rgya las bskos pa）—全体汉人之大收税官（rgya spyivi khral dpon ched po）—万户长之书吏（khri dpon gyi yi ge pa）。

[Ⅲ] 大尚论任命沙州汉人官吏〔51〕的缘由和经过是：从敕命递送大臣（phrin blon）论·悉诺热合乾（blon stag bzher rgod khyung）等处发出通告牌（phrin byang），经属庐·腊都（cog ro legs vdus），在鼠年春三月〔52〕四日送到。[此牌] 有如下记载：[此] 鼠年之夏，大尚论到边境举行陇州（long cu）会议之际，将把沙州汉人分成两个部落，〔53〕分派公务与任命官员，并下达布告。[其时] 从吐蕃人中任命的沙州官吏者 [如下]：

戎波·喻贡（rongs po gyu gong），节儿论（rtse rje blon）。〔54〕琼波·卢玛（khyung po klu rma），节儿都护（rtse rje spyan）。没庐·喻贡（vbrog yu gong），节儿中官（rtse rje vbring po）。末·塔玛腊（vbal dra ma legs），节儿小官（rtse rje chungu）[兼] 州内守备长（dgra blon go cu rub）。任命蔡洛·帕索（tshar lo spa sho）为小千户长（stong cung），〔55〕赐予红铜告身。任命塞·塔玛（ser lha rma）为小千户长（stong cung），赐小红铜告身。从汉人中任命的官吏 [如下]：任命杜大客（do stag skyes）为汉人都督及吐蕃节儿之辅佐（rgyavi to dog dang bod kyi rtse rjevi zla），〔56〕从前领有颇罗弥石告身，圣上明鉴，晋升一级，赐大颇罗弥石告身。〔57〕任命安本义（van bun yig）为副都督（to dog vog pon），从前领有黄铜告身，今因褒扬年功，圣上明鉴，升为大黄铜告身。……〔58〕一部落（sde gcig）[成员] 之官职任命情况 [如] 下：任命阎本（yem pheng）为副千户长（stong zla），虽然 [其位阶] 与小黄铜告身相当，但因从前已领有小黄铜告身，圣上明鉴，〔59〕褒扬年功，授予大黄铜告身。任命张多子（cang mdo tse）为一部落的收税官（sde gcig gi khral pon）和地方财务总管（gzhi rdzongs）[①]。任命索播公（sag pho sngon）为一般大收税官（spyivi khral pon ched po），〔60〕因其系昔日都督门第，圣上明鉴于此，[参照以上做法，]授予相当大藏（gtsan chen）之位，予以褒美。任命曹昌季（tshevu cang zhi）为部落的水官（sdevi chu mngan）。〔61〕任命李布华（li pu hvar）为一般大营田官（spyivi zhing pon ched po），虽已有大藏之位，圣上明鉴，赐予相当大藏之褒美。〔62〕任命张大力（chang stag legs）为[一般]水官（chu mngan）……[其他]部落[成员]之官职任命情况[如下]：康塞堂（khang sevu tam），任命为副千户长（stong zla）。〔63〕[作为相应位阶]，虽应授予小黄铜告身，但察及年功，褒奖一级，授予大黄铜告身。刘憨（livu hvang），任命为[一千户之]收税官（khral pon）兼地方财务总管（gzhi rdzongs）。〔64〕任命安兴子（van hing tse）为部落之营田官（sdevi zhing pon）。任命李平（li phyir）为一般水官（spyvi chu mngan）。任命张德多（cang devu vdo）为小千户长（stong cung），[作为相应位阶]授予小红铜告身，〔65〕[虽因]已持小黄铜告身，但圣上明鉴，再赐予相应于小红铜告身之精制铜[章]和刺绣等物。任命氾达季（bam stag zigs）为度支官（mngan）[②]。〔66〕任命陈纳同（dzen lha rton）为度支官（mngan）。任命杨六力（yang klu legs）为水官（chu mngan）。任命王安（wang van）为部落水官（sdevi chu mngan）。任命沙安（dza van）为部落之营田官（dsevi zhing pon）。〔67〕称。

[呈请之后，因受其他同类争议的影响，以至结论迟出。]

其后，没琳·叶赞贡（vbrin yes btsan kong）于宣誓时曰，[仍旧]根据以前的制度，吐蕃方面任命的小将校等（dmag pon chunguvi rnams）处于南山部族内的万户长和〔68〕千户长之上，然而[其后]因支恩本（tse nge pong）被任命为辅佐札喀布（bra skyes bu）的副千户长，故[南山部族的]副千户长位居南山部族的吐蕃方面任命的小千户长之上，〔69〕对于圣上下达的这种序列与位阶实行一段时间之后，[现在]南山部族的千户长们照此[与

[①] gzhi rdzongs，山口瑞凤未译出，标注"？"，这里是王尧等的译法。
[②] mngan，山口瑞凤原译"财务官"，这里是王尧等的译法。

自己]相同之实例向圣上奏请。其后，决定[他们也]位居小将校〔70〕之上。然而尽管御印[已]盖封，可是在猴年夏季，小将校们反过来向圣上呈奏，请求事务吏和〔71〕机密吏撤销审议①。[翻过来之后]小将校的位阶在从南山部族人中任命的颇罗弥石告身及金告身的万户长等人之上。〔72〕尚·赞桑（zhang btsan bzang）、尚·弃桑（zhang khri brtsan）、尚·结赞（zhang rgyal tsan）、尚·弃都杰（zhang khri dog rje）议定之后，[为通告]各个万户，〔73〕奏请赐予各自御印[文书]。在猴年，[按照这种制度]统治南山部族的千户的吐蕃官吏和从南山部族方面任命的官吏们[之间]②，对序列与位阶的意见〔74〕不一致，[德喀木的]德伦（bde blon）和都护（spyan）[关于序列与位阶]的决定又未获圣上[准许]，本来应向各个千户赐予御印[文书]的，可是[为承认]〔75〕交付议政厅也不可能。对那样的决定，[德伦等]把御规则呈交给机密吏论·腊热弃玛窦（blon legs bzher khyi ma vdrod）等。〔76〕上奏之后，好容易才从[上述论等]得到呈请的撤销审议③，沙州官吏的序列与位阶以后就应当这样执行。〔77〕节儿论与都护之上，命其联络尚·赞桑（zhang btsan bzang）、论·结卓（blon rgyal sgra）、都护论·坚热（spyan blon byang bzher）和论·喻卓（blon gyu sgra），〔78〕经议论决定之后，再由论·腊热弃玛窦和论·录热葛赞（blon klu bzher sngo brtsan）副署后，决定沙州节儿和〔79〕官吏之序列与位阶日后就这样定了，特写成一览表如下：

沙州官吏的序列与位阶经议论〔80〕决定，以后照此执行：

节儿论（rtse rje blon）和万户长州内权限者（khri dpon go chu rub）、万户都护（khri spyan）、大都督（to dog ched po）、吐蕃方面之千户长（stong pon bod las）〔81〕任命者、副节儿（rtse rje vog pon）、小都督（to dog chungu）、汉人都护（rgyavi spyan）、汉人方面任命的副千户长（stong zla rgya las）、吐蕃方面之小千户长（stong cung bod las）〔82〕任命者、小节儿（rtse rje

---

① 王尧译为"秉公办理"。
② 山口瑞凤在"吐蕃官吏"之后，漏译了 dang lho bal las bskos pavi rnams，现补上。
③ 王尧译为"秉公办理"。

chungu）与财务官州内权限者（mngon go cu rub）、吐蕃方面任命的全沙州守备长（sha cu spyivi dgra blon bod las）、汉人方面的副小千户长（stong cung gi zla rgya las）〔83〕任命者、汉人方面任命的守备长（dgra blon rgya las）、全体汉人的大收税官（rgya spyivi khral pon ched po）、万户长书吏（khri dpon yi ge pa）。[以上]〔84〕报给尚·录卓（zhang klu sgru）、论·塔桑（blon zla bzang）、论·喻热（blon gyu bzher）和论·莽杰（blon mang rje）。罗伦季（lha lung zigs）口述笔记。

二、文书的内容和写成时期

以上 P.T.1089 文书的译文既见。

拉露认为，这件写本为一公文书。山口瑞凤基本同意，他补充指出，这件报告文书的内容是在所谓"狗年"冬，吐蕃王朝因为沙州民政与军政官吏的序列与位阶关系问题，于其年季冬之月在德伦会议上公布的。他还指出，通过德伦政厅提出申请的有三方面的人员：

第一，是沙州万户长与万户都护。他们报告了围绕民政、军政官吏的位阶，如何引起了序列之争的问题，提出了问题的症结所在。（第 7—20 行）

第二，是沙州汉人部落的吐蕃千户长与小千户长。他们认为军事系统的官吏应比民政系统的官吏的地位高，并引用了南山部族、于阗的情况作为例子。他们提出，属于民政系统的汉人官吏的贡献，比起南山部族、于阗来说还要低，故其位阶理应低一些。他们主张将汉人民政官吏的诉请状驳回。（第 21—28 行）

第三，为沙州都督与副千户长的奏请文。他们针对吐蕃王朝颁布的关于姑臧军团的序列进行力争。他们认为，汉人部落千户长、小千户长的地位，应在大都督、副都督之下。（第 29—33 行）

按照申请书的内容与当事者的关系来分，相关的参考资料可叙述如下：

首先，有关姑臧军团的民政、军事系统的官吏的序列，以及各自的位阶等事宜，经由大尚论论·结赞等的裁决，颁布了诸官吏的序列一览表（第34—43行），该资料是由吐蕃方面任命的汉人官吏保存的。其次，正当吐蕃王朝的决定尚未出台之际，沙州方面向瓜州将军与都护提出了申诉，后者根据自己的职权范围议定了称号，由沙州节儿发布了序列与位阶表（第43—50行）。最后，山口瑞凤认为是最重要的史料（第51—67行），即由汉人组成的吐蕃二千户编成之时，最初任命的人物与官吏的名称。上述三种资料之后，是记载德伦会议向吐蕃宫廷驿递关于沙州官职序列的决定，及裁决迟迟而至的理由，以及经议论后决定的沙州官吏的序列与位阶一览表。

关于P.T.1089文书的写成时间，拉露认为在700—799年之间。拉露之所以作这样的判断，是因为她认为文书中的大尚论之一论·结赞（blon rgyal tsan），就是吐蕃赞普赤松德赞统治后期的尚·结赞洛朗（zhang rgyal mtshan lha snang）。[①] 众所周知，赤松德赞的在位年代为755—797年。

而山口瑞凤认为，在一般情况下，代表吐蕃王外戚系统官吏的称号"尚"（zhang），与非外戚系统的官吏的"论"（blon），是不能互相混用的。所以，拉露简单地认同论·结赞就是尚·结赞洛朗，不能成立。山口瑞凤指出，文书中有一个叫论·塔桑（blon zla bzang）的官吏，在吐蕃王朝末期的朗达玛赞普时，曾与敦煌有名的吴和尚一起出现在P.T.1202文书中，故P.T.1089文书成立的时间，大致可以推定在吐蕃统治敦煌的后期，即9世纪上半叶。根据文书所载，由汉人组成的吐蕃二千户创设的鼠年，同时下达了关于姑臧军团的序列与位阶的调整布告。与前一事件有关的，是敕命递送大臣论·悉诺热合乾；与后一件事有关的是大尚论论·结赞。只要弄清楚这两个吐蕃大臣生活的年代，也就可以确定文书的时间范围。建于823年的《唐蕃会盟碑》北面文中，记录了吐蕃"九大臣"及下属大臣的名字。其中，第8行的九大臣之一的藏文名称，可根据相应的汉文"宰相同平章事论·结赞世热"，还原为blon rgyal tsan；第17行有bkavi phrin blon bran ka blon stag bzher hab ken,

---

[①] M. Lalou, "Revendications des Fonctionnaires du Grand Tibet au VIIIe Siècle", *Journal Asiatique*, vol.243, 1955, p.173.

"给事中勃阑伽论·悉诺热合乾"。① 很明显，文书中的大尚论论·结赞就是《唐蕃会盟碑》中的"宰相同平章事论·结赞世热"，而文书中的敕命递送大臣论·悉诺热合乾就是碑文中的"给事中勃阑伽论·悉诺热合乾"。

这里，笔者补充一条很重要的史料。《新唐书·吐蕃传》记载，唐穆宗长庆元年（821），唐朝大理卿刘元鼎为吐蕃会盟使赴蕃，"始至，给事中论悉答热来议盟"。《册府元龟·外臣部》作："元鼎至磨容馆之间，与蕃给事中论悉答热拥千余骑议盟事于藏河北川中。"很明显，《新唐书》和《册府元龟》中所记载的"给事中论悉答热"，就是P.T.1089文书和《唐蕃会盟碑》所载的"论·悉诺热合乾"。通过史料的补证，更加有力地说明了吐蕃大臣论·悉诺热合乾活动的年代，从而有助于考定P.T.1089文书写成的时间。

山口瑞凤起初认为，依据《唐蕃会盟碑》建于823年这个线索，可以推出由沙州汉人组成的吐蕃军二千户编成的鼠年（子）在9世纪20—30年代。其中，以820年（庚子）或832年（壬子）最有可能。根据文书中论·塔桑与吴和尚共见的情况，在这两个年代中取后一个（832）较妥。但是在研究了P.T.1079文书之后，山口瑞凤改变了观点，主张把汉人千户编成的时间定在820年。②

三、mkhar tsan 军团的位置

P.T.1089 文书记载吐蕃 mkhar tsan 军团的情况较详。从前示译文中可以看出，这个军团下属吐蕃、孙波、吐谷浑和通颊等几个千户。其中，吐蕃、孙波人的地位较高，吐谷浑、通颊人次之。就在吐蕃当局编成沙州人二千户军之前后，mkhar tsan 军团内部因官位之争，发生了各族官吏间的纠纷。对此，吐蕃大臣进行过一些调整。

---

① 王尧编著：《吐蕃金石录》，第16、19页。
② 山口瑞凤：《汉人及び通颊人による沙州吐蕃军团编成の时期》，《东京大学文学部文化交流研究施设研究纪要》第5号（1981）。

被山口瑞凤译作"军团"的原藏文为 khrom，此词今意为"市场"。匈牙利藏学家乌瑞则倾向于把它译作"军事当局"（military government）。后者认为，敦煌古藏文卷子中的 khrom，是吐蕃"节度使"统领的军政机构，这是 7 至 9 世纪吐蕃设于本土之外的一级军事机构，其管辖的范围相当于唐朝的数个州。吐蕃"节度使"一词，在敦煌汉文文书和唐代史料中屡见不鲜，此词相当于藏文 dmag dpon（将军）。乌瑞还指出，所谓的 mkhar tsan khrom 的地理位置应在凉州（古称姑臧，今甘肃武威），但他没有进一步加以论证。①

山口瑞凤认为，mkhar tsan 军团的驻地是在原唐朝的安乐州（今宁夏中宁县境）。他提出的论据有三个：首先，敦煌本吐蕃历史文书《赞普传记》记载赤松德赞时，mkhar tsan 军曾攻陷唐朝的数个州县，在陇山一带活动频繁；其次，吐蕃《达札路恭纪功碑》载达札路恭曾率领 mkhar tsan 军"收吐谷浑属唐者多部"；最后，敦煌本吐蕃历史文书《大事纪年》载，758 年，论·弃赞等率军赴 khar tsan leng cu，leng cu 即灵州。山口氏联系陇山、灵州和唐属吐谷浑驻地等地理位置，因此得出了 mkhar tsan 军团位于安乐州的结论。

笔者认为，山口瑞凤提出的论据是有问题的。譬如，不能说 mkhar tsan 军曾活动于陇山一带，其驻地就一定是在陇山附近。唐将郭子仪说吐蕃的进攻，"属者房来，称四节度"②，说明吐蕃进攻唐朝州县时，调集的军队来自不同的地方。再譬如，归属唐朝的吐谷浑并非只有安乐州的一部，其部众分布于河西各地的还很多，如凉州界内就有吐谷浑部落，《旧唐书·地理志》"陇右道"条下记载："吐浑部落、兴昔部落……已上八州府，并无县，皆吐浑、契苾、思结等部，寄在凉州界内，共有户五千四十八，口一万七千二百一十二。"

---

① G. Uray, "KHROM: Administrative Units of the Tibetan Empire in the 7th-9th Centuries", *Tibetan Studies in Honour of Hugh Richardson*, pp.312, 314.
② 《新唐书》卷一三七《郭子仪传》。

其实，藏文 mkhar tsan（又作 khar tsan、khar tshan）一词，应是凉州古称"姑臧"的对音。姑臧系月氏语，汉语上古音读作 ka tsang，4 世纪的粟特文记作 katsān，8 世纪的突厥文记作 kăčan。[①] 因此，乌瑞认为吐蕃 mkhar tsan khrom 的位置在凉州是正确的。这位吐蕃 khrom 的首领在 P.T.1089 文书中被记作翼长（ru dpon），他就是吐蕃凉州节度使。

四、关于 lho bal

P.T.1089 文书中的 lho bal 一词，山口瑞凤始遵拉露的译法译作"南泥婆罗人"，但稍后又放弃了这种译法，认为此词在古藏文中有两种以上的含义，"南泥婆罗"只是其中的一种。其于 P.T.1089 文书中指谁，暂不可解。

国内王尧先生译 lho bal 为"蛮貊"，意指吐蕃边鄙地区的附属民。他翻译的 P.T.1071《狩猎伤人赔偿律》，其中一段说："大藏和王室民户与所有武士及与之命价相同之人，被一切庸和蛮貊之人（lho bal）、囚徒等因狩猎射中"；又译 P.T.1085 文书中敦煌汉人的一段话："以往，蒙圣神王臣之恩典，我等蛮貊边鄙之民户（lho bal），每户修筑一座果园。"[②]

看来，P.T.1089 文书所载的 lho bal，既不可能指远在喜马拉雅山南麓的泥婆罗人，也不可能是诸如"蛮貊"这样的泛称。因为，如果是用于像 P.T.1071 文书那样的泛称的话，那它就应包括沙州的汉人在内。但在 P.T.1089 文书中，以 rgya 指汉人是十分清楚的。

笔者何以译 lho bal 为"南山部族"呢？不妨来作一番分析。从以上译文看，这种被称作 lho bal 的部落，是活动在吐蕃凉州节度使（姑臧军团）管辖范围内以及敦煌附近的。在这种部落中，同样有万户长、都督、千户长和小千户长等官吏，他们被授予玉石告身乃至金告身。但他们的实际地位较

---

① 哈密顿著，耿昇译：《鲁尼突厥文碑铭中的地名姑臧》，《甘肃民族研究》1985 年第 3—4 期。
② 王尧、陈践译注：《敦煌吐蕃文献选》，第 23 页；王尧、陈践：《敦煌藏文写卷 P.T.1083、1085 号研究》，《甘肃民族研究》1983 年第 4 期。

低，要受仅持有铜告身的吐蕃官吏的监领。lho，藏文的意思是"南方"，lho bal 既然是指一种部落集团，则可译成"南境之部落"或"南方部族"。唐代，凉州之南为"姑臧南山"，沙州之南的祁连山也称为"南山"。吐蕃凉州节度使管辖的和沙州汉人官吏提到的 lho bal，当即分别活动于两地的南山中。据此，就可以译 P.T.1089 文书中的 lho bal 为"南山部族"。

无独有偶，在敦煌汉文卷子中也有"南山"、"南山部族"这种称谓。P.3257《后晋开运二年（945）十二月寡妇阿龙还田陈状》记载："寡妇阿龙……有南山兄弟一人投来，无得地水居业，当便义成地分贰拾亩，割与南山为主。其他（地）南山经得三两月余，见沙州辛苦难活，却投南山部族。"① 此外，在敦煌文物研究院所收藏的《酒帐》文书中，涉及"南山"的有 14 笔之多。② 这里的"南山"、"南山部族"，应是 P.T.1089 文书中提到的 lho bal 的遗裔。

根据黄盛璋先生的研究，敦煌汉文文书中的"南山"、"南山部族"，就是晚唐、五代时期分布于河西至新疆东部的"仲云"，也称为"众熨"、"种温"。最有力的证据见于 P.2790 背面的于阗文书，其曰："仲云一名南山人。"③ 高居诲《使于阗记》说："仲云者，小月支之遗种也。""小月支"即小月氏，《史记·大宛列传》记载："始月氏居敦煌、祁连间，及为匈奴所败，乃远走……其余小众不能去者，保南山羌，号小月氏。"吐蕃之所以称小月氏遗种为 lho bal，就是因为后者在汉唐间散居于南山之中。而且，在吐蕃统治之前的敦煌汉文文书中，是不见"南山部族"这一称呼的，说明它的出现是缘于吐蕃以 lho bal 称呼小月氏余种这一历史背景。

月氏族人多以"支"为姓，P.T.1089 文书第 68 行的 lho bal 人副千户长"支恩本"（tse nge pong），应即小月氏人，这是 P.T.1089 文书中的 lho bal 即后来所称的"南山部族"的一个佐证。

---

① 池田温：《中国古代籍帐研究》，第 652—653 页。
② 施萍亭：《本所藏〈酒帐〉研究》，《敦煌研究》创刊号（1983），第 153—154 页。
③ 黄盛璋：《敦煌文书中"南山"与"仲云"》，《西北民族研究》1989 年第 1 期。

五、文书反映的吐蕃统治政策

吐蕃王朝是一个奴隶制的政权，而其占领并统治下的唐朝河陇地区早已进入了封建社会，在这种统治之下，汉族及其他民族不仅会备受政治压迫、民族歧视，而且还会受到沉重的经济剥削。笔者曾经著文指出：尽管河陇地区的汉人没有沦为吐蕃统治者的奴隶，但他们的实际地位是很低的。① 这一点，从 P.T.1089 文书记载的吐蕃部落制中汉人官吏的位置上，可以得到充分说明。

从 P.T.1089 文书的记载来看，吐蕃对被征服民族采取的是一种"字（告身）高位卑"的政策。所谓"字高"，即所授予的告身比较高，如附蕃的于阗王被赐予"王号"，"准许享有王者威仪"；于阗的主事大臣也被赐以金告身、玉石告身等。但是，他们的实际地位却很低，于阗王的地位排在吐蕃监视官（银告身）之下，主事大臣则在吐蕃黄铜告身官吏（相当于节儿）之下。敦煌汉人官吏的情况也大致如此，如汉人副千户长为大黄铜告身，而吐蕃人的千户长仅有红铜告身，但后者的序列要高出前者四个等级。

之所以出现这种告身高低与序列高低不一致的现象，山口瑞凤把它归因于吐蕃官制分为"军政"与"民政"两个系统的结果。他提出，从 654 年以来，吐蕃整顿军政体制，开始在属民中划分"军户"（rgod kyi sde）与"民户"（gyung gi sde）。军户是组成千户（stong sde）的基础，由各军户所出的战士就是千户的成员。民户又可译作"匠户"，从事农耕、畜牧等生产，要承担较重的课税、劳役，如运输军需物资等。这样，军户在社会地位、经济待遇方面，要比民户优越得多。以此社会基础形成的军政和民政两个官吏系统，前者的待遇、地位自然要高于后者。按照山口瑞凤的理解，P.T.1089 文书中的小千户长、千户长、副翼长、翼都护、翼长属于军政系统；副小千户长、副千户长、副都督、都督、万户长等，则属于民政系统。因而，尽管吐

---

① 参见拙文《试论吐蕃统治下汉人的地位》，《民族研究》1988 年第 4 期。

蕃统治者采取安抚政策，赐予了沙州民政官吏较高的告身，但在两个系统的官吏统一序列时，军政官吏的优越性仍然显示了出来。这就解释了为什么持低告身的军政官吏反而跻身于持较高告身的民政官吏之上。

山口瑞凤的观点不是没有道理，但这并不妨碍笔者从另一角度考虑问题。前示译文第 26 行，由沙州吐蕃人千户长和小千户长之口，说出了吐蕃实行的是"中央与边区的两种序列与位阶"，并且"这样的御定准则"至今仍在执行。这就道出了吐蕃王朝在本土与占领区，或者说在本民族与被统治民族之间，实行了两套不同的序列与位阶制度。要作这样的理解，还需要澄清并强调沙州汉人千户长、小千户长系由吐蕃人担任这一事实，而山口瑞凤认为这些千户长与小千户长是由汉人担任的。① 这就涉及对"... bod las bskos pa"句型的理解，山口氏的译法是"从吐蕃方面任命的……"，言外之意是从吐蕃方面任命的汉人。其实，对于这一句型也完全可以理解为"从吐蕃人方面任命的……"。后一译法，尚可从 P.T.1089 文书中找到佐证。译文第 20 行有"bod kyi stong cung"，"吐蕃人的小千户长"；第 39 行有"bod sum gyi stong pon"，"吐蕃、孙波人的千户长"；第 54—55 行中，吐蕃人蔡洛·帕索(tshar lo spa sho)、塞·塔玛 (ser lha rma)，均"任命小千户长"。总之，从沙州汉人军部落成立开始，小千户长就主要是由吐蕃人担任的，后来增设的千户长则均由吐蕃人担任，此见前示译文第 48、80 行。

上述在本土与被征服地区之间、在统治民族与被统治民族之间实行不同政策的现象，在中国历史上并不少见。如元朝统一中国后，就采取民族分化政策，将全国各族人民分为蒙古、色目、汉人、南人四等，在任用官吏、法律地位、科举名额和待遇以及其他权利和义务方面，都有种种不平等的规定。其中在官制方面，规定了元朝的中央或地方官，"其长则蒙古人为之，

---

① 参见前示译文第 20—21 行之间所加的方括号注文。在《吐蕃支配时代》一文中，山口瑞凤写道："汉人的职位还有告身是相当低的小黄铜告身，却任千户长。"见《讲座敦煌》第 2 卷《敦煌の历史》，第 217 页。

而汉人、南人贰焉"[1]。了解元朝的这种政治防范制度,对我们理解吐蕃推行的"中央与边地两种序列与位阶"及以本民族的官吏充任占领区的军政要职的政策,会有一定帮助。

结　语

　　山口瑞凤的文章简目为:(1) P.T.1089 之译文;(2) P.T.1089 的内容与问题点;(3) 文书的成立时期;(4) mkhar tsan 军团的位置;(5) 沙州汉人二军团及其前阶段。对照于此,本文没有涉及第 5 标题的内容,但新增了"关于 lho bal"和"文书反映的吐蕃统治政策"这两个标题;对山口氏文章的其余各节,则均作了相应的介绍或进一步讨论。至于第 5 标题的内容,这在他的《敦煌の历史·吐蕃支配时代》中已有详细的论述。其次,也可以参考本文注释中提到的拙文。另外,有关 P.T.1089 文书提及的于阗、吐谷浑、通颊等,可以参考笔者的《唐代吐蕃统治于阗的若干问题》、《吐蕃统治下的河陇少数民族》、《通颊考》等[2],这里不再赘述。

---

[1] 《元史》卷八五《百官志》。
[2] 前两篇拙文分别载于《敦煌学研究》第 5 期 (1986)、《西藏民族学院学报》1987 年第 3 期。

关于《吐谷浑（阿柴）纪年》残卷的研究

在敦煌石室发现的藏文手卷中，有一份名为《吐谷浑（阿柴）纪年》的残卷，即斯坦因第三次至敦煌时窃去的藏文卷子之一（vol.69, fol.84）。此残卷右方约有五分之二残缺，卷首等处几乎不能辨读，卷长49厘米，宽约14厘米，共存文55行，每行残缺16—17个字母。

1927年，英国学者F. W. 托马斯在《皇家亚洲学会会刊》上，首次发表和解读了这一残卷。至1951年，托马斯又将此残卷的解读和研究文字收入到出版的《有关西域的藏文文献和文书》一书中。[1]此后，各国的藏学家们纷纷撰文对此残卷加以研究，如意大利的伯戴克、匈牙利的乌瑞、法国的麦克唐纳夫人，以及日本藏学家佐藤长、山口瑞凤等。[2]在我国，也有一些学者开始注意引用和研究这一残卷。[3]尽管此卷残缺很多，藏学家们对残卷所反映的事件、年代有很大的分歧，但大多数藏学家认为这是一份按编年形式记述史实的文献，"在记录事件的完整方面，此编年文书可算是古藏文文献的第三篇作品，结合伯希和编号1047卷子和《敦煌本吐蕃历史文书》中的《大事纪年》，就可以较真实地追述8世纪中叶以前的有关事件"[4]。不仅如此，残卷

---

[1] F. W. Thomas, *Tibetan Literary Texts and Documents Concerning Chinese Turkestan*, II, pp.8-16.

[2] 以上国外藏学家有关论文，详见后述，此不一一罗列。

[3] 如王忠：《新唐书吐蕃传笺证》，科学出版社1958年版；黄颢：《〈贤者喜宴〉摘译（二）》，《西藏民族学院学报》1981年第1期；胡小鹏：《吐谷浑与唐、吐蕃的关系》，《西北史地》1985年第4期等。

[4] G. Uray, "The Annals of the 'A-ZA Principality—The Problems of Chronology and Genre of the Stein Document, Tun-huang, vol.69, fol.84", *Proceeding of the Csoma Dekörös memorial Symposium*, p.578.

对于研究唐蕃关系、吐谷浑的历史也有重要的意义。

一、文书的解读

现根据托马斯解读的原文,并参照 1983 年日本藏学家山口瑞凤重新解读、校订的日译文,将此残卷汉译如下①:

1. ……在羊山堡(gyang can mkhar)……

2. ……蔡·牙咄赤达(sgra yo sto khrig das)与属庐·穷桑达贡(cog ro cung bzangdam kong)……

3. ……向莫贺吐浑可汗(ma ga tho gon kha gan)致礼,并设盛宴……

4. 送其女古银五枚及丰盛礼品……

5. ……马年初夏之月,举行圣寿大典……

6. 巡视……此年夏宫定于玛曲之滨的曼头岭(mu rto lying)……

7. ……大围猎。群兽亦……

8. ……之宫……其冬,在萨巴(sra bal)之羊山堡渡过……

9. 此冬……莫贺吐浑可汗娶……之女……

10. 为妃;至此,吐谷浑(va zha)王选妃事完成……

11. 晋升达热达通井(da re davi ltong jeng)。其后为猴年,于萨巴……

12. 祭典。其夏,母后赤邦(khri bangs)之侍从……

13. 对各千户(东岱 stong sde)课以新税。定宅于玛曲河之兰麻梁(glang ma lung)……

14. 入秋,移居于萨巴之羊山堡……

15. 于羊山堡过夏(应为"冬",说见后)。尚·结赞(zhang rgyal tsan)任……

16. 改二尚论之任。进行户口大清查……

① 译文前数字为残卷行数,"……"为残缺部分。日译文见山口瑞凤:《吐蕃王国成立史研究》,第 576—585 页。

17. 举行祭典，定夏宫于色通（se tong）。此后……

18. 行圣寿大典。后圣神赞普之……

19. 韦·通热纳云（dbavs stong re gnad nyung）等到来，参加会议……

20. 制定六种职务之……再巡视并行户口大清查。……狗

21. 年之初夏，行圣寿大典。此后……月……

22. 赞娶唐王之女 Mun sheng 公主为妃……

23. 尚·赞咄热（btsan to re）与没庐·尚赤桑喀切通（vbro zhang khri bzang kha che stong）及属卢……

24. 蔡·牙咄到来。此后，母后赤邦与其子莫贺吐浑可汗……

25. 抵达后，母后与可汗及侍从、吐谷浑大尚论……

26. 达热达弄益（da red da blon yi）与泥（dny）之官员慕登（mug lden）到来，及马官旺（wang）……

27. 宫廷的官员及高位阶之人等……

28. 会见了 Mun sheng 公主，双方相互致礼，大宴会……

29. 奉献各种礼品。此后, Mun sheng 公主于藏（rtsang）域之中心地……

30. 居住。其后，宫室定于措（tsog）之彭域度（rbong yo du）。冬……

31. 圣寿大典于夏之孟月举行。夏宫定于郎玛（lang ma）……

32. 朵（mdo）之大臣没庐·尚贪蔡牙咄（vbro zhang brtan sgra ya ston）等来致礼……

33. 赐予丰盛礼品，以酬其劳。秋……

34. 此年冬，吐谷浑尚论高官达热达弄益去世。其后……

35. 授予其家族玉石告身，内大臣、负责司法之……鼠

36. 年之初夏举行圣寿大典，大宴会……

37. 此后，冬季住于查雪（tsha shod），母后赤邦……

38. 赠送礼品给尚宁（zhang nyen）之子韦·赤尚钵叶（dbavs khri bzang spo skyes）……莫贺吐

39. 浑可汗于行宫娶慕登阿里拔（mug lden ha rod par）之女慕

(mug)……

40. 之后，赐名阿列班弟兴（va lye bang dig zhing）……

41. 牛年，定宅于查雪。夏……

42. ……被罢免……任命苏仆赤苏布均（shud pu khri gzu sbur cung）接任……

43. 此年夏，居于查雪。尼娥（gnyi vod）公主……

44. 圣寿大典，赠送礼品，后（礼品）接踵而至……

45. 布百匹，百只骆驼及饲者，百匹马及饲者……

46. 一齐赠送，韦氏族人不分主仆，属父方的亲属全部……

47. 此后，定宅于查雪。初冬举行圣寿大典……莫贺吐

48. 浑可汗于行宫，娶属卢·东热孔孙（cog ro stong re khong zung）之女为妃……

49. 名弟兴（dig zhing）。东热孔孙由是晋升，银字告身……

50. 得授。虎年，初夏举行圣寿大典……

51. 命令：韦·达札恭禄（dbavs stag sgra khong lod）与属卢·东热孔孙……

52. 东列布孔（stong nyen sbur kong）与慕登达奔奔（mug lden davi dben sben）及达热……

53. 送至吐谷浑国后，外甥（vbongs）吐谷浑臣民受到劫掠……

54. 又赴援吐谷浑国，途中……

55. 母与其子……

二、文书的性质和年代问题

残卷中所记之"莫贺吐浑可汗"及其国"阿柴"（va zha），中外学者均认为即指"吐谷浑"，因吐蕃称吐谷浑为"阿柴"，这在敦煌古藏文卷子里是

屡见不鲜的。①"阿柴"为吐谷浑之别名，源于4世纪初，吐谷浑迁至今青海、甘南等地，建立政权之后，"西北诸杂种谓之'阿柴虏'"②，或号为"赀虏"、"野虏"③。至7世纪吐蕃兴起后，也沿用西北诸族对吐谷浑的称呼，名之为"阿柴"。④故此残卷与吐蕃统治下的吐谷浑有关，这是毫无疑问的。

残卷是按年代依次叙述本年所发生的大事，是属于纪年一类的文书，国内外学者们的意见大致也是一致的。但是，对残卷是谁的纪年的问题，却有分歧。最早，托马斯认为：残卷中记事主要是出自莫贺吐浑可汗之母赤邦的口气，记载了王室的各种庆典、住地、亲属会见及可汗娶妻等与女性相关的大事。而赤邦之名与《敦煌本吐蕃历史文书》（伯希和编号252及伦敦印度事务部图书馆编号103）中的《大事纪年》所记下嫁与吐谷浑王的吐蕃公主赤邦同名，说明她一定也是一位吐蕃公主。因此，残卷有可能是赤邦的纪年。⑤山口瑞凤称此残卷为"文成公主编年纪"，因而在释读残卷时，有意无意地尽量与文成公主的事件联系起来。⑥乌瑞、麦克唐纳夫人等则认为，残卷是吐蕃属下的吐谷浑小王的一份官方纪年，或者说是吐谷浑王廷的编年史。⑦

残卷到底是谁的纪年？要正确回答这个问题，还必须首先对残卷所记事件的年代，作出一个明确的回答。而确定残卷所记事件的年代，可以说是研究残卷最为关键的问题。确定年代，自然要依据残卷所述事件的本身；而事件本身的正确阐述，又需要确定事件的确切年代。两者是密切相关的。

起初，托马斯以残卷第22行出现的吐蕃赞普娶唐王之女 Mun sheng 公

---

① Pelliot, "Les Noms Tibétains des Tou-yu-honen et des Ouigours", *Journal Asiatique,* 1912.
② 《北史》卷九六《吐谷浑传》。
③ 《南齐书》卷五九《河南传》；《水经注》卷二《河水》。
④ 周伟洲：《吐谷浑史》，第11—14页。
⑤ F. W. Thomas, *Tibetan Literary Texts and Documents Concerning Chinese Turkestan*, II, p.13.
⑥ 山口瑞凤：《吐蕃王国成立史研究》，第576—595页。
⑦ G. Uray, "The Annals of the 'A-ZA Principality—The Problems of Chronology and Genre of the Stein Document, Tun-huang, vol.69, fol.84", *Proceeding of the Csoma Dekörös Memorial Symposium*, p.578; A. Macdonald, "Une Lecture des Pelliot Tibétain 1286, 1287, 1038, 1047, et 1290", *Études Tibétaines Dédiées à La Mémoire de Marcelle Lalou*, Paris, 1971. p.577.

主，为确定事件年代的标准，认为 Mun sheng 公主显然是下嫁给松赞干布的唐朝文成公主，"文成"与 Mun sheng 音相近。据中国史籍记载，文成公主入蕃是在唐贞观十五年，即 641 年。以此为准，按藏历推算，残卷中第 5 行首次出现的"马年"，就应为 635 年；第 20—22 行文成公主入藏的"狗年"，为 638 年；残卷最后一个纪年（第 50 行）"虎年"，为 643 年。以后一些藏学家如山口瑞凤等亦表示基本同意托马斯的说法，但山口瑞凤因对此残卷第 5 行释读不同，认为从此行起应是 636 年，则残卷所记的完整年代应是 636—643 年，文成公主入藏的狗年，为 640 年。[1] 国内的研究者多从托马斯的说法。

1956 年意大利藏学家 L. 伯戴克提出了另一种截然不同的看法。他认真地分析残卷，并将它与《大事纪年》相对照，发现残卷中有八个人名与《大事纪年》中 689、704—728 年出现的人名是一致的；而且 710 年，恰好是残卷中的"狗年"[2]，而这一年下嫁给吐蕃赞普的唐公主，不是文成公主，而是金城公主。因此，他认为残卷中第 20—22 行中的 Mun sheng 公主就应是金城公主，残卷所记马年至虎年，应是 706—714 年。[3] 至 1978 年，匈牙利著名藏学家乌瑞写了《阿柴小王编年——斯坦因文献敦煌 Vol.69, fol.84 号文书的年代与类型问题》一文，全面评述了各家的观点，进一步补充和论证了伯戴克的看法，使之更加具有科学的根据。

乌瑞总结了各家所涉的残卷年代问题，认为只可能有以下两种划分法，而他是力主后一种划分法的。[4]

---

[1] 山口瑞凤:《吐蕃王国成立史研究》，第 577—585 页。
[2] 参见王尧、陈践译注:《敦煌本吐蕃历史文书》（增订本），第 150 页。
[3] L. Petech, "Nugae Tibeticae, I, A Proposito di un Documento di Tun-huang", *SOR*, XXXI(1956).
[4] 乌瑞指出：即使按第一种编年，托马斯在第 11 行之前的划定也是错的，这之后才是正确的。此表前一种编年第 11 行以前已经乌瑞修订。G. Uray, "The Annals of the 'A-ZA Principality—The Problems of Chronology and Genre of the Stein Document, Tun-huang, vol.69, fol.84", *Proceedings of the Csoma de Körös Memorial Symposium*, pp.560, 577.

表4 乌瑞与托马斯对《吐谷浑纪年》编年对照表

文书行数	吐蕃十二生肖纪年	托马斯编年	乌瑞编年
？—5	马年	634 / 635	706 / 707
5—11	羊年	635 / 636	707 / 708
11—16	猴年	636 / 637	708 / 709
16—20	鸡年	637 / 638	709 / 710
20—30	狗年	638 / 639	710 / 711
30—35	猪年	639 / 640	711 / 712
35—40	鼠年	640 / 641	712 / 713
41—50	牛年	641 / 642	713 / 714
50 一？	虎年	642 / 643	714 / 715

由于对残卷所记年代的分歧，因而在确定残卷为谁之纪年，即残卷的类型上，在阐述残卷所反映的唐蕃关系及吐谷浑历史等方面，自然亦存在着很大的分歧。正因为如此，我们说，残卷所记年代的判定，乃是一个最为关键的问题。

三、文书年代的讨论与补证

在仔细研究了残卷及以上国外藏学家们的论述之后，我们认为，乌瑞最后考证出的年代是正确的。即是说，残卷所记之马年至虎年，应是706—715年，狗年（710）所记之唐公主（Mun sheng）是金城公主，而非文成公主。

托马斯、山口瑞凤等主要是依据残卷中狗年唐 Mun sheng 公主，与文成公主音近而得出结论的。但汉文史籍记载文成公主入藏是在641年，与残卷所记相差三年。至于托马斯所谓古藏文文献记文成公主入藏是在639年，这是由于六十年前匈牙利著名藏学家乔玛在换算一部后世藏文文献年代时，脱漏了两年，如果纠正过来，正好是641年。这已是藏学界熟知的事实。[1] 其次，残卷中莫贺吐浑可汗的母后赤邦之名，与《大事纪年》689年嫁给吐谷

---

[1] G. Uray, "The Annals of the 'A-ZA Principality—The Problems of Chronology and Genre of the Stein Document, Tun-huang, vol.69, fol.84", *Proceedings of the Csoma de Körös Memorial Symposium*, p.546.

浑王的吐蕃公主赤邦同名。两位同名的吐蕃公主先后嫁给吐谷浑,看来这种巧合的可能性不大。相反,如果说残卷中的母后赤邦就是《大事纪年》689年嫁给吐谷浑王的赤邦,那么到残卷所述年代(706—715)时,正好可以做年轻的吐浑可汗的母后,因为离她与吐谷浑王结婚已有十多年之久了。根据残卷所述莫贺吐谷浑可汗正娶妃,估计他的年龄正好十余岁。

更有力的证据,是由伯戴克提出、乌瑞进一步论证的关于残卷中人名与《大事纪年》中人名相符的事实。乌瑞指出:当时吐蕃的人名,一般说来由三部分组成,即族名(rus)、前名(mkhan)①、后名(mying),如是官吏,通常又在族名之后加上"论"或"尚"这类称号(thabs)。考虑到人名的省略形式或不同时代会出现相同的人名等情况,只有当某两个人名的三个部分完全相同时,才能认为他们是同一人。当然,如果两个人名只有一个部分或两个部分相同,但有充分的证据说明这是同一个人,也应归入同一人之列。此外,相比较的两个人名中,如或有族名、前名或后名不同,只要能指出属于误写,亦应视为同一人。

根据以上原则,乌瑞考察了伯戴克提出的八个相同的人名后,得出只有两个人名,即赞莫(公主)赤邦(《大事纪年》689年记)与母后赤邦(残卷第12、24行)、韦·达札恭禄(《大事纪年》727、728年记)与韦·达札恭禄(残卷第51行)完全相符,说明是同一人。此外,残卷第23行中所记之"尚赞咄热",与《大事纪年》中710年吐蕃派往唐朝迎接金城公主的迎婚使"尚赞咄热拉金"应为一人。而且此两人在残卷和《大事纪年》中,都是作为入唐迎接金城公主入藏的吐蕃大臣。②这有力地证明,残卷中的Mun sheng公主是金城公主,而非文成公主。

乌瑞还说:残卷中的唐公主的名字译音是Mun sheng khon co,这无疑是金城公主的译名。文成公主的译音是Wen sheng kung co,与残卷的公主名不

---

① 山口瑞凤译作"称号",见《吐蕃支配时代》,《讲座敦煌》第2卷《敦煌的历史》,第201页。
② 汉文史籍记载,吐蕃迎金城公主的使者名"尚赞吐"或"尚赞咄",均为尚赞咄热之异译。参见《新唐书》卷二一六《吐蕃传》;《通鉴考异》十二引《实录》及《文馆记》。

同，不能混而为一。

总之，伯戴克、乌瑞提出残卷所记的狗年（710）唐下嫁的公主是金城公主，首先在年代上与汉藏史籍的记载是完全吻合的。其次，残卷中有三个人名与《大事纪年》所记三个人名相符，且他们活动的年代也相符。特别是其中的尚赞咄热（拉金），是作为吐蕃迎婚使入唐迎接金城公主，这更有力地证明残卷中的唐公主是金城公主。

但是，山口瑞凤以吐蕃与吐谷浑的甥舅关系来反驳乌瑞。他认为，如以残卷中狗年为 710 年，那么据《大事纪年》，689 年吐蕃公主赤邦嫁给吐谷浑王，双方才开始结为甥舅关系。可是，事实上，早在 689 年之前，双方早已结为甥舅关系了。他引用《新唐书·吐蕃传》记咸亨三年（672），唐高宗责吐蕃使论仲琮说："吐谷浑与吐蕃本甥舅国，素和贵叛其主，吐蕃任之，夺其土地"，说明在 663 年素和贵叛吐谷浑，投吐蕃，引吐蕃灭吐谷浑以前，吐蕃与吐谷浑已是甥舅关系了。① 如以残卷狗年为 638 年（或 640 年），则以上问题可迎刃而解，因为早在 638 年之前，吐蕃公主赤邦（即残卷中的母后赤邦）早已下嫁给吐谷浑王，双方早已结为甥舅关系了。事实上，正如山口瑞凤自己所说，唐高宗对"吐谷浑与吐蕃本甥舅国"只是一般的推测，并不十分了解。那么在 663 年吐谷浑灭亡之前，吐蕃与吐谷浑是否有甥舅关系呢？据《智者喜宴》的记载，松赞干布之子恭松恭赞 13 岁执政，曾娶吐谷浑妃蒙洁赤嘎②；《藏王世系明鉴》也说松赞干布的孙子莽伦莽赞的母亲是吐谷浑公主③。恭松恭赞早死于其父松赞干布三年，如按一般的说法，松赞干布死于 650 年，那么吐蕃与吐谷浑的甥舅关系的确立就应在 650 年之前，即吐谷浑灭亡的 663 年之前。高宗所指，或当即此亦未可知。

下面我们想从汉藏文献所记吐谷浑国灭亡前后的历史，来补证乌瑞等所提出的残卷所记年代是正确的。

---

① 山口瑞凤：《吐蕃王国成立史研究》，第 657 页。
② 黄颢：《〈贤者喜宴〉摘译（三）》，《西藏民族学院学报》1981 年第 2 期。
③ 张琨：《敦煌本吐蕃纪年之分析》，李有义等译，《民族史译文集》第 9 辑（1981），第 63 页。

关于《吐谷浑（阿柴）纪年》残卷的研究 | 123

从汉藏文献看，在唐龙朔三年（663）吐谷浑国为吐蕃灭亡之前，还没有发现任何有关吐谷浑国分裂为两部分，一部分属唐，一部分属吐蕃，且吐蕃另立一吐谷浑可汗的记载。山口瑞凤认为，这是唐朝方面讳言有属吐蕃的吐谷浑可汗的原因。事实上并非如此。山口瑞凤等所谓吐谷浑在663年以前分裂为两部的说法，首先是基于残卷所记狗年是文成公主入蕃的时间，因而残卷的莫贺吐浑可汗及母后赤邦，自然是在641年之前就早已存在的。所以，他先推测吐蕃嫁公主赤邦与吐谷浑王，是在616—618年，此吐谷浑王即是伏允可汗次子尊王。从此，就埋下了吐谷浑分裂的种子。到贞观九年（635），唐遣李靖等率大军击吐谷浑，伏允可汗被部下所杀，其长子慕容顺降唐，唐封顺为西平郡王，授赿胡吕乌甘豆可汗。接着，国人不服，杀慕容顺，唐遂立其子诺曷钵为主。因诺曷钵年幼，"大臣争权，国中大乱"。十二月，唐太宗遣侯君集率军入吐谷浑平息动乱，安定吐谷浑。次年（636）三月，唐正式封诺曷钵为河源郡王，授"乌地也拔勒（勤）豆可汗"。①而尊王和吐蕃公主赤邦之子，就为吐蕃正式立为可汗，称"莫贺吐浑可汗"。残卷第3行（时为635年）记吐蕃遣大臣向莫贺吐浑可汗致礼，大宴会，以对其即可汗位祝贺。②山口瑞凤的推测，都是在先肯定了残卷所记年代之后，而牵强附会的。唐贞观九年，李靖等各路大军深入吐谷浑境，击灭吐谷浑，又先后立慕容顺及其子诺曷钵为吐谷浑可汗，还遣侯君集平定了因慕容顺被杀后引起的动乱。而此时，吐蕃刚兴起，于前一年（贞观八年）才遣使至唐。在这种形势下，推测吐谷浑已分裂为两部分，已有吐蕃所立之吐谷浑可汗的存在，是难以令人置信的。

还有的研究者认为，吐谷浑分裂为南北两部是在贞观十一年（637），因为此年吐蕃松赞干布曾进攻吐谷浑。《新唐书·吐蕃传》记，松赞干布见唐朝许嫁公主与吐谷浑，而拒绝自己的求婚，因而迁怒于吐谷浑，"率羊同共

---

① 《新唐书》卷二二一《吐谷浑传》；《唐大诏令集》卷一二九《原吐谷浑制》、《宥吐谷浑制》。
② 山口瑞凤：《吐蕃王国成立史研究》，第679页。

击吐谷浑,吐谷浑不能亢,走青海之阴(北)①,尽取其赀畜"。又《敦煌本吐蕃历史文书》中的《赞普传记》也说:"其后赞普(松赞干布)亲自出巡,在北道,既未发一兵抵御,亦未发一兵进击,迫使唐人及吐谷浑人,岁输贡赋。由此,首次将吐谷浑人收归辖下。"②这显然是将政权之间的使臣往返,当作称臣纳贡的夸大之词。总之,汉藏文献均未记此时吐蕃已征服吐谷浑及另立一可汗、分裂为两部之事。若以此年作为吐谷浑分裂为两部的时间,那么就与他们所认为的残卷所述事件的年代相矛盾。因为残卷所记,在马年(635)附属吐蕃的莫贺吐浑可汗早已存在了。

托马斯及国内一些学者还有一种看法,即残卷中的"莫贺吐浑可汗"就是当时附属于唐朝的吐谷浑可汗诺曷钵,从时代上讲这与他们所认为的残卷所记年代是相符的。但是,据汉文史籍记载,诺曷钵是唐朝一手扶植起来的吐谷浑可汗,与吐蕃的关系是不友好的,特别是在唐贞观十五年(641)前后,这与残卷所记的莫贺吐浑可汗亲吐蕃的情况可以说是完全相反。贞观十五年,吐谷浑国内以丞相宣王为首的亲吐蕃势力,曾阴谋劫持诺曷钵投吐蕃,诺曷钵知宣王阴谋后,与弘化公主逃至唐鄯城(今青海西宁)。后唐鄯州刺史杜凤举遣果毅都尉席君买与吐谷浑威信王合兵,袭杀宣王及其兄弟三人,吐谷浑国内扰乱,太宗命民部尚书唐俭、中书舍人马周持节抚慰,"其众乃安"。③这一事件,说明诺曷钵与吐蕃的关系是敌对的,残卷中的莫贺吐浑可汗绝非诺曷钵。

此外,从这一事件的前因后果看,知当时的吐谷浑并没有分裂为两部分,仍然是以诺曷钵为可汗的,附属于唐朝的吐谷浑国。由于吐蕃势力逐渐北上,反映在吐谷浑内部有亲吐蕃的势力存在,这完全符合当时客观的形势。最后,唐朝派兵协助平定了吐谷浑内亲吐蕃势力发动的叛乱,又遣唐俭、马周等名臣持节抚慰,其众乃安。总之,汉文史籍在叙述这一事件时,

---

① 《册府元龟》卷九七八《外臣部》作"青海之北"。
② 王尧、陈践译注:《敦煌本吐蕃历史文书》(增订本),第165页。
③ 《新唐书》卷二二一《吐谷浑传》;《册府元龟》卷三五八《将帅部》;周伟洲:《吐谷浑史》,第99页。

完全没有提到或暗示出吐谷浑国内还有另一可汗的存在。若有另一附吐蕃的吐谷浑可汗存在的话，唐朝文献对此不会有什么可讳言的。

又《大事纪年》最早提到吐蕃势力入吐谷浑，是在659年，云："大论东赞前往吐谷浑（阿柴）。达延莽布支于乌海之'东岱'处与唐朝苏（定）方交战。达延亦死，以八万之众败于一千[有译作'达延卒，（阿柴人口）从八万减到一千']。"①乌海即今青海湖南之苦海（一说是苦海附近的冬给措纳湖），此地从吐谷浑建国以来就属吐谷浑之地。《大事纪年》载吐蕃大论东赞（即汉文史籍中的禄东赞）前往吐谷浑境，下面接着说达延莽布支与唐苏定方战于乌海。尽管汉文史籍未记此年苏定方与吐蕃战于乌海，但至少可以说明，吐蕃此时方以大论东赞为统帅，率军向吐谷浑南境之乌海进攻。至于达延莽布支其人，是否是吐谷浑人，历来有争论②，暂不作讨论。接着，《大事纪年》又记大论东赞于660、661、663、664、665年，均在吐谷浑境，于666年才"自吐谷浑境还"。汉文史籍亦记：660年（显庆五年），吐蕃禄东赞子起政将军击吐谷浑③；663年，因吐谷浑大臣素和贵叛逃吐蕃，尽言吐谷浑虚实，使吐蕃军在黄河边上击溃了吐谷浑军，诺曷钵与弘化公主率千余帐，走投唐凉州。④

综合上述汉藏文献的记载，知从659年吐蕃遣大论东赞开始进攻吐谷浑南境乌海，以后又于660、661年继续向吐谷浑进攻，终于在663年因素和贵的叛变而一举灭亡了吐谷浑，诺曷钵率残部投唐。664、665年，大论东赞继续留在吐谷浑境内，想必是在做一些善后事宜，直到666年方结束返国。至此，原吐谷浑国基本上为吐蕃所占领，原留于境内的吐谷浑各部归附于吐蕃。故《大事纪年》于669年记："吐谷浑诸部前来致礼，征其入贡赋

---

① 王尧、陈践译注：《敦煌本吐蕃历史文书》（增订本），第146页。又括号内译文，见张琨：《敦煌本吐蕃纪年之分析》，李有义等译，《民族史译文集》第9辑（1981），第66页。
② 托马斯等认为达延莽布支为吐谷浑人，王尧认为他是吐蕃大论。
③ 《资治通鉴》卷二〇〇"显庆五年"条。
④ 《新唐书》卷二二一《吐谷浑传》。

税。"① 从此，在唐朝境内有以诺曷钵为首的吐谷浑诸部，而留于青海、甘南等地原吐谷浑境内的吐谷浑各部为吐蕃所统治。如果说吐谷浑分裂为南北两部的话，那只有在 663 年吐谷浑为吐蕃灭亡的前后。

663 年吐蕃征服吐谷浑前后，为了统治散居原吐谷浑境内各部，就有必要扶植一个吐谷浑可汗（王）来管理。这就是依附于吐蕃的吐谷浑可汗出现的背景。最初吐蕃所立吐谷浑可汗是谁？《大事纪年》中有 675 年"垄达延赤松贡金鼎"的记载，中外学者均认为此人即是一个吐谷浑王子，因为"垄"（vbon）古藏文有"甥"之意。如前所述，在 689 年吐蕃公主赤邦下嫁吐谷浑王之前，吐蕃与吐谷浑已有甥舅关系，而古藏文"垄"不仅指甥舅，也指侄子或女婿。② 因此，垄达延赤松很可能是自称"外甥"的吐谷浑王族。他是否即吐蕃所立之吐谷浑可汗（王）呢？目前还没有确切的史料证明此点。而《大事纪年》689 年记"赞蒙赤邦嫁吐谷浑王为妻"，此吐谷浑王是否就是垄达延赤松，亦不得而知。从这一条资料可知，吐蕃确实曾扶植立了一个"吐谷浑王"，为了加强对吐谷浑王的笼络和控制，特将公主赤邦嫁给他。

通过上述汉藏文献对吐谷浑灭亡前后的记载，知在 663 年之前，在吐谷浑国内不可能存在一个附属于吐蕃的吐谷浑可汗。也就是说，所谓吐谷浑分裂为两部分的说法是没有什么根据的。因此，残卷所记之莫贺吐浑可汗及母后赤邦不可能活动在 641 年文成公主入藏的前后。

最后，还要提及的是，残卷中所记莫贺吐浑可汗的夏宫，东可以到玛曲（黄河上游）之滨的曼头岭、兰麻梁，西可抵今新疆若羌附近的色通（se tong），东西往来毫无阻碍。在诺曷钵为可汗的吐谷浑国内，亲吐蕃的莫贺吐浑可汗能如此自由地来回迁居，显然是不可能的。而只有在 663 年吐蕃完全征服吐谷浑之后，才有可能如此。这亦证明残卷所记年代是 706 年至 715 年。

---

① 王尧、陈践译注：《敦煌本吐蕃历史文书》（增订本），第 146 页。
② 戴密微著、耿昇译：《吐蕃僧诤记》，第 7—8 页。

四、文书内容诠释和补证

在确定了残卷所记年代之后,再来诠释和补正残卷的内容,就有了基本的线索,不至于走入歧途。

残卷第 1—5 行所记应为马年(706—707)发生的大事:

为吐蕃所立之吐谷浑可汗,即残卷中的"莫贺吐浑可汗",居于羊山堡,此应为其冬宫。莫贺,佐藤长曾引《宋书·鲜卑吐谷浑传》云:"莫贺,宋言父也",即莫贺有"父"之意[①],蒙古语称叔伯父为"abara"。又"莫贺"(莫何),在突厥语中有"勇健者"之意。[②]"吐浑"为吐谷浑的省称。"可汗",原为东胡鲜卑人对官家或首领的称呼,后吐谷浑沿袭柔然"可汗"的称号,意思变为最高首领、皇帝的意思了。吐谷浑国自夸吕时,始自号"可汗"。[③]羊山堡,残卷第 8 行记为"萨巴(sra bal)之羊山堡"。托马斯认为此地在凉州(治今甘肃武威)一带。山口瑞凤认为"羊山"非专有名词,而是有险峻之意,羊山堡即险峻的城堡,此地即玛曲之曼头岭。[④]两说相较,托马斯所云在原凉州所辖、今青海湖一带,可能更近于事实。时有吐蕃大臣蔡牙咄弃达、属卢……至羊山堡,向莫贺吐浑可汗致礼,举行盛大宴会。他们还向可汗赠送礼品。

残卷第 5—11 行所记为羊年(707—708)大事:

初夏,莫贺吐浑可汗举行圣寿大典,巡视所属领地,定宅于夏宫——玛曲之滨的曼头岭。玛曲,托马斯译作"黄河",即黄河上游,今青海河曲一带。曼头岭,则是 4 世纪以来吐谷浑重要的军事要地,《隋书·地理志》"河源郡"条下记有"曼头山",当即是残卷中的曼头岭,地在今青海共和县西南。[⑤]在此,莫贺吐浑可汗进行大狩猎。此年冬,可汗返回冬宫萨巴之羊山

---

① 佐藤长:《古代チベット史研究》,第 26 页。
② 周伟洲:《敕勒与柔然》,上海人民出版社 1983 年版,第 166 页。
③ 《北史》卷九六《吐谷浑传》。
④ 山口瑞凤:《吐蕃王成立史研究》,第 577 页及注 3。
⑤ 周伟洲:《吐谷浑史》,第 113 页。

堡，正式娶了王妃。据残卷第 11 行晋升达热达通井的记载，此妃可能即达热达通井之女。至此，可汗娶妃之事始告完成。

第 11—16 行所记为猴年（708—709）大事：

莫贺吐浑可汗于萨巴之羊山堡举行祭典。夏，母后赤邦（应即 689 年嫁给吐谷浑王之吐蕃公主，说见前）及侍从们，可能也来到了羊山堡。时可汗对所属各千户（东岱）课以新税，迁居于玛曲之兰麻梁。此地大致在今青海河曲大河坝一带。秋，可汗又移居羊山堡，于此地过冬。按残卷原文为过"夏"，因此山口瑞凤于此前面加了一年。其实残卷第 20 行有"狗年"，则第 11 行猴年至第 20 行狗年之间只有鸡年一年，其间残卷第 16—17 行又有夏居色通的记载，知至此方为鸡年。故第 15 行之"在羊山堡过夏"的"夏"（dbyar）字，当为"冬"（dgun）之讹。从上文可知羊山堡一直是可汗的"冬宫"，于此过冬是很自然的。在此，可汗对尚·结赞有所任命。

第 16—20 行所记为鸡年（709—710）大事：

去年底或年初，莫贺吐浑可汗改其下二尚论之职任，并进行户口大清查，举行祭典等。夏，定居于夏宫色通。此地据托马斯对新疆出土古藏文木简考证，当在今新疆若羌的米兰附近。[①] 举行圣寿大典。后吐蕃遣大臣韦·通热纳云等到色通，与莫贺吐浑可汗举行会议，制定了六种职务，并巡视各地，进行户口大清查。

第 20—30 行所记为狗年（710—711）大事：

初夏，可汗举行圣寿大典。此年，吐蕃赞普迎娶唐朝金城公主为妃，公主与迎婚使尚·赞咄热等经过吐谷浑地。因此，母后赤邦及其子莫贺吐浑可汗、吐谷浑大尚论等宫廷高位阶之人，会见了金城公主，双方致礼，并举行盛宴，奉献了各种礼品。此后，金城公主入藏，居于藏域（rtsang yul）。按，《大事纪年》于 710 年记："派员准备赞蒙公主来蕃之物事，以尚·赞咄热拉金等为迎婚使。赞蒙金城公主至逻些（拉萨）之鹿苑。"[②] 两者所记基本相合。

[①] F. W. Thomas, *Tibetan Literary Texts and Documents Concerning Chinese Turkestan*, II, p.161.
[②] 王尧、陈践译注：《敦煌本吐蕃历史文书》（增订本），第 150 页。

之后，可汗宫室定于措之彭域度（不详）。

第30—35行所记为猪年（711—712）大事：

初夏，举行圣寿大典，夏宫定于郎玛（不详）。时有"朵"之大臣没庐·尚贪蔡牙呲等来向可汗致礼。"朵"，为吐蕃对今青海、甘南一带的泛称，没庐氏为吐蕃贵族。可汗赠其丰盛的礼品，以酬其劳。此年冬，吐谷浑尚论高官达热达弄益去世，此人即前残卷第26行所记参加欢迎金城公主的吐谷浑大臣。他去世后，可汗授予其家族玉石告身的位阶、内大臣，负责司法事务。

第35—40行所记为鼠年（712—713）大事：

初夏，举行圣寿大典，大宴会。冬，居于查雪，此地据托马斯考证，当在沙州之南，即今敦煌之南。① 时母后赤邦及其子莫贺吐浑可汗赠送礼品与尚宁之子韦·赤尚钵叶。此人可能为吐蕃大臣。同时，可汗又娶慕登阿里拔之女为妃，后赐其名为阿列班弟兴。慕登一族，当为吐谷浑贵族。

第40—50行所记为牛年（713—714）大事：

莫贺吐浑可汗仍居于查雪。夏，可汗罢免一名官吏，任命苏仆赤苏布均接任。此年夏，仍居查雪。以下即有关一位公主之事，山口瑞凤译为"妃公主生下如同阳光一样光辉的王子"②。举行圣寿大典，赠送礼品。之后，礼品又接踵而来，有布百匹，百只骆驼及饲者、百匹马及饲者等。可汗将礼品一齐赠送与韦氏族人，不分主仆，属父方亲属全部得到赏赐。仍居于查雪，初冬举行圣寿大典。其后，莫贺吐浑可汗又娶属卢·东热孔孙之女为妃，名弟兴。东热孔孙由是晋升，位银字告身。属卢，亦吐蕃贵族豪门。

第50—？行所记为虎年（714—715）大事：

初夏，举行圣寿大典……以下有命令韦·达札恭禄、属卢·东热孔孙等事，残卷此处残缺，详情不知。第53—54行有吐谷浑臣民受劫掠，吐蕃在赴援途中的文字，证明此时莫贺吐浑可汗是臣属于吐蕃的。

---

① F. W. Thomas, *Tibetan Literary Texts and Documents Concerning Chinese Turkestan*, II, p.15.
② 山口瑞凤：《吐蕃王国成立史研究》，第583页。

五、文书的类型与研究意义

通过对残卷所记年代的考定及残卷内容的诠释，再回过头来看残卷的类型问题，就可迎刃而解了。残卷是一份纪年性质的文书，而且是附属于吐蕃政权的吐谷浑王的一部大事纪年。乌瑞称之为"吐谷浑（阿柴）小王编年"是完全正确的。

这一残卷记载了706—715年吐蕃统治下吐谷浑王廷所发生的大事，这给我们了解这一时期吐蕃与吐谷浑、吐蕃与唐朝的关系，提供了珍贵的资料，具有十分重要的价值。

首先，它补充了663年吐蕃灭亡吐谷浑之后，是怎样统治吐谷浑诸部的史实。过去人们根据敦煌遗书中汉、藏文书的一些片段，推测吐蕃占领吐谷浑之后，保存了原来吐谷浑政权的形式，设"吐谷浑王"统治各部，成为其奴役下的属国。[①] 现在我们可以确切地了解到：吐蕃所立之吐谷浑王，是与吐蕃王室联姻，且自称"甥"的一支，作为吐蕃小邦王子而存在。故残卷中吐蕃公主赤邦之名总是在可汗名字之前，地位远在可汗之上。关于此，乌瑞还列举了吐蕃碑铭、敦煌文书的记载，说明在吐蕃官方文书中通常的顺序是赞普，赞普兄弟及后妃，小王、尚论等。[②] 这个吐谷浑小王的称号应是"莫贺吐浑可汗"，此号可能一直延续到8世纪末至9世纪。《智者喜宴》ja卷载噶琼多吉英寺崇佛誓约中就有"外甥吐谷浑王堆吉布希桂波尔玛噶吐浑可汗"的署名。[③] 除吐蕃所立之莫贺吐浑可汗外，当时吐蕃统治下的吐谷浑境内还有其他一些吐谷浑王子。如汉文史籍曾载，唐天宝七载（748）唐陇右节度使哥舒翰率王难得等击吐蕃于积石军（今青海贵德西），"擒吐浑王子悉弄恭及子婿悉颊藏"[④]。这些吐谷浑王子可能均为莫贺吐浑可汗所统，全部役属于吐蕃。

---

① 周伟洲：《吐谷浑史》，第180页。
② G. Uray, "The Annals of the 'A-ZA Principality—The Problems of Chronology and Genre of the Stein Document, Tun-huang, vol.69, fol.84", *Proceedings of the Csoma de Körös Memorial Symposium*, p.574.
③ 黄颢：《〈贤者喜宴〉摘译（十二）》，《西藏民族学院学报》1983年第4期。
④ 《册府元龟》卷三五八《将帅部》。

又据残卷所记，役属于吐蕃的吐谷浑国莫贺吐浑可汗之下，还设置有大尚论、尚论等各级官吏，有与吐蕃王朝相同的"告身"位阶制度。国内也按"千户"、"万户"为行政单位，这一点在其他敦煌古藏文文书及新疆出土藏文木简中均有反映。[①]吐谷浑国也定期向人民征收赋税，多次进行户口大清查等。

至于当时吐谷浑王的领地，从残卷反映莫贺吐浑可汗夏宫、冬宫的地点来分析，其地基本上包括了原吐谷浑国的主要地区：东从黄河河曲起，西直到今新疆的若羌，北到祁连山，与河西相接。值得注意的是，残卷第17行，即709年以后，莫贺吐浑可汗所居住的夏、冬宫，基本上从东边的黄河河曲一带西迁至今新疆若羌和今甘肃敦煌（沙州）之间，并且一直在西边活动。这一情况，可能与7世纪末8世纪初，沙州以南及青海湖地区吐谷浑部大量投归唐朝有关。[②]可汗迁于沙州至若羌（鄯善）之间主要是为了稳定吐谷浑各部的局势，防止他们继续投归唐朝。到9世纪，吐谷浑可汗可能一直在沙州与鄯善之间。这在敦煌汉藏文书、新疆出土的木简中，均可找到明证。[③]

第二，残卷揭示了710年唐金城公主由青海吐谷浑地入藏的史实。金城公主一行在青海之地受到附属于吐蕃的吐谷浑可汗及母后赤邦等的盛大欢迎，相互赠送了礼物。然后，公主入居吐蕃。这些记载补证了汉藏文献的有关记载，弥足珍贵。

第三，对残卷所述事件年代的考定，可以澄清过去中外藏学家们关于唐蕃、蕃浑相互关系中的种种推测而引起的混乱，有助于今后的研究。

当然，以上关于残卷所记年代的考定和内容的诠释，还可以作进一步的讨论。我们相信，通过讨论最终会得到比较一致的结论。

[①] F. W. Thomas, *Tibetan Literary Texts and Documents Concerning Chinese Turkestan*, II, pp.22-27.
[②] 周伟洲：《吐谷浑史》，第157—158页；齐东方：《吐鲁番阿斯塔那二二五号墓出土的部分文书的研究》，《敦煌吐鲁番文献研究论集》（二），北京大学出版社1983年版。
[③] 参见 F. W. Thomas, *Tibetan Literary Texts and Documents Concerning Chinese Turkestan*, II 中有关阿柴的木简；敦煌唐人诗集残卷（伯希和编号2555）；敦煌出《张义潮变文》，王重民等编：《敦煌变文集》上集，人民文学出版社1957年版，第114—115页。

《大事纪年》所载吐蕃与突厥关系考

南北朝、隋唐时期，突厥、吐蕃相继兴起，由于地理上的接近及其他原因，这两个民族之间有过一定的交往。史书上说："太宗贞观八年（634），（吐蕃）始遣使者来朝，帝遣行人冯德遐下书临抚。弄赞闻突厥、吐谷浑并得尚公主，乃遣使赍币求婚，帝不许。"① 这当是突厥、吐蕃关系的早期记录。② 以后，吐蕃向北征服吐谷浑之地，7世纪中叶开始进入西域，与一些不满唐朝统治的西突厥部落联合，多次攻陷唐之西域重镇及属国。史称："其地东与松、茂、巂接，南极婆罗门，西取四镇，北抵突厥，幅员余万里，汉、魏诸戎所无也。"③ 7世纪末，后突厥汗国复兴后，吐蕃也多次与之通使、联合。故吐蕃历史文书及汉文史书中不乏此类记载。以下试以P.T.1288《大事纪年》为线索，结合相关的汉文史料，对唐代突厥与吐蕃的关系作若干考证。

一、《大事纪年》第26、27条

第 26 条：phagi lo 1a bab ste / ... blon btsan snyas / zhims gyi gu ran du

---

① 《新唐书》卷二一六《吐蕃传》。岑仲勉注《旧唐书》同传同条时说："唐初突厥无尚公主之事，或指来降者言之。"见岑仲勉：《突厥集史》，中华书局1958年版，第213页。
② P.T.1287《赞普传记》说松赞干布之父囊日论赞"灭顽敌魁渠森波杰，芒波杰孙波逃遁突厥矣"，是已有"突厥"之名出现。但是，根敦琼培著、法尊大师译《白史》译试为"吐谷浑"。Chang Kun, "Analysis the Tun-huang Tibetan Annals", *Journal of Oriental Studies*, vol. 5. Nos.1-2, 1959-1960, p.148："从650—763年，dru gu指突厥。"所以，此处没有引用上一段材料。
③ 《新唐书》卷二一六《吐蕃传》。

zhang zhung gyi mkhos bgyi ste / dru gu yul du ltang yor mchis,"及至猪年（高宗上元二年，乙亥，675）……大论赞聂（业）于'欣木'之'孤兰'，征'象雄'之大料集。突厥（dru gu）之境有牲畜疾病"①。美籍学者张琨的《敦煌本吐蕃纪年之分析》中，此条译为"论赞悉若……去突厥（dru gu）的当岳地方"②。大论赞聂（业）、论赞悉若为同一人。"当岳"地方于汉文史书无证，据英国学者 F. W. 托马斯讲，其可能为突厥边境之某处石堡。③

第 27 条：byi bavi lo 1a bab ste / ... blon btsan snyas dru gu yul du drang ste,"及至鼠年（高宗仪凤元年，丙子，676）……论赞聂领兵赴突厥（dru gu）"。《敦煌本吐蕃纪年之分析》同条译为："论赞悉若前往突厥（dru gu）地方。"

综观两条，高宗上元二年，大论赞聂等似未入突厥之境，至多行至其边地就折回了，原因可能是闻"突厥之境有牲畜疫疾"。高宗仪凤元年，大论赞聂率兵入突厥境。《新唐书·高宗纪》仪凤二年曰："是岁，西突厥及吐蕃寇安西。"同书《裴行俭传》记此事曰："仪凤二年，十姓可汗阿史那都支及李遮匐诱蕃落以动安西，与吐蕃连合。"联系上引，是则大论赞聂领兵赴突厥事，似与西突厥都支等联合吐蕃攻安西有关。理由是：第一，《大事纪年》与汉文史料记载此事的时间相近，前者为高宗仪凤元年，后者为二年，则汉文所记似为此事闻达唐廷的时间。④ 第二，当时东突厥政权已覆亡近半个世纪，其余众分布在河套南北，后突厥汗国尚未复起；而西突厥自 7 世纪 60 年代归附唐朝后，唐朝所封的西突厥弥射、步真可汗相继死去。史称"十姓无主，附于吐蕃"⑤，吐蕃势力乘机进入西域。早在高宗龙朔二年

---

① J. Bacot et F. W. Thomas et Ch. Toussaint, *Documents de Touen-houang Relatifs à l'histoire du Tibet*, pp.15-26, 34-52；王尧、陈践译注：《敦煌本吐蕃历史文书》（增订本），第 146—147 页。以下引文未注出处者均同。

② Chang Kun, "An Analysis of The Tun-huang Tibetan Annals", *Journal of Oriental Studies*, vol. 5, pp.122-173；李有义等译，《民族史译文集》第 9 辑（1981）。以下引文未见出处者均同。

③ F. W. Thomas, *Tibetan Literary Texts and Documents Concerning Chinese Turkestan*, II, p.285.

④ 关于阿史那都支联合吐蕃进扰安西及裴行俭出师讨伐的时间，各书所记不同。综观各书，笔者认为，都支联合吐蕃进扰安西一事，唐廷得知应在仪凤二年；裴行俭出师似稍在其后，而擒都支等以归则在调露元年。

⑤ 《唐会要》卷九四《西突厥》。

(662），西突厥弓月部便"引吐蕃之众，来拒官军"①；麟德二年（665），弓月、疏勒等又"共引吐蕃之兵，以侵于阗"②；紧接十一年，便是上引阿史那都支等联合吐蕃攻安西之事。从当时吐蕃欲得西域、联络西突厥十姓部落的一系列活动来看，《大事纪年》称大论赞聂领兵赴突厥一事，应与上引仪凤二年事有关。

这里略述一下仪凤二年事件的结局。阿史那都支是唐高宗咸亨二年（671）派到西域任匐延都督，并负责"安抚"五咄陆及咽面之众的将领，其驻地约在今中亚巴尔喀什湖以南到楚河以东一带。③但是弥射被无辜杀害后，西突厥五咄陆部众开始对唐朝驻西域的某些官吏不满，阿史那都支到任后，便利用这种情绪，收余众附于吐蕃。从吐蕃方面看，自7世纪60年代进入西域后，一开始就利用了五咄陆部中一些部落的反唐情绪，与弓月部等联合，先后进攻疏勒、于阗，于咸亨元年（670）陷龟兹拨换城，迫使唐朝一度罢安西四镇。④其后，唐朝联合西域各国进行反击，使吐蕃在西域的攻势有所减弱，四镇在上元（674—676）中又复归唐朝的控制中。⑤仪凤年间，吐蕃联合阿史那都支等进攻安西，正是其试图卷土重来的表现。这次事件发生后，唐朝派吏部侍郎裴行俭等借册送波斯王子、安抚大食为名，率军在碎叶河（今楚河）附近，对阿史那都支及李遮匐进行了突然袭击，战而俘之，平息了叛乱。⑥

吐蕃在仪凤中所攻及的地方，据《新唐书·西域传》说："始，仪凤时，吐蕃攻焉耆以西，四镇皆没"，"疏勒……仪凤时，吐蕃破其国"。《旧唐书·吐蕃传》在仪凤四年之前也说："时吐蕃……西又攻陷龟兹、疏勒等四

---

① 《册府元龟》卷四四九《将帅部》。
② 《册府元龟》卷九九五《外臣部》。
③ 参见谭其骧主编：《中国历史地图集》（五）。
④ 《旧唐书》卷五《高宗纪》；《唐会要》卷七三《安西都护府》。
⑤ 《旧唐书》卷五《高宗纪》，卷四〇《地理志》。
⑥ 《新唐书》卷一〇八《裴行俭传》；《资治通鉴》卷二〇二。

镇。"四镇，其时应为龟兹、疏勒、于阗、焉耆①，按其方位来说，皆在今新疆中部及以西、以南地区。史书说吐蕃"攻焉耆以西"，即使把焉耆包括在内，吐蕃在仪凤中所攻及的范围也不会超出上述四镇的方位。

二、《大事纪年》第 37、38、40 条

第 37 条：khyvi lo la bab ste / ... blon khri vbring gyis / dru gu yul du drang zhes bgyi ba las / pyi dal te，"及至狗年（太后垂拱二年，丙戌，686）……大论钦陵声言领兵赴突厥（dru gu），实延缓未行"。

第 38 条：pagi lo la bab ste / ... blon khri vbring gyis / dru gu gu zan yul du drang，"及至猪年（太后垂拱三年，丁亥，687），大论钦陵领兵赴突厥（dru gu）'龟兹之境'"。

第 40 条：glang gyi lo 1a bab ste / blon che khri vbring dru gu yul nas slar vkhor te，"及至牛年（太后永昌元年，己丑，689）……大论钦陵自突厥（dru gu）引兵还"。

《敦煌本吐蕃纪年之分析》译此三条为："686（年）论钦陵（于中途）在突厥（dru gu）的称为章的地方之外停留，召开夏季会议于雄纳。687（年）论钦陵前往突厥（dru gu）的 gu zan 地方。689（年）论钦陵由突厥（dru gu）归来。"综合以上译文，太后垂拱二年，吐蕃大论钦陵等实未入突厥之境；唯垂拱三年，得赴突厥"龟兹"地方。"龟兹"（gu zan），托马斯认为或许是汉文"古城"或"五城"的译音，汉属车师后部，突厥语称"别失八里"；而张广达认为，gu zan 即波斯文献《世界境域志》之 k.sān，《新唐书·地理志》于阗西 200 里的"固城镇"。②

---

① 周伟洲：《略论碎叶城的地理位置及其作为唐安西四镇之一的历史事实》，《新疆历史论文集》，第 135—150 页。
② F. W. Thomas, *Tibetan Literary Texts and Documents Concerning Chinese Turkestan*, II, pp.282-284；王小甫：《唐·吐蕃·大食政治关系史》，北京大学出版社 1992 年版，第 34、64 页。

按，垂拱为武则天年号（685—688），《新唐书·则天皇后纪》云："（垂拱三年）十二月壬辰，韦待价为安息道行军大总管，安西大都护阎温古副之，以击吐蕃。"《旧唐书·韦待价传》叙其事云："（韦待价）军至寅识迦河，与吐蕃合战，初胜后败。又属天寒冻雪，师人多死，粮馈又不支给，乃旋师弓月，顿于高昌。"同书《唐休璟传》补充此事云："垂拱中，迁安西副都护。会吐蕃攻破焉耆。安息道大总管、文昌右相韦待价及副使阎温古失利，休璟收其余众，以安西土。"联系《大事纪年》所载大论钦陵领兵赴突厥"龟兹"之事，则似与汉文史书记载垂拱中吐蕃陷焉耆等有关。

"弓月"，此处当作"弓月城"讲，其地在今新疆伊宁县吐鲁番圩子一带。① "寅识迦河"，胡三省认为：据《旧唐书·韦待价传》，"当在弓月西南"②。据《氾德达轻车都尉告身》、《唐开元三年帐后柳中县高宁乡户籍残卷》，唐朝曾于垂拱二年废弃了包括疏勒在内的四镇。③ 这样我们可以推测这一路吐蕃军是在攻陷疏勒后推进到弓月地区的。关于弓月部是否参加了这次战役，虽于汉文史料无证，但作为吐蕃在西域最早的盟友之一，弓月部在此战中参加到吐蕃一方，遂使唐军大败，应是预料中的事情。总之，吐蕃于垂拱年间在西域的攻势，如陈子昂上书所言："……国家近废安北，拔单于，弃龟兹，放疏勒"④，使唐朝再一次罢四镇，当时四镇为碎叶、龟兹、于阗、疏勒。

最后，联系吐蕃的攻陷所及谈谈"gu zan"的位置。从上引史料来看，吐蕃在武后垂拱年间已攻及今新疆西南、西北大部，并已迫近唐西州之地。《唐会要·安西都护府》曰：

---

① 易漫白：《弓月城及双河位置考》，《新疆历史论文续集》，新疆人民出版社1982年版，第205页。
② 《资治通鉴》卷二〇四"永昌元年七月"条胡三省注。
③ 中科院历史所编：《敦煌资料》第1辑，第135页；唐长孺：《唐西州差兵文书跋》，《敦煌吐鲁番文书初探》，武汉大学出版社1983年版，第442—443页。
④ 《资治通鉴》卷二〇四"垂拱四年十二月"条。胡三省注："废安北，拔单于，以突厥畔援也；弃龟兹，放疏勒，以吐蕃侵逼也。"

长寿二年（693）十一月一日，武威军总管王孝杰克复四镇，依前于龟兹置安西都护府。鸾台侍郎狄仁杰请捐四镇……右史崔融请不拔四镇，议曰：……至国家，太宗方事外讨，复修孝武旧迹，并南山至于葱岭，尽为府镇，烟火相望。至高宗，务在安人，命有司拔四镇。其后吐蕃果骄，大入西域，焉耆以西，所在城堡，无不降下。遂长驱而东，逾高昌壁，历车师庭，侵常乐界，当莫贺延碛，以临我敦煌。……至王孝杰，而四镇复焉。今若拔之，是弃已成之功，忘久长之策。

联系前面所述，崔融所言"至高宗，务在安人，命有司拔四镇"，是指永徽年间（650—655）唐朝一度放弃安西四镇[1]；"其后吐蕃果骄，大入西域，焉耆以西，所在城堡，无不降下"，是指咸亨仪凤年间（670—679）吐蕃攻势所及；"遂长驱而东，逾高昌壁"等，则应是指垂拱年间，吐蕃举兵大入西域，唐朝再次罢安西四镇一事。看来，西州当时已为吐蕃所攻。关于这一点，我们从天授二年（691）"西征吐蕃"不遂的岑长倩、长寿二年（693）收复四镇的王孝杰都冠有"武威道行军总管"一事中，还可以看出之前西州危急的情况来。[2] 而庭州的情况，仅从"历车师庭"一语看，还不能知。[3] 如此，托马斯说大论钦陵所赴之"gu zan"可能为唐庭州之地，是无法确证的；相比之下，王尧的"龟兹"之说，因其在焉耆以西，从方位上看不误。还需补充指出的是，吐蕃在垂拱年间陷地颇多，向东推进较远，这与《大事纪年》说大论钦陵垂拱三年赴突厥境、永昌元年才返回的事实是相吻合的。

---

[1] 《旧唐书》卷一九八《龟兹传》。
[2] 《新唐书》卷四《则天皇后纪》。
[3] 车师原名姑师，约在西汉初元元年（前48）分其地为车师前后两部。前部治交河城，唐为西州交河县治，故址在今新疆吐鲁番县治西。后部治务涂谷，唐为金满县，即庭州所在，其地在今新疆济木萨尔县南山中。参见冯承钧编、陆峻岭增订：《西域地名》，中华书局1980年版，第14、38页。

三、《大事纪年》第 45、50、51 条

第 45 条：rtavi lo la / ... ton ya bgo kha gan pyag vtsald，"及至马年（太后证圣元年，甲午，695）……东叶护可汗前来致礼"。第 50 条（猪年，太后圣历二年，己亥，699）：ton ya bgo kha gan phyag vtsald，"东叶护可汗前来致礼"。紧接第 51 条（鼠年，太后久视元年，庚子，700）：ton ya bgo kha gan dru gu yul du btang，"遣送东叶护可汗往突厥（dru gu）"。

《敦煌本吐蕃纪年之分析》以上诸条只译有"700（年）赞普遣东叶护可汗前往突厥（dru gu）"。托马斯亦说 694 和 699 年，有东叶护可汗（ton ya bgo kha gan）前来吐蕃致礼。[①]

按王尧的注释，"东叶护可汗"又作"统叶护可汗"，为西突厥射匮可汗之弟，与吐蕃王廷有联系，并结为婚姻。注释还补充说："这里似指这一部落，不一定指可汗本人。"[②] 这个说明是正确的。按，西突厥统叶护可汗活动于隋唐之际，其具体在位的时间为隋炀帝大业十一年至唐太宗贞观二年（615—628）[③]，贞观二年，为其叔莫咄贺所杀。那么，此"东叶护可汗"究竟是谁呢？

《新唐书·突厥传》云："其明年，西突厥部立阿史那俀子为可汗，与吐蕃寇，武威道大总管王孝杰与战冷泉、大领谷，破之。"同书《吐蕃传》则说："首领勃论赞与突厥伪可汗阿史那俀子南侵，与孝杰战冷泉，败走。"《资治通鉴》卷二〇五载此事于延载元年二月，所记略同。另外，《新唐书·则天皇后纪》也记此事于延载元年。关于此战中"冷泉"与"大领谷"的地理位置，顾祖禹说前者在焉耆东南，后者在西宁西境。[④]

阿史那俀子，据《旧唐书·郭元振传》有"献父元庆、叔仆罗、兄俀

---

① F. W. Thomas, *Tibetan Literary Texts and Documents Concerning Chinese Turkestan*, II, p.269.
② 王尧、陈践译注：《敦煌本吐蕃历史文书》，民族出版社 1980 年版，第 220 页。
③ 此取冯承钧说，见沙畹编、冯承钧译：《西突厥史料》，第 95 页。
④ 《读史方舆纪要》卷六四、六五。

子"等语看,其亦为唐所立兴昔亡可汗阿史那元庆之子;同传还讲到,阿史那俀子、阿史那仆罗并为吐蕃册为可汗。"冷泉"之战后,史称俀子等"败走",联系《大事纪年》延载元年有东叶护可汗至吐蕃王廷事,我们有理由推测"东叶护可汗"可能就是"败走"的阿史那俀子或阿史那仆罗等。首先,从时间上看是相吻合的。其次,从"冷泉"所处焉耆东南的位置上看,俀子等战败后,随吐蕃首领勃论赞由柴达木盆地以南、从青海路旋至吐蕃,这也是可能的。从王尧说,"东叶护可汗"这里似指其部落(的人),而不是指统叶护可汗本身的推论来看,这与阿史那俀子或仆罗的身份也是相符的。西突厥至统叶护可汗时,并铁勒,征波斯、罽宾,有兵数十万,威震西域。其后,西突厥十姓之地虽统一属唐,但其贵族亦时常反叛,而吐蕃正是靠联络这些反叛的部落来扩大其在西域的势力。至武后长寿年间,属于西突厥室点密一系的阿史那俀子为其众所立,并被吐蕃册封为可汗;其败后奔至吐蕃,或自以"统叶护"冠之,或吐蕃以其先世可汗之名相呼,都是可能的。

自垂拱(685—688)以后,西突厥十姓部众为复起的后突厥汗国所侵逼,种落离散。唐朝所册封的继往绝可汗斛瑟罗收拾残部,入居内地,武后封其为"竭忠事主可汗"。[①] 根据目前能见到的史料,阿史那俀子是西突厥十姓部落所拥立的最后一名可汗了。之后,原属西突厥的突骑施部兴起,圣历中(698—700)徙牙帐于碎叶川,十姓余众遂服属于彼。在这种形势下,我们可以进一步推测,延载元年入蕃的阿史那俀子未能很快返回西域,而在吐蕃逗留。因此,《大事纪年》中才有太后圣历二年,东叶护可汗又至吐蕃王廷之事。次年,虽由吐蕃遣回,但终因形势变化,无能为焉。[②]

[①]《唐会要》卷九四《西突厥》。
[②] 以后,俀子仅在《旧唐书》卷九七《郭元振传》所提"往年(郭)虔瓘已曾与忠节擅入拔汗那税甲税马",迫使拔汗那引吐蕃、阿史那俀子扰四镇一事中见,此似8世纪初年事。按,大足元年(701),郭元振迁凉州都督、陇右诸军州大使;"在凉州五年",后"迁左骁卫将军,兼检校安西大都护",其时应在神龙中(705—706)。郭虔瓘等人拔汗那事,为其"在疏勒具访"而知,是此事在神龙以前。

四、《大事纪年》第 71 条

第 71 条：sprevu lo 1a / btsan po dangs gyi stag tsal na bzhugs shing / vbug cor gyi pho nya pyag vtsald，"及至猴年（玄宗开元八年，庚申，720），赞普驻于董之虎园，默啜（vbug cor，可汗）之使者前来致礼"。《敦煌本吐蕃纪年之分析》说：cor 大概就是突厥的州（cur）。托马斯认为 vbug cor 的地望在甘肃的西部。[①]

默啜可汗或作"墨啜"，后突厥汗国之可汗，即阿波干可汗，名环，骨咄禄弟。691 年，骨咄禄死，默啜继立为可汗。开元四年（716），默啜为拔野古部所杀，这里似指其死后吐蕃与后突厥建立的联盟。[②] 关于默啜可汗前后后突厥与吐蕃的交往，汉文史书中有明确记载。早在武后万岁通天元年（696），就有钦陵与默啜约同出兵，一攻洮州，一攻凉州，杀唐凉州都督许钦明之事。[③] 以后数年间，又记"突厥、吐蕃联兵寇凉州"[④]。其后，《新唐书·突厥传》云："吐蕃以书约与连和钞边，默棘连不敢从，封上其书。"《资治通鉴》卷二一三系此事于开元十五年（727），其言更详："突厥毗伽可汗遣其大臣梅录啜入贡，吐蕃之寇瓜州也，遗毗伽书，欲与之俱入寇，毗伽并献其书。"默棘连即毗伽可汗，是为骨咄禄之子。由是可知，后突厥汗国建立后，实与吐蕃有过频繁的交往。

在吐蕃与后突厥的交往中，双方使臣往来，是较为明显的活动之一。前述万岁通天元年（696）吐蕃、突厥共寇边时，陈子昂在其《上军国机要》中说："臣闻吐蕃近日将兵围瓜州，数日即退；或云此贼通使墨啜，恐瓜、沙止遏，故以此兵送之。"[⑤] 又《资治通鉴》卷二一三"开元十五年闰九月"

---

① F. W. Thomas, *Tibetan Literary Texts and Documents Concerning Chinese Turkestan*, II, pp.276-280.
② 王尧、陈践译注：《敦煌本吐蕃历史文书》（增订本），第 151、183—184 页。
③ 《旧唐书》卷一九六《吐蕃传》；《新唐书》卷二一六《吐蕃传，卷九〇《许钦明传》。此取任乃强说，见《〈吐蕃传〉地名考释》（六），《西藏研究》1984 年第 1 期。
④ 《新唐书》卷一二二《郭元振传》。
⑤ 《陈拾遗集》卷八。岑仲勉按："吐蕃围瓜州，不详。按表文已知张玄遇等丧律（万岁通天元年八月），又请募死士三万人，长驱贼庭，盖万岁通天元年末随武攸宜出征时所代作也，是吐蕃围瓜州应在本年。"见《突厥集史》，第 332 页。

条:"会吐蕃遣使间道诣突厥,王君㚟帅精骑邀之于肃州。"这两条史料恰好与前述吐蕃、突厥约同出兵及突厥大臣梅录啜献吐蕃书在时间上吻合,至少可以说明双方交使的内容之一,是约同与唐朝军队作战。当然,突厥、吐蕃双方交使,也有庆贺、聘吊、礼尚往来的一面,如前引《大事纪年》记开元八年默啜可汗的使者到吐蕃致礼即是。又,唐玄宗开元二十年(732),突厥毗伽可汗为纪念其亡弟阙特勤而建碑,其碑文中曰:"今朕弟阙特勤死矣……吐蕃可汗派来一论(bölön)。"[①]

关于后突厥汗国与吐蕃交通的线路,史载不详,只能作一简述。

682年,后突厥汗国建立后,随即向西征伐,遂将其牙帐(乌德建山,今鄂尔浑河上游杭爱山之北)以西直至西域的地方控制于手中,而南隔河西走廊与青海相望。因而,在8世纪80年代吐蕃夺得河西走廊之前,两族的交通可能多是穿越祁连山间道,寻唐军空隙而进行的。前引吐蕃军队从瓜、沙间护送使者往突厥及王君㚟从甘州往肃州掩击吐蕃使者[②],都能说明当时的情景。

五、《大事纪年》第80、83、85、95条

第80条:sbrul gyi lo la / ... blon chen po cung bzang gyis / dgun vdun skyi sho ma rar bsdu ste / mun mgi snon god brtsis / dmag dru gu yul du drang pha slar vkhord par log chig,"及至蛇年(玄宗开元十七年,己巳,729),大论穷桑于畿、萧玛苑集会议盟。征集、增加预备军旅之数字,引兵赴突厥(dru gu)地,还。是为一年"。《敦煌本吐蕃纪年之分析》一文所译略同。此条所记大论穷桑引兵赴突厥事,相关的汉文史料不详,或与开元十六年突骑施引大食、吐蕃谋取四镇之事有关。

第83条:sprevu lo la / dbyard btsan po ba chos gyi ding ding tang na bzhugs /

---

① 岑仲勉:《突厥集史》,第886页。
② 《资治通鉴》卷二一三"开元十五年闰九月"条记王君㚟击吐蕃使者于肃州,"还,至甘州南巩笔驿",可见其由甘州而往。

shing / btsan yul du rgyavi pho nya / li kheng dang / ta chig dang dur gyis gyi po nyap hyag vtsald,"及至猴年（玄宗开元二十年，壬申，732），夏，赞普驻于巴局之丁丁塘，唐廷使者李京，大食与突骑施（dru gyis）之使者均前来赞普王廷致礼"。

第85条（狗年，玄宗开元二十二年，甲戌，734）：je ba vdron ma lod dur gyis kha gan la bag may btang,"王姐卓玛类遣嫁突骑施（dru gyis）可汗为妻"。

第95条（猴年，玄宗天宝三载，甲申，744）：rgyavi po nya / cang vgvan vge dang / dur gyis gyi po nya pyag vtshald,"唐廷使者张员外、突骑施（dru gyis）使者前来致礼"。《敦煌本吐蕃纪年之分析》一文于以上各条所译略同。

突骑施，原属西突厥，唐武后时渐盛，圣历中徙牙帐于碎叶川（今吉尔吉斯斯坦共和国楚河流域）以为"大牙"，以伊丽水（今伊犁河流域）的牙帐为"小牙"。其后屡遣使致唐，唐朝常册封其可汗。突骑施兴盛后，即与吐蕃发生联系。《资治通鉴》"开元五年（717）七月"条："安西副大都护汤嘉惠奏突骑施引大食、吐蕃，谋取四镇，围钵换及大石城，已发三姓葛逻禄兵与阿史那献击之。"胡三省注："钵换即拨换城，大石城盖石国城也。"前者即今新疆阿克苏，后者即乌什。[①] 又，《旧唐书·玄宗纪》开元十五年曰："突骑施苏禄、吐蕃赞普围安西，副大都护赵颐贞击走之。"另外，关于突骑施与吐蕃联姻一事，汉文史书亦有记载，《旧唐书·突厥传》曰："苏禄……潜又遣使南通吐蕃，东附突厥。突厥及吐蕃亦嫁女与苏禄。"由此可见，突骑施与吐蕃一度联系紧密。这种情况从吐蕃方面来讲，仍是为了联络力量，与唐朝争夺西域。

六、《大事纪年》第87条

此条曰：byi bavi lo la / ... cog ro mang po rje khyi chung gyis / dru gu yul

---

[①] 参见谭其骧主编：《中国历史地图集》（五）。

du drang，"及至鼠年（玄宗开元二十四年，丙子，736）……属庐·莽布支绮穷领兵赴突厥（dru gu）"。《敦煌本吐蕃纪年之分析》所译略同。

其年，《新唐书·玄宗纪》曰："正月丙午，北庭都护盖嘉运及突骑施战，败之。……八月甲寅，突骑施请和。"《资治通鉴》卷二一四"开元二十四年"条所记略同。据今人研究，唐朝与突骑施此次冲突，发生于开元二十二年夏至二十四年之间。①其战因之一，便是突骑施使者阙·伊难如携银瓶、香子、赤麑等厚礼，越唐界，逾葱岭，往结吐蕃，为唐军所获。②

此次战争历时两年，进行得十分激烈，唐朝方面曾联络后突厥、大食及中亚诸国共讨突骑施，是吐蕃定有相闻。据同一时期内由张九龄起拟的《敕陇右节度阴承本书》讲："彼（吐蕃）心有异，操持两端，阴结突骑施，密相往来，事既丑露，却以怨尤。乃云姚嶲用兵，取其城堡。略观此意，必欲为恶。"③据此可知吐蕃与突骑施密相联系，并欲作声援。因而，我们推测属庐·莽布支绮穷在开元二十四年领兵赴突厥，与突骑施对唐朝作战有关。

结　语

以上，我们以《大事纪年》为线索，联系藏汉文史料，对唐代吐蕃与突厥的关系作了若干考实。通过对两族近百年（662—744）交往关系的研究，我们有以下初步认识：

1. 有关唐代吐蕃与突厥的关系，《大事纪年》所记的事件，在汉文史书中也能找到相应的史料。双方所记事件的时间、地点、人物等，接近一致，可互补不足，这为研究唐代吐蕃与突厥及其他民族的关系史，提供了新的史料。

---

① 薛宗正：《突骑施汗国的兴亡》，《历史研究》1984年第3期。
② 《全唐文》卷二八六张九龄《敕突骑施毗伽可汗书》。
③ 《全唐文》卷二八五张九龄《敕陇右节度阴承本书》。按：开元二十年（732），张九龄为知制诰；二十二年至二十四年为宰相，上引敕文当为此期所作。

2. 张琨在《敦煌本吐蕃纪年之分析》中指出：从 650—763 年，dru gu 指突厥。在进行了上述考证后，证明这个说法基本不误。但就上述讨论的范围及史料来看，我们觉得还可对 dru gu 一词作进一步的限制，即在 650—763 年这一时期，既然已有 vbug cor 指后突厥汗国，有 dru gyis 指西突厥"别种"突骑施，则 dru gu 一词似可看作是西突厥的专称。当然，这个看法是在上述初步考察的基础上提出来的，尚需进一步论证。

3. 在上述范围内，dru gu 一词既然可视作西突厥，则上引各条云吐蕃某某赴突厥某境，应视为赴西突厥之境。但犹如称 7 世纪末至其王廷的西突厥人为"东叶护可汗"一样，在此期中，吐蕃仍然称历史上西突厥汗国的地域为"突厥之境"；具体联系上述讨论的范围来讲，即是把唐西域之大部称作"突厥之境"，如"突厥境"之"古城"一例。

4. 由上述可知，在 7 世纪中叶到 8 世纪中叶的百年间，唐代吐蕃为其向西北发展的战略需要，曾先后与西突厥十姓部落、后突厥汗国、突骑施等有过较为密切的联系，其交往的形式有互派使节、联合行动、缔结婚姻等。不论这种交往给当时局势带来的影响如何，我们认为，从历史的发展来看，唐代吐蕃与突厥诸部的关系无疑是我国民族关系发展的组成部分，我们应给予历史的评述，还其在中国民族关系史中应有的地位。

敦煌藏文卷子中的"蛮貊"研究

记载有 lho bal 一词的敦煌藏文卷子，目前已知的有 P.T.1085、P.T.1089、P.T.1071、P.T.986 及印度事务部图书馆编 598 号。关于此词的含义，以往国内外藏学家多译为"南方泥婆罗"或"蛮貊"，意指吐蕃边鄙地区之民。但现在看来，这些译法尚未揭示 lho bal 一词的初起之义，因而有必要进一步作系统的研究，此即本文的出发点。

一、记载有 lho bal 的敦煌藏文卷子

现将载有 lho bal 一词的藏文卷子译录如下。

（一）P.T.1085《大尚论令下沙州节儿之告牒》

辰年冬十一月上旬，亨迦宫用印颁发之告牒，令下沙州节儿。据沙州二唐人部落之民庶禀称："沙州每年定期向宫廷及大行军衙交纳年贡礼品'冬梨'一次，王廷虽已拥有果园多处，但仍要增加（年贡）。以往，蒙圣神王臣之恩典，我等蛮貊边鄙之民户（lho bal），每户修筑一座果园，且从未交纳年贡礼品及岁赋。（如今）节儿长官等经常不断欺压掠夺乃至霸占（果园）。为今后不再发生掠夺、侵占民庶果园事，恳求颁布一严诏令，并赐以铃印告牒"云云等情。据此，大尚论以下恐

热、论腊藏悉通均用印并摁指印颁发如上。①

"辰年",笔者考定为唐穆宗长庆四年（824,甲辰）。这里,lho bal 一词用于吐蕃统治时期敦煌汉人的卑称,王尧译作"蛮貊边鄙之民户"。

（二）P.T.1089《吐蕃官吏呈请状》有关文字

（第21—22行）根据沙州汉人官吏之奏请,沙州的都督们奏请居我等千户长和小千户长之上位。被任命为 lho bal 的都督和副千户长的官吏们,位居[吐蕃方面任命的]正式官吏之上一事,还不曾有过这种做法和相应的实例……（第24—28行）统率 lho bal 千户的万户长、千户长和小千户长虽持有玉石告身及金告身之位阶,但据说还不及持有大藏位的[吐蕃方面的]大将校,而在持藏之位的小将校之下。如此中央与边区[分别订立]的两种序列与位阶[之原则]因是过去规定的,所以即使附上了既定规则,这样的御定准则仍保存于圣上之手。任命的沙州都督与副千户长等,与奏文提到的 lho bal 大集团相比,贡献并不大,故位阶亦不高,所以序列与位阶应遵循以前所定的相应实例……（第42行）lho bal 之小将校……（第67—76行）没琳·叶赞贡于宣誓时日,[仍旧]根据以前的制度,吐蕃方面任命的小将校等处于 lho bal 内的万户长和小千户长之上。然而,[其后]因支恩本被任命为辅佐札喀布的副千户长,故[lho bal 的]副千户长位居 lho bal 的吐蕃方面任命的小千户长之上。对于圣上下达的这种序列与位阶实行一段时间之后,lho bal 的千户长们照此相同之实例向圣上奏请。其后,决定[他们也]位居小将校之上。然而,尽管御印[已]盖封,可是在猴年夏季,小将校们反过来向圣上呈奏,请求事务吏和机密吏撤销审议。翻过来之后小将校们

---

① 王尧、陈践编著：《敦煌吐蕃文书论文集》,第45页。

的位阶在从 lho bal 人中任命的颇罗弥告身及金告身的万户长等人之上。尚·赞桑、尚·弃赞、尚·结桑、尚·弃都杰。①

根据日本学者山口瑞凤的考订，P.T.1089 文书写成的时间是在吐蕃统治敦煌的中后期，具体的时间段可定在 820 至 832 年之间。笔者曾在一篇文章中分析道：上引被称作 lho bal 的部落，是活动在吐蕃凉州节度使管辖范围内，以及敦煌附近的；在这种部落中，同样有万户长、都督、千户长和小千户长等官职；这些官吏受吐蕃"将校"的监领，表明整个 lho bal 部族处于一种附庸或被统治的地位。②

（三）P.T.1071《狩猎伤人赔偿律》有关段落

（第 277—280 行）大藏和王室民户与所有武士及与之命价相同之人，被一切庸和 lho bal 之人、囚徒等因狩猎射中，无论死亡与否，放箭人起誓非因挟仇有意伤害，可由担保人十二人，连同本人十三人共同起誓。如情况属实，其处置与《对仇敌之律例》同。（第 288—292 行）王室民户一切庸及尚论和百姓之耕奴、lho bal、囚徒等人，被尚论黄铜告身者以下和与之命价相同之人因狩猎射中……其处置与《对仇敌之律例》同。（第 299—304 行）王室民户及一切庸和尚论、百姓所属耕奴、lho bal 及囚徒以上之人，被大藏以下，一切武士及与之命价相同之人因狩猎等射中……其处置与《对仇敌之律例》同。（第 311—312 行）王室民户一切庸和尚论、百姓之耕奴、庸和 lho bal、囚徒以下之人，因狩猎中箭，赔偿相同。③

---

① 山口瑞凤：《沙州汉人による吐蕃二军团の成立と mkhar tsan 军团 の位置》，《东京大学文学部文化交流研究施设研究纪要》第 4 号（1980），第 14—21 页。
② 参见拙著《有关敦煌藏文文书〈吐蕃官吏呈请状〉的研究》，《马长寿纪念文集》，第 379 页。
③ 王尧、陈践编著：《敦煌本藏文文献》（藏文本），民族出版社 1980 年版，第 35—38 页；王尧、陈践译注：《敦煌吐蕃文献选》，第 23—25 页。

据上所引,《吐蕃狩猎伤人赔偿律》中反映出 lho bal 的地位,与庸奴、囚徒等相同,处于吐蕃社会中较低的附属民阶层,因而王尧将其译为"蛮貊"。

(四) P.T.986《尚书译文》有关段落

(第130—133行)予小王盛德之臣有九,连同一位贤妇人共十人,与此等臣属奉行天道,断绝纣王乱道。予之家邦与众不同,疆域辽阔,具典籍丰宏,lho bal 诸邦悉归治下,恭敬听命。(《尚书·武成》原文:"予小子既获仁人,敢祗承上帝,以遏乱略。华夏蛮貊,罔不率俾,恭天成命。")[1]

这里藏汉文字两相对照,不难发现 lho bal 确是用来对译"蛮貊"的。

(五)《于阗国阿罗汉授记》有关文字

在其随从前去问候和致礼之后,赭面王和公主询问僧伽中精通三宝的班智达:"除尔等之外,尚有其他游僧否?"班智达回称:"在安西、疏勒、勃律、迦什弥罗诸邦亦有许多游僧。"于是立即派一使者前去传唤,他将邀请所有的僧伽来到赭面国。其后,在赭面国建起七座寺院,三宝的权力和财富较前大有长进,僧伽们将被安置于这七座寺院之中。大约三四年之后,公主的胸部患了严重的痘症,她于病危之时对国王说:"假使我不能从这种疾病中痊愈而死去,请允许我在弥留之际,将我的佣人和财产献给三宝";并付诸实行。公主死后,她的六百名侍从皈依三宝并出了家。其后,痘症瘟疫在赭面王的国度中蔓延,许多尚、

---

[1] 王尧、陈践编著:《敦煌本藏文文献》(藏文本),第125—126页;王尧、陈践译注:《敦煌吐蕃文献选》,第77—78页。

论及其幼子染疾而死。所以大臣们俱奏国王说:"从前此国度并无如此痘症;但现在因许多 lho bal 游僧到来,公主才染疾而亡,许多尚、论及其家属亦因此毙命。理合禁止游僧入境,悉数逐出。"①

以上引文中的"赭面王"指的就是吐蕃赞普赤德祖赞,"公主"即金城公主。英国学者托马斯认为,《于阗国阿罗汉授记》是用藏文编纂而成,法国的伯希和认为是从于阗塞语转译的。目前,除《大藏经》中有这个本子外,还在敦煌发现三个藏文卷子和一个相近的汉文卷子,后者是由管·法成(770—约858)从藏文译成汉文的。因此,藏文卷子的写成不会晚于858年。② 在上引藏文卷子中,lho bal 被吐蕃的大臣们用来称呼来自于阗、安西、疏勒、勃律和迦什弥罗的佛教僧众,指责他们将瘟疫带进了吐蕃。

藏文《于阗国阿罗汉授记》的汉译本,就是 P.2139《释迦牟尼如来像法灭尽之记》。此编号共一卷,存 69 行字,题款为"□国大德三藏法师沙门法成译"③,其中有这样一段文字:"王国界内,先无如是疮苦病恼,今诸波迸戎夷僧众来到此处,公主崩逝,大臣百官多有死者,是故此诸出家之众,不留王界,理合驱出。"④ 这里用"波迸戎夷"来对译藏文 lho bal,可见 lho bal 译"戎夷"或"蛮貊",是当时藏汉对译中的习惯用语。此外需附带提到的是,在一部被视为"信史"的藏文史书《汉藏史集》(成书于 1434 年)中,有着

---

① F. W. Thomas, *Tibetan Literary Texts and Documents Concerning Chinese Turkestan*, I, London, 1935, pp.82-83. 但托马斯在这里把《于阗国阿罗汉授记》误名为《于阗国授记》,又把《于阗国授记》误名为《于阗国编年史》,详见 G. Uray, "The old Tibetan Sources of the History of Central Asia up to 751 A. D.: A survey", *Prolegomena to the Sources on the History of Pro-Islamic Central Asia*, by J. Harmatta(ed.), Budpest, 1979, p.288. 乌瑞著、荣新江译:《有关公元 751 年以前中亚史的藏文史料概述》,《国外藏学研究译文集》第 5 辑,西藏人民出版社 1989 年版,第 48 页。
② G. Uray, "The old Tibetan Sources of the History of Central Asia up to 751 A. D.: A survey", *Prolegomena to the Sources on the History of Pro-Islamic Central Asia*, pp.275-304. 张广达、荣新江:《和田、敦煌发现的中古于阗史料概述》,《于阗史丛考》,第 22 页。
③ 王重民等编:《敦煌遗书总目索引》,中华书局 1983 年版,第 257 页。
④《大正藏》卷五一,第 996—997 页。

与上引内容相似的记载，而且文中吐蕃大臣用于称呼安西、疏勒、勃律和迦什弥罗佛教僧众的，也正是"lho bal 游方比丘"①。

二、历来对 lho bal 一词的翻译和解释

1935 年，F. W. 托马斯在《有关西域的藏文文献和文书》第一卷中，首先把 lho bal 一词译作"南国泥婆罗"（southern country nepal）。②1955 年，法国著名学者拉露（Marelle Lalou）发表《公元 8 世纪大蕃官吏呈请状》(Revendications des Fonctionnaires du Grand Tibet au VIIIe Siècle)，刊行并释读了 P.T.1089 文书。其中，在正文翻译和注释中，她均将 lho bal 一词释为"泥婆罗"（nepal）。③

国外学者在早期翻译 lho bal 时均用了"南国泥婆罗"或"泥婆罗"这种释义，是基于现代藏语 bal 的词义。众所周知，在现代藏语中，bal 是一个名词，意指羊毛或绵羊毛；而 bal po 是指尼泊尔国名及其境内的一个民族。④所以，国外学者才将 lho bal 翻译成"南国泥婆罗"。

上述情况到了 20 世纪 80 年代初开始有所变化。山口瑞凤在 1980 年发表的一篇长文中，重新释读了 P.T.1089 文书。在碰到 lho bal 一词时，他仍从拉露译作"南国泥婆罗"（南のネバール）。但紧接着在次年的一篇论文中，由于山口瑞凤释读了包括 P.T.1085 文书在内的几件藏文卷子，当他发现沙州汉人两部落的百姓亦以"我等 lho bal"自称时，便认识到历来以"南国泥婆罗"通释 lho bal 是不能成立的。文中，山口瑞凤提出了两点认识：第一，从 P.T.1089 文书和 P.T.1071 文书均同时记有"汉人"（rgya）和 lho bal 来看，lho bal 的原意与汉人是不同的；第二，《智者喜宴》所载的桑耶寺《崇

---

① 达仓宗巴·班觉桑布：《汉藏史集》（藏文本），四川民族出版社 1985 年版，第 96—97 页；陈庆英汉译本，西藏人民出版社 1986 年版，第 59—60 页。
② F. W. Thomas, *Tibetan Literary Texts and Documents Concerning Chinese Turkestan*, I, pp.82-83.
③ *Journal Asiatique*, CCXLIII, 1955, 1-4(2), pp.181, 220.
④ 张怡荪主编：《藏汉大辞典》，民族出版社 1985 年版，第 1824、1825 页。

佛誓约之第二诏敕》，其中提到了"lho bal 之神与佛法"(lho bal gyi lha dang chos)，从吐蕃佛教的传播由来看，lho bal 似有指南泥婆罗的含义。究竟以《第二诏敕》，还是以敦煌卷子为标准来释读 lho bal 一词，尚需进一步探索。山口瑞凤还在注释中补充道："有关敦煌文献之 lho bal 与泥婆罗无涉之观点，系 1981 年春在巴黎时蒙恩师 R. A. Stein 教授提示的。此外，根据今枝由郎氏的研究（讲座敦煌《胡语文献》收录论文：《中国·伊朗古籍的藏文翻译》），《书经》之藏文翻译卷子 P.T.986 号第 133 行，用 lho bal la stsogs 来对译'蛮貊'、'四夷'等语。"①

1983 年，英国学者瑞查逊（H. Richardson）发表《Bal-po 与 Lho-bal 考释》一文。其中关于 lho bal 一词，他先后列举了《唐蕃会盟碑》东面第 19 行、《于阗国阿罗汉授记》、P.T.986《尚书译文》、P.T.1085、P.T.1077、P.T.1089、P.T.1071、P.T.1072 以及赤松德赞的《崇佛誓约之第二诏敕》。他指出，在最初的研究中，lho bal 看来是与泥婆罗（nepal）有关，但是 R. A. Stein 提出，lho bal 一词相当于汉文献中的"戎夷"，即"蛮族"。在《于阗国阿罗汉授记》的汉文译文中，"蛮邦"用于称呼那些游方比丘，而在同一文献的藏文本中后者被称作 lho bal。lho bal 与"蛮邦"的勘同，这就可以解释其他敦煌卷子中的这个词了。在 P.T.1085 中，敦煌百姓向吐蕃官吏上书自称为"我等蛮邦（lho bal）之人"。此种用法亦见于 P.T.1077 第 134 行。而 P.T.1089 中的 lho bal，无论如何也不与泥婆罗相干，其在此最好被看作边鄙之民——即非汉人，两者的区别在于一个被拼作 lho bal，而另一个称作"汉沙州百姓"（rgya sha cu pa）。由此看来，P.T.1085 中，沙州百姓只不过是用 lho bal 来形容自己卑贱的地位罢了，这种用法真正反映了此词的基本含义。②

---

① 山口瑞凤：《沙州汉人による吐蕃二军团の成立と mkhar tsan 军团の位置》，《东京大学文学部文化交流研究施设研究纪要》第 4 号（1980），第 14、16、18 页；《汉人及び通颊人による沙州吐蕃军团编成の时期》，《东京大学文学部文化交流研究施设研究纪要》第 5 号（1981），第 11 页。
② H. Richardson, "Notes and Communications Bal-po and Lho-bal", *Bulletin of the School of Oriental and African Studies*, Vol. XXXXVI, part I, 1983, pp.136-138.

1984年，由日本东京出版的《第 31 届国际亚非人文科学会议发言纪要》一书中，收录了日本近畿大学讲师武内绍人的一篇论文提要：《有关古藏文词汇 lho bal 的研究》。在提要中，武内绍人一一列举出载有 lho bal 的敦煌藏文卷子和汉文卷子，它们就是前面提到的 P.T.1085、P.T.1071、P.T.986、P.2139 和印度事务图书馆编 598 号，在列举出 lho bal 在这些卷子中的释义后，武内绍人指出：综上所举，古藏文词语 lho bal 有以下几层含义：(1) 其词释义既非"泥婆罗"，又非指某一具体民族共同体，而只是广义上的"非吐蕃人"，即吐蕃人以外的其他民族；(2) 其词被吐蕃人用来作"非吐蕃人"的蔑称，或者被"非吐蕃人"用于自称，以表示其卑微的地位；(3) 它相当于汉语中用于非汉人的"蛮邦"或"四夷"。总之，可以这样说，在古藏文卷子中，lho bal 一词具有一个基本的含义，那就是它可以被翻译成"治外（即非吐蕃人的）蛮夷"。武内绍人还补充说，从语源学的角度来讲，lho bal 可以被看作是古藏文词语 *glo-phal（蛮夷之众）的另一种写法。当然，这个分析还需要作进一步的论证。①

国内学术界对 lho bal 一词的释读，集中表现在王尧、陈践的论著中。在 1982 年出版的《吐蕃金石录》一书中，王尧译《唐蕃会盟碑》东侧碑文第 19 行的 lho bal 为"蛮貊"，并注释："蛮貊：此处藏文作 lho bal，意为'南方泥婆罗'，为当时吐蕃人习语，为边鄙属民部落的贱称。"② 在发表于 1983 年的《敦煌藏文写卷 P.T.1083、1085 号研究》一文中，王尧、陈践译 lho bal 一词为"蛮貊边鄙之民户"；在同年出版的《敦煌蕃文献选》一书中，译 P.T.1071、P.T.986 文书中的 lho bal 为"蛮貊"，并注释："蛮貊：吐蕃当时的统治者对边鄙地区的蔑称。意译为'南方泥婆罗人'。"③ 五年之后，王尧、陈践二位在《吐蕃职官考信录》一文中，对 P.T.1089 文书作了全面的转

---

① T. Takeuchi, "On the Old Tibetan Word Lho-bal", *Preceedings of the 31th International Congress of Human Sciences in Asia and North Africa*, II, Tokyo, 1984, pp.986-987.
② 王尧编著：《吐蕃金石录》，第 32、43、58 页。
③ 王尧、陈践：《敦煌藏文写卷 P.T.1083、1085 号研究》，《甘肃民族研究》1983 年第 4 期；王尧、陈践译注：《敦煌吐蕃文献选》，第 39 页。

写、译注，lho bal 一词在其中被译作"边鄙人众"，并于注释中补充说："边鄙（lho bal）：吐蕃对其边境少数民族的蔑称。最早见于《长庆唐蕃会盟碑》东侧碑文第 19 行，载《吐蕃金石录》第 32 页。译作'蛮貊'，今改译为'边鄙'，义同，词义稍缓。"①

需要补充的是，黄颢在 1982 年发表的《〈贤者喜宴〉摘译（九）》之中，亦将 lho bal 一词译为"南方泥婆罗"②；汶江于 1987 年发表的《吐蕃官制考——敦煌藏文卷子 P.T.1089 号研究》一文中，将拉露女士的法文论文翻译为汉文，自然从拉露译 lho bal 为"泥婆罗"③。

三、lho bal 初起之义的研究

从以上所引的敦煌藏文卷子暨研究成果来看，除 P.T.1089 以外，其余卷子中的 lho bal 确能归纳出一个基本含义，即"治外蛮夷"。

但是 P.T.1089 卷子中的 lho bal，很明显不能简单地译为"蛮夷"或"边鄙之民"。因为，在此卷中除吐蕃、孙波（bod sum）之外，与 lho bal 相并列被提到的还有汉（rgya）、于阗（li）、通颊（mthong khyab）、吐谷浑（va zha）、回鹘（drug）等其他民族。④ 这些民族，尤其是汉、于阗、回鹘对于吐蕃来说，肯定属于"治外蛮夷"，即属于广义的 lho bal 的范畴。但在 P.T.1089 中，他们与 lho bal 排列在一起，被冠以人们熟知的藏文称呼；那么，这里的 lho bal 肯定是指一个具体的民族或部落了。笔者认为，P.T.1089 中提到的 lho bal，就是敦煌汉文卷子中的"南山"或"南山部族"，以下试证之。

根据 P.T.1089 卷子的记载，lho bal 部落活动在吐蕃凉州节度使管辖范围

---

① 王尧、陈践：《吐蕃职官考信录》，《中国藏学》1989 年第 1 期。
② 黄颢：《〈贤者喜宴〉摘译（九）》，《西藏民族学院学报》1982 年第 4 期。
③ 汶江：《吐蕃官制考——敦煌藏文卷子 P.T.1089 号研究》，《西藏研究》1987 年第 3 期。
④ 山口瑞凤：《沙洲汉人による吐蕃二军团の成立と mkhar tsan 军团の位置》，《东京大学文学部文化交流研究施设研究纪要》第 4 号（1980），第 14—21 页。

内，以及瓜州与沙州之间。在 lho bal 部落中，同样有万户、千户、小千户长等官吏，这些官吏受吐蕃"将校"的监领。lho，藏文的意思是"南"，lho bal 既是指一种部落，则可译成"南境之部落"。汉唐之间，凉州、沙州之南有"姑臧南山"、"敦煌南山"等，其实都是指祁连山，因祁连山在河西走廊之南而得名。吐蕃凉州节度使治下及敦煌附近的 lho bal，有可能就分布于南山之中，故可译作"南山"或"南山部落"。

在 P.T.1089 卷子中，关于 lho bal 部落官吏的情况，就是由担任沙州汉人部落千户长、小千户长的吐蕃人披露的，说明 lho bal 部落所活动的南山距沙州不远。那么，吐蕃统治时期的敦煌汉文卷子中，一定会有关于 lho bal 活动的记录。

S.542 卷子，日本学者池田温定名为"吐蕃戌年（818）六月沙州诸寺丁仕车牛役簿（附亥年—卯年注记）"。整个卷子较长，记有沙州龙兴寺、大云寺、莲台寺、开元寺等 14 座寺院 185 户寺户的丁仕车牛役情况，其中第 49 笔为："李加兴：六月修仓两日。南波厅子四日。送节度粳米。子年十二月差舂稻两驮。落回纥。"第 60 笔："成善友：南波厅子四日。子年十二月差舂稻两驮。"①

以上的"南波"二字与藏文 lho bal 有对应关系。首先，lho bal 如译作"南山"或"南山部族"，是作地名或族名讲的；而上文中的"南波"二字，作为寺户服役的地点或对象来讲，同样是一个地名或族名。其次，"南波"二字可与 lho bal 勘同，"南"正好对藏文的 lho（南），"波"则恰好是藏文 bal 的读音。因此，我们认为："南波"二字就是藏文 lho bal 一词的不规则对译，两词所指系同一地名或族名，这就是前面说的"南山"或"南山部族"。关于"厅子"，《集韵》卷四："厅，古者治官处，谓之听事。后语省，直曰听，故加广。"故"厅子"可释为公差。这样，"南波厅子四日"，可解释为："送南山（部族）公文（或什物）往返共四日。"

---

① 池田温：《中国古代籍帐研究》，第 526 页。

既然敦煌藏汉文卷子中均有关于 lho bal（南波）的记载，那么 lho bal 一词的来源和族属究竟如何呢？这里不妨先从"南山"或"南山部族"说起。南山或南山部族，作为族名在敦煌汉文卷子中已发现有八个编号。有学者提出，这些卷子中所记载的"南山"，就是晚唐、五代分布于河西至西域东部的"仲云"，系汉代小月氏的余裔。[1] 证实这种观点有两条很重要的史料：一是 P.2790 于阗文《使臣奏稿》说："仲云（cimudas）一名南山人（namsans）"[2]；二是高居诲《使于阗记》："仲云者，小月支之遗种也。"归纳上述可以说，lho bal 是指南山，南山就是仲云，仲云即小月氏的后裔。以下拟从历史、地理、语言等方面加以分析。

据《史记·大宛列传》记载，月氏始居敦煌、祁连间，后为匈奴所破，大部分迁葱岭以西，"其余小众不能去者，保南山羌，号小月氏"。小月氏退入河西走廊以南的祁连山中，依靠"南山羌"生存下来，自己也就成为汉唐间活动于南山中的"南山部族"或"南山人"，这就是敦煌卷子中 lho bal 或"南山人"来源的基本历史背景。但值得注意的是，在唐中期吐蕃攻占河西走廊及西域东部以前，敦煌汉文卷子并不见"南波"或"南山"（部落）等记载，有关的藏文名称 lho bal 也是在吐蕃统治敦煌时期出现的。这就提示出：虽然小月氏遗裔自汉以来就活动于祁连山中，但其被称为"南山"（lho bal），却直接与吐蕃有关。

众所周知，7 世纪 70 年代前后，吐蕃征服了分布于今青海、甘肃、四川西北的吐谷浑、党项、白兰等族，占据了今青海省境内黄河以南、青海湖以西的地区。与此同时，吐蕃又进军西域，联合西突厥贵族与唐朝争夺安西四镇。此后，吐蕃频频发兵进攻唐朝的陇右、河西诸州。仅据粗略统计，从 696—764 年，吐蕃进攻河西走廊诸州就达十余次。[3] 吐蕃在穿越今祁连山脉

---

[1] 黄盛璋：《敦煌文书中"南山"与"仲云"》，《西北民族研究》1989 年第 1 期。
[2] H. W. Bailey, "ŚRĪ VIŚA ŚŪRA and the Ta-Uang", *Asia Major*, new series vol. XI, part I, 1964, p.4.
[3] 《旧唐书》卷一九六《吐蕃传》；《新唐书》卷二一六《吐蕃传》。

进攻河西诸州的过程中①，为了保障交通路线的畅通，首要的任务便是征服和驱使分布于河西走廊南山的民族，而小月氏余裔首当其冲。正因为小月氏余裔分布在南山之中，所以吐蕃以 lho bal 相称。

lho bal 一词的来源及族属既明，现在进一步分析"南山人"何以又称"仲云"。这里，有必要阐明西北史地中有关"南山"的概念及范围。其实，不仅河西走廊的祁连山历史上被称为"南山"，就是整个横贯中国东西的昆仑山系历史上都曾被称作"南山"。如《汉书·西域传》载："其河有两原：一出葱岭山，一出于阗。于阗在南山下"；《十六国春秋》记张骏时马岌上言："酒泉南山即昆仑之体也"；《大清一统志》"安西州"条说："自葱岭分支，由和阗之南，绵亘而东，经安西一州二县南北，皆曰南山。"整个昆仑山系之所以均被称作"南山"，除了它地处河西走廊及西域之南以外，还有学者提出用古代民族语言来解释，即"昆仑"是古代于阗语"南"的意思，因为山在于阗国的南面，所以叫它"昆仑山"，也就是南山。②

而且，不仅河西走廊的南山（祁连山）中有小月氏余裔，就是敦煌以西、逶迤葱岭的南山（昆仑山）中，也有月氏余种。《魏略·西戎传》说："敦煌西域之南山中，从婼羌西至葱岭数千里，有月氏余种葱茈羌、白马、黄牛羌，各有酋豪。"③这里以"羌"相称，是谓小月氏与羌族有些相近之处，但两者实际上仍是有区别的。有学者认为，月氏民族属于西方学者所称的欧亚人，所操语言即中古以前曾于高昌、焉耆、龟兹一带使用过的"吐火罗语"。④

至此，可以揭开南山人何以又称"仲云"之谜了。原来，昆仑山的原意

---

① 《新唐书》卷二一六《吐蕃传》载钦陵对郭元振说："甘、凉距积石道二千里，其广不数百，狭才百里，我若出张掖、玉门，使大国春不耕，秋不获，不五六年，可断其右"；又载："后二年（726），悉诺逻兵入大斗拔谷，遂攻甘州，火乡聚。"这些记载表明，吐蕃常从祁连山脉的交通孔道中进犯河西诸州。
② 刘维钧：《西域史话》（上），新疆青年出版社1982年版，第36页。
③ 《三国志》卷三〇《魏书·乌丸鲜卑东夷传》引注。
④ 黄盛璋：《试论所谓"吐火罗语"及其相关的历史地理和民族问题》，《西域史论丛》第2辑，第228—268页。

就是南山，昆仑的上古音可拟作 *kun *lun[①]，而仲云在敦煌和土峪沟回鹘语写本中拼作 cungul，在钢和泰藏卷中写作 cūnuda，在敦煌于阗文写本中拼为 cimūda（cimuda、cumuda），在晚唐的河西藏文写卷中作 jungul[②]，这些有关"仲云"的各种拼读，均可能源于古于阗语的 *kun *lun。换句话讲，仲云就是昆仑的异读，意即"南"（山）。如果作进一步的对勘，就可以发现在仲云与昆仑这两个词中，*kun 可与 cung（cūn、cim、cum、jun）相对；而 *lun 与 gul（nu、mū、mu）相对。依此，我们就会认识到于阗文《使臣奏稿》所云"仲云一名南山人"之成立，如果完全用汉字汉意来翻译这段话，便成为：昆仑（人）又称南山（人）。

结　语

综上所述，敦煌藏文卷子中的 lho bal 一词有广义、狭义之分。其狭义的用法如前示 P.T.1089 卷子，lho bal 是指小月氏的余裔南山人，亦即仲云。这也是 lho bal 一词的初起之义。关于这一点，除了以上从当时的历史、地理条件加以证明外，笔者还在另一篇拙作中，从经济生活、姓氏、官职几方面，引据史料作了论证[③]，此处恕不赘述。lho bal 一词的广义用法，即用来称呼吐蕃统治下的所有其他民族，所谓"治外蛮夷"，是 lho bal 一词的后起之义，那是 8 世纪中叶以后的事情。当然，其狭义的用法仍然存在，因为在写成于 9 世纪上半叶的 P.T.1089 卷子中，lho bal 显然是一个具体的民族，实际上就是指稍稍晚一些的"南山"或"南山部落"。

---

① 李珍华、周长楫：《汉字古今音表》，中华书局 1993 年版，第 172 页。
② 哈密顿著、耿昇译：《仲云考》，《西域史论丛》第 2 辑，第 163 页；乌瑞著、耿昇译：《吐蕃统治结束后甘州和于阗官府中使用藏语的情况》，《敦煌译丛》第 1 辑，第 214 页。
③ "南波"的来源为"南蕃"，关于两者的转变，参见拙文《敦煌文书中的 Lho bal 与南波——吐蕃统治时期的南山部族》，《敦煌研究》1993 年第 3 期。

有关于阗王的藏文写卷研究

1930 年，托马斯在《英国皇家亚洲学会杂志》(Journal of the Royal Asiatic Society) 上，分两期刊布和译释了有关和田地区的藏文文书。后来，又将其与有关吐谷浑（阿柴）、敦煌、罗布泊等的藏文文书收在一起，于 1951 年出版了《有关西域的藏文文献和文书》第二卷。[1] 在托马斯出版的书中，有关和田地区的藏文文书被列为第四章"和田地区"(the khotan region)。有关文书根据一些题目进行了分类，如于阗地区及城镇、教区和街道、庙宇或寺院、于阗戍堡、于阗王、阿摩支等。其中，在"于阗王"一节中，托马斯共转写、译释了两件藏文写本、一支藏文木简。木简因所存文字太少，仅可见"……于阗王（li rje）"数字[2]，故这里略而不论。关于这两件写本，虽然托马斯已做了基本的工作，拉丁字转写和译释，但他的研究已过去半个多世纪了，因而有必要在托马斯研究成果的基础上，进一步对上述记有"于阗王（li rje）"的写本及相关问题作深入研究。

一、古藏文写本拉丁字转写与汉文释文

1. M.Tagh.b, i, 0092

[A]

（1）nang rje po khri bzher dang vphan bzher dang rgyal bzher mched kyi zha

---

[1] F. W. Thomas, *Tibetan Literary Texts and Documents Concerning Chinese Turkestan*, II, London, 1951.
[2] 托马斯编著，刘忠、杨铭译注：《敦煌西域古藏文社会历史文献》，第 167 页。

sngar │ rgyal po │ vtran ced po

(2) vi mchid gsol bav │ nang po vphrul dang vdra ba mched kyi zha snga nas thugs bdev

(3) zhes thos te glo ba rab tu gdags zhing mchis mtshis │ hel ge dang nag tshur

(4) lku cig ces byung bav │ mdo bzher rje blas gyis brtsald te ma mdzald │ bdag gi

(5) myi [lk]u stag sum la skur zhing mchis na [gros ?] dgrov bavi thabs ni rgyal ta bras bu

(6) gdags la bsku │ nag tshur zhugs la bsregs nas rgyal ta bras bu dang nag

(7) na tshur gnyisu bsgyurd te bskus na sag tivi tshar phin b ...

(8) ha lo [bcas ste] stsald │ mdo lo vi [sl-]...

[B]

(1) mkhar gyi [s]lungs pon vdir mchis na zhal mchuvi slad na │ ...

(2) gdav na │ khos kyang gya gyu dag bgyis te kho ni vdi nas shul ...

(3) te mchis na │ phas kyang bkav yi ge vgav yang ma mchis na │ bdag ...

(4) kyang vdi na rab tu myi bde zhing mchis │ ji vdra ba tsham bkavs spring bar gsol

(5) spyis ji vdra ba ni bdag gis gsol gyang phyi vtshal thugs la mngav ba lags na

(6) lku don phran tshegs rnams kyang myur du bsgrubs te │ ma thogs pa zhig du tshur bron par

(7) gsol │ zhal b[za]ng po mthong gi bar du stangs dgyal yab sras thugs rtag

(8) du bde bar smond ching mchis │ [rgya] │ [rgya] │ [rgya] │ gden pho lod

[正面]

(1) 朗儿波赤热、奔热和嘉热兄弟驾下，[于阗]王赞切波

(2) 禀告：朗[儿]波兄弟驾下，身心康泰

(3) 闻后我甚宽心。对赫格与纳地

(4) 发生的偷窃之事，多热阁下的传讯尚未递来。我之

(5) 族人中一个窃犯，正被送往"三虎"处。纳贡果品系商议[运送]办法时

(6) 因泄密于纳地被焚毁，如此纳贡果品从纳

(7) 地[征收]双倍：所以被盗，远至萨堤曹……

(8) 连同……哈洛一起送往。……朵洛地区……

[背面]

(1) 城子官吏已来此地，申诉原由[后]……

(2) 可能：他仍有隐情。此时他已离开这里上路，故

(3) 彼处亦没有任何告牒来，我……

(4) 为此亦极不安稳。[案件]如何处置，姑乞请函告之

(5) 尽管我将禀告案件真相，但请允许稍后[再]送来

(6) 偷窃同案犯，请迅速发落来此处置，不要延迟

(7) 吉祥的月末之日，将为驾下夫妇、父子卜筮

(8) 祈祷平安，显现吉兆。[印章三枚]，登婆罗

2. M.Tagh.a, iv, 00121

(1) rta vi lo vi dgun blon klu sgra las stsogs ｜ pa vi vdun tsa shel than du btab pa lan ｜

(2) la ｜ yang rtsang gi sde myang lha mthong li rjevi tshugs pa li bat nag men tri

(3) yug gnyis lan vdi vi dgun sla ra ba tshes nyi shu gsum la ｜ skyeds

(4) da ｜ vtsha[ld] de skyed gyi...

(1) 对马年冬论·禄扎等在玉陇会上所作决断之回复

(2) 雅藏部落的娘·塔通向于阗王的兵吏李巴纳索取丝绸

(3) 两匹做利息。交付期限为孟冬月之二十三日

(4) 望此利息……

二、文字考释

M.0092.A.1.nang rje po，"朗儿波"，称号，又见于 M.Tagh.b, ii, 0062 写本。因藏文 nang 有"内部"之含义，而 rje po (bo) 可译作尊者、君主、宰官，故托马斯译 nang rje po 为"内大臣"或"内相"(home ministers)。不过，古藏文"内相"或"内大臣"另有一词，为 nang blon、nang blon chen po，所以这里音译为"朗儿波"。日本藏学家山口瑞凤指出：nang rje po 一词在敦煌发现的藏文写本中出现最为频繁，此词是对州之长官的尊称，即对 rste rje po "节儿"长官的尊称，而并非是指某一具体的官职；在麻扎塔格文书中，有同样的记载。① 在 M.Tagh.0483 婆罗迷文字残卷、M.Tagh.b, i, 0012 木简及 P.T.1089 文书中，均提到吐蕃在于阗驻有 rtse rje 一官②，故 nang rje po 为吐蕃神山（即麻扎塔格）节儿及属官的尊称，是可以成立的。

M.0092.A.1.vtran ced po，"赞切波"，人名或称号。托马斯在此词之前清楚地读出了花押字 rgyal po "王"，所以他认为 vtran 系此王的名字，ced po 之意为"大"。Konow 教授认为这个名叫 vtran 的王就是藏文《于阗国授记》中的 bijaya bohan chen po。托马斯认为，Konow 教授的观点，由于上述写本中有 ced po 一词而得到证实，因为其他于阗王的名字后面没有附加这个词；问题是能否找到此王名字的原始拼法。③

M.0092.A.3.hel ge，"赫格"，又见于 Ch.73, Xiii, 8 写本，拼作 hel ke。托马斯认为：此地除与 nag 有联系外，别无他见，大概是罗布泊（nob）地区

---

① 山口瑞凤：《吐蕃支配时代》，《讲座敦煌》第 2 卷《敦煌の历史》，第 128 页。
② 托马斯编著，刘忠、杨铭译注：《敦煌西域古藏文社会历史文献》，第 169、182 页。
③ 托马斯编著，刘忠、杨铭译注：《敦煌西域古藏文社会历史文献》，第 163—165 页。

或更东边一点的地方。①

M.0092.A.3.nag,"纳",藏文又拼作nob,相当于于阗文的naki、nahi,《大唐西域记》的纳缚波。在藏文写本中,又有nob shod,可译作"下罗布"。但托马斯认为nag地似乎已超出了于阗王的统治范围。②

M.0092.A.4.rje blas,"阁下",相同的词,在一件有关吐谷浑(va zha)的写本(vol.56, fol.72)中数见。③看来,rje blas常用于称呼那些在民事或宗教事务中有较高地位的人,但同nang rje po一样不是专称,而是一种泛称。

M.0092.A.5.stag sum,"三虎",托马斯在注释第4行时写道:stag sum"吐蕃官吏"。④从藏文直译来看,与"三虎"相去不远。于阗王将抓获的一个于阗人送往stag sum处审讯,反映出此官可能属于吐蕃司吏一类。

M.0092.A.7.sag ti vi tshar,"萨堤曹",前两个音节是一地名,后一个音节托马斯释为parish"教区"。tshar这个术语出现在一些残卷中,而这些文书多为驻扎在各地的兵吏的名单。托马斯还认为,tshar这个词或许可以被解释为部落(sde)的下属单位,但这个词不是出自藏语,而是于阗语,因为凡与tshar有关的人都是于阗人。也许最古老的于阗圣地tsar ma,其意就是"下教区"。但笔者倾向于把tshar勘同于汉文的"曹",认为它是吐蕃统治敦煌、西域的一级基层兵制的名称。⑤

M.0092.A.8.mdo lo,"朵洛",此词在藏文《丹珠尔》中拼作mdo le,它常与me skar一起出现。藏文《于阗国阿罗汉授记》和另外两件藏文佛教经典都曾提到过它,根据后者的记载,可以设想mdo lo是一多山地带,是me skar的一部分,看来它与po lu(勃律)在同一方且属勃律地区之一。根据《于阗国阿罗汉授记》中的一段文字:"此后,众多的僧伽来到王国的mdo lo me skar……"则mdo lo位于僧人从于阗前往吐蕃的路线上,可能还是联系

---

① 托马斯编著,刘忠、杨铭译注:《敦煌西域古藏文社会历史文献》,第205页。
② 托马斯编著,刘忠、杨铭译注:《敦煌西域古藏文社会历史文献》,第140、207页。
③ 托马斯编著,刘忠、杨铭译注:《敦煌西域古藏文社会历史文献》,第18—20页。
④ 托马斯编著,刘忠、杨铭译注:《敦煌西域古藏文社会历史文献》,第165页。
⑤ 杨铭、何宁生:《曹(tshar):吐蕃统治敦煌、西域的一级基层兵制》,《西域研究》1995年第4期。

这两个国家的通道。①

M.0092.B.1.[s]lungs pon,"官吏",托马斯译作 the commander of the slungs。关于 slungs,又见于托马斯书的第 52 页：slungs dang so pa ma mchis te,"slungs 与士兵尚未到来"。查现代藏文中有 lung pa 一词,含义为"地方、境域",而藏文的 pon,译作"……长",故 slungs pon 一词可译为"地方官吏",因此词前有 mkhar"城镇"一词,故译为"城子官吏"。另,P.T.1089 文书之第 40 行有 lung dor 一词,山口瑞凤译作"遗弃地区",盖因 dor 有放弃之意。②

M.0092.B.7.thugs rtag,"卜筮",托马斯未译出此意。值得注意的是,此写本 B.7—8 行说：在月末之吉祥日,将为文首提到的赤热等全家进行卜筮,其意在显现吉兆,祈祷平安。据研究,唐代吐蕃卜筮之风较盛,当时多以羊胛骨作卜骨,经钻孔、烧灼后观察裂纹,或者听其破裂之声来断吉凶。整个过程由苯教巫师来操作,问卜的内容必须告知巫师,由巫师根据占卜的结果予以回答。③ 出自与于阗相距不远的米兰藏文简牍中,就有若干支记录了宗教卜筮的内容。④ 令人感兴趣的是,吐蕃控制下的于阗王 vtran ced po,也要择吉日为神山吐蕃官吏卜筮,以祈祷平安,并称要观察卜筮过程中,是否"显现吉兆"。这里有一种可能,即崇信佛教的于阗王要做的卜筮,只不过是以其名义招集,而请吐蕃巫师具体操作,以迎合驻跸于彼的吐蕃官吏而已。

M.0092.B.8.gden pho lod,"登婆罗",这是文尾的署名,其字迹与前不同。托马斯肯定这是于阗王的书吏的签名。有关 gden 这个词,在 M.Tagh.b, ii, 0054 残卷中,于 wam na 曹有一个叫 gde[n] pu de 的人。⑤

---

① 托马斯编著,刘忠、杨铭译注：《敦煌西域古藏文社会历史文献》,第 207 页。
② 山口瑞凤：《沙州汉人による吐蕃二军团の成立と mkhar tsan 军团の位置》,《东京大学文学部文化交流研究施设研究纪要》第 4 号 (1980),第 17 页注 60。
③ 王尧：《吐蕃文化》,吉林教育出版社 1989 年版,第 72 页。
④ 王尧、陈践编著：《吐蕃简牍综录》,第 72—74 页。
⑤ 托马斯编著,刘忠、杨铭译注：《敦煌西域古藏文社会历史文献》,第 178、189—190 页。

M.00121.1.blon klu sgra，"论·禄扎"，吐蕃官吏名。klu sgra 为典型的吐蕃人名，故略而不论，唯 blon 一词需作一番注释。blon（论）和 zhang（尚）是吐蕃官吏惯用的称号。"尚"本为舅氏之义，指与王室通婚的吐蕃贵族成员，而没有与王室通婚的贵族首领则被称作"论"。但不管是 blon 还是 zhang，都不是实职，仅仅是一种表示有贵族身份的称号。① 值得注意的是，在吐蕃驻跸于阗的官吏中，有享受 blon 称号的贵族成员，这反映了吐蕃对控制于阗的重视。

M.00121.1.shel than，"玉陇"，托马斯未译出此词（"河滩"？）。查藏文 shel 作名词讲，释为玻璃、透明晶石，包括天然与人工的透明结晶物体，这很容易使人联想起自古闻名的"和田玉"。than 又作 thang，含义为"平地"、"平坝"，则 shel than 应是于阗一处产玉的地方，似可译作"玉坝"、"玉陇"，这又使人联想起"玉龙喀什"（yurung kash），《西域图志》作"玉珑哈什"，作为地名讲，在今洛甫县境内。② 因而，我考虑 shel than 之地望很可能与作为地名的玉珑哈什有某种联系。③

M.00121.2.yang rtsang gi sde，"雅藏部落"，此名又见于 M.Tagh.b, i, 0095 写本、M.Tagh.c.iv, 002 木简、M.Tagh.0262 木简。yang rtsang 在藏文史书《智者喜宴》中，拼作 yar gtsang，系属吐蕃六十一千户（stong sde）之一，具体被划在吐蕃与西域接壤的羊同十千户之中。④ 本写本说"雅藏部落的娘·塔通"云云，反映出吐蕃统治于阗的兵吏中有来自该千户的成员。

M.00121.2.li rje，"于阗王"，出自麻扎塔格的藏文文书，常以 vu ten（vu then）指于阗地方，而以 li 指于阗人。⑤ 而有关的藏文文献又以 li yul 称于阗

---

① 王尧：《吐蕃文化》，第 33 页。
② 冯承钧编、陆峻岭增订：《西域地名》，第 107 页。
③ 乌瑞已经指出：《于阗国授记》中有 shel chu / shel cu 及其敬语形式 shel chab，其含义为"玉河"（chu 即水、河之意）。这个词既是隐喻的名称，又是专有名词，至少还是于阗主河或主要的一些河流的雅名。见乌瑞著、荣新江译：《有关公元 751 年以前中亚史的藏文史料概述》，《国外藏学研究》第 5 辑，第 50 页。
④ 巴俄·祖拉陈瓦：《智者喜宴》，第 187 页。
⑤ 参见拙文《吐蕃简牍中所见的西域地名》，《新疆社会科学》1989 年第 1 期。

国，译言"李域"。关于 li 的含义，有人认为：li 本义为钟铜，引申有合成、混一之义，而吐蕃视于阗国家由印度佛教文字和中国礼仪人种混合而成，故称之为 li yul。① rje 者，君、王之义，故 li rje 可直译为"李王"，即于阗王。

M.00121.2.men tri，"丝绸"，驻守于阗的吐蕃兵吏向当地人索取丝绸，以充利息，反映出两者之间存在借贷关系，以及吐蕃统治下于阗地方纺织业并未中断的情况。《大唐西域记》载，于阗人"工纺绩绁紬"，民间既产丝，又织绸，并以丝绸为纳贡之物。根据在今策勒县发现的《汉文于阗文双语文书》，当地在唐代中期缴纳的主要产品是"绁紬"。②

三、写本年代及相关问题

判断这两件藏文写本，尤其是前一件的年代，关键在于弄清楚于阗王 vtran ced po 在位的年代。

在藏文的于阗王名称中，有 ced po 或 chen po 这一词的，只有《于阗国授记》所载的 bijaya bohan chen po 一人。Konow 教授将其比定为两《唐书》的尉迟曜，并说他与于阗文书中的 viśa' vahaṃ 王是同一人。据目前所知，viśa' vahaṃ 一名见于三件于阗文书，它们是 Hoernale 1、Hoernle 7 和 Or.6393.2，前两件文书的年代分别相当于 771 和 774 年，在已知的于阗王纪年文书中，viśa' vahaṃ 是其中在位最长的一位，这亦与汉文史料所载尉迟曜在"安史之乱"后一直为于阗王相符。③

由此得知，自 790—796 年吐蕃完全控制于阗后，他们并没有废除 vijaya bohan chen po 的王位，而是依其扶植吐谷浑小王统治其部众的办法，继续扶植尉迟氏王室统治于阗。据此，M.Tagh.b, i, 0092 写本的年代，当在 790 年

---

① 巴桑旺堆：《藏文文献中的若干于阗史料》，《敦煌学辑刊》1986 年第 1 期。
② 林梅村：《新疆和田出土汉文于阗文双语文书跋》，《西域文明——考古、民族、语言和宗教新论》，东方出版社 1995 年版，第 215—218 页。
③ 张广达、荣新江：《关于和田出土于阗文献的年代及其相关问题》，《东洋学报》第 69 卷第 1、2 号，1988 年，第 78 页。

之后，下限可能要到 9 世纪初。

与这两件写本相关的历史问题，在于它们在一定程度上揭示了于阗王与驻守神山堡塞的吐蕃官吏的关系。托马斯指出：前一写本详举了关于盗窃犯案的情况，这无疑是当地的于阗人在运送货物过程中干的。此王解释说，他正在采取步骤进行调查，并把犯人缉拿归案。他还保证要立刻加强治安，减少今后的犯罪。由此可以看出，于阗王只是一个民事管理者，其上有统治他的国家的吐蕃官吏。①

关于吐蕃治下于阗王的地位，尚可引 P.T.1089《吐蕃官吏呈请状》作一说明。在此文书中，通过担任敦煌汉人千户长、小千户长的吐蕃人之口，道出了吐蕃统治下于阗王及主事大臣的封号和实际地位。其曰：

> 根据沙州汉人官吏之奏请，沙州的都督们奏请居我等千户长和小千户长之上位。被任命为南山部族（lho bal）的都督和副千户长的官吏们，位居[吐蕃方面任命的]正式官吏之上位之事，还不曾有过这种做法和相应的实例。如有上奏之例，则只有于阗王（li rje）进贡之例可对照，即通过进贡得到圣上恩赐，赐以王号，准许享有王者威仪（rgyal chos）。但却仍在[统治]于阗的持有银告身的[吐蕃]论之下任职。于阗的阿摩支（a ma ca）等的位阶，虽授以金告身、[玉石告身]等，但其地位仍处于[吐蕃方面任命的]红铜告身的节儿之下。②

以上内容反映出，于阗王和阿摩支尽管被吐蕃赐以王号、金告身等，但他们的实际地位较低，分别排在持银告身的吐蕃官吏（论）和持红铜告身的节儿之下。这种状况，与吐蕃统治下敦煌汉人官吏的地位略同，即高等级告身的汉人官吏反而位居低等级告身的吐蕃官吏之后。这实际上是一种"字

---

① 托马斯编著，刘忠、杨铭译注：《敦煌西域古藏文社会历史文献》，第 165 页。
② 山口瑞凤：《沙州汉人による吐蕃二军团の成立と mkhar tsan 军团の位置》，《东京大学文学部文化交流研究施设研究纪要》第 4 号（1980），第 16 页。

(告身)高位卑"的政策,其实质在于:吐蕃对被征服民族的上层人士虽以名号拉拢,但又严格限制其实际的权力。①

据山口瑞凤考订,P.T.1089 文书写成的时间是在吐蕃统治敦煌的中后期,具体时间约在 820—832 年之间。②那么,根据该文书所载的以上内容,还可以得知两点:其一,在 9 世纪上半叶,吐蕃统治下的于阗仍然扶植有于阗王,此王通过向吐蕃赞普进贡,以"得到圣上恩赐,赐以王号";其二,那位统治于阗的持有银告身的吐蕃论,其地位在于阗王之上,他应该就是《于阗国授记》上说的于阗摄政王之类的人物。至于说 P.T.1089 中所记的于阗王是谁?他是不是有的学者说的 9 世纪初期的于阗王尉迟诘(viśa' kīrti)③,以及于阗摄政王、持银告身的吐蕃论究竟是谁?这都是需要进一步探讨的问题。

---

① 参见拙文《关于敦煌藏文文书〈吐蕃官吏呈请状〉的研究》,《马长寿纪念文集》,第 381 页。
② 山口瑞凤:《沙州汉人による吐蕃二军团の成立と mkhar tsan 军团の位置》,《东京大学文学部文化交流研究施设研究纪要》第 4 号(1980),第 27 页。
③ 林梅村:《新疆和田出土汉文于阗文双语文书跋》,《西域文明——考古、民族、语言和宗教新论》,第 103 页。荣新江认为,和田出土的一件于阗文写本(M.T.b, ii, 0065)是对于阗王尉迟诘(visa'kīrti)的颂词,其中称:"自最优秀的藏人守卫于阗国,其统治已进入第六个年头。"表明于阗尉迟氏王统并未断绝。见荣新江:《唐代于阗史概说》,《龙谷史坛》97,京都,1991 年,第 28—38 页。

吐蕃简牍中所见的西域地名

20世纪初，英国人斯坦因在我国新疆的探险中，曾于罗布泊南岸的米兰古城遗址，及和田北面的麻扎塔格古戍堡，获得古藏文简牍300多支，影录发表于《西域》（1921）和《亚洲腹地》（1928）两书中。之后，英国学者F. W. 托马斯对这些简牍进行了释读，陆续刊载于《英国皇家亚洲学会杂志》上，后收入《有关西域的藏文文献和文书》第二卷（1951）。1941年，俄国的马洛夫也从新疆获得若干古藏文简牍，发表了《马洛夫收藏的藏文木牍》和《罗布泊地区的藏文木牍》两文。20世纪50年代以后，新疆维吾尔自治区博物馆曾数次调查、发掘米兰古城遗址，又获得一批藏文简牍。1980年以来，中央民族大学的王尧教授等，在借鉴国外有关专家研究的基础上，对上述几批简牍进行综合整理，编成《吐蕃简牍综录》一书，已由文物出版社出版（1986）。这是迄今为止，国内第一部有关吐蕃简牍的专著，其学术价值是十分重要的。笔者以此书为主，结合《有关西域的藏文文献和文书》第二卷所载的写本文书，就其中涉及的若干重要地名作一考订。

一、大罗布（nob ched po）、小罗布（nob chung）

nob ched po 又作 nob chen po、nob che。古藏文中，韵尾 n 可与 d 互换，故 chen 与 ched 同。

根据斯坦因早年的统计，在他所发现的古藏文写本和简牍中，有30件提到了 nob chung，14 件提到了 nob chen，有 5 件文书同时提到了这两个地方。①而在王尧、陈践编著的《吐蕃简牍综录》一书中，nob ched po 等共 8 条，nob chung 共 18 条。②凡见有 nob 字样的简牍，均出于米兰古城遗址，而且 nob 与"罗布（泊）"在读音上相近。因此，可以肯定简牍所载的 nob 地方，就在今罗布泊以南一带。《大唐西域记》卷一二曰："复此（且末）东北行千余里，至纳缚波故国，即楼兰地也。""纳缚波"即 nob，其地当西汉时蒲昌海（罗布泊）西南的楼兰，后更名鄯善，大致就是今新疆东南部的若羌县。nob，回鹘文作 nop，突厥文作 lop，汉字对其音作"罗布"。此词似源于粟特语 na'wᵃ + âpᵃ，意为"新水"；也可能源于梵文 nava-pura，意作"新城"。③我们知道，隋末唐初，有许多中亚的昭武九姓人移居今若羌地区，他们辟地筑城，然后居之，遂有"新水"等语。7 世纪后半叶，兴起于今青藏高原的吐蕃，灭青海的吐谷浑国，从柴达木盆地进入若羌地区，建立统治近百年之久，蕃胡传译相呼，遂讹作 nob。④

但是在吐蕃简牍中，nob ched po 与 nob chung 分别或同时出现，当各指一具体地名，其中孰指汉之鄯善呢？成书于 9 世纪的《沙州伊州地志》曰：

> 石城镇⑤，东去沙州一千五百八十里，去上都六千一百里，本汉楼兰国。《汉书·西域传》：地沙卤少田，出玉。傅介子既杀其王，汉立其第（弟），更名鄯善国。隋置鄯善镇。隋乱，其城遂废。贞观中，康国大首领康艳典东来居此城，胡人随之，因成聚落，亦曰兴谷城。其城四面皆

---

① 奥雷尔·斯坦因著、巫新华等译：《西域考古图记》，广西师范大学出版社 1998 年版，第 280 页。
② 按王尧、陈践编著《吐蕃简牍综录》一书的编号，前者有第 90、328、332、347、351、358、361、416 条；后者有第 36、58、60、87、117、259、331、335、351、355、358、360、367、369、371、391、410、415 条。
③ 季羡林等：《大唐西域记校注》，第 1033—1034 页。
④ 参见拙文《唐代吐蕃统治鄯善的若干问题》，《新疆历史研究》1986 年第 2 期。
⑤ 王小甫认为："《寿昌县地境》：石城，'自贞观中康国大首领康艳典东来居此城，胡人随之，因成聚落，名其城曰兴谷城。四面并是沙卤。上元二年改为石城镇，属沙州'。《沙、伊州地志》石城镇条所叙与此同，唯地名作'典合城'，恐本为兴谷，形近致误。"见王小甫：《唐、吐蕃、大食政治关系史》，第 167 页。

是沙碛。上元二年（675），改为石城镇，隶沙州。……屯城，西去石城镇一百八十里。……胡以西有鄯善大城，遂为小鄯善，今屯城也。①

据上引，鄯善有大、小城之分，前者即石城镇，今之若羌县城；后者为屯城，今之米兰。② 而藏文 ched po（chen po）意为"大"，chung 为"小"，则 nob ched po 当指鄯善大城，nob chung 指小鄯善城；若音译，可分别读作"大罗布"、"小罗布"。③ 出自米兰的藏文木简记载："大罗布（nob chen po）之论……被召集和来自怯台（ka dag）的后方守卫一起……火速送至大、小罗布。"由此而知鄯善大城（大罗布）为吐蕃统治该地的一重要城镇。④

这里，还有"胡谓鄯善为纳职"的问题。《元和郡县图志》卷四〇"伊州"条曰："纳职县，贞观四年置。其城鄯善人所立，胡谓鄯善为纳职，因县焉。"唐音"纳职"近 napcik，nap 即 nob，-cik 为语尾。⑤ 由此而知"纳职"、"纳缚波"、"罗布"之原音皆同。不过，唐之纳职县不在鄯善旧地，而为伊州三县之一（今哈密五堡）。⑥《沙州伊州地志》曰："纳职县，下。东去州一百廿里。……右唐初有土人鄯伏陁属东突厥，以征税繁重，率城人入碛奔鄯善，至并吐浑居住，历焉耆又投高昌，不安而归。胡人呼鄯善为纳职，既从鄯善而归，逐（遂）以为号耳。"⑦ 故《旧唐书·地理志》谓："贞观四年，于鄯善胡所筑之城置纳职县。"意鄯善人于伊州西南筑城，仍以旧城之名相称；《新唐书·地理志》误为"以鄯善故城置纳职县"。所以，nob ched po 虽与"纳职"有读音上的联系，但实非一地。⑧

---

① 羽田亨：《唐光启元年书写沙州、伊州地志残卷に就いて》，《羽田博士史学论文集·历史篇》，第587—588页。
② 季羡林等：《大唐西域记校注》，第1034页。
③ 奥雷尔·斯坦因著、巫新华等译：《西域考古图记》，第280页。
④ 托马斯编著，刘忠、杨铭译注：《敦煌西域古藏文社会历史文献》，第127页。
⑤ 黄盛璋：《于阗文〈使河西记〉的历史地理研究（续完）》，《敦煌学辑刊》1987年第1期。
⑥ 纪大椿主编：《新疆历史词典》，新疆人民出版社1993年版，第370页。
⑦ 羽田亨：《唐光启元年书写沙州、伊州地志残卷に就いて》，《羽田博士史学论文集·历史篇》，第590—591页。
⑧ 王尧简单地认为"纳职"可对 nob ched，似不妥。见王尧、陈践编著：《吐蕃简牍综录》，第34页。

此外，nob chung 似不能译作"婼羌"。后者本指西汉之婼羌国，其地理位置大致在今若羌县东南的阿雅格库木库勒一带，仅与楼兰接境而已。况婼羌为氐羌行国，游牧无常处，足迹遍至昆仑山北麓及葱岭，故今若羌县仅取其名，"实非其地"。①

综上所述，吐蕃简牍中的 nob ched po（nob chen po、nob che）当指汉之楼兰暨鄯善，唐之石城镇或鄯善大城，可音译作"大罗布"；若译"纳职"，则有误移今哈密西南的拉布楚克之嫌。nob chung，指唐之屯城暨小鄯善，可译为"小罗布"，译"婼羌"则不妥。

二、七屯（rtse vton）

又写作 rtse thon、rtse mton。载有此等字样的吐蕃简牍、写本，亦出于米兰遗址中。据研究，rtse vton 即《沙州伊州地志》所载之"屯城"，《四夷路程》之"七屯城"②，亦即上节所示之"小鄯善"。

《沙州伊州地志》曰：

> 屯城，西去石城镇一百八十里。鄯善质子尉屠耆归，单弱，请天子：国中有伊循城，城肥美，愿遣一将屯田积谷，得衣（依）其威重。汉遣司马及吏士屯田伊循，以镇之，即此城是也。胡以西有鄯善大城，遂为小鄯善，今屯城也。③

---

① 王尧、陈践编著《吐蕃简牍综录》第 34 页："婼羌：西域地名。藏语中采用的 nob chung 就是汉语婼羌的音译。"此书中第 36、58、60、87、117、259、367、369、391 条均译 nob chung 为"婼羌"。参见谭其骧主编：《中国历史地图集》（二），第 37—38 页；冉光荣、李绍明、周锡银：《羌族史》，第 85 页；冯承钧编、陆峻岭增订：《西域地名》，第 19 页。
② 《新唐书》卷四三《地理志》引贾耽《四夷路程》曰："自蒲昌海南岸西经七屯城，汉伊修城也。又西八十里至石城镇，汉楼兰国也；亦名鄯善。"按此"八十里"当据《沙州伊州地志》改正。现若羌到米兰古城为 83 公里，与地志之 180 里适相吻合。
③ 羽田亨：《唐光启元年书写沙州、伊州地志残卷に就いて》，《羽田博士史学论文集·历史篇》，第 587—588 页。

"伊循",此二字可能就是托勒密地理书中 Issedon 的对音,而"七屯"则是同一名词晚期的形式。当汉朝在伊循建立军屯时,就取名"屯城"。其中的"屯"字,很可能系取"伊循"这一名称的后一音节而成。以后,为了将此名补充完整,又在"屯"字之前加一"七",称为"七屯"。而上述藏文中的这一地名更接近汉语的"七屯",而不是 Issedon。① 由此可见,吐蕃简牍以 nob chung 记小鄯善,以 rtse vton 记七屯,一为意译,一为音写,实指一地。《吐蕃简牍综录》译作"则屯",似处理为人名。②

这里,有必要介绍一下若羌古城和米兰古城的情况。继 20 世纪初斯文赫定发现古楼兰国遗址后,斯坦因相继前往,并在若羌、米兰一带盗走不少文物。我国著名考古学家黄文弼于 1930 年、1933 年两次赴罗布泊调查,发现西汉通西域台站及水复故道等遗迹。1957—1958 年,黄文弼再次到若羌,调查了古城两座、遗址两处、古寺庙区两处,并访问了一些古迹。其中,一座被称作且尔乞都克的古城,其外城即 7 世纪中叶康艳典所筑的石城镇。③

黄文弼考察的另一座古城,即米兰遗址。此城东距若羌 83 公里,距今米兰乡 7 公里,位于通敦煌大路的旁边。城作不规则方形,周长 308 米。城墙夯筑,西墙与南墙个别地方用土坯垒砌。墙厚 6—9 米不等,其中东北墙角高达 8.5 米。城的四隅都有突出的墩台④,在东、北、西三面城墙中部各有一个马面。20 世纪初,斯坦因在城内垃圾堆中盗掘了不少吐蕃写本、简牍和军用皮革等文物。⑤ 此城与若羌的距离,与《沙州伊州地志》谓"屯城西去石城镇一百八十里"相吻合,又出土了吐蕃人的遗物,故此城当即唐代之屯城。吐蕃人入据鄯善地区后,在原先旧城基础上进行了改建⑥,并以 nob

---

① 哈密顿著、耿昇译:《仲云考》,《西域史论丛》第 2 辑,第 166 页。
② 王尧、陈践编著:《吐蕃简牍综录》,第 31—32 页,第 26—28 条。
③ 黄文弼:《新疆考古发掘报告》,文物出版社 1983 年版,第 49 页。
④ 斯坦因在 1906 年 12 月首次考察米兰戍堡时,测量其南面的棱堡仍高达 43 英尺,约合 13.1 米。见奥雷尔·斯坦因著、巫新华等译:《西域考古图记》,第 212 页。
⑤ 奥雷尔·斯坦因著、巫新华等译:《西域考古图记》,第 274—279 页。
⑥ 黄文弼:《新疆考古发掘报告》,第 15 页。

chung、rtse vton 等名记之。

继黄文弼之后，新疆维吾尔自治区博物馆于1959、1973、1974年清理米兰古戍堡，前后共得吐蕃简牍数十支，以及吐蕃时期遗留下来的农作物，有麦穗、糜子、葫芦籽等。并于戍堡南约800米的一条支渠旁发现一块小墓地，墓葬主人为单辫或双辫，随葬品有毛毡、毛布、麻布和木碗等。[1] 墓主人辫发和实行土葬的形式，与《新唐书·吐蕃传》所载"妇人辫发而萦之"，"其死，葬为冢"是一致的。这些发现，反映了吐蕃人在米兰戍堡进行戍守及生产的情况。

在米兰古城发现的吐蕃简牍中，有关大、小罗布的记载颇多，如小罗布被称为"镇"(mkhar)，其官吏有"节儿"(rtse rje)、"守备长"(dra blon)、"地区首脑"(ngos pon)，以及"大喇嘛"、"大医师"等。[2] 其中一支简牍谓大、小鄯善的关系："……占用份地的人们……命其回到……土地。目前看田者住在堡塞中……大罗布王田（nob ched po kyi rje zhing）……庄稼人住在小罗布（nob chung）。"[3] "大罗布王"，似指归附吐蕃的当地部族首领，或为康居移民之后裔，这支木简谓其属民已迁至小鄯善。根据这些情况，以及鄯善地区的吐蕃简牍均集中到米兰古城这一事实，可以认为，吐蕃入据时期，小罗布为其指挥中心之一。

三、弩支（klu rtse）

于阗文作 dūrtci，即"弩支"。《沙州伊州地志》曰："新城，东去石城镇二百四十里，康艳典之居鄯善，先修此城，因名新城，汉为弩支城。"[4] 伯希和认为"汉"系"胡"之讹。古藏文这一拼法，当是源自胡语。按："弩支"

---

[1] 穆舜英：《新疆出土文物中关于我国古代兄弟民族的历史文化》，《新疆历史论文集》，第41—47页；陈戈：《新疆米兰古灌溉渠道及相关的一些问题》，《考古与文物》1984年第6期。
[2] 托马斯编著，刘忠、杨铭译注：《敦煌西域古藏文社会历史文献》，第139—140页。
[3] 托马斯编著，刘忠、杨铭译注：《敦煌西域古藏文社会历史文献》，第131页。
[4] 季羡林等：《大唐西域记校注》，第588页。

当拼作 nu ci，但 l 与 n 的互换现象，在鄯善地区的地名中并非仅见，如突厥文以 lop 对 nop，故藏文 klu rtse 对 nu ci 是正常的。《吐蕃简牍综录》译 klu rtse 为"鲁则"，未用弩支一名。① 其地在今若羌西南之瓦石峡。② 出自米兰的藏文文书提到了弩支城斥候官、士兵、伙夫及送往弩支城的信件等，足见其为鄯善地区的要塞之一。③

四、且末 (cer cen)

cer cen 又作 car chen，此即《汉书·地理志》之"且末"。不过，此词最早是汉语"鄯善"一词的原音，在 1—4 世纪时，鄯善吞并了西边的且末，于是其名也用来指这个地区，以致到隋唐时期，只有它还保留着鄯善的古名。④《大唐西域记》卷一二曰："折摩驮那故国，即沮末地也。"折摩驮那，回鹘文作 sarmadan，于阗文作 calmadana，突厥文作 čärčän，今维吾尔语仍称 čerčen，即车尔成，为清代县名，现为且末县。⑤ 吐蕃简牍中的 cer cen(car chen) 当源自诸胡语。王尧未将此作地名译出。⑥

以上四城：大、小鄯善，弩支，且末，通常被称"鄯善四城"。⑦

五、萨毗 (tshal byi)

地志及《新唐书》有关于此地的记载，作"萨毗"。《沙州伊州地志》曰："萨毗城，西北去石城镇四百八十里。康艳典所筑，其城近萨毗泽。山险

---

① 王尧、陈践编著：《吐蕃简牍综录》，第 61 页，第 295、296 条。
② 陈戈：《新疆米兰古灌溉渠道及相关的一些问题》，《考古与文物》1984 年第 6 期。
③ 托马斯编著、刘忠、杨铭译注：《敦煌西域古藏文社会历史文献》，第 129、140、141 页。
④ 哈密顿著、耿昇译：《仲云考》，《西域史论丛》第 2 辑，第 170—171 页。
⑤ 季羡林等：《大唐西域记校注》，第 1033 页。
⑥ 王尧、陈践编著：《吐蕃简牍综录》，第 51、68 页，第 172、380 条。
⑦ 哈密顿著、耿昇译：《仲云考》，《西域史论丛》第 2 辑，第 169—172 页。

阻，恒有吐蕃及土谷浑来往不绝。"① 据此知，7世纪后半叶，萨毗已成为吐蕃、吐谷浑进出西域的孔道。其地在今若羌东南的阿雅格库木库勒。②

萨毗城为吐蕃、吐谷浑占据较早，成为其进入鄯善之咽喉。在米兰藏文文书中，关于"萨毗"（tshal byi）的记载较多，其中见有萨毗"将军"（dmag pon）、"翼长"（ru pon）等，其地似为吐蕃驻鄯善最高长官的住所。③吐蕃简牍中，还见"萨毗且末"（tshal byi car chen）连称的情况④，反映了萨毗在鄯善诸城中占有重要的地位。

王尧、陈践编著《吐蕃简牍综录》认为萨毗是吐蕃统治敦煌、于阗一线时，所指的一大行政区划的名称，可能是吐蕃攻占疏勒（tshal）和毗沙（byi）两都督府后，在这一地区设立合并以后的军镇，名为tshal byi（萨毗）。⑤ 此外，也介绍了tshal byi为若羌东南之萨毗说。前一说似不能成立。因为，吐蕃首次攻破疏勒、于阗等，是在7世纪70年代。之后，唐朝联合西域诸国进行反击，于阗等又复归唐朝控制。唐高宗上元二年（675），始设毗沙（于阗）、疏勒等都督府。但成书于676—695年间的《沙州图经》，已见有"萨毗"之名。这就是说，"萨毗"一名早于"毗沙"的出现，因之不会是疏勒、毗（沙）的合称。而且，吐蕃真正有效地控制于阗、疏勒一线，已是8世纪末的事，因而它不可能在7世纪中叶就在这一地区建立一个合并以后的军镇。⑥ 所以，吐蕃简牍中所见的tshal byi，当是地志中所见"萨毗"之译音。

以上所见地名，均出于米兰戍堡中发现的吐蕃简牍，从其地理位置看，它们皆属汉唐地理书所载的鄯善的范围，即今新疆东南部的若羌地区。

---

① 羽田亨：《唐光启元年书写沙州、伊州地志残卷に就いて》，《羽田博士史学论文集·历史篇》，第588页。
② 谭其骧主编：《中国历史地图集》（五）。
③ 托马斯编著，刘忠、杨铭译注：《敦煌西域古藏文社会历史文献》，第116、117、119页。
④ 王尧、陈践编著：《吐蕃简牍综录》，第51页，第172条及摹写件。
⑤ 王尧、陈践编著：《吐蕃简牍综录》，第32—33、45页。
⑥ 参见拙文《唐代吐蕃统治于阗的若干问题》，《敦煌学研究》第5期（1986）。

六、于阗（vu ten）

又写作 va ton、vu then，即汉唐史书所称之于阗，今之和田。于阗，古音似为 *qdan，匈奴语作 *qdun（于遁），回鹘文作 udun，现代维吾尔语称 hotan。显而易见，古藏文 vu ten 当是从以上胡语转译而来。① 因为除 vu ten 一词外，吐蕃又以 li yul 称于阗国。所以，在吐蕃木简，常以 li 指于阗人或于阗人的姓，而以 vu ten 指于阗地方。如一支藏文木简（M.tagh, iii, 001）写道："我派李杂（li vdzas）和谢岱二人去于阗（vu then）听取高见，一人已返回，另一人尚未归，另派夏日玛等前去。"②

在《吐蕃简牍综录》中，编者只在个别地方译 li 为"于阗人"，多数情况下译作"于阗"，而将 vu then 译作"和阗"，这种处理是不妥的。如上引简文原译作："我派于阗人李杂和谢岱二人去和阗听取高见"，则于阗、和阗似为两地。其实，于阗、和阗之分乃是近代的事，清代因误置于阗（于田）于今克里雅县，遂称原于阗为和阗（和田）。是知和阗之名起于近代，汉唐之间实无此称。

七、神山（shing shan）

此名见于和田东北约 100 公里处的麻扎塔格遗址的吐蕃简牍中。据《吐蕃简牍综录》一书，其中有 134、135、140、146、148、151、238、265、266、267、268、330、381 条记载了有关"神山"的内容。以下仅举数例：

134 条译文："给巴本以下和突厥啜尔以上斥候之木牍：新增的（斥候木牍）不能遗失，专门送往神山（shing shan），不得怠惰，夜以继日，偷懒惰怠而延误者严予惩罚。"

135 条译文："毕当及多赞森木抱于兔年夏季六月二十二日从于阗往神

---

① 季羡林等：《大唐西域记校注》，第 1002—1004 页。
② 王尧、陈践编著：《吐蕃简牍综录》，第 60 页。译文略有改动。

山城驿站驿传：增加斥候之木牍急速递送，抓紧时间，不得延误（晚间住宿有定），如耽误或不送，将从严处罚。"

265条译文："此木牍上所载及以下……首领，神山之青稞二百克四升……已交托于阗布多，彼往神山，收到青稞后木牍仍交与布多（捎回）。"

266条译文："从于阗驿站发给神山岸本书信：一天一夜要行五个驿站，此木牍迅速紧急送往高齐巴。木牍不能按时到达或有失误，依法惩办，从于阗……日……"①

1908年4月和1913年11月，斯坦因曾两次到过麻扎塔格，在这里他发现了两处遗址，从中获得大批古藏文简牍和其他遗物。在后来发表的报告中，他考定 shing shan 就是麻扎塔格（mazar tāgh）的正式名称。② 英国学者 F. W. 托马斯在其编著的《有关西域的藏文文献和文书》第二卷中，指出 shing shan 即麻扎塔格的事实十分明显，因为许多文书都是署名送往 shing shan 的信件，最后都被送到这里，即送到了麻扎塔格。托马斯认为，shing shan 可译作"薪山"（wood mountain），它可能是当地胡语名称的讹用，或许它就是藏文《牛头山授记》中的 shen zha，这是一个神的名字，似源于伊朗语。所以，似应把古藏文地名 shing shan 看作是伊朗语 *śen (ża-) śan 的一种略写。③

实际上，唐宋史书中，已见有与 shing shan 相对的名称。《新唐书·地理志》引贾耽《四夷路程》曰："自拨换南而东，经昆岗，渡赤河，又西南经神山、睢阳、咸泊，又南经疏树，九百三十里至于阗镇城。"其中"神山"，当即麻扎塔格。《宋史·于阗传》称之为"通圣山"。麻扎塔格，维吾尔语意为"坟山"，又俗称为"红白山"，此山地处塔克拉玛干大沙漠的西部，位于东经79°44′至80°48′，北纬38°27′至38°44′之间。④

根据斯坦因的描述，吐蕃古堡就建于麻扎塔格山脉的末端，地理位置十

---

① 王尧、陈践编著：《吐蕃简牍综录》，第48、59页。不过编者在此均将 shing shan 误译为"鄯善"。
② M. A. stein, *Innermost Asia, Detailed Report of Explorations in Central Asia, Kan-su and Eastern Iran*, London, Oxford, 1928, p.1086.
③ 托马斯编著，刘忠、杨铭译注：《敦煌西域古藏文社会历史文献》，第173—174页。
④ 侯灿：《麻扎塔格古戍堡及其在丝绸之路上的重要作用》，《文物》1987年第3期。

分险要,因为古堡所在的山岭顶部非常狭窄,向东邻近一条河流。在小台地的最顶点,分布着一座独立的烽燧,宽仅 30 码,山岭南部呈现出非常醒目的外观,几乎难以攀登靠近古堡。因此无论是从南面,还是东面都难以对古堡发动攻击,西面则有烽燧防御。①1928—1929 年,黄文弼从沙雅穿行大沙漠去和田途中,曾路经麻扎塔格。他记载:"此山为西北山脉之尾,临和田河旁,突出二山。在北名曰北山咀,在南为红山咀。在两山之间有大道西行,或为古时交通通衢。有古城在红山巅,周约里许,城三重,城内烽渣甚多。墙为红色,土坯所砌,中夹胡桐树枝,则此地必为大道旁守御之所,此道即为于阗通疏勒之大道也。"②近年,新疆考古工作者曾对麻扎塔格遗址进行清理,获吐蕃简牍及其他遗物若干。③

从现有的资料看,麻扎塔格古城不只是普通的据点遗址,它还是吐蕃统治于阗时诸官吏的住地;这个地方不仅与于阗各地保持有经常的联系,而且它还是一个通讯中心,从吐蕃本土及吐蕃在西域各据点发出的文书都被送到这里。④

结　语

《吐蕃简牍综录》的编者在地名一章的开头说:"纳职、婼羌(大、小罗布)、于阗、和阗、鄯善都是古老的称呼,沿用至今,从木简上的记录可以唤起人们的回忆,也反映出吐蕃当时活动的范围。"⑤但按照藏、汉文地名的实际对应情况,编者所说的"纳职"应为鄯善(大罗布,今若羌),"婼羌"应为七屯城(小罗布,今米兰);"和阗"即于阗,而"于阗"应为于阗人,非地名;最后,"鄯善"当即"神山",今麻扎塔格。详见表 5。

---

① 奥雷尔·斯坦因著、巫新华等译:《西域考古图记》,第 735—736 页。
② 黄文弼:《塔里木盆地考古记》,科学出版社 1958 年版,第 45 页。
③ 侯灿:《麻扎塔格古戍堡及其在丝绸之路上的重要作用》,《文物》1987 年第 3 期。
④ 托马斯编著,刘忠、杨铭译注:《敦煌西域古藏文社会历史文献》,第 173、174、183、184 页。
⑤ 王尧、陈践编著:《吐蕃简牍综录》,第 58 页。

表5 吐蕃简牍地名考订一览表

古藏文地名	有关音译参考	汉译地名	建置	今地
nob ched po	nop（回），lop（突）	大鄯善	石城镇（唐）	若羌古城
nob chung	nop（回），lop（突）	小鄯善	七屯城（唐）	米兰古城
rtse vton	issedon（托）	七屯	七屯城（唐）	米兰古城
klu rtse	dūrtci（于）	弩支	新城（粟特）	瓦石峡
cer cen	sarmadan（回）calmadana（于）	且末	播仙镇（唐）	且末古城
tshal byi		萨毗	萨毗（粟特）	阿雅格库木库勒
shing shan	*śen（ża-）śan（伊）	神山	神山（吐蕃）	麻扎塔格
vu ten	udun（回）	于阗	毗沙镇（唐）	和田

说明：回＝回鹘文；突＝突厥文；托＝托勒密地理书；于＝于阗文；伊＝伊朗语。

下 编
敦煌、西域古藏文文书所见名号考

东叶护可汗（ton ya bgo kha gan）考

《大事纪年》中有所谓"东叶护可汗"（ton ya bgo kha gan）在吐蕃活动的记载，其人是谁，至今未见令人信服的解释。笔者试搜索有关史料，作一探讨。

《大事纪年》中有关"东叶护可汗"的文字有如下三处[①]：

第45条："及至马年（694）……冬，赞普驻于'若乌园'。东叶护可汗前来致礼。"

第50条："及至猪年（699）……冬，赞普驻于'兑'之'玛尔玛'。封赐忠心耿正文书，并颁赏物品。东叶护可汗前来致礼。"

第51条："及至鼠年（700）夏，赞普自蒙噶尔将牙帐迁往下枯零、孙可。遣送东叶护可汗往突厥。秋，赞普亦往，引兵至河州。"

据王尧疏证："兑"在西藏西南极边地区，"下枯零、孙可"似为孙波之故地，"河州"即唐之河州。[②] 综上所引，可知"东叶护可汗"曾于694、699年两次至赞普驻地，700年被遣送回突厥。

关于"东叶护可汗"，英国学者F. W. 托马斯在编著《有关西域的藏文文献和文书》一书时指出，其突厥人的名字和称号与一个早期的著名可汗很相似，但藏文文书中没有资料能作进一步说明，其人是否就是统叶护（tun yo ku）。托马斯是把有关"东叶护可汗"的内容放在其书第五章"突厥"（dru

---

① 王尧、陈践译注：《敦煌本吐蕃历史文书》（增订本），第148—149页。
② 王尧、陈践译注：《敦煌本吐蕃历史文书》，第223页。

gu）篇中的，按其意见，dru gu 一词的最初含义，是指唐代庭州—西州乃至包括整个天山地区（含汉代乌孙地）的部族。① 由此，东叶护可汗应属当时西突厥十姓部落的首领。

日本学者佐藤长曾于《古代チベット史研究》一书中指出：《大事纪年》694 年条所载"东叶护可汗前来致礼"一事，与唐史中同年所载"阿史那俀子"事有关，但其间具体关系如何不明。② 约十年后，意大利学者伯戴克提出了充分的证据，将"东叶护可汗"比定为阿史那俀子，说他曾被吐蕃封为十姓可汗，在 694 年惨败于唐朝，后来由于吐蕃的帮助，阿史那俀子在 700 年以后一段时间内还在拔汗那掌权。③

王尧在《敦煌本吐蕃历史文书》疏证中讲："东叶护可汗又作统叶护可汗，西突厥射匮可汗之弟，并铁勒，征波斯、罽宾，有兵数十万，徙庭千泉，统治西域诸地，分授其首领'颉利发'称号，强大于一时。与吐蕃王廷发生联系，并结为婚姻。这里似指这一部落，不一定指可汗本人。"④

西突厥统叶护可汗在位时间为 615—628 年⑤，贞观二年（628）为其叔莫咄贺所杀。王尧说其曾"与吐蕃王廷发生联系，并结为婚姻"，不知何据。而东叶护可汗既为其后世部落之人，则似应为 7 至 8 世纪之交时的西突厥首领。

虽然已知"东叶护可汗"为 7 至 8 世纪之际的西突厥十姓部落首领，但为防止疏漏，线索清楚，我们将活动于此期间的后突厥、西突厥首领皆列入下面两表中。⑥

---

① 托马斯编著，刘忠、杨铭译注：《敦煌西域古藏文社会历史文献》，第 234、245、246 页。
② 佐藤长：《古代チベット史研究》，第 355—356 页。
③ L. Petech, "Glosse agli Annali di Tun-huang", *Rivista agli Studi Orientali,* XLII, 1967, p.270. G. Uray, "The old Tibetan Sources of the History of Central Asia up to 751 A. D.: A Survey", *Prolegomena to the Sources on the History of Pre-Islamic Central Asia,* p.281. 日本学者森安孝夫也认为东叶护可汗就是吐蕃的傀儡阿史那俀子其人，见《吐蕃の中央アジア进出》，《金泽大学文学部论集·史学科篇》4（1984），第 20 页。
④ 王尧、陈践译注：《敦煌本吐蕃历史文书》，第 220 页。
⑤ 此取冯承钧说，见沙畹编、冯承钧译：《西突厥史料》，中华书局 1958 年版，第 95 页补注。
⑥ 参见岑仲勉：《西突厥史料补阙及考证》，中华书局 1958 年版，第 124—126 页；林干：《西突厥纪事》，《新疆社会科学》1984 年第 1 期。

表6　西突厥世系表

名称	系属	生卒年
阿史那元庆	弥射之子	垂拱元年（685）袭"兴昔亡可汗"，长寿元年（692）被诛
阿史那仆罗	元庆之弟	曾被吐蕃册为可汗
阿史那俀子	元庆之子	曾被西突厥部众立为可汗，亦被吐蕃册为可汗
阿史那献	元庆之子	长寿元年流配崖州，长安三年（703）召还，景龙二年（708）袭"兴昔亡可汗"，开元中（713—741）卒
阿史那斛瑟罗	步真之子	垂拱二年袭"继往绝可汗"，天授元年（690）入居内地，久视元年（700）出镇碎叶，后不详
阿史那怀道	斛瑟罗之子	长安四年册为十姓可汗
（阿史那）拔布	准室点密系	曾被吐蕃册为可汗

表7　后突厥世系表

名称	系属	生卒年	备注
骨咄禄	颉利疏属	约开耀二年（682）自立为可汗，天授二年（691）病卒	
默啜	骨咄禄之弟	初为骨咄禄封为"杀"，天授二年自立为可汗，开元四年（716）为拔野古所杀	《大事纪年》中有以其名 vbug cor 为号的突厥部落
咄悉匐	骨咄禄之弟	初为骨咄禄封为"叶护"，圣历二年（699）十月为默啜封为"左厢察"，卒于开元四年或十六年	"左厢察"辖地在蒙古草原东部
默棘连	骨咄禄之子	圣历二年十月为默啜封为"右厢察"，开元四年为阙特勤等拥立为可汗，开元二十二年被大臣梅录啜毒死	有《毗伽可汗碑》传世，未记有关入蕃事
阙特勤	骨咄禄之子	约生于嗣圣元年（684），开元十九年卒	有《阙特勤碑》传世，未记入蕃事

综观两表：1. 骨咄禄、元庆与"东叶护可汗"活动时间不符，应排除。2.《大事纪年》720年条提到过"默啜"（vbug cor），似指当时后突厥以其名义与吐蕃建立的联盟①，故将默啜排除。3. 默棘连、阙特勤皆有著名的突厥文碑传世，在较详细地记叙其生平功绩的碑文中未提入蕃事，亦应排除。4. 咄悉匐在任叶护及左厢察时，辖地均在后突厥王廷（乌德鞬山）以东，无由西

---

① 王尧、陈践译注：《敦煌本吐蕃历史文书》（增订本），第151、183—184页。

至吐蕃,故排除。① 5. 阿史那献、斛瑟罗、怀道等皆为唐朝所封可汗,其在唐的活动清楚可稽,故亦排除。这样,《大事纪年》中的"东叶护可汗"应于阿史那俀子、仆罗及拔布三人中求得。

以下,我们试从活动时间相近、与吐蕃关系相似两方面考证"阿史那俀子"、"东叶护可汗"为同一人。《新唐书·突厥传》曰:"其明年,西突厥部立阿史那俀子为可汗,与吐蕃寇,武威道大总管王孝杰与战冷泉、大领谷,破之;碎叶镇守使韩思忠又破泥熟俟斤及突厥施质汗、胡禄等,因拔吐蕃泥熟没斯城。"同书《吐蕃传》则曰:"首领勃论赞与突厥伪可汗阿史那俀子南侵,与孝杰战冷泉,败走,碎叶镇守使韩思忠破泥熟没斯城。"《资治通鉴》载此事于延载元年 (694) 二月,所记略同。此外,《新唐书·则天皇后纪》也载此事于延载元年。此战中"冷泉"与"大领谷"的位置,顾祖禹考证前者在焉耆东南,后者属西宁西境。②

阿史那俀子,据《旧唐书·郭元振传》有"献父元庆、叔仆罗、兄俀子"等语看,其应为唐所立兴昔亡可汗阿史那元庆之子。"冷泉"之战后,史称俀子等"败走",而此年恰好是"东叶护可汗"首次至吐蕃之年,从两者活动时间吻合上看,有理由认为"东叶护可汗"就是"败走"的阿史那俀子。

上述延载元年事件后,阿史那俀子几不见载于史籍,还是在《旧唐书·郭元振传》中,透露出一点与俀子有关的消息。

景龙二年 (708) 郭元振因突骑施部将忠节事上疏朝廷,其中披露出:"往年(郭)虔瓘已曾与忠节擅入拔汗那税甲税马,臣在疏勒具访,不闻得一甲入军,拔汗那胡不胜侵扰,南勾吐蕃,即将俀子重扰四镇。"此事件发生的具体时间、过程,史已阙载,但能从郭元振的生平中求得一些证明。郭元振于大足元年 (701) 迁凉州都督、陇右诸军州大使;"在凉州五年",

---

① 《新唐书》卷二一五《突厥传》谓骨咄禄"乃自立为可汗,以弟默啜为杀,咄悉匐为叶护",对照《毗伽可汗碑》:"彼 (骨咄禄) 于是整顿突利失人及达头人,为之立一叶护及一设",则咄悉匐为叶护,所统为突利失,其方位与后来的"左厢察"同,在突厥王廷之东。详见岑仲勉:《突厥集史》,第895、912 页。

② 《读史方舆纪要》卷六四、六五。

后"迁左骁卫将军,兼检校安西大都护",其时在神龙中(705—706)。① 忠节等入拔汗那事,为其"在疏勒具访"而得,是此事应在这前几年,即8世纪最初的几年。而这个时间恰好又是"东叶护可汗"由吐蕃遣回的时间。两者活动时间再度吻合,更有理由认为"东叶护可汗"与阿史那俀子即为一人。

佐藤长认为郭虔瓘、忠节入拔汗那"税甲税马"与延载元年事件有关,是有问题的。因为这两次事件除去均涉及阿史那俀子外,其起事的背景及参加人都不相同。首先,延载元年事起因于阿史那元庆被诬受诛,十姓部众强烈不满,遂立俀子为可汗,与吐蕃联合攻安西②;而"拔汗那事件"则因虔瓘、忠节等擅入拔汗那(费尔干纳)征发兵马,引发该地居民联合吐蕃、俀子欲"重扰四镇"。其次,郭虔瓘、阙啜忠节均系8世纪初年方出现于西域的人物,《资治通鉴》景龙二年(708)曰:"郭虔瓘者,历城人,时为西边将。"因而说其早在694年就已擅自征拔汗那兵马,令人难以置信。总之,延载元年事件与征发拔汗那兵马事件没有联系,后者应发生于8世纪初年。

再者,《大事纪年》谓东叶护可汗数至吐蕃王廷,后来才被遣回,说明其在7世纪最后数年中逗留于吐蕃,这也就解释了自延载元年事件后,汉史对阿史那俀子阙载的原因。

"东叶护可汗"、阿史那俀子除特定的活动时间相近外,两人与吐蕃均有特殊关系。仍据前引郭元振上疏中,在论及元庆、斛瑟罗、怀道等虽被册为可汗,但均未能招附十姓部落后,其谓:"又,吐蕃顷年亦册俀子及仆罗并拔布相次为可汗,亦不能招得十姓,皆自磨灭。何则?此等子孙非有惠下之才,恩义素绝,故人心不归,来者既不能招携,唯与四镇却生疮痏,则知册可汗子孙,亦未获招胁十姓之算也。"《新唐书·郭元振传》所记略同。由

---

① 《旧唐书》卷九七《郭元振传》。
② 《新唐书》卷二一五《突厥传》。

此可知，吐蕃确曾封俀子等为可汗。[①] 册封的时间，恐不在延载元年，因史书记其年事有"西突厥部立阿史那俀子为可汗"[②] 等语，是知彼时非为吐蕃所立。如据郭元振上疏时间（708）的"顷年"（近年）推算，略能定在8世纪初，即前述"拔汗那"事件前后，或许在事件之中。

另一方面，在《大事纪年》中，除与吐蕃有婚姻关系的突骑施可汗外，"东叶护可汗"是唯一被称作"可汗"的人。这个情况反映了"东叶护可汗"与吐蕃关系密切。可以认为，《大事纪年》的编者在记叙此段历史事件及人物时，按与其王朝的亲疏关系，将与吐蕃结为婚姻或被册为可汗者冠以"可汗"二字，如"突骑施可汗"、"东叶护可汗"，其他虽与吐蕃有联盟、但无前述关系者，则径呼其名，如后突厥之"默啜"等。"东叶护可汗"与吐蕃的密切关系和阿史那俀子与吐蕃的关系极其相似，加之两者在活动时间上的吻合，因此有理由认为"东叶护可汗"即阿史那俀子其人。

---

① 薛宗正先后认为，《大事纪年》中的"东叶护可汗"应相当于上述文献中的"阿史那拔布"或者"所指应自阿史那俀子直至阿史那拔布等三人"。见《安西与北庭——唐代西陲边政研究》，黑龙江教育出版社1998年版，第164—166页；《噶尔家族与附蕃西突厥诸政权——兼论唐与吐蕃间的西域角逐》，《中国边疆史地研究》2002年第4期。

② 《新唐书》卷二一五《突厥传》。

吐蕃十将（tshan bcu）制考述

敦煌、西域吐蕃文书中有 tshan 一词，半个世纪以来，国内外敦煌学、藏学学者先后对其进行过探讨。

据笔者所见，英国学者 F. W. 托马斯较早对 tshan 一词作出过释读，译为"帐目"（account）或"部队"（company）。① 之后，匈牙利藏学家 G. 乌瑞曾把 tshan 译成"小队（长）"（section），认为在吐蕃统治时期，敦煌的每个千户之下有十个 tshan（即百户），管理一个 tshan 的人被称作"五十长"（lnga bcu rkang）。②

1987 年，笔者发表《吐蕃时期敦煌部落设置考》一文，把敦煌汉文文书中的"将"、"将头"与 tshan、lnga bcu rkang 对应起来；并把吐蕃的部落、将制与唐朝的乡、里制作了比较，认为"将"相当于里，"将头"的作用也相当于里正；吐蕃统治时期，敦煌汉人以"将"为单位造手实（户籍）、纳赋税，可见"将头"制与唐朝的"里正"制在功能上是十分相似的。③ 由于拙文主要讨论吐蕃时期敦煌部落设置的时间、名称和性质，故对 tshan 与"将"的资料没有展开讨论。

1994 年，日本学者武内绍人著文，较全面地分析了敦煌、西域吐蕃文

---

① 托马斯编著，刘忠、杨铭译注：《敦煌西域古藏文社会历史文献》，第 32—33 页。
② G. Uray, "Notes on the Thousand-districts of the Tibetan Empire in the First Half of the Ninth Century", *Acta Orient. Hung*, Tomus XXXVI. Fasc.1-3, 1982, pp.547, 548.
③ 参见拙文《吐蕃时期敦煌部落设置考》，《西北史地》1987 年第 2 期。

书中有关 tshan 的资料，并扼要地引用汉文文书中的"将"、"将头"与之比定。最后得出结论认为：1. 五十户为一 tshan，二十个 tshan 组成一个 stong sde（千户）；每一 tshan 的头目被称作 lnga bcu rkang（五十长）或 brgyevu rje（百户主），它们分别与汉文的"将"与"将头"对应。2. stong sde / tshan 系统在吐蕃本土创设的时间，大约是在 7 世纪后半叶；790 年在敦煌施行，以替代唐朝的乡 / 里制。3. tshan 作为吐蕃时期的一级地方行政机构，职责是催纳粮赋、支派力役，stong sde / tshan 的组合，兼有军事和民政的性质。[①]

综观以上研究，各家观点尚有不同之处，故有必要对古藏文 tshan 一词作进一步的考证。

一、敦煌汉文文书中的"十将"

20 世初以来，在敦煌莫高窟藏经洞发现的大量文书、写经中，有相当一部分是属于吐蕃统治时期的。其中，有关吐蕃十将制的汉文文书，据笔者所见，有以下六种：

1. S.3287 背《吐蕃子年五月沙州左二将百姓氾履倩等户口状上》，有关文字为：

（A面）

第 2 行：弟履勋，娶左六将贾荣下李买婢为妻。……

第 3 行：……女心娘，出嫁左一将徐寺加下吴君奴。女太娘，出嫁左一将徐寺加

第 4 行：下张通子。……

---

① T. Takeuchi, "TSHAN: Subordinate Administrative Units of the Thousand-Districts in the Tibetan Empire", *Tibetan Studies: Proceedings of the 6th Seminar of the International Association for Tibetan Studies*, Fagernes 1992, vol.2, edited by Per Kvaerne, Oslo, 1994, pp.848-862.

（B面）

第1行：左二将状上

第3行：女金娘，出嫁与同部落吴通下邓道。……

第4行：……女担娘，嫁与丝绵部落张□

第5行：下张清清。……远远妻，娶同部落吴通下鄀石奴妹女麹□

第6行：女扁娘。男迁迁妻，娶本将程弟奴女。

（C面）

第1行：左二将

第5行：女美娘，嫁与同将人索定德……男不美，娶左十将索十□女大娘。

第6行：男住住，娶下部落王海女十二。……

第7行：……男不采，娶同将宋进晖女七娘。……

第8行：……妹团团，出嫁与左三画平平。……①

（D、E面略）

以上文字中，见有"左一将"、"左二将"，"左三〔将〕"、"左六将"、"左十将"及"丝绵部落"、"下部落"等；并能推知"将"是部落之下的一级基层组织，"左二将"所属的可能是"上部落"。

2. S.2228《夫丁修城记录》：

（第一纸）

第1行：六月十一日修城所，丝绵〔部落〕

第2行：右一〔将〕，十二日，宋日晟……

第3行：右二〔将〕，十一日，雷善儿……

第4行：右三〔将〕，十一日，安佛奴……

---

① 池田温：《中国古代籍帐研究》，第519—521页。

第5行：右四〔将〕，十一日，张英子……

第6行：右五〔将〕，九日，杜惠□……

第7行：右六〔将〕，十一日，曹保德……

第8行：右七〔将〕，十一日，张加珍……

第9行：右八〔将〕，十二日，张荅哈……

第10行：右九〔将〕，十一日，翟胜子……

第11行：右十〔将〕，十一日，李顺通……

第12行：右已上夫丁并于西面修城，具件如前，并各五日。

第13行：□部落，十一日，李清清……

（第二纸，前缺）

第1行：左七〔将〕，赵安子……各五日……

第2行：左八〔将〕，傅太平……

第3行：左九〔将〕，阴验验……各五日。

第4行：左十〔将〕，米和和……各五日。

（以下缺）[1]

3. P.2162背《吐蕃寅年（822？）沙州左三将纳丑年突田历》，记载了"左三将"所属百姓28户，向吐蕃官府缴纳实物地税的详细情况。[2]

4. P.3491背《吐蕃酉年左七将征突田簿》，这是一件仅存起首六行文字的残卷，但它清楚地记录了"左七将"所属百姓共计53户，其中有5户免缴田赋。[3]

5. S.11454B、D-G是一组吐蕃时期的文书，计有《寅年二月左七将百姓张芬芬牒》、《某年左七至左十将牧羊人欠酉年至丑年羊毛等物帐》、《戌年课

---

[1] 藤枝晃：《吐蕃支配期の敦煌》，《东方学报》第31册（1961），第249页。
[2] 池田温：《中国古代籍帐研究》，第543页。
[3] 唐耕耦、陆宏基：《敦煌社会经济文书真迹释录》2，北京图书馆文献出版社1990年版，第375—376页。

左五至左十将牧羊人酥油等名目》、《戌、亥年左六至左十将供羊历》、《酉年至亥年左三将曹宝宝等羊籍》。①

6. P.3774《吐蕃丑年（821）十二月沙州僧龙藏牒》，其中有"齐周身充将头，当户突税差科并无"等语，表明管理一将者称"将头"，并免除田赋、差役等。②

综上所引，我们见到了从"右一（将）"到"右十（将）"，"左一将"至"左三将"，"左五将"至"左十将"等记载。而"左四将"也应当是有的，只是因为文书残缺，或笔者尚未见到而已。据此可知，吐蕃在敦煌施行的十将制是部落之下的一级基层组织，而且是以左、右对称性编制的。

二、敦煌、西域吐蕃文书中的 tshan

在敦煌吐蕃文书中，有关 tshan 的最著名的文书，要数印度事务部图书馆所藏 Ch.73, xv, 5 写本。这件文书是一份分配纸张的记录，纸张分给人数很多的抄写佛经的写经生，文书由四张纸粘贴而成，每页都记有人名。

文书的开头，记录了纸张分配的份额，以及丢失纸张将要受到的处罚。接下去记载："在各部落、将（tshan）的五十长（lnga bcu rkang）及耆老（vog sna）的监督下，分配了这些纸张。"以下三页，记录了各写经生的名字，根据他们所在部落、将分给的纸张数量。其中，提到的部落、将及写经生人数如下：

1. 悉董萨部落（stong sar gyi sde）

（1）令狐冬子将：写经生七人。

（2）石宜德将：写经生三人。

---

① 荣新江：《英国图书馆藏敦煌汉文非佛教文献残卷目录（S.6981—13624）》，香港敦煌吐鲁番研究中心丛刊之四，新文丰出版公司 1994 年版，第 33—34、211—212 页。
② 池田温：《中国古代籍帐研究》，第 540 页。

（3）吴大宝将：写经生二人。

（4）安藏子将：写经生四人。

（5）吉长可将：写经生一人。

（6）氾现子将：写经生三人。

（7）王财纳将：写经生四人。

（8）杨可尊将：写经生二人。

（9）令狐贝穷将：写经生二人。

（10）尹安子将：写经生一人。

2. 阿骨萨部落（rgod sar gyi sde）

（1）张显将：写经生四人。

（2）张大古将：写经生三人。

（3）张卡卓将：写经生四人。

（4）孔宣子将：写经生一人

（5）氾大勒将：写经生五人。

（6）王兴子将：写经生三人。

（7）索格勒将：写经生三人。

（8）郑勒赞将：写经生四人。

（9）赵可成将：写经生二人。

（10）索君子将：写经生二人。

3. 悉宁宗部落（snying tsoms gyi sde）

（1）康大财将：写经生六人。

（2）阴则勋将：写经生五人。

（3）张马勒将：写经生三人。

（4）张意子将：写经生三人。

（5）氾华奴将：写经生四人。

（6）阴亨子将：写经生三人。

（7）赵兰子将：写经生二人。

(8) 王勒贪将：写经生二人。

(9) 李安子将：写经生三人。①

以上悉董萨部落、阿骨萨部落各有十个"将"(tshan)；悉宁宗部落仅见九个"将"(tshan)，估计是第十将暂缺写经生或不在此分配之列，故记录中不载。

见于敦煌吐蕃文书的"将"(tshan)及所属部落还有：

1. 阿骨萨部落（rgod sar gyi sde）

P.T.1208：索君子将（sag khun tshe〔vi〕tshan）

王马郎将（wang rma snang gyi tshan）

Ch.80,v,1：张嘉藏将（cang ka dzovi tshan）

2. 部落不明者

P.T.1101：郭禄吉将（vgo klu gzigs kyi tshan）

P.T.1119：安金刚将（an kim kang gi tshan）②

此外，敦煌吐蕃文书中尚见有"书将"(khram tshan)、"督将"(dog tshan)、"旗将"(dar tshan)等，负责统计、督察、联络等方面的具体事务，他们是在吐蕃十将制基础上，派生出来的一些与"将"(tshan)有关的职官名称。③

8世纪末到9世纪中叶，在吐蕃统治敦煌的同时，位于今新疆塔里木盆地南缘的鄯善、于阗亦为吐蕃占领，吐蕃在这两地同样推行了十将制，和田

---

① T. Takeuchi, "TSHAN: Subordinate Administrative Units of the Thousand-districts in the Tibetan Empire", *Tibetan Studies: Proceedings of the 6th Seminar of the International Association for Tibetan Studies*, Fagernes 1992, vol.2, pp.850-851.

② T. Takeuchi, "TSHAN: Subordinate Administrative Units of the Thousand-districts in the Tibetan Empire", *Tibetan Studies: Proceedings of the 6th Seminar of the International Association for Tibetan Studies*, Fagernes 1992, vol.2, pp.848, 849, 853.

③ T. Takeuchi, "TSHAN: Subordinate Administrative Units of the Thousand-districts in the Tibetan Empire", *Tibetan Studies: Proceedings of the 6th Seminar of the International Association for Tibetan Studies*, Fagernes 1992, vol.2, pp.853, 854.

北面麻扎塔格遗址出土的一支吐蕃简牍（M.Tagh.b, i, 0048），记录了于阗河上游地区"将"（tshan）的分布情况，被提到的三个"将"是：

(1) 下玉河〔部落〕之将（shel chab vog mavi tshan）

(2) 上玉河〔部落〕之将（shel chab gong mavi tshan）

(3) 玉河间〔部落〕之将（shel chab dbus gyi tshan）

这些"将"的头领均为于阗人，姓名分别为"李麻德"（li smad）、"李班达麻"（li bun dar ma）、"李谢德"（li shire de）。所谓"下玉河"、"上玉河"，又见诸藏文《于阗国授记》（li yul lung bstsn pa），仍拼作 shel chab vog ma 和 shel chab gong ma，前者即今玉龙喀什河，后者为今喀拉喀什河，为今和田河东西两源；"玉河间"（shel chab dbus）当属两河之间的地带。①

出土于今若羌米兰遗址的一枚吐蕃木简（M.I.xii, 3）记有 tshar dpon pang kuvi tshan "曹长：潘库之将"。② 这段简文反映出，十将制与吐蕃时期推行的另一种基层兵制"曹"（tshar），相互重合、交叉，如这位可能是鄯善土著的"潘库"，身兼"曹长"（tshar dpon）、"将头"两职。③

三、藏文史书记载的"十将"

根据笔者有限的查阅范围，记有 tshan bcu 这一建制的藏文典籍目前仅见《弟吴宗教源流》一种。也有学者提出，tshan bcu 与《五部遗教》所记的 yul sde（yul gru）是同一级机构的两种不同的名称。④

《弟吴宗教源流》记载，吐蕃一共设置了 65 个 tshan 级地方机构，委派

---

① R. E. Emmerick, *Tibetan Texts Concerning Khotan*, Oxford University Press, 1967, pp.18, 36.
② 托马斯编著，刘忠、杨铭译注：《敦煌西域古藏文社会历史文献》，第 296 页。
③ 参见杨铭、何宁生：《曹（tshar）：吐蕃统治敦煌及西域的一级基层兵制》，《西域研究》1995 年第 4 期。
④ 熊文彬：《吐蕃本部地方行政机构和职官考》，《中国藏学》1994 年第 2 期。

了 65 名 tshan 做地方官吏，该书记载：

gshung las tshan bcu dang ni sde bcu dang ｜ shes pa la sogs pas ston ｜ de la tshan bcu ni bod ru re re ni yul dpon tshan bcu drug bcu drug yod pa la bya ｜ sde bcu ni bod ru re re la sde brgyad brgyad ｜ stong bu chung dang dgu ｜ sku srung re re dang dcuvo

典籍中讲："十将与十部……"等等。这里，"十将"是吐蕃每一茹有十六个称作"将"的地方官；"十部"是吐蕃每一茹有八个千户，加上小东（岱）为九，再加各自的近卫军为十。①

同书下文又说："所谓'十将'是吐蕃每一茹都有十六个地方官，即茹拉的十六个地方官——'将'如下……"② 据此可知，tshan bcu 就是吐蕃在伍茹（dbu ru）、约茹（gyu ru）、叶茹（gyas ru）和茹拉（ru lag）之下建立的一级地方行政机构。《五部遗教》则记载了吐蕃本部四茹之下各设立了 16 个 yul gru / yul sde。③

为了考察 tshan bcu 与 stong sde 这两种建制之间的联系与区别，现将《弟吴宗教源流》所载的两种建制对照列表如下（表8）。

对照两栏，可以看出：1. tshan bcu 的设置大部分是按自然村落设置的；2. stong sde 一般设置在重要的城镇或军事要道，如拉萨河上游和下游的"畿堆"、"畿麦"；3. tshan 于每茹设 16 个，而 stong sde 每茹 10 个，数量上有区别；4. 两种机构同设于一个地方的例子较少，只有茹拉的"赤塘"、"岗呈木"和约茹的"秦垒"、"罗若"这四个地方，既设置了 tshan，又有 stong sde 建制。④

---

① 弟吴贤者：《弟吴宗教源流》，西藏人民出版社 1987 年版，第 255 页。
② 弟吴贤者：《弟吴宗教源流》，第 256 页。以上译文曾经西藏民族学院文国根教授审订。
③ 佚名：《五部遗教》，民族出版社 1986 年版，第 185 页。
④ 参见熊文彬：《吐蕃本部地方行政机构和职官考》，《中国藏学》1994 年第 2 期。

表 8　tshan bcu 和 stong sde 区划对照表

茹名	tshan bcu	stong sde	相同地区
茹拉	芒域（mang yul）、聂拉木（snye nam）、巴切（dpav chad）、昌索（drangs so）、仲垄（grom lung）、夏卜垄（shab lung）、色垄巴（srad lung pa）、娘达垄巴（myang mdav lung pa）、赤塘巴（khri thang pa）、塘厂（thang vbrang）、绿波（nul po）、玉垄巴（g yu lung pa）、董垄巴（dung lung pa）、娘堆巴（myang stod pa）、开扎木垄巴（gad sram lung pa）、巴绒（spa rongs）	芒噶（mang dkar）、赤邦木（khri sbom）、仲巴（sgrom pa）、拉孜（lha rtse）、娘若（myang ro）、乞力塘、卡萨（mkhar gsar）、开扎木、措俄小千户、南侧近卫队	赤塘、开扎木
叶茹	羌浦（byang phug）、桑桑（zang zang）、桑噶尔（zangs dkar）、董垄巴（dung lung pa）、德垄巴（gdeg lung pa）、济垄巴（dgyid lung pa）、夏垄巴（bshag lung pa）、杰垄巴（vbyad lung pa）、达那垄巴（rta nag lungpa）、贤塔（zhan thag）、措娘（mtsho nyang）、达努（rta nu）、藏雪（gtsang shod）、沃玉（vo yug）、聂莫（snye mo）、扎亚（dgrayag）	洛约（lho yo）、香（shang）、朗迷（lang mi）、帕噶尔（phod dkar）、辗噶尔（myen mkhar）、章村（vgrangs rtsang）、约若（to rabs）、松岱（gzong sde）、象小千户、西侧近卫队	
伍茹	堆垄（stod lung）、帕杰（vphags rgyal）、龙雪（klung shod）、墨竹（mal gro）、当木雪（vdam shod）、萨噶（za ga）、热噶夏（ra ga sha）、帕郎木（ba lam）、恩兰（ngan lam）、昌域（brang yul）、卫德（dbul sde）、塞曲水（gzad chu shul）、厂波（vphrang po）、伦垄巴（gnon lung pa）、桑（gsang）、扎茹木（brag rom）、彭域（vphan yul）	岛岱（dor sde）、岱仓（sde mtshams）、曲仓（phuyg vtshams）、章村（vgrangs vtshams）、局巴（gcong pa）、征仓（vbrings vtshams）、畿堆（kyi stod）、畿麦（kyi smad）、叶若布小千户、东侧近卫队	
约茹	阿热卜（nga rabs）、公波（gung po）、岗哇（gang bar）、雅达（yar mdav）、秦垄（vchings lung）、征阿（gring nga）、罗巴（rog pa）、洛若（lo ro）、遍巴（ban pa）、达墟（stag shul）、科丁（kho mthing）、扎垄（brag lung）、多雄尼（dog zhung gnyis）、扎垄巴（gra lung pa）、卡卜索（khab so）、羊卓那松（ya vgrog rnam gsum）	雅垄（yar lung）、秦垄、雅江（yar rgyang）、雍阿（yung nga）、达布（dvags po）、尼雅米（myag myi）、墨尔（dmyal）、洛札（lho brag）、罗若小千户、东侧近卫队	秦垄、罗若

四、几点认识

经过以上考述，我们大致可以得到以下初步认识：

1. 吐蕃不仅在本土设置了十将制，而且在本土以外的统治地区也推行了这种地方行政制度。但本土与域外的情况是有所不同的，这首先表现在设置的数量和每一"将"管辖的范围上。在本土，每一茹之下设 16 个"将"；而在敦煌，每一部落之下就有 10 个"将"，同一时期内，阿骨萨、悉董萨、悉宁宗三个部落共计就有 29 个"将"。其次，反映在"将"与千户的关系上，在本土，千户制与十将制在同一地方重复设置的情况较少，只有茹拉的两个地区和约茹的两个地区除外；而在吐蕃统治下的敦煌，"将"是汉人部落之下的一级组织，且此部落的十将均冠以左，与彼部落的十将均冠以右相对应，如 S.2228《夫丁修城记录》中的丝绵部落，所属的十将均为"右"，而与之相衔接的"□部落"，所属十将均冠以"左"。至于吐蕃在于阗、鄯善土著居民中设置的"将"，数量多少、辖境大小、上下关系如何？因资料有限，尚不明了。

2. 在吐蕃本土，tshan 的官吏又被称作 yul dpon；而在敦煌，汉文文书称其为"将头"，藏文文书记作"五十长"（lnga bcu rkang）。对此尚可补充 Ch.83, vi, 5 文书：lnga bcu rkang khong svan tsevi tshan，"五十长孔宣子之将"。① 根据前引 Ch.73, xv, 5 文书，孔宣子属阿骨萨部落之第四将，所以我们说"将头"在古藏文中称"五十长"。在吐蕃统治下的于阗，将的首领称作 ded sna，即如汉文"头目"之义；在鄯善，一将之首又被称为"曹长"（tshar dpon）。由此可知，吐蕃本土与域外十将制的官吏名称是略有不同的。而且，在吐蕃统治下的敦煌，"五十长"（lnga bcu rkang）之上，尚有千户长（stong pon）、小千户长（stong chung pon）、百户主（brgyevu rje）②，这些官吏与"五十长"之间是怎样一种递量关系，还是一个需要继续探讨的问题。

---

① 托马斯编著，刘忠、杨铭译注：《敦煌西域古藏文社会历史文献》，第 32 页。
② 参见拙文《吐蕃时期敦煌部落设置考》，《西北史地》1987 年第 2 期。

综上所述，吐蕃本土的与域外的十将制，在诸如数量多少、辖境大小、职官名称、与千户的关系等方面，均是不相同的。比较而言，本土的十将制比较单一，而域外的尤以敦煌的十将制较为复杂。据学者近年的研究，吐蕃的十将制应是借鉴的唐制，是吐蕃受唐朝制度文化影响的典型范例。①

---

① 笔者曾认为吐蕃时期敦煌的十将制来源于其本土，现据齐陈骏、冯培红的观点纠正。参见齐陈骏、冯培红：《晚唐五代归义军政权中"十将"及下属诸职考》，《敦煌归义军史专题研究》，兰州大学出版社 1997 年版，第 25—35 页。

曹（tshar）：吐蕃统治敦煌及西域的一级基层兵制

8世纪中叶至9世纪中叶，兴起于今青藏高原的吐蕃，曾一度攻占和统治河西走廊、塔里木盆地东南缘达百年之久。20世纪初以来，在敦煌、若羌、和田等地出土大量的藏文文书，其内容反映了唐代吐蕃统治上述地区的军政机构、部落名称、经济制度等情况。其中，藏文术语 tshar 反映的是吐蕃统治敦煌及西域的一级基层兵制，笔者初步认为此术语来源于汉文的"曹"，以下试证之。

一、记载 tshar 的藏文文书

就笔者目前的统计，20世纪以来在敦煌、若羌、和田三地发现的古藏文文书中，共有17件文书记有 tshar 这个术语。其中，敦煌莫高窟1件，若羌米兰遗址1件，和田北面的麻扎塔格15件。

因敦煌出土的这一件，反映 tshar 的情况比较完整和典型，故先引出。编号 Ch.73, xv,10 (fr.12, vol.69, fol.62-3)，写本，76厘米×15厘米，首残，存文字53行，汉译文如下：

> 曷骨萨部落中翼、孙补勒支主从四十人一曹（tshar）之本籍表。
> 曷骨萨部落安则亨，射手；与右小翼张卡佐之旗手汜昆子相衔接。
> 曷骨萨部落僧董侗侗，护持；曷骨萨部落张华华，射手。

曷骨萨部落僧钟忱忱，护持；曷骨萨部落张琨哲，射手。

曷骨萨部落张淑淑，护持；曷骨萨部落张白娣，射手。

曷骨萨部落段客四，护持；曷骨萨部落韦空空，射手。

曷骨萨部落僧董卜蛮，护持；曷骨萨部落金礼客，射手。

曷骨萨部落僧张禄勤，护持；曷骨萨部落金琨英，射手。

曷骨萨部落僧张皮皮，护持；普光寺寺户曹泽泽，射手。

曷骨萨部落段亨谷，护持；曷骨萨部落辛节节，射手。

曷骨萨部落薛空，护持；曷骨萨部落薛琨琨，射手，持手。

曷骨萨部落折逋勒，护持；曷骨萨部落张忱忱，射手，烘员。

曷骨萨部落王可勒，护持；曷骨萨部落张相泽，射手。

曷骨萨部落僧张拉启，护持；曷骨萨部落金亨泽，射手。

曷骨萨部落僧曹逺逺，护持；曷骨萨部落张娣成，射手。

普光寺寺户郝朝春，护持；曷骨萨部落王忱新，射手。

灵图寺（？）寺户王琨泽，射手。

曷骨萨部落王勤新，护持；曷骨萨部落董旺多，射手。

曷骨萨部落僧李金昂，护持；曷骨萨部落薛忱因，射手。

曷骨萨部落张泽泽，护持；曷骨萨部落张更子，射手。

曷骨萨部落僧空泽，护持；曷骨萨部落钟子成，射手。

曷骨萨部落钟子新，护持；……[1]

以上从"安则亨"始，至"钟子新"止，共计40人，为一"曹"（tshar）之人数。

米兰遗址出土的载有 tshar 一词的木简，编号 M.I.xii, 3，9.5 厘米 × 2 厘

---

[1] G. Uray, "Notes on a Tibetan Military Document from Tun-Huang", *Acta Orient. Hung*, Tomus XII. Fasc. 1-3, 1961, pp.227-228；藤枝晃：《吐蕃支配期の敦煌》，《东方学报》第 31 册（1961），第 229—331 页；*Choix de Documents Tibétains Conservés à la Bibliothèque Nationale Complété par Quelques Manuscrits de l'India Office et du British Museum*, II, pp.636-638；刘忠：《敦煌藏文文献》，《英国收藏敦煌汉藏文献研究》，中国社会科学出版社 2000 年版，第 422 页。

米，右端有一系孔，文字一行：

  曹长（tshar dpon）：潘库之将（pang kuvi tshan）。[①]

此件反映出 tshar 的官吏称为"曹长"，且与吐蕃的另一基层组织"将"有交错任命的情况。[②]

和田麻扎塔格出土的这一部分，有写本 10 件，木简 5 支，共记载有 46 个地名后缀有 tshar 这个术语。因篇幅限制，以下仅举出 2 件较典型的写本进行介绍。

写本 M.Tagh.b, i, 0095, 28.5 厘米×8 厘米, 常见草书体，反面 5 行，正面 5 行，字迹不同：

  在……克则，两个吐蕃人，两个于阗人。在达则之弃古觉，三个吐蕃人，〔即〕仲巴（grom pa）部落的男子则孔，娘若（myang ro）部落的洛郎墨穷，蔡莫巴（rtsal mo pag）部落的纳雪塔桑。在叶玛朵克则，两个吐蕃人，一个于阗人，〔即〕雅藏（yang rtsang）部落的普米克通，俄卓巴（vo tso pag）部落的索迪科，坚列曹（jam nya tshar）的李则多。在河东媳摩（gyu mo），两个吐蕃人，一个于阗人，即波噶（phod kar）部落的……[③]

写本 M.Tagh.a, i, 0031，残，形制稀见，最长与最宽为 16 厘米×21 厘米，常见草书体 16 行，字残：

  哈班曹（ha ban tshar）……部落，拉桑，于阗人……卓特曹（dro

[①] 托马斯编著，刘忠、杨铭译注：《敦煌西域古藏文社会历史文献》，第 296 页。译文有改动。
[②] 有关"将"与"将头"，参见拙文《吐蕃时期敦煌部落设置考》，《西北史地》1987 年第 2 期。
[③] 托马斯编著，刘忠、杨铭译注：《敦煌西域古藏文社会历史文献》，第 154 页。译文有改动。

tir tshar)的李仆蔡……布〔赞〕部落的洛萨密……在突厥州(dru gu cor),象(shang)部落之吐谷浑(va zha)……部落之李叶耶……;……罗噶列曹(nos go nya tshar)之李楚〔穆〕……;……巴麻诺列曹(bar mo ro nya tshar)之李皮德;……曹(tshar)……贝玛,仲(vbrom)部落之卓塞塔……;卓特曹(dro tir tshar)之李库苏;……依隆曹(byi nom tshar)之……;拉若列曹(las ro nya tshar)之李琛格;……之于阗人……;……达孜曹(dar ci tshar)之……;……哈罗列曹(has ro nya tshar)之李贝……;……曹(tshar)之李希尼……①

在这里,前面缀有于阗小地名的"曹"(tshar),是与"仲巴"、"雅藏"等吐蕃部落名称相间在一起的②,从前者派出的于阗人,与从后者派出的吐蕃人同在一处巡逻或守卫。而且,与"曹"有关的均是于阗人。

二、国外藏学家对 tshar 一词的考释

到目前为止,笔者仅见英国学者 F. W. 托马斯、匈牙利藏学家 G. 乌瑞、日本敦煌学学者藤枝晃三人,对 tshar 一词的含义及其所指组织的性质进行过探讨。

在译注敦煌出土的藏文文书时,托马斯对于 tshar 这个术语并没有作出考释,他只是照搬了这个词的转写体。但当他稍后在译注于阗地区的藏文文书时,就不得不对大量遇到的地名后缀有 tshar 的情况进行解释。他提到:术语 tshar 出现在一些残破和难以辨读的文书中,这些文书看来是驻扎在各地的兵士或官吏的名单。这个词或许可以被解释为部落的下属组织,但是就在同一件文书中,有一个词 yul yig(地区名册),因此由吐蕃军队的分布地

---

① 托马斯编著,刘忠、杨铭译注:《敦煌西域古藏文社会历史文献》,第 154—155 页。译文有改动。
② 关于仲巴、雅藏、帕噶尔部落,参见拙文《唐代西北吐蕃部落述略》,《中国藏族部落》,中国藏学出版社 1991 年版,第 569 页。

域看来，可能是有部落的情况下，tshar 的区域含义就是"教区"。这个词好像不是出自藏语，而是于阗语，因为凡与 tshar 有关的人都是于阗人。也许最古老的于阗圣地赞摩（tsar ma）寺，其寺名的含义就是"下教区"。①

托马斯把 tshar 一词看作是藏文拼写的于阗语，这种观点并没有多少依据，只要看一看在米兰和莫高窟的藏文文书同样出现了 tshar 这个词，就可以看出尚需作进一步的探讨。所以，在 1955 年出版的《有关西域的藏文文献和文书》第三卷中，托马斯对自己以前的看法作了一些修改。他说：tshar 一词看来是出自某地方土语，这个词或许就是梵文的 simā，后者曾出现在佉卢文书中。但由于 tshar 这个词又出现在于阗以外的罗布泊和敦煌地区，已经超出了于阗的地区范围；那么，只能就于阗地区来说，tshar 可能相当于于阗文 śāṛṣṭai。当然，即使这种联系能够成立，藏文 tshar 也只是一种不完整的拼写形式。②

确实，于阗塞语专家贝利和恩默瑞克，均未提到 śāṛṣṭai 相当于藏文 tshar，或说 tshar 一词借自于阗文。③ 根据贝利的观点，于阗文 śāṛṣṭai 一词可释为"神龛"、"圣祠"或"遗殿"。显然，托马斯在藏文 tshar 与于阗文 śāṛṣṭai 之间所作的联系，是建立在《于阗国授记》用 tshar 一词称小规模宗教场所的基础上的。④ 因而，他自己也感觉到如果超出了于阗塞语使用的范围，譬如像在敦煌和罗布泊地区，就只好另当别论了。

第二个注意到 tshar 这个术语及其所指代的组织的性质的，是匈牙利有名的藏学家乌瑞。他在《关于敦煌的一份军事文书的注释》一文中，重新注释和详尽地讨论了前揭 Ch.73, xv, 10 藏文写本。关于 tshar 一词，他没有理会托马斯将其译作"教区"的观点，而尝试把它译为"队"。他提出，tshar

---

① 托马斯编著，刘忠、杨铭译注：《敦煌西域古藏文社会历史文献》，第 150—151 页。
② F. W. Thomas, *Tibetan Literary Texes and Documents Concerning Chinese Turkestan* III, p.60.
③ H. W. Bailey, "The Staël-Holstein Miscellany", *Asia Major*, new series vol. II, part I, 1951, pp.4, 27. 恩默瑞克撰，荣新江译：《于阗语中的藏文借词和藏语中的于阗文借词》，《国外藏学研究译文集》第 6 辑，西藏人民出版社 1989 年版，第 136—161 页。
④ F. W. Thomas, *Tibetan Literary Texts and Documents Concerning Chinese Turkestan*, I, p.135.

所代表的组织是一种领地防卫部队，它具有半军事化半行政化的特点。由于这份像是征兵表的文书上竟然还提到了寺户，可知他们也要被迫服兵役，而且名册中还包括佛教僧侣。这件不仅包括有曷骨萨部落管辖下的各阶层的人物，而且还包括该部落中所有寺庙的僧侣和寺户在内的 Ch.73, xv, 10 文书，无疑是一份具有军事性质的士兵注册名单。[①]

也就在乌瑞发表上述文章的同一年，日本学者藤枝晃在他发表的《吐蕃支配期の敦煌》一文中，用日文翻译了 Ch.73, xv, 10 文书。他为此文书取名为《编成表》，认为是军队或者力役的编成表一类，其中每队由 40 人组成，每两人以主、从相组合。而且，从僧人的前面仍冠有"曷骨萨部落"的字样，与吐蕃统治初期置有僧尼部落比较来看，这件《编成表》的写成时间当在吐蕃统治中期，即 9 世纪初的头 20 年内。[②]

三、tshar 相当于"曹"

上述三位外国学者并没有解决 tshar 一词的语源问题。托马斯将其译作"教区"的观点，超出于阗塞语使用的范围就不再适用；乌瑞释为"队"，也仅仅是参考了现代藏语中这个词的含义，而未探究其由来与演变；藤枝晃则干脆就撇开这个词的含义本身，去探讨它的人员组成情况和组织的性质。

笔者认为，由于藏文 tshar 这个词在同一时期出现于敦煌、鄯善、于阗这三个地方的文书中，它就不大可能是从于阗塞语或是从佉卢文中借来的。其所出自的语言必须满足一个条件，就是这种语言能够在上述三个地区流行，是一种官方语言或是一种交际用语。在唐朝中后期，能够满足这种条件的只有汉语和藏语，由于我们在同一时期的《敦煌本吐蕃历史文书》和《唐蕃会盟碑》等文献金石中没有找到 tshar 这个词，因而就只好认为它是一个

---

① G. Uray, "Notes on a Tibetan Military Document from Tun-huang", *Acta Orient. Hung*, Tomus XII. Fasc. 1-3, 1961, pp.223-230.

② 藤枝晃：《吐蕃支配期の敦煌》，《东方学报》第 31 册（1961），第 229—231 页。

汉文借词"曹"。tshar 与"曹"不仅在音韵对勘上比较完整，而且前者所代表的军事组织性质也与后者相当，这当然不能说是一种巧合，因为前者正是吐蕃受唐朝政治、军事、经济制度影响的结果之一。

首先来看"曹"的中古音，根据《广韵》的系统，它是从声豪韵，拟定出来就是 tshau。[①] 但由于藏语没有复韵母，要把"曹"这个音拼写成藏语，就只能把 -au 这个复韵母变化为 -ar。关于汉字复韵母 -au、-uo 拟为 -ar、-ur 的例子，在藏语中还能找得到。如汉语"樱桃"，在《华夷译语》中，藏文音译转写为 an-dur，"桃"的韵母与"曹"相同为"豪"(-au)，这里却被变化为 -ur。另一个例子是藏文的 gur（朝代），有学者认为它是从汉语的"国"字来的，"国"的中古韵为 -uak，今韵为 -uo，在藏文中被音译转写成了 -ur。[②] 因此，从音韵上看，藏文 tshar 来自汉语的"曹"是没有问题的。

从唐朝在敦煌及西域东南部各地的兵制设置来看，是有"曹"这一级组织的。而且，在敦煌莫高窟发现的吐蕃时期汉文文书中，可看出当时还沿用了"曹"这一称谓。如 P.4638《大番故敦煌郡莫高窟阴处士公修功德记》，就有"大蕃瓜州节度行军并沙州三部落仓曹及支计等使"之文；P.2763 背《吐蕃巳年（789）七月沙州仓曹杨恒谦等牒》、《吐蕃午年（790）三月沙州仓曹杨恒谦等牒》中，有"仓督氾芑"、"仓曹杨〔恒谦〕"的具名。[③]

鄯善在唐以前是有"曹"这一基层组织的，如楼兰、尼雅出土的魏晋文书中，就有"仓曹"、"兵曹"、"水曹"等记载。[④] 稍晚一些的佉卢文书中，有 apsu 一词，被研究者译为"曹长"。[⑤] 入唐以后，曾于上元二年（675），改隋之鄯善镇为石城镇，隶沙州。[⑥] 按照唐朝的兵制，镇有镇将、镇副、录事、仓曹参军事、兵曹参军事等职官。[⑦] 石城镇既隶属沙州，其镇将及下属

---

① 丁声树等：《古今字音对照手册》，中华书局 1981 年版，第 105 页。
② 劳费尔著、赵衍苏译：《藏语中的借词》，中国社会科学院印，1981 年，第 48、51 页。
③ 郑炳林：《敦煌碑铭赞辑释》，第 241 页；池田温：《中国古代籍帐研究》，第 507—508 页。
④ 林梅村编：《楼兰尼雅出土文书》，文物出版社 1985 年版，第 30、51、53 页。
⑤ 林梅村：《沙海古卷——中国所出佉卢文书》（初集），文物出版社 1988 年版，第 638 页。
⑥ 郑炳林：《敦煌地理文书汇辑校注》，甘肃教育出版社 1989 年版，第 65 页。
⑦ 李林甫等撰、陈仲夫点校：《唐六典》，中华书局 1992 年版，第 755—756 页。

官吏的设置应同于后者，有仓曹、兵曹之设是当然的。

唐代于阗的情况类似于鄯善。同样是在上元二年，唐朝在于阗设毗沙都督府，下属州先是五个，后改为十个。史籍中虽不见这些州的名称，但其城镇的名称和所在是清楚的。如《新唐书·地理志》"安西大都护府"条下："于阗东界有兰城、坎城二守捉城。西有葱岭守捉城，有胡弩、固城、吉良三镇。东有且末镇。西南有皮山镇。"这里的镇、守捉均是一级军事机构所在地，由从内地征发的精兵和土著民兵驻守。① 镇有镇将及仓曹、兵曹等，这已见上述。

唐朝于鄯善、于阗地区设镇，以镇将领仓曹、兵曹等诸将吏，这就为吐蕃在占据这些地区后，仍依照唐制组建基层兵制"曹"（tshar）准备了条件。根据已有的研究得知，唐代吐蕃在统治河陇及西域东南部时，建立了一套完整的军政机构来取代或模仿唐朝的州县制度，如以将军充任节度使，以节儿论为刺史，千户长约相当于县吏，小千户长相当于乡长，将头约相当于里正。② 基于此，吐蕃又以"曹"（tshar）来组建和称呼统治区内的准军事组织，这是十分自然的。

另一方面，不仅是 tshar 与"曹"在音韵上相近，就是藏文文书反映出 tshar 的性质，也与"曹"（尤其是兵曹）的组织特征、任务是相同的。《唐六典》说得很明白："兵曹掌防人名帐、戎器、管钥、差点及土木兴造之事。"对照于此，前文所引敦煌、于阗的藏文文书，不正好是"防人名帐"或"差点"用的名册吗？再说，将米兰出土的藏文木简上的 tshar dpon 译为"曹长"，也十分贴切。前文说过，佉卢文书中有"曹长"之称，而这一称呼在唐代还十分流行，李肇《唐国史补》记载："宰相相呼为元老，或曰堂老。两省相呼为阁老。尚书丞郎郎中相呼为曹长。"③ 这里虽然记载的是朝官们相互之间的谦称，但它真实反映了下层官吏的情况。吐蕃既已沿袭唐朝基层兵

---

① 详见李吟屏：《佛国于阗》，新疆人民出版社 1991 年版，第 105—106 页。
② 参见拙文《吐蕃时期敦煌部落设置考》，《西北史地》1987 年第 2 期。
③ 李肇：《唐国史补》，上海古籍出版社 1979 年版，第 49 页。

制"曹"这一建制，一曹之长自然也要依唐制称为"曹长"了。

至于《于阗国授记》中提到的 3000 余处小规模的宗教场所称作 tshar 的问题，也当与"曹"这个基层建制的分布广、数量大有关。因为不管《于阗国授记》记载的是 9 世纪以后的，或者是 9 世纪以前的于阗王统，当时的大、小寺庙和小龛均应是佛教徒活动的场所，而以数十人为一曹的居住点或驻守地中设有一龛，作为礼佛的场所是十分自然的。如要统计这种非正式庙宇的场所，唯一简单的方法，就是将于阗地区当时分置的"曹"的数量合计起来，于是便可得到这种小规模宗教场所的数量，进而出于统计和称呼的方便，就以"曹"（tshar）来指代这样的小规模的礼佛场所了。

藏文文献关于萨毗（tshal byi）的记载

　　萨毗，最早见于《隋书·地理志》"且末郡"条；其次见于唐、五代间写成的《沙州图经》、《沙州伊州地志》和《寿昌县地境》。根据这些记载，可知萨毗城在今南疆若羌县东南约 200 公里远的地方。

　　早在 20 世纪 50 年代，英国学者托马斯就把新疆所出藏文文书中的 tshal byi 比定为萨毗。[①] 以后，法国学者哈密顿、匈牙利学者乌瑞及国内学者黄盛璋、王尧等，均赞成或发挥了这一比定。[②] 近期，高永久撰《萨毗考》一文，讨论了唐代汉藏文史料中萨毗（tshal byi）的地理位置，提出萨毗在当时有两层含义：一是粟特人康艳典于唐初所筑的萨毗城；二是 8 世纪吐蕃占领西域后的萨毗地面。[③] 这一论述引起了笔者关注，深感有必要全面介绍和考证有关的藏文史料，以便进一步探讨 tshal byi 的语源和地理位置等问题。

一、新疆藏文文书中的 tshal byi

　　据笔者目前掌握的资料，藏文史料中的 tshal byi，最早见于新疆米兰遗

---

① F. W. Thomas, *Tibetan Literary Texts and Documents Concering Chinese Turkestan,* I, 1935, p.82; II, 1951, p.120; III, 1955, p.90.
② 哈密顿著、耿昇译：《仲云考》，《西域史论丛》第 2 辑；乌瑞著、荣新江译：《KHROM（军镇）：公元七至九世纪吐蕃帝国的行政单位》，《西北史地》1986 年第 4 期；黄盛璋：《于阗文〈使河西记〉的历史地理研究》，《敦煌学辑刊》1986 年第 2 期；王尧、陈践编著：《吐蕃简牍综录》。
③ 高永久：《萨毗考》，《西北史地》1993 年第 3 期。

址和麻扎塔格遗址出土的唐代藏文写本和简牍。托马斯在《有关西域的藏文文献和文书》第二卷"罗布地区"一章中，共辑录、译注了 11 件有关 tshal byi 的文书：7 支简牍，4 件写本。① 国内王尧、陈践在《吐蕃简牍综录》一书中，编译了有关 tshal byi 的简牍共 9 支，其中 7 支出自托马斯一书，另 2 支为新疆考古部门在 20 世纪 50 年代以后所获。② 这样，目前已见的有关 tshal byi 的藏文文书共 13 件：9 支简牍，4 件写本。因简牍已由王尧、陈践译成汉文发表，无须在此复录；而 4 件写本学术界知之者恐怕不多，故以下引出，以便共同考释。

1. M.I.i, 23 写本，31.5 厘米×8 厘米，部分残破，右上方失落两行半文字，正面草写 8 行，倒写 1 行，背面文书不同：

询问昆赤热健康与否 [的信]，萨毗（tshal byi）……鉴于我等来自朗迷（lang myi）部落，从父辈起就……[遵] 命来通频（mthong khyab）服役，萨毗将军（dmag pon）审查了服役者……以前为及时减少巡哨的雇员，向大尚论提出申请，并为萨毗通频雇员的改换，送去一封信，仅支付雇佣的工钱未收到。我们弟兄五六人，皆一仆人父亲之子，有两兄弟在通频的收割中堪称能手，如果君王及其母后有命令，在令中指示萨毗将军和都护（spyan）[发出通知]，通频之属员应得到他们的佣金，如此我们即能免于一死。吾父去世之前，我们弟兄指望能见他一面。

[倒文] 托神福佑：可怜的雇员琛萨波噶（mtsing sa bor sga）禀告。③

2. M.I.xvi, 19 写本，24.5 厘米×8.5 厘米，模糊，左下角失落，方形草书，正面 5 行，反面圆体书 6 行：

---

① 托马斯编著，刘忠、杨铭译注：《敦煌西域古藏文社会历史文献》，第 116—120、142 页。
② 王尧、陈践编著：《吐蕃简牍综录》，第 32、45、48、51、64、70、75 页。
③ 托马斯编著，刘忠、杨铭译注：《敦煌西域古藏文社会历史文献》，第 116—118 页。

一个年轻（家庭？）的仆人袭击了萨毗（tshal byi）的司法吏（khrim bon），故德论（bde blon）发出了一封信，意在要采取保护措施，虎兵……见证人（？）禄楞（klu len）。①

3. M.I.iv，10 写本，10 厘米×8 厘米，常见草书 5 行：

征税人（？），萨毗（vtshal byi）……将军（dmag dpon）。②

4. M.tagh.a, iv, 00128 写本，右侧及底沿残，草书，正面 7 行，反面 7 行，褪色，污迹严重：

巴勒支禀告虎·赞热阁下：阁下发出的严格命令尚未执行，如此我将不来此地，我到了萨毗（tshal byi）……之后，达古军镇（sta gu khrom）的百姓……送给我数枚剑，以及（以下略）。③

综合吐蕃简牍和上引写本的记载，可以知道萨毗地面包括且末（car chen）在内，有达古军镇（sta gu khrom）；驻扎有来自吐蕃本土的朗迷部落（lang myivi sde），以及为吐蕃守境的通颊部落（mthong khyab sde）的成员④，并组建了新的万户部落（khri sde）；职官中有翼长（ru dpon）、将军（dmag pon）、都护（spyan）、万户长（khri dpon）、朗［儿］波（nang po）、营田吏（zhing vgod）；此地与小罗布（nob chungu，即小鄯善、屯城）、麻扎塔格（神山）、怯台（ka dog）、上突厥（stod kyi dru [gu]）、沙州（sha chu）均有

---

① 托马斯编著，刘忠、杨铭译注：《敦煌西域古藏文社会历史文献》，第 118 页。译文略有改动。
② 托马斯编著，刘忠、杨铭译注：《敦煌西域古藏文社会历史文献》，第 119 页。
③ 托马斯编著，刘忠、杨铭译注：《敦煌西域古藏文社会历史文献》，第 142 页。对于 khrom 一词，笔者在别处多译作"节度使 / 节度衙"，但由于乌瑞对托马斯释读的 sta gu khrom 等名号曾表示怀疑，故此处姑且借用荣新江的译法。
④ 有关"通颊"，参见拙文《通颊考》，《敦煌学辑刊》1987 年第 1 期。

联系，而尤以小罗布为最，因为与萨毗有关的文书除一件送往神山外，其余均送到了小罗布，并且有关萨毗地区的职官任免、军事防务、民政纠纷等命令，均是从小罗布发出的。

二、于阗藏文文献中的 tshal byi

有关于阗的藏文文献中，有两件记载了 tshal byi 这一地名，它们是《阿罗汉僧伽伐弹那授记》和《于阗国阿罗汉授记》。有关这两部书的年代，乌瑞认为前者是在812年前就被译为藏文的，而后者用藏文编成的时间不会晚于858年。① 这两部著作虽然是采取佛教圣者所说预言（授记、悬记）的形式写成的，但其丰富的内容涉及了当时的宗教、地理和历史问题，因而备受人们重视。其中，《阿罗汉僧伽伐弹那授记》说，当于阗佛教将灭之时，僧侣们离开那里前往吐蕃寻求庇护。他们先是汇集于赞摩（tshar ma）寺，上路经过了一些地方，如 vdro tin、dge ba can、ka sar、me skar。

其后，取道去奴卢川，将穿过高山和峡谷，在渺无人迹的荒野中迷失了方向，他们将含泪呼唤十方之佛指点迷津，并口念于阗国所有天王的名字，希望他们前来援救；彼时，毗沙门天王对僧众萌起慈悲之心，并现出一只负重且套鼻环的牦牛形状，出现在众僧面前。众僧见牦牛后顿觉宽慰！他们想："此牦牛当系某人驮运之用，只要我们跟着它，便会遇上人家而不至待毙。"如此由牦牛带路，众僧找到一条僻径；而此牦牛将他们引至 tshal byi 后，便会消失。许多年迈僧人与女尼将会死于此道中。②

同样，《于阗国阿罗汉授记》也说，僧人们在经过了奴卢川之后：

---

① G. Uray, "The old Tibetan Sources of the History of Central Asia up to 751 A. D.: A Survey", *Prolegomena to the Sources on the History of Pre-Islamic Central Asia*, pp.288-289.
② F. W. Thomas, *Tibetan Literary Texts and Documents Concerning Chinese Tukestan*, I, pp.59-60.

在向赭面王的国度进发中，全体僧人于 pha shan 地面一峡谷隘路上，与当地的护卫者遭遇，被禁止通行。彼等说："如无路可走，将另寻途径。"此时，毗沙门天王幻化自身如白牦牛形，并驮负物品，套上鼻环，出现于僧众面前而被发现。彼等说："如此负重牦牛，当系某人之牲口，让它带我们去它将去之处。"于是由牦牛引上了一条捷径，大约四五天之后，全体僧人抵达赭面王国中的一个叫 mtshal byi 的地方。①

上引文字中的 pha shan，应考订成汉文史书中的"播仙"。②而播仙镇就是且末，《沙州伊州地志》说："幡（播）仙镇，故且末国也。……上元三年改幡仙镇。"③《旧唐书·尉迟胜传》记载萨毗、播仙是两个毗邻的地区，说尉迟胜与"安西节度使高仙芝，同击破萨毗、播仙"。这一记载，与藏文文书所载的萨毗与且末的关系、两地之间有捷径相通的情况，是相符的。

此外，后世有关于阗的藏文文献中，提到 tshal byi 这一地名的有《汉藏史集》一书。该书于"圣地于阗国之王统"一节中说道：

此时，于阗国之佛法已接近毁灭之时，于阗的一位青年国王仇视佛教，驱逐于阗国的比丘。众比丘依次经赞摩（tsar ma）、蚌（vbong）、墨格尔（me ska）、工涅（rkong nya）等寺院，逃向赭面国。众比丘由驮载物品的牦牛领路，到达吐蕃的萨毗（tshal gyi bya）地方。④

这里的 tshal gyi bya 恐怕还是应该作 tshal byi，因为后世文献（《汉藏史集》著于 1434 年）有转抄致误的可能。

---

① F. W. Thomas, *Tibetan Literary Texts and Documents Concerning Chinese Tukestan*, I, pp.81-82.
② 哈密顿著、耿昇译：《仲云考》，《西域史论丛》第 2 辑，第 170 页注 3。
③ 羽田亨：《唐光启元年书写沙州、伊州地志残卷に就いて》，《羽田博士史学论文集·历史篇》，第 588 页。
④ 达仓宗巴·班觉桑布：《汉藏史集》，第 96 页；陈庆英汉译本，第 59 页。

三、tshal byi 一词的来源和含义

有关这个问题，已有两种代表性的意见：

1. 王尧、陈践编著《吐蕃简牍综录》认为，萨毗是吐蕃统治敦煌、于阗一线时，所指的一大行政区划的名称，可能是吐蕃攻占疏勒（tshal）和毗沙（byi）两都督府后，在这一地区设立合并以后的军镇，名为 tshal byi（萨毗）。① 但这一说法似不能成立，因为：其一，《隋书·地理志》中已明确载有"萨毗泽"之名；其二，唐高宗上元二年（675）始设毗沙（于阗）、疏勒等都督府，② 但成书于 676—695 年间的《沙州图经》已见有"萨毗"之名。这就是说，"萨毗"一名早于"毗沙"出现，因之不会是疏勒、毗（沙）的合称。③

2. 黄盛璋在《于阗文〈使河西记〉的历史地理研究》一文中提出，藏文的 tshal byi、于阗文的 ysba、汉文的"萨毗"均来源于"苏毗"，亦即佉卢文书中的 supi、藏文之 sum pa。④ 但高永久提出了不同的看法，认为萨毗并不等于苏毗，因为前者属吐谷浑故地，后吐蕃入侵，该地面仍主要由吐谷浑驻辖。⑤

笔者曾翻检藏、汉辞书，试图找出 tshal byi（bya）一词的含义，以解决其来源问题。在古今藏文中，tshal 均可作"园林"讲，而 byi ba 之义为鼠，bya 为鸟，合起来能叫鼠园或鸟苑。但这似乎不合藏文的习惯用法，因为在《敦煌本吐蕃历史文书》中，有 bya tshal 译为"鸟园"，nya sha tshal 译为"鱼肉园"，rma bya tshal 译为"孔雀园"。⑥ 所以，藏文的 tshal byi 一词，只好考虑成是一个外来词，是藏文对另一民族文字的转写。笔者由于受上述高永久

---

① 王尧、陈践编著：《吐蕃简牍综录》，第 32—33、45 页。
② 《旧唐书》卷四〇《地理志》。
③ 参见拙著《吐蕃简牍中所见的西域地名》，《新疆社会科学》1989 年第 1 期；高永久：《萨毗考》，《西北史地》1993 年第 3 期。
④ 黄盛璋：《于阗文〈使河西记〉的历史地理研究》，《敦煌学辑刊》1986 年第 2 期。
⑤ 高永久：《萨毗考》，《西北史地》1993 年第 3 期。
⑥ 王尧、陈践译注：《敦煌本吐蕃历史文书》（增订本）附录一，第 194—201 页。

观点的启发，所以首先考虑的是自 6 世纪初以来就频繁活动于萨毗、且末一带的吐谷浑的语言。

据研究，从南北朝到隋唐时期，吐谷浑的势力向西到了今新疆东部的鄯善、且末一带，向北到了河西走廊的张掖、敦煌的南面。北魏神龟元年（518），宋云、惠生一行经过鄯善时，已见"今城内主是吐谷浑第二息宁西将军，总部落三千，以御西胡"①。《梁书·河南传》谓吐谷浑的疆域，"东至叠川，西邻于阗，北接高昌，东北通秦岭，方千余里"；又说："其地则张掖之南，陇西之西，在河（黄河）之南，故以为号。"所以，隋大业五年（609）、唐贞观九年（635）两次征伐吐谷浑及其后设郡，均涉及鄯善、且末一带。②到了唐代中晚期，基本情况仍未改变。唐穆宗长庆二年（822），唐使刘元鼎途经河源赴吐蕃会盟，曾经记载：从此地"东北去莫贺延碛尾，阔五十里，向南渐狭小，北自沙州之西，乃南入吐浑国，至此转微，故号碛尾"③。又据《沙州伊州地志》记载，在石城镇（鄯善）东南 480 里的萨毗城及萨毗泽附近，"山险阻，恒有吐蕃及吐谷浑来往不绝"④，说明鄯善、且末以东，敦煌之南，仍为吐谷浑分布之地。

清楚了上述历史背景，便可以考证 tshal byi 一词与吐谷浑的关系了。据研究，吐谷浑虽是由几个民族融合而成的，但其统治民族源于鲜卑。古代的鲜卑是有自己的语言的，作为统治民族的吐谷浑语言，应属于蒙古语族的鲜卑语。⑤这很容易使人联想起萨毗与鲜卑有什么联系。"鲜卑"一词，最早见于《楚辞·大招篇》，但这里的鲜卑乃带钩之名，非人名或族名。《汉书·匈奴传》"犀毗"下颜师古注："犀毗，胡带之钩也。亦曰'鲜卑'，亦谓'师比'，总一物也，语有轻重耳。"马长寿为"鲜卑"拟音 *sai bi，并考证作为

---

① 《洛阳伽蓝记》卷五引《宋云惠生行记》。
② 《隋书》卷八三《吐谷浑传》；《资治通鉴》卷一九四"贞观九年"条。
③ 《旧唐书》卷一九六《吐蕃传》。
④ 羽田亨：《唐光启元年书写沙州、伊州地志残卷に就いて》，《羽田博士史学论文集·历史篇》，第 588 页。
⑤ 周伟洲：《吐谷浑史》，第 128 页。

族称出现,"鲜卑"始见于东汉古文献中。①犀毗、鲜卑、师比与萨毗,tshal byi 与 *sai bi,在读音上何其相似!再加上鲜卑人在迁徙中曾命名了好几处"鲜卑山",以及上述吐谷浑长期活动于鄯善、且末一带的背景,因而有理由认为:萨毗(tshal byi)一词有可能是吐谷浑留下的地名,其原音仍为"鲜卑"(*sai bi),只是被文献记作了"萨毗"而已!

无独有偶,《水经注》引《释氏西域记》云,在敦煌东南也有一"鲜卑山",马长寿曾指出,这当与汉、魏时期鲜卑人的迁徙有关。②从前述南北朝至隋唐敦煌之南始终有吐谷浑活动来看,这一鲜卑山的得名似亦与吐谷浑有关,此正与萨毗的得名情况相类似。

---

① 马长寿:《乌桓与鲜卑》,上海人民出版社1962年版,第172—173页。
② 马长寿:《乌桓与鲜卑》,第175页。

敦煌文书中的 lho bal 与南波

南山或南山部族，作为族名在敦煌汉文写本中已发现八个编号。有学者提出，这些写本中所记载的"南山"，就是晚唐、五代分布于河西至西域东部的"仲云"，系汉代小月氏的余裔。① 据笔者考察，"南山"这一族名，是在吐蕃统治结束以后的敦煌汉文写本中出现的，其由来应与吐蕃有关。因而，吐蕃统治时期的敦煌藏、汉文写本中，不会没有关于"南山"的记载。笔者在这里提出：P.T.1089 文书中的 lho bal，S.542 文书中的"南波"，就是指吐蕃统治时期的南山部族。

一、P.T.1089 文书中的 lho bal

记载有 lho bal 的敦煌藏文写本，目前已知的有 P.T.1085、P.T.1089、P.T.1071、P.T.986 及印度事务部图书馆编 598 号。其中的 lho bal 一词，国外藏学家曾译为"南泥婆罗"②，现已证实此译法并不准确③；国内学者多译作"蛮貊"，意指吐蕃边鄙地区的附属民。如在 P.T.1085《大尚论令下沙州节儿之告牒》中，lho bal 一词是用于敦煌汉人的自称："我等蛮貊边鄙之民户"；

---

① 黄盛璋:《敦煌文书中"南山"与"仲云"》,《西北民族研究》1989 年第 1 期。
② M. Lalou, "Revendications des Fonctionnaires du Grend Tibet au VIIIᵉ Siècle", *Journal Asiatique*, CCXLIII, 1955, 1-4(2), p.200.
③ T. Takeuchi, "On the Old Tibetan Word Lho-bal", *Preceedings of the Sixth International Congress of Human Sciences in Asia and North Africa* II, pp.986-987.

而 P.T.1071《狩猎伤人赔偿律》、P.T.986《〈尚书〉译文》、印 598 号《于阗国阿罗汉授记》中的 lho bal，均可以译作"蛮貊"、"蛮邦"等，用于指代被吐蕃统治的周边民族，即相对吐蕃而言的"治外蛮夷"。[1]

但是 P.T.1089《吐蕃官吏诉请状》中的 lho bal，很明显不能简单地译为"蛮貊"或"边鄙之民"。因为在此文书中，除记载有吐蕃和孙波（bod sum）之外，与 lho bal 一起被提到的还有汉人（rgya）、于阗（li）、通颊（mthong khyab）、吐谷浑（va zha）、突厥（drug）等其他民族。[2] 这些民族，尤其是汉人、于阗、突厥，对于吐蕃来讲，肯定属于"治外蛮夷"。但在 P.T.1089 写本中，rgya、li、drug 与 lho bal 并列在一起，这就提示出：这里的 lho bal 肯定是指一个具体的民族或部族。是指哪一个民族呢？以下先引述 P.T.1089 写本中有关 lho bal 的段落。

（第 21—22 行）根据沙州汉人官吏之奏请，沙州的都督们奏请居我等〔吐蕃方面任命的〕千户长和小千户长之上位。被任命为 lho bal 的都督（to dog）和副千户长的官吏们，位居〔吐蕃方面任命的〕正式官吏之上一事，还不曾有过这种做法和相应的实例……

（第 24—28 行）统率 lho bal 千户的万户长、千户长和小千户长虽持有玉石告身及金告身之位阶，但据说还不及持大藏（gtsang cen）位的〔吐蕃方面的〕大将校（dmag pon ched po），而在持藏（gtsang po）之位的小将校之下。如此中央与边区〔分别订立〕的两种序列与位阶〔之原则〕因是过去规定的，所以即使附上了既定规则，这样的御定准则仍保存于圣上之手。任命的沙州都督与副千户长等，与奏文提到的 lho bal 大

---

[1] 王尧、陈践编著：《敦煌吐蕃文书论文集》，第 45 页；王尧、陈践译注：《敦煌吐蕃文献选》，第 23—25 页。
[2] 山口瑞凤：《沙州汉人による吐蕃二军团の成立と mkhar tsan 军团の位置》，《东京大学文学部文化交流研究施设研究纪要》第 4 号（1980），第 14—21 页。

集团（sde chen）相比，贡献并不大，故位阶亦不高，所以序列与位阶应遵循以前所定的相应实例……

（第42行）lho bal 之小将校（lho bal gyi dmag pon chungu）。

（第67—76行）没琳·叶赞贡（vbrin yes btsan kong）于宣誓时日，〔仍旧〕根据以前的制度，吐蕃方面任命的小将校等处于 lho bal 内的万户长和千户长之上。然而，〔其后〕因支恩本（tsenge pong）被任命为辅佐札喀布的副千户长，故 lho bal 的副千户长位居 lho bal 的吐蕃方面任命的小千户长之上。对于圣上下达的这种序列与位阶实行一段时间之后，lho bal 的千户长们照此相同之实例向圣上奏请。其后，决定他们也位居小将校之上。然而，尽管御印〔已〕盖封，可是在猴年夏季，小将校们反过来向圣上呈奏，请求事务吏（rtsis pa）和机密吏（gtogs pa）撤销审议。翻过来之后，小将校们的位阶在从 lho bal 人中任命的颇罗弥告身及金告身的万户长等人之上。

尚·赞桑（zhang btsan bzang）

尚·弃赞（zhang khri brtsan）

尚·结赞（zhang rgyal tsan）

尚·弃都杰（zhang khri dog rje）[1]

据山口瑞凤考订，P.T.1089 写本写成的时间是在吐蕃统治敦煌的中后期，具体时间可定于820—832年之间。[2] 从 lho bal 的情况系由敦煌汉人部落官吏披露，以及吐蕃凉州节度使统治下亦有"lho bal 之小将校"（第42行）来看，

---

[1] 山口瑞凤：《沙州汉人による吐蕃二军团の成立と mkhar tsan 军团の位置》，《东京大学文学部文化交流研究施设研究纪要》第4号（1980），第16、21—22页。

[2] 山口瑞凤：《沙州汉人による吐蕃二军团の成立と mkhar tsan 军团の位置》，《东京大学文学部文化交流研究施设研究纪要》第4号（1980），第27页。

lho bal 部落是活动在凉州、沙州附近，即河西走廊以南的。① 在这种部落中，同样有万户长、千户长和小千户长等官吏，但这些官吏受吐蕃"将校"之监领。上引文字反映了 lho bal 的部落官吏，对位居于吐蕃小将校之下不满，曾一度向吐蕃王廷申诉，经过反复后，仍是吐蕃小将校们领居上风。这表明，整个 lho bal 部族处于一种附庸或被统治的地位。

lho，藏文的意思是"南"、"南方"，lho bal 既然是指一种部落或部族，则可译成"南境之部落"。汉、唐之间，凉州、沙州之南有姑臧南山、敦煌南山等，其实都是指祁连山，因山在河西走廊之南而得名。吐蕃凉州节度使治下及敦煌附近的 lho bal，有可能就分布于南山之中，故可译作"南山"或"南山部族"。

二、S.542 写本中的"南波"

既然吐蕃统治时期的敦煌藏文写本中有指代"南山"的 lho bal，那么同期的汉文写本中应该有相关的记录。

S.542 写本，池田温定名为《吐蕃戌年（818）六月沙州诸寺丁仕车牛役簿》。整个写本较长，记有沙州龙兴寺、大云寺、莲台寺、开元寺等 14 座寺院、185 户寺户的丁仕车牛役情况，其中涉及"南波"的有两笔。第 49 笔：

> 李加兴：六月修仓两日。南波厅子四日。送节度粳米。子年十二月差春稻两驮。落回纥。

第 60 笔：

> 成善友：南波厅子四日。子年十二月差春稻两驮。②

---

① 参见拙文《关于敦煌藏文文书〈吐蕃官吏呈请状〉的研究》，《马长寿纪念文集》，第 379—380 页。
② 池田温：《中国古代籍帐研究》，第 526 页。

以上的"南波"二字与藏文 lho bal 有对应关系。首先，lho bal 如译作南山或南山部族，是作地名或族名讲的；而上文中的"南波"二字，作为寺户服役的地点或对象来讲，同样是一个地名或族名。其次，"南波"二字可与 lho bal 勘同，"南"正好对藏文的 lho（南），"波"则恰好是藏文 bal 的读音。因此，我们认为："南波"二字就是藏文 lho bal 一词的不规则对译，两词所指系同一地名或族名，这就是前面说的"南山"或"南山部族"。

关于"厅子"，《集韵》卷四："厅，古者治官处，谓之听事。后语省，直曰听，故加广。"故"厅子"可释为公差。这样，"南波厅子四日"，可解释为："送南山（部族）公文（或什物）往返共四日。"

尽管可以从 lho bal 一词找到"南波"的对应关系，但作为使用于 9 世纪上半叶的敦煌俗语，似乎还可以从这以前流行于河西的俗语中找到与"南波"相接近的词。这很容易让人联想起"南蕃"，P.2555 写本中有一封信，它是唐朝肃州刺史致吐蕃东道节度使尚赞摩的，题为《为肃州刺史刘臣壁答南蕃书》。当然，这里的"南蕃"是指肃州南面的吐蕃。因为吐蕃攻占今青海西部以后，常从祁连山脉的交通孔道中进犯河西诸州，居于甘、凉、瓜、肃、沙数州的唐朝军民就以"南蕃"相称。

但随着吐蕃在 8 世纪下半叶攻陷河陇，昔日的"南蕃"成为统治河西走廊的主人，此词自然不能再用来称呼吐蕃兵吏了。同样是在《吐蕃戌年六月沙州诸寺丁仕车牛役簿》中，我们看到：对吐蕃人的称呼是"瓜州节度"、"蕃教授"、"蕃卿"等。[①] 但是，昔日的"南蕃"虽然已入城做了统治者，但祁连山中并非从此了绝人烟，活跃于晚唐、五代的南山部族，大概就是在 9 世纪初开始崭露头角的。因而，敦煌的汉族百姓只需将"蕃"改动为"波"，就径以称呼南山部族了。到 9 世纪中叶吐蕃统治结束之后，可能因河西百姓忌讳常用"蕃"（波）字，便直呼其为南山或南山部族。此便是归义军政权时的敦煌汉文写本中，始见有南山作族名的原因。

---

① 池田温：《中国古代籍帐研究》，第 523—524 页。

三、lho bal 一词的来源及族属

P.T.1089 写本中的 lho bal 是指汉文写本中的"南山"。P.2790 于阗文《使臣奏稿》说:"仲云(cimudas)一名南山人(namsans)"[①],则 lho bal 实际是指"仲云"。高居诲《使于阗记》:"云仲云者,小月支之遗种也。"那么,吐蕃为何要以 lho bal 来称呼小月氏的后裔呢? 以下拟从历史、地理、语言等方面来作分析。

据《史记·大宛列传》记载,月氏始居敦煌、祁连间,后为匈奴所破,大部分迁葱岭以西,"其余小众不能去者,保南山羌,号小月氏"。不仅河西走廊的祁连山有小月氏,就是敦煌以西、逶迤葱岭的整个昆仑山脉中,也有月氏余种。《魏略·西戎传》说:"敦煌西域之南山中,从婼羌西至葱岭数千里,有月氏余种葱茈羌、白马、黄牛羌,各有酋豪。"[②] 这里以"羌"相称,是谓小月氏与羌族有某些相近之处,但两者实际上仍是有区别的,《后汉书·西羌传附湟中月氏胡》曰,其"被服、饮食、言语略与羌同",说得就很明白。

而且,不仅河西走廊的祁连山历史上被称为"南山",就是"从婼羌西至葱岭数千里"的昆仑山,历史上也被称为"南山"。如《汉书·西域传》载:"其河有两原:一出葱岭山,一出于阗。于阗在南山下。"《沙州图经》记有"石城镇南山"、"播仙镇南山",以上均指今昆仑山及阿尔金山。所以,《大清一统志》说:"自葱岭分支,由和阗之南,绵亘而东,经安西一州二县南北,皆曰南山。"

小月氏的分布和南山的范围既明,我们就进一步讨论吐蕃以 lho bal 称呼小月氏遗种的问题。众所周知,7 世纪 70 年代前后,吐蕃征服了分布于今青海、甘肃、四川西北的吐谷浑、党项、白兰等族,占据了今青海省境内黄河以南、青海湖以西地区。与此同时,吐蕃又进军西域,联合西突厥贵族

---

① H. W. Bailey, "ŚRĪ VIŚA ŚŪRA and the Ta-Uang", *Asia Major*, new series vol. XI, part I, 1964, p.4.
② 《三国志》卷三〇《魏书·乌丸鲜卑东夷传》注引。

与唐朝争夺安西四镇。据研究，吐蕃进入西域的通道大致有东、西、中三条。东道即从青海湖以西，经今柴达木盆地边缘，进入新疆若羌的"吐谷浑道"（又名"青海道"）[①]；西道经吐蕃西北，经由大、小勃律（今克什米尔西北 gilgit valley），过护密（今阿富汗 wakhan），东至四镇，西抵中亚诸国，称"勃律道"[②]；所谓"中道"，又可分为两条路线：一条大致即今新藏公路所经，另一条是从西藏西北的拉达克（今克什米尔列城）向北翻越喀喇昆仑山口，直下塔里木盆地西南斜坡上的叶城，进入新疆。[③] 唐初吐蕃进入西域，主要走的就是中道和东道；8 世纪初叶，方致力于经营"勃律道"。可以设想，在吐蕃通过东道与中道进入西域，以及穿越今祁连山进攻河西诸州的过程中，为了保障交通路线的畅通，首要的任务便是征服和驱使分布于西域与河西走廊南山的民族，而小月氏余裔首当其冲。正因为小月氏余裔分布在南山之中，所以吐蕃以 lho bal 称之。

说 lho bal 指"南山"或"仲云"，尚有三条佐证：其一，bal 的藏文译意为"羊毛"或"绵羊毛"，lho bal 之组合自然指一种以牧羊为主的民族。汉晋间的小月氏属游牧民族，自不待言，晚唐五代的南山也是以放牧马羊为业的。P.2482 背《常乐副使田员宗启》称，南山"述丹宰相、阿悉兰禄都督二人称说：发遣龙家二人为使，因甚不发遣使来？沙州打得羊数多分足得，则欠南山驼马，其官马群在甚处？ 南山寻来。龙家言说，马七月上旬，遮取沙州去。"据启文，是因沙州掠取了南山的羊和马，南山为了报复，欲夺沙州的官马群。P.3257《寡妇阿龙牒》及其后所附索怀义、索佛奴状文，亦说某南山人"见沙州辛苦难活，却投南山部族"；"其叔□□□居沙州，不乐苦地，却向南山为活"。以上均说明南山人以游牧为业，不习沙州务农生活。

其次，月氏人多以"支"为姓，故文献金石中又称其为"支胡"。如

[①] 周伟洲：《吐谷浑史》，第 132—141 页。
[②] 参见拙文《唐代吐蕃—勃律道考》，《西北历史研究》(1987)，三秦出版社 1989 年版，第 95—104 页。
[③] 王小甫：《西藏—新疆间最早的交通路线》，《北京大学校报·理论副刊》1989 年 3 月 12 日第 3 版。

《晋书·怀帝纪》曰："支胡、五斗叟郝索聚众数千为乱。"前秦《邓太尉祠碑》有"卢水、白虏、支胡、粟特"之名。月氏人的"支"姓，上古音为章（照三）声支韵，按王力的观点，构拟出来是 tɕe。[①] 而 P.T.1089 写本第 68 行所记 lho bal 副千长，名叫 ce nge pong（古音 tɕe ŋe poŋ），正是姓"支"。此可证明 lho bal 人与小月氏，确属同族。

[①] 王力：《汉语音韵》，中华书局 1980 年版，第 138、165 页；唐作藩：《上古音手册》，江苏人民出版社 1982 年版，第 171 页。

通颊（mthong khyab）考

敦煌藏文文书中，常见有 mthong khyab 一词。关于此词的实际含义，历来说法不一。托马斯在《有关西域的藏文文献和文书》中，将其释为"烽火瞭望哨"。① 拉露认为这是一个具体地名或一种人的名称。② 佐藤长在《古代チベット史研究》中，译为"张台"，与托马斯略同。③ 山口瑞凤在《苏毗の领界》一文中，首次译 mthong khyab 为"通颊"，把汉、藏文写本中出现的这两个词对应起来，之后，山口瑞凤著《汉人及び通颊人にょる沙州吐蕃军团编成の时期》一文，认为通颊是一种部落名称，它与汉人、吐谷浑部落应有民族上的区别，但山口瑞凤对通颊的来源和性质未加以说明。④

一、通颊的性质

据藏文史书《智者喜宴》记载，早在松赞干布建立行政区划、定法律、委任官吏时，就有了"通颊"的建制。该书 ja 函记载："松赞干布对众臣逐一颁布委任，任命：吐蕃之奎本为噶尔·东赞域松，象雄之奎本为琼波苯松

---

① F. W. Thomas, *Tibetan Literary Texts and Documents Concerning Chinese Turkestan*, II, pp.122-123.
② M. Lalou, "Revendications des Fonctionnaires du Grend Tibet au VIII⁰ Siècle", *Journal Asiatique*, CCXLIII, 1955, 1-4(2), p.202.
③ 佐藤长：《古代チベット史研究》，第 253 页。
④ 山口瑞凤：《苏毗の领界》，《东洋学报》第 50 卷第 4 号 (1968)，第 1—69 页；《汉人及び通颊人にょる沙州吐蕃军团编成の时期》，《东京大学文学部文化交流研究施设研究纪要》第 5 号 (1981)，第 10—11 页。

孜，孙波之奎本为霍尔恰秀仁波，齐布之奎本为韦赞桑贝来，通颊（mthong khyab）之奎本为久若结岑扬恭等。"①可见在行政区划和官吏的委任中，通颊与吐蕃本部、羊同、孙波等是平行的。《智者喜宴》本函下文又说："所谓'下勇部'，在玛朋木热以下、嘎塘陆茨以上，由通颊九部落及吐谷浑六东岱所据……"②"玛朋木热"似在唐代积石山一带③，原为吐谷浑驻地，松赞干布时吐蕃"首次将吐谷浑收归辖下"，占领了青海、黄河以南的大片地方。④为防止唐朝军队的进攻，以便自己进一步向北扩张，吐蕃自然要在该地区设防，以通颊部落和归附的吐谷浑部落驻守。此外，吐蕃还在孙波茹中设有一个由汉人组成的通颊部落。⑤从这些记载看，"通颊"似为一种驻守唐蕃边界的斥候军。

出自米兰的藏文文书，能进一步说明通颊的性质。一支木简说："向大王主子禀报：上面在小罗布二城议会时，我等在通颊一段加入当初的守城军。敌部斥候军，杀我眷属，割下头颅，粮筒中所有粮食悉为敌部抢尽，（我等）遭受如此残害。"⑥另一支木简记载："在大萨毗所辖地面，通颊北边驻有个别守边斥候。根据旧令及新建万人部落之令，不可像盗匪般使庶民不信任，不可抢劫。"⑦这两条史料都说明通颊是一种斥候军，多用于巡逻、守卫等，它与吐蕃茹军事制度下的千户是有区别的。汉文史料记载的吐蕃守境者，也有类似通颊的。《通鉴考异》"建中元年（780）"条引《建中实录》："（唐使者）及境，境上守陴者焚楼橹、弃城壁而去。初，吐蕃既得河湟之地，土宇日广，守兵劳弊。""楼橹"，似为一种木制瞭望塔，吐蕃"守陴者"见唐使入境，竟仓皇而逃，可见其战斗力很差，与藏文史料记载的斥候相

---

① 巴俄·祖拉陈瓦：《智者喜宴》，第 185 页；黄颢：《〈贤者喜宴〉摘译（二）》，《西藏民族学院学报》1981 年第 1 期。
② 巴俄·祖拉陈瓦：《智者喜宴》，第 189 页；山口瑞凤：《吐蕃王国成立史研究》，第 881 页。
③ 黄颢：《〈贤者喜宴〉摘译（二）》，《西藏民族学院学报》1981 年第 1 期，第 26 页注 46。
④ 王尧、陈践译注：《敦煌本吐蕃历史文书》（增订本），第 165 页；《新唐书》卷二一六《吐蕃传》。
⑤ 巴俄·祖拉陈瓦：《智者喜宴》，第 188 页。
⑥ 王尧、陈践编著：《吐蕃简牍综录》，第 64 页。
⑦ 王尧、陈践编著：《吐蕃简牍综录》，第 51 页。

似。《赞普传记》载：赤松德赞时（755—797），"韦·赞热咄陆等，引军攻姑臧以上各部，连克八城，守城官员均收归编氓，国威远震，陇山山脉以上各部，均入于掌握矣！设置通颊（mthong khyab）五万户，新置一管辖区域宽广之安抚大使"①。"姑臧"（mkhar tsan）即凉州（今甘肃武威）的古称②，"安抚大使"（bde blon）又译作"德伦"，是吐蕃攻占河西数州后设置的地方盟会——"德伦会议"（bde blon dun tsa）的主持人③。据此，文中提到的"通颊五万户"应是置于河西地区的。

二、通颊的分布

以下，讨论通颊在河西的具体分布。

凉州 P.T.1089 文书被法国拉露女士称作《公元 8 世纪大蕃官吏呈请状》。山口瑞凤对这份写本重新作过翻译、注释，认为它出于 9 世纪 20 年代的敦煌。这份写本中的一段文字，记载了吐蕃凉州节度衙（mkhar tsan khrom）的情况。④ 这个节度衙下属的几个千户中，就有"通颊"千户和小千户，其余有吐蕃、孙波和吐谷浑千户。约在 9 世纪 20 年代，这个节度衙内因官位之争，发生了各族官吏间的纠纷，对此吐蕃当局曾进行过一些调整。经过调整后的各族千户官吏序列为："吐蕃与孙波（bod sum）之千户长，通颊（mthong khyab）与吐谷浑之千户长。……吐蕃与孙波之小千户长……通

---

① 王尧、陈践译注：《敦煌本吐蕃历史文书》（增订本），第 167 页。引文略有改动，"姑臧"原译"小城"，"八城"（mkhar cu pa brgyad）原译"一十八城"，"通颊五万户"（mthong khyab khri sde lnga）原译"五道节度使"。
② 藏文 mkhar tsan（又作 khar tsan、khar tshan）一词，应是凉州古称"姑臧"的对音。"姑臧"系月氏语，上古音作 ka tsang，4 世纪的粟特文作 katsān，8 世纪的突厥文作 kačan，参见哈密顿著、耿昇译：《鲁尼突厥文碑铭中的地名姑臧》，《甘肃民族研究》1985 年第 3—4 期，第 105—106 页。
③ 山口瑞凤：《吐蕃支配时代》，《讲座敦煌》第 2 卷《敦煌の历史》，第 203 页。
④ 山口瑞凤：《沙州汉人による吐蕃二军团の成立と mkhar tsan 军团の位置》，《东京大学文学部文化交流研究施设研究纪要》第 4 号（1980），第 25—27 页；《汉人及び通颊人による沙州吐蕃军团编成の时期》，《东京大学文学部文化交流研究施设研究纪要》第 5 号（1981），第 5 页。参见拙文《吐蕃时期河陇军政机构设置考》，《中亚学刊》（四），第 116 页。

颊与吐谷浑（va zha）之小千户长。"①

可见，在吐蕃凉州节度衙内，吐蕃、孙波人的地位较高，通颊、吐谷浑次之。它反映出，这个通颊千户可能是由被征服的当地百姓组成的。

甘州 在吐蕃统治时期的敦煌汉、藏文文书上尚未发现甘州（今甘肃张掖）有通颊部落，但 S.389《肃州防戍都状上》记载了甘州有通颊部落的情况。这件文书是肃州（今甘肃酒泉）防戍都给沙州归义军的报告，约写成于唐僖宗中和四年（884）。文中讲到甘州龙家"恐被回鹘侵凌"，便拣到丁壮及细小百余人，随退浑（吐谷浑）数十人、"旧通颊肆拾人"等，并入肃州。② 既称"旧通颊"，表明是吐蕃统治时留下的部落名称。由是而知吐蕃曾于甘州编创通颊部落。

沙州与瓜州 P.T.1113 写本记载了吐蕃在沙州（今甘肃敦煌）设置通颊部落的情况，"……王与论·冲热辰年春于陇州会议，向德伦下达盖有通达敕印〔之文书〕，决定于沙州创设一新通颊（mthong khyab）部落"③。

据考定，文中"论·冲热"的活动年限为 815—835 年。他签发的另一件同具"辰年"的文告中，已见有"沙州汉人二部落"（阿骨萨、悉董萨），而这两个汉人部落的成立在 820 年。820 年以后到 835 年之间只有一个"甲辰"，即 824 年，沙州新通颊千户的编成应在此年。④

P.T.1113 文书既称于辰年（824）"创设一新通颊部落"，那么在此之前吐蕃似已于沙州地方编创了此类部落。具体时间据前引《赞普传记》，应在吐蕃占领敦煌（786）以后的十年间。吐蕃统治结束后，归义军时期的文书称

---

① M. Lalou, "Revendications des Fonctionnaires du Grend Tibet au VIIIe Siècle", *Journal Asiatique*, CCXLIII, 1955, 1-4(2), p.177.

② 黄永武主编：《敦煌宝藏》第 3 册，台湾新文丰出版公司 1985 年版，第 303 页。参见前田正明：《河西の歴史地理学的研究》，吉川弘文馆 1964 年版，第 242 页。

③ *Choix de Documents Tibétains conservés à la Bibliothèque National Complété par Quelques Manuscrits de l'India Office et du British Museum*, II. Paris, 1979, p.449. 参见山口瑞凤：《汉人及び通颊人による沙州吐蕃军团编成の时期》，《东京大学文学部文化交流研究施设研究纪要》第 5 号（1981），第 7 页。

④ 山口瑞凤：《汉人及び通颊人による沙州吐蕃军团编成の时期》，《东京大学文学部文化交流研究施设研究纪要》第 5 号（1981），第 7—10 页。

瓜、沙二州尚有"通颊、退浑十部落"①，也说明吐蕃在瓜、沙地区创设的通颊部落不止一个。

鄯善 吐蕃统治下的鄯善（今新疆若羌）地区有通颊部落，一支出自米兰的藏文木简记载有"通颊（mthong khyab）部落所属之巴若赤"，另一件藏文借契提到借出方为"通颊部落的东仁（thong kyab kyi sde ldong pring）"。②鄯善约在8世纪初为吐蕃所控制③，吐蕃在此地设通颊部落，作巡逻、守卫之用，十分自然。

对照以上通颊部落的分布，似可认为《赞普传记》所称"通颊五万户"，是分置于河西的凉、甘、肃、瓜、沙、鄯善等地的，而敦煌和米兰藏文文书中所见的"万户"或"万户长"（吐谷浑万户除外），似多指通颊万户及其长官。④

三、通颊的民族构成

由于吐蕃在本土与河陇地区均设有通颊部落，所以组成这种部落的人源比较复杂，不止一两个民族，以下试分析之。

吐蕃人 M.I.i, 23藏文写本记载："我等来自朗迷部落，从父辈起就……[遵]命来通颊（mthong khyab）服役。"⑤"朗迷"（lang myi）系吐蕃本部叶茹所辖的一个千户⑥，是知通颊部落中有吐蕃人。此外，一支藏文木简载有

---

① S.4276《表状》，图版及录文见土肥义和：《归义军节度使支配时代》，《讲座敦煌》第2卷《敦煌の历史》，第244页。
② T. Takeuchi, *Old Tibetan Manuscripts from East Turkestan in The Stein Collection of the British Library*, pp.143, 201.
③ 池田温：《沙州图经考略》，《榎博士还历记念东洋史论丛》，第93页。参见谭其骧主编：《中国历史地图集》（五）。
④ 据目前所见的资料，唐代吐蕃本土未见有"万户"或"万户长"之称，敦煌和米兰藏文文书中所见的"万户"或"万户长"，见于萨毗、大鄯善、沙州、凉州等，故有此推测。
⑤ 托马斯编著，刘忠、杨铭译注：《敦煌西域古藏文社会历史文献》，第117页。
⑥ 巴俄·祖拉陈瓦：《智者喜宴》，第187页。

"通颊部落所属之巴若赤","巴若赤"应是一吐蕃人名。①

汉人 吐蕃在敦煌设有通颊部落,应有汉人参加。出于归义军时期的汉文写本 P.3711《唐景福二年(893)正月瓜州营田使武安君牒》,是一份处理土地纠纷的文书,涉事一方被称作"通颊董悉"。判文称:该地系武安君"先祖产业","董悉卑户,则不许入,权且丞(承)种"。②"董悉"为汉人姓名③,从被称作"卑户"看,似为身份低于普通百姓而略高于奴婢的杂户。

粟特人 P.T.1094 写本有"通颊七屯人千户长何农六蘩(lho blon klu sgra)"等文字④,S.1485《己亥年六月安定昌雇佣契》载:"己亥年六月五日立契,通颊乡百姓安定昌家内欠少人力,遂于赤心乡百姓曹愿通面上(雇佣? 下残)。"⑤唐代西北地区的何、安、史、康等姓,多系中亚昭武九姓之移民或后裔,其中以粟特人居多,是知鄯善、敦煌的通颊部落中有一批昭武九姓移民。敦煌的"通颊乡"即主要由昭武九姓移民组成,据敦煌文书记载:8 世纪中叶敦煌县城东面一里处,有一个粟特人聚居的村落,被称作"从化乡",为敦煌十三乡之一。吐蕃攻占敦煌后,"从化乡"与敦煌其他乡都被取消,大部分粟特人沦为寺户。⑥归义军政权初期,当局曾释放了一部分寺户,使他们成为乡管百姓。⑦"通颊乡"似主要由被释放的昭武九姓移民组成,其位置当在"从化乡"旧地。

突厥人 一支米兰藏文木简记有"通颊小突厥(mthong khyab drug cun)"⑧。是知吐蕃在鄯善编成的通颊部落中,包括被征服的突厥人。不过 8 世纪末至 9 世纪,吐蕃有将北方回鹘人、突厥人混称的习惯,故"小突厥"

---

① 王尧、陈践编著:《吐蕃简牍综录》,第 56 页。
② 池田温:《中国古代籍帐研究》,第 591 页。
③ "董"姓,北朝时为氐、羌姓氏;但隋唐以降,居于中原、河西地区的"董"姓,应视为汉人了。
④ *Choix de Documents Tibétains Conservés à la Bibliothèque National Complété par Quelques Manuscrits de L'India Office et du British Museum*, II, p.437.
⑤ 黄永武主编:《敦煌宝藏》第 11 册,第 184 页。
⑥ 池田温:《8 世纪中叶における敦煌のソグド人聚落》,《ユーラシア文化研究》1 (1965),第 53—89 页。
⑦ 史苇湘:《丝绸之路上的敦煌与莫高窟》,《敦煌研究文集》,第 84—85 页。
⑧ 托马斯编著,刘忠、杨铭译注:《敦煌西域古藏文社会历史文献》,第 237 页。

或指回鹘人。①

　　由上可见，"通颊"只是一种役职部落的名称，其民族成分随具体地区、具体参加者而定。不仅构成通颊部落的民族成分是复杂的，而且有史料表明，这些成员多来自某些民族的下层。M.I.i, 23 藏文写本就提到，来自朗迷的吐蕃通颊成员，"弟兄五六人，皆一仆人之子"②。《新唐书·吐蕃传》载："房法，出师必发豪室，皆以奴从，平居散处耕牧。"这些被编入通颊的吐蕃人，似即豪室之奴。

　　沙州的通颊部落中，似有一些人身依附关系很强的寺户、杂户参加。前揭 P.3711 文书，就称"通颊董悉"为"卑户"。P.T.1083《禁止抄掠汉户沙州女子牒》，记载了吐蕃大论于陇州（long cu）会上发出的一道命令，内容是禁止吐蕃下级官吏抄掠汉户沙州女子。文告说：今后汉户女子"可如通颊之女子"，"在万户部落内部寻择配偶"。③ 对照归义军政权规定寺户"亲伍礼则便任当部落结媾为婚，不许共乡司百姓相合"④，可看出通颊部落与寺户的婚媾情况是相同的。这反映出吐蕃、归义军时期，敦煌有一批人身地位低于普通民户的寺户和杂户等，其婚媾只能在内部进行。通颊部落的婚姻形式与之相同，则可认为在吐蕃统治时期，通颊部落中的相当一部分成员来自寺户或杂户。

　　综上所述，"通颊"（mthong khyab）是一种役职部落的名称，它起源于吐蕃本土，其人员主要用于巡逻、守卫等。8 世纪后半叶，吐蕃攻占唐朝河陇等地，随之把这种建制援引入被征服的民众中，在河西各地编创了五个通颊万户。吐蕃统治时期，河西各地民族分布复杂，同一民族中又有不同阶层之分，通颊部落多由这些民族中的下层民众组成。吐蕃在敦煌设置一般部落以管理普通民户，又设置通颊部落管理人身地位较低的寺户、杂户，反映出其统治政策是以区分被征服民族的不同阶层为前提的。

---

① 森安孝夫：《チベット语史料中に现われる北方民族：Dru-gu と Hor》，《アジア・アフリカ言语文化研究》第 14 卷（1977），第 43 页。
② 托马斯编著，刘忠、杨铭译注：《敦煌西域古藏文社会历史文献》，第 117 页。
③ 王尧、陈践译注：《敦煌吐蕃文献选》，第 51—52 页。
④ 史苇湘：《丝绸之路上的敦煌与莫高窟》，《敦煌研究文集》，第 84—85 页。

粟特（sog dag）考

《大事纪年》第 45 条记载："及至马年（694），赞普驻于墨竹潜塘。论芒辗细赞于'苏浦'之'寻巴'集会议盟。噶尔·达古为粟特人（sog dag）所擒。"[①] 国内外学者曾对文中的 sog dag 一词是否指粟特人进行过讨论。

1958 年，美籍华人学者李方桂曾撰文，将 sog dag 比定为粟特。[②] 后来，德国学者霍夫曼提出了不同的看法，他认为此处的 sog dag 当是指于阗的塞种人。1979 年，匈牙利的乌瑞发表《有关公元 751 年以前中亚史的藏文史料概述》一文，再次肯定了《大事纪年》694 年记事中的 sog dag 就是指粟特人。他认为：在此不十分清楚的是，这里所说的粟特人是新疆地区的移居地中的呢，还是粟格底亚那的粟特人。霍夫曼关于移居地的粟特人俘虏了吐蕃大臣就势必冒风险的说法是不正确的，因为吐蕃在 692 年就已失去了在西域东部的优势，在 694 年吐蕃试图卷土重来的努力也被打败，作为唐人的盟友，西域东部的粟特人捉住了吐蕃大臣是十分自然的。当然，也不排除是粟格底亚那本土的粟特人与吐蕃发生直接冲突的可能性。[③]

笔者同意李方桂、乌瑞的观点，认为《大事纪年》中的 sog dag 就是指

---

① J. Bacot et F. W. Thomas et Ch. Toussaint, *Documents de Touen-houang Rrelatifs à l'histoire du Tibet*, Paris, Librairie Orientaliste Paul Geuthner 12, Rue Vavin, VIe 1940-1946, pp.17, 38. 译文参见王尧、陈践译注：《敦煌本吐蕃历史文书》（增订本），第 148 页。

② Li Fang-Kuei, "Notes on the Tibetan Sog", *Central Asiatic Journal*, vol.3, 1957, pp.139-142.

③ G. Uray, "The old Tibetan Sources of the History of Central Asia up to 751A. D.: A survey", *Prolegomena to the Sources on the Hisrory of Pre-Islamic Central Asia*, p.14.

移居鄯善的粟特人,以下作进一步的考证。

首先,来看 P.T.960《于阗教法史》(li yul chos kyi lo rgyus)。这一写本可以同藏文《大藏经·丹珠尔部》中的《于阗国授记》(li yul lung bstan pa)互相印证。根据国内外藏学家的考订,这个写本当著于 8—9 世纪之间。①《于阗教法史》中有关 sog dag 的一段文字如下:

> 印度国王迈布宋达尔(vbal bu song dar)的管家名叫西日登(shi ri dan)者,对佛教特别信仰,仁慈有财,牲畜都献与三宝,作为供养。……正在那时,有五百粟特(sog dag)胡商,往国王这边来,没能到达,迷失道路,行将死亡,向夜叉祈祷请求保佑。②

以上引文中的 sog dag 一词,与突厥碑文中用以指粟特的 soghd 和 soghdaq,在拼写和读音上都十分接近。③似可以说,藏文 sog dag 就是从突厥文的 soghadq(粟特文作 srwsyk)或 sordag 转借而来的,用以指粟特人和他们的国家。因而,英国学者 F. W. 托马斯早在 20 世纪 30 年代编译此篇文献时,就认定其中的 sog dag 是指粟特人。他指出,文献中记载的印度迈布宋达尔王国当在西喜马拉雅地区,有 500 名粟特商人到了那里。为印证当时有粟特人在喜马拉雅地区活动,托马斯还指出,从和田去拉达克的途中发现了刻于 9 世纪的粟特文碑。④根据后来的研究,托马斯所指的粟特碑文镌刻于 825 至 826 年之间。⑤

因而笔者认为,由于在《于阗教法史》中被提到的 sog dag,与同一时

---

① 王尧、陈践译注:《敦煌吐蕃文献选》,第 141 页。
② *Choix de Documents Tibétains Conservés à la Bibliothèque National Complété par Quelques Manuscrits de L'India Office et du BM*, II, Paris, p.245. 译文参见王尧、陈践译注:《敦煌吐蕃文献选》,第 156 页。
③ 巴托尔德著、罗致平译:《中亚突厥史十二讲》,中国社会科学出版社 1984 年版,第 36、132 页。
④ F. W. Thomas, *Tibetan Literary Texts and Documents Concerning Chinese Turkestan*, I, pp.318-320.
⑤ G. Uray, "Tibets Connections with Nestorianism and Manicheism in the 8th-10th Centuries", in Ernst Steinkellner and Helmut Tauscher (eds), *Contributions on Tibetan Language, History and Culture*, Wien: Arbeitskreis für tibetische und Buddhistische Studien, Universität Wien, 1983, p.406.

代的突厥文碑中用以指粟特的soghdaq同形、同声，因此前者也应当是用来指粟特的。同时，在中世纪的历史上，中亚粟特商人的足迹几乎遍及东亚、南亚和西亚各地，因而在《于阗教法史》中与印度的国王一起被提到的sog dag商人，只能认为它就是指粟特商人。

其次，有关的汉文史料也支持笔者的观点。吐蕃进入西域，始于7世纪60年代。稍后不久，就出现了吐蕃活动于今若羌一带的记录。① 成书于676—695年的《沙州图经》谓："萨毗城，右西北去石城镇四百八十里，其城康艳典造。近萨毗泽〔……〕日六十里，山险，恒有吐蕃、吐谷浑来往不绝。"② 可见，自此时起，吐蕃与这一带的粟特人多少有了接触。

吐蕃对西域的进攻，迫使唐朝数次放弃安西四镇。武则天上台后，对吐蕃的攻势进行反击。长寿元年（692），武威军总管王孝杰一举收复四镇，使吐蕃丧失了对西域各地的控制权。③ 对此，吐蕃不甘失败，组织新的进攻。《新唐书·突厥传》曰："其明年，西突厥部立阿史那俀子为可汗，与吐蕃寇，武威道大总管王孝杰与战冷泉、大领谷，破之。"同书《吐蕃传》载："首领勃论赞与突厥伪可汗阿史那俀子南侵，与孝杰战冷泉，败走。"《资治通鉴》卷二〇五载此事于延载元年（694）二月。吐蕃这次行动的目的，很清楚是针对两年前的失败事件。此战中"冷泉"与"大领谷"的位置，一在今焉耆东南，一在西宁西境。④ 这次战争，正好是在上举粟特人所居的石城镇到鄯州以西一线进行的。

而粟特人自唐初迁来南疆等地后，首领曾被唐任为镇使，以招西域商贾；武后时，其裔康佛耽延、康地舍拔兄弟犹于该地主事。⑤ 因而在唐蕃战争中，他们自然会站在唐朝一边。延载元年的战争中，他们乘吐蕃败军之

---

① 参见拙文《唐代吐蕃统治鄯善的若干问题》，《新疆历史研究》1986年第2期。
② 引自池田温：《沙州图经略考》，《榎博士还历记念东洋史论丛》（1975），第91—92页。
③ 《唐会要》卷七三《安西都护府》。
④ 《读史方舆纪要》卷六四、六五。
⑤ 参见《新唐书》卷三七《地理志》；张广达：《唐代六胡州等地的昭武九姓》，《北京大学学报》1986年第2期。

际,擒其大臣,完全有可能,故有《大事纪年》694年条记"噶尔·达古为粟特人所擒"之事。

再次,从敦煌文献中以"胡"对译 sog po,也可以看出"粟特"对译 sog dag 的成立。敦煌文书 P.2762 背面,是有名的《蕃汉对照语汇》,其中包括 sog po 在内的一些蕃汉对照语汇是:①

rgya	bod	sog po	va zha	rgya rje
汉	特蕃	胡	退浑	汉天子
dru gu rgyal po	bod gyi btsan po		va zha rje	
回鹘王	土蕃天子		退浑王	

以上语汇中的 sog po 相当于"胡"是明确的。现在的问题是,这个"胡"是否指粟特。北京大学的张广达教授曾根据突厥苾伽可汗碑铭文中的 alti čub sordag 对译"六胡州"这一事实,指出 sordag(粟特)径直被译为"胡",是唐代的习俗。②笔者也曾根据写于唐光启三年(887)的《沙州伊州地志》中,以"胡"与"康国人"对举的事实,指出在敦煌及西域地方,"胡"是指包括粟特人在内的西域各族。③既然敦煌地志以"胡"简称"康国之人",同一时代编写的《蕃汉对照语汇》以"胡"对 sog po, sog po 是指包括粟特人在内的西域胡人,就是很明白的了。

陈寅恪曾研究《旧唐书·安禄山传》《旧唐书·史思明传》及杜甫的《留花门》等诗,证明唐人曾以"杂种胡"专称中亚昭武九姓胡(粟特)。④笔者在细读陈寅恪的这篇文章之后,发现他所举史料中的"杂种胡",实际

---

① 转引自森安孝夫:《チベット语史料中に现われる北方民族:Dru-gu と Hor》,《アジア・アフリカ言语文化研究》第 14 卷 (1977),第 39—40 页。
② 张广达:《唐代六胡州等地的昭武九姓》,《北京大学学报》1986 年第 2 期。
③ 参见拙文《古藏文文书 sog po 一词再探》,《西藏研究》1988 年第 1 期。
④ 陈寅恪:《以杜诗证唐史所谓杂种胡之义》,《金明馆丛稿二编》,上海古籍出版社 1980 年版,第 52—53 页。

上是指已迁居中原的九姓胡,如安禄山、史思明及其部众等,而不是指居于今新疆及其以远的粟特人。因而,不宜讲唐代史料中,凡未被称作"杂种胡"的,就一定不是粟特人。

也许有人会问,虽然 sog po 可以译作"胡"(粟特),但它与《于阗教法史》中的 sog dag 在拼法上已有较明显的区别,对此应作何解释?这个问题与藏文 po 的用法有关。藏文 po,释义之一是:"一种表示男性主人或所有者的后缀。"① 因此,sog po 实际上接近于一种单数称呼,也即汉语中称单个的西域人为"胡"。而 sog dag 与突厥文的 soghdaq 一样,是一种复数称呼,它在《于阗教法史》中用于 500 个商人之前,是十分恰当的。在这里,它兼有复数和前置词的双重作用。②

在新疆米兰发现的藏文简牍中,也见载有 sog po 一词,如 M.I.iv,17 木简记载:"答应交与色达村之羊款:交绮穷二升粮,吉那一升,绮穷又一升,居士二升半,彭列半升,多荣保沙弥一升,sog po 五升。"又,73RMF 木简载:"sog po 处军官良田一突。"③ F. W. 托马斯在 1934 年译注这件简牍时,即提出:sog po 一词当是民族的名称。他认为,考虑到粟特人(sogdian)在 7 世纪就移民到中国的新疆,因而出现在这里的 sog po,当指粟特人。④ 王尧等在《吐蕃简牍综录》一书中,亦将 sog po 译作粟特人。他还说,王静如曾主张译 sog po 为阻卜,但根据简牍的时代来看,似失之过晚。⑤ 笔者近年研究唐代中后期吐蕃进出西域的情况,从新疆出土的藏文写本和简牍来看,记载的民族有吐谷浑、回鹘、突厥、于阗人。其中,回鹘(hor)一词是包括契苾等九个部族在内的联盟的名称。这样,再根据《沙

---

① 张怡荪主编:《藏汉大辞典》,1619 页。
② 巴托尔德说:"正如人们从 soghd 一词构成 soghdag 一词那样,人们是用 sart 一词来构成 sartaq 一词的。蒙古人是用后一词来表示蒙古境内商人占大多数的民族的,换句话说,就是信奉伊斯兰教的'伊朗民族'的。"见巴托尔德著、罗致平译:《中亚突厥史十二讲》,第 132 页。
③ 王尧、陈践编著:《吐蕃简牍综录》,第 28、61 页。
④ 托马斯编著,刘忠、杨铭译注:《敦煌西域古藏文社会历史文献》,第 302—303 页。
⑤ 王尧、陈践编著:《吐蕃简牍综录》,第 28 页。

州伊州地志》记载的粟特人在西域活动的情况来看，sog po 一词指粟特人是没有问题的。

综上所述，在唐代的藏文文献和文书中，sog dag 及 sog po 一词，确是指西域胡人，尤其是指粟特人。

附 录

吐蕃与南亚、中亚各国关系史述略

7世纪初，吐蕃兴起于今青藏高原。唐朝贞观初年，吐蕃著名赞普松赞干布统一苏毗、羊同后，定都逻些（今拉萨），建职官，立军制，定法律，使吐蕃迅速强盛起来。之后，吐蕃一方面向东发展，与唐朝发生密切联系；另一方面往西与泥婆罗、天竺、勃律、迦湿弥罗、吐火罗等南亚和中亚诸国接触[①]，进行政治、经济、文化的交流，甚至一度攻占过上述诸国的一些地方。吐蕃与唐朝的交往，已有诸多著作论及；而吐蕃与南亚、中亚诸国的关系史，尚无专文论述，笔者试结合各种资料，对此作一番探索。

一、泥婆罗、天竺

（一）泥婆罗

论及吐蕃与泥婆罗、天竺的关系之前，需略述吐蕃对羊同的征服。羊同，古藏文作 zhang zhung，又译作"象雄"，其地在今西藏日喀则以西，直至阿里。《通典·边防》曰："大羊同东接吐蕃，西接小羊同，北直于阗。东西千余里。"知羊同又有大小之分。但诸书于小羊同皆所言不详。一般认为，

---

① 本文"中亚"的范围系取自威廉·巴托尔德的《中亚历史地图》，即兴都库什山以北，咸海以东，巴尔喀什湖以南，吐鲁番以西。但就与吐蕃有交往关系而言，中国境内被划入中亚范围的地区、民族和古国，当与其余中亚地区有别。参见巴托尔德著、罗致平译：《中亚突厥史十二讲》，第321页附图。

大羊同即藏文史籍中所说的上象雄（zhang zhung stod），小羊同即下象雄（zhang zhung smad）。地理位置，前者在北，后者在南。①

吐蕃对羊同的经略，始于达布聂塞赞普之时，时间大概是 6 世纪。藏文史书《智者喜宴》记载，其时"三分之二的小邦均纳入（吐蕃）统治之下。本巴王、吐谷浑王、昌格王、森巴王及象雄王（zhang zhung rje）等均被征服"②。但是到松赞干布之父囊日伦赞后期，由于吐蕃政权内部不稳定，被征服的羊同、苏毗、达布等属部相继叛变，囊日伦赞被旧臣毒死。松赞干布执政，经征讨，先后降服苏毗、达布等。约于 644 年，最后兼并了羊同。③吐蕃征服了羊同，打通了西去迦湿弥罗和天竺，或西南经泥婆罗去天竺的道路，为吐蕃与南亚和中亚各国的接触，创造了条件。④

吐蕃对泥婆罗的经略，始于松赞干布之时。泥婆罗，梵文 Nepāla，俗语 Nevāla，指今尼泊尔国加德满都谷地。《新唐书·西域传》："泥婆罗直吐蕃之西乐陵川。土多赤铜、氂牛。俗剪发逮眉，穿耳，楦以筩若角，缓至肩者为姣好。无匕筯，攫而食。其器皆用铜，其居版屋画壁。俗不知牛耕，故少田作，习商贾。"7 世纪初，泥婆罗为塔库里王朝统治，其王号鸯输伐摩，意为光胄。此王在位期间（630—640），曾把女儿赤尊嫁给松赞干布。⑤藏文史书《智者喜宴》记载松赞干布迎娶泥婆罗赤尊公主事较详，其云：松赞干布派大臣吞米桑布扎为迎婚使，携带金币、金粉、璎珞等礼物，前往泥婆罗请婚。先是，泥婆罗王以吐蕃之地荒凉且无佛教为借口，不许婚事。于是吐蕃方面声称，如"不许以公主，则将发五万化身军队，令其摧毁泥婆罗，具将

---

① 山口瑞凤：《吐蕃王国成立史》，第 913 页附地图。
② 巴俄·祖拉陈瓦：《智者喜宴》，第 171 页。
③ 王尧、陈践译注：《敦煌本吐蕃历史文书》（增订本），第 145、165 页。
④ 古代西藏与印度之间的往来，并不是按照今天的惯常路线，即从帕里越过喜马拉雅山，经卓木河谷到印度；而是溯雅鲁藏布江西上，或经阿里穿越克什米尔到印度，或从尼泊尔到印度。参见范祥雍：《唐代中印交通吐蕃一道考》，《中华文史论丛》1982 年第 4 辑；陆庆夫：《论王玄策对中印交通的贡献》，《敦煌学辑刊》1984 年第 1 期。
⑤ 季羡林等：《大唐西域记校注》，第 612—613 页。参见黄盛璋：《关于古代中国与尼泊尔的文化交流》，《历史研究》1962 年第 1 期。

公主带来"。泥婆罗王闻之甚惧，遂允婚事。①关于此事，各家藏文史书在记载迎婚使、聘礼名单、双方言谈上，虽不尽相同，但可以肯定的是：其一，松赞干布的确曾迎娶赤尊公主；其二，双方联姻得以实现，在于吐蕃对泥婆罗施加了政治、军事的影响。

关于赤尊公主入蕃的时间，兰顿（Perceval Landon）著《尼泊尔》，引一说为 639 年，比唐朝的文成公主入蕃（641）要早两年。②但藏文史书《西藏王统记》、《新红史》等，均说松赞干布 16 岁时迎请赤尊公主，而松赞干布的生年，有 569、593、617 等年说。若依后两说，赤尊公主入藏当在 609—633 年之间，均与兰顿说不合。如鸯输伐摩 630—640 年在位，而赤尊为其女之说不误，赤尊之入蕃当在 633 年左右；如依《智者喜宴》的相关记载，可将松赞干布迎请尼泊尔赤尊公主为妃的时间定在 634 年。③

汉文史书不载吐蕃与泥婆罗联姻之事。《新唐书·西域传》曰：泥婆罗"王那陵提婆之父为其叔所杀。提婆出奔，吐蕃纳之，遂臣吐蕃"。《大事纪年》于噶尔·东赞迎文成公主入蕃等文字下记曰："杀泥婆罗之'宇那孤地'，立'那日巴巴'为（泥）王。"④此那日巴巴（na ri ba ba）似即《西域传》之那陵提婆，是知那陵提婆出奔吐蕃后，又由吐蕃遣军送还，杀其叔，自立为王，臣于吐蕃，此已是 641 年。由此时间表，又可推知宇那孤地（yu sha kug ti）当即鸯输伐摩，尼史谓其在位的时间为 630—640 年，而藏史记宇那孤地于 641 年被杀。两相比较，相差仅一年，或由两地纪年之误差而致，或因杀宇那孤地在前，立那日巴巴在后，而《大事纪年》概记于一年之中，都是有可能的。总之，吐蕃于 7 世纪 30 年代与泥婆罗联姻后，乘其国内因王位继承引起内讧的机会，以武力护送那陵提婆回国执政，也就控制了

---

① 巴俄·祖拉陈瓦：《智者喜宴》，第 203 页。引文参见黄颢：《〈贤者喜宴〉摘译（三）》，《西藏民族学院学报》1981 年第 2 期。
② 转引自黄盛璋：《关于古代中国与尼泊尔的文化交流》，《历史研究》1962 年第 1 期。
③ 巴俄·祖拉陈瓦：《智者喜宴》，第 194 页。引文参见黄颢：《〈贤者喜宴〉摘译（三）》，《西藏民族学院学报》1981 年第 2 期。
④ 王尧、陈践译注：《敦煌本吐蕃历史文书》（增订本），第 145 页。

其国，使之称臣纳贡。

吐蕃统治初期，泥婆罗王世系仍然存在。《旧唐书·西戎传》说，唐高宗永徽二年（651），有泥婆罗王尸利那连陀罗遣使来朝。根据《新编尼泊尔史》的说法，此尸利那连陀罗与那陵提婆当是一人，即纳伦德拉·德瓦。他在吐蕃的帮助下回国执政，有国四十余年，大约在683年才去世。自此之后，不见有泥婆罗使者来，结合705年有赞普兄自泥婆罗王位引退的事件，估计至迟在尸利那连陀罗亡后，泥婆罗王位已由吐蕃赞普的王室成员担任，后者或至少起摄政王的作用。

大约在704年之时，泥婆罗曾起兵反对吐蕃的统治，《旧唐书·郭元振传》载，元振上疏曰："今吐蕃不相侵扰者，不是顾国家和信不来，直是其国中诸豪及泥婆罗〔门〕等属国自有携贰，故赞普躬往南征，身殒寇庭，国中大乱。"《大事纪年》亦谓，龙年（704），"冬，赞普牙帐赴蛮地，薨"。此年所亡之赞普为赤都松，他于676—704年在位。705年，赞普兄也被迫自泥婆罗王位引退。看来，这次事件一度影响了吐蕃对泥婆罗的控制。之后，不再见有双方关系的详细记录。有一种观点认为，9世纪中叶吐蕃王朝崩溃以后，到880年左右，泥婆罗脱离了吐蕃的控制而独立。[①]

（二）天竺

吐蕃控制泥婆罗之后，遂与天竺为邻。天竺，为汉身毒国，或曰摩伽陀，唐人已称之为"印度"（Indu），《大唐西域记》卷二："详夫天竺之称，异议纠纷，旧云身毒，或曰贤豆，今从正音，宜云印度。印度之人，随地称国，殊方异俗，遥举总名，语其所美，谓之印度。印度者，唐言月。……印度种姓，族类群分，而婆罗门特为清贵，从其雅称，传以成俗，无云经界之别，总谓婆罗门国焉。"[②]

[①] I. R. 阿里亚尔等著、四川外语学院翻译组译：《新编尼泊尔史》，四川人民出版社1973年版，第38、43页；王尧、陈践译注：《敦煌本吐蕃历史文书》（增订本），第149页。
[②] 季羡林等：《大唐西域记校注》，第161—162页。

《新唐书·西域传》谓其"居葱岭南,幅员三万里,分东、西、南、北、中五天竺,皆城邑数百"。其中,又以中天竺与吐蕃交往较为频繁。由于地理上的原因,很早以来,羊同就通过泥婆罗、迦湿弥罗与天竺有了接触。而天竺人视羊同境内的冈底斯山为神山,他们经常前往那里进香朝圣。这种现象的出现,可以追溯到羊同成为吐蕃属国以前。[①]吐蕃吞并羊同后,能从源源不断的朝圣者那里,进一步了解到天竺的情况。

汉文史籍记载吐蕃与天竺的接触,首推由于王玄策出使天竺而引起的事件。唐贞观二十二年(648),太宗因中天竺国王尸罗逸多遣使来朝,复遣右卫率府长史王玄策还使其国。玄策等方至其境,逢尸罗逸多死,国内大乱,其臣那伏帝阿罗那顺自立,发兵拒中国使。玄策投身奔吐蕃西境,说吐蕃发兵千人、泥婆罗七千骑,攻茶镈与罗城。[②]破城后,斩首三千级,使溺水死万人。阿罗那顺合兵复战,为副使蒋师仁擒获。之后,又败中天竺余众数万人于乾陀卫江,此战"获其妃、王子,虏男女万二千人,杂畜三万,降城邑五百八十所",震动天竺诸国。东天竺王尸鸠摩送牛马三万馈军,及弓、刀、宝璎珞等。[③]此事件虽系由阿罗那顺拒唐使引起,但后来在其中起主要作用的还是吐蕃和泥婆罗。因此,不管是从战利品、俘虏的获得,还是从声名的远播来看,实际得利者都是吐蕃。《旧唐书·太宗纪》"贞观二十二年五月"条曰:"吐蕃赞普击破中天竺国,遣使献捷",足以证明吐蕃是把中天竺之役,看作是自己的胜利。

藏文史籍中,不见对王玄策事件的记载。但据《白史》所述,吐蕃最初占据印度的底惹赫达(di ra hi da),也是松赞干布时的事情。底惹赫达是恒河北岸直达黑山山脉区域的通称,包括结(gyad)、释迦(shav kya)、离遮毗(li tsa bi)、毗日即(bri dzi)、羯若鞠门(knyav kub dza)等许多著名地

---

① R. A. 石泰安著、耿昇译:《西藏的文明》,西藏学参考丛书之六,1985年,第22—23页。
② "罗城",似即摩揭陀之"拘苏摩补罗城",为中天竺重要城市,其地在今巴特那(patna)西北。参见季羡林等:《大唐西域记校注》,第623—624页。"茶镈",不详。
③ 《新唐书》卷二二一《西域传》。

区。吐蕃军队占据该地以后,因气候"酷热",未能久驻,便撤了回去。印度人著书说,有蒂尔胡特地区,王玄策事件后并入吐蕃,一直至703年。可见底惹赫达就是蒂尔胡特。[①]又,《智者喜宴》说,松赞干布时,天竺国曾向吐蕃朝贡,其书ja函曰:"其时,天竺、汉地、仲格萨尔以及大食等边地诸王,闻听化身王松赞干布,年少即能依教法治理政事之神奇事迹之后,他们便从各自地方献来赋税、礼品,以及岁贡,又献很多宝画书信。"[②]这里虽然说得十分笼统,且有夸张之嫌,但其反映出的吐蕃与天竺等建立了某种关系是可信的。

可以看出,松赞干布时期,由于吐蕃向西发展较快,加之王玄策事件的推动,吐蕃在天竺诸国具有较大的影响,并一度占据过中天竺的某些地方。其间,天竺的佛教开始大规模传入吐蕃,诸多贤者受松赞干布之请,东赴逻些,广译佛经,弘扬教法。同时,松赞干布还派人到天竺,学习文字,并以之为蓝本创制了藏文。概而言之,似可把松赞干布时期,看作是吐蕃与天竺交往关系的形成和发展时期。

吐蕃与天竺频繁交往的第二个时期,是8世纪。其时,吐蕃向东面的发展,由于受到唐朝的遏制,不可能取得显著的进展,双方的战争主要集中在今青海东北的黄河一带。因而,吐蕃极力向西扩张,从7世纪后半叶以降到8世纪初,吐蕃数次攻陷唐朝设在西域的安西四镇(龟兹、焉耆、于阗、疏勒),又迫使今吉尔吉特地方的小勃律国叛唐附蕃。它还联合大食(阿拉伯)军队,进攻唐朝羁縻州拔汗那(费尔干纳)等。吐蕃向西发展,无疑会削弱唐朝在西域的辖制权,并对天竺诸国形成威慑。因此,唐玄宗开元八年(720),南天竺遣使至唐,"请以战象、兵马,讨大食及吐蕃",并求唐朝赐名以命其师,玄宗嘉之,赐"怀德军"。[③]天竺既遣使至唐,又请以军名,皆

---

① 根敦琼培著、法尊大师译:《白史》,西北民族学院研究所资料丛刊之七,1981年,第20—22页;恩·克·辛哈等著、张若达等译:《印度通史》第1册,商务印书馆1973年版,第230页。
② 巴俄·祖拉陈瓦:《智者喜宴》,第177—178页。引文参见黄颢:《〈贤者喜宴〉摘译(二)》,《西藏民族学院学报》1981年第1期。
③ 《册府元龟》卷九九五《外臣部》;《新唐书》卷二二一《西域传》。

为求得声援，以对抗大食与吐蕃，可以想见，吐蕃的向西发展，已引起天竺诸国的震动。

8世纪中叶，围绕着桑耶寺（bsam yas）的修建，再度引发吐蕃向中天竺的扩张。众所周知，从松赞干布时起，印度佛教就已传入吐蕃，但直到8世纪中叶，吐蕃内部护佛和反佛的斗争还十分尖锐。赞普赤松德赞（755—797年在位）继位后，欲以佛教作为统治工具，借机反击守旧的大臣，故倾向于护佛贵族一边。他派人去天竺和汉地，邀请佛教各派的代表人物来蕃弘扬佛法。就是在这种背景之下，印度佛教的密宗大师、邬仗那活佛莲花生（padmasambhava），来到了吐蕃。莲花生到吐蕃后做的第一件事，就是为佛教徒创立栖身之地，为此，他主持兴建了桑耶寺。①

桑耶寺的修建，主要依靠天竺、泥婆罗和勃律的工匠，建筑风格主要是印度的。因需在佛塔内供奉礼物，有人建议去摩揭陀（mangadha）国取舍利。于是，赤松德赞遂发兵进入天竺境，涉过恒河（ganga），进兵摩揭陀国。彼时，"所有摩揭陀人将各种财宝送往乌仗那之布日山，而各类人等则逃往东印度"。由于已无须交战，吐蕃取得舍利后，便在恒河河畔派军队驻守，"从此地以内则为吐蕃地界（bod kyi sa btasd），并命令在该地立石碑一通"②。藏文史书的此段记载，或因过于形象、传奇，而有夸张之嫌，但它反映的历史可能部分是真实的。

14世纪中叶发现的藏文史籍《莲花生遗教》，记载赤松德赞时，吐蕃曾向东南西北四个方向发展。其中一段曰："在南方，印度国王Rā jā Dharma dpal与Dravu dpun，听命解散军队，原地待命，将印度王国献于吐蕃治下；印度国之财富，珍宝与上好的食粮，按时贡奉。上部和下部的印度大王，为表尽忠之心，上吐蕃元帅无比尊号。"Dharma dpal当是孟加拉（bengal）的帕拉（pālā）王达尔玛帕拉（dharma pālā），其在位的时间是769—801年，

---

① 王森：《西藏佛教发展史略》，中国社会科学出版社1987年版，第8—9页。
② 巴色朗：《巴协》，民族出版社1980年版，第51页；巴俄·祖拉陈瓦：《智者喜宴》，第347—348页。此处引文参见黄颢：《〈贤者喜宴〉摘译（七）》，《西藏民族学院学报》1982年第2期。

与赤松德赞为同时代的人。Dravu dpun，又作 Drvu dbon，似为帕拉王之侄。印度史书记载，达尔玛帕拉在位时，似乎被认为是北印度的皇帝，除孟加拉外，他还直接统治着处于今比哈尔邦的摩揭陀故地。① 此述达尔玛帕拉向吐蕃进贡，似与吐蕃进兵摩揭陀取舍利事件有关。

赤松德赞时，吐蕃的向外发展达到鼎盛时期。向东，吐蕃攻占唐朝的陇右道与河西道以及剑南道的西部，以今天的区划而论，就是青海、甘肃全境，四川、云南、宁夏、新疆的一部分，并一度攻陷长安（763）；向西，攻占了小勃律（今克什米尔西北段）、葱岭（帕米尔）诸国，加之其对天竺的攻掠，吐蕃当时的影响是很大的。《智者喜宴》曰：其时吐蕃兵旅所及，"东达昴宿星升起之地京师万祥门，南抵轸宿星升起的边地恒河河畔建立石碑之地。遂之统治世间地区的三分之二"②。看来，8世纪后半叶，吐蕃对天竺的影响，确已南抵恒河北岸。

直到9世纪上半叶，吐蕃的向西扩张还未停止。823年立于拉萨的《唐蕃会盟碑》东侧碑文说，赞普赤祖德赞时（815），吐蕃"威严煊赫，是故，南若门巴天竺，西若大食，北若突厥拔悉密等虽均可争胜于疆场，然对圣神赞普之强盛威势及公正法令，莫不畏服俯首，彼此欢忻而听命差遣也"③。

之后，吐蕃内部因灭佛与护佛而发生动乱，达玛赞普被刺身亡，各派贵族大臣之间混战不已，奴隶起义蜂拥而起，吐蕃王朝很快趋于瓦解，各地呈现分裂割据的局面。在此形势下，吐蕃对天竺诸国的影响，也就告一段落。

---

① 《莲花生遗教》（Padma bkavi thang yig）。此处引文和考释，参见 F. W. Thomas, *Tibetan Literary Texts and Documents Concerning Chinese Turkestan*, I, pp.272-273；恩·克·辛哈等著、张若达等译：《印度通史》第1册，第240页。
② 巴俄·祖拉陈瓦：《智者喜宴》，第377页。引文参见黄颢：《〈贤者喜宴〉摘译（十）》，《西藏民族学院学报》1983年第1期。
③ 王尧编著：《吐蕃金石录》，第43页。

二、勃律、迦湿弥罗

(一) 勃律

勃律或曰布露,在汉文文献中,从东晋智猛的《游行外国传》、北魏宋云的《行记》和惠生的《行记》到唐代著述,先后有波沦、钵卢勒、钵露勒、钵露罗、钵罗、勃律等不同译名,藏文文献作 bru zha 或 bru sha,可还原为 balura 或 balora,今名 Balitistan,在今克什米尔西北段。勃律又有大小之分,一般认为大勃律即《大唐西域记》之钵露罗,而小勃律在亚兴 (yasin) 河流域。[①]慧超《往五天竺国传》曰:"大勃律,原是小勃律王所住之处,为吐蕃来逼,走入小勃律国坐。首领、百姓在彼大勃律不来。"[②]看来,勃律国起初并无大小之分,只是因为被吐蕃占据了一部分,其王出走,居于一隅,故以大勃律、小勃律区别之。以下分别考述。

《新唐书·西域传》曰:"大勃律,或曰布露。直吐蕃西,与小勃律接,西邻北天竺、乌苌。地宜郁金。役属吐蕃。"大勃律何时起役属于吐蕃,史无明文。但慧超在开元初由天竺返国时,已知大勃律属吐蕃管辖。《往五天竺国传》曰:"又迦叶弥罗国东北,隔山十五日程,即是大勃律国、杨同国、娑播慈国。此三国并属吐蕃所管,衣着言音人风并别。"[③]慧超途经勃律,约当唐玄宗开元十五年(727),可知在此之前,大勃律即为吐蕃所征服。

有学者提出了更为精确的观点,认为:就现有的各种资料来看,吐蕃自长寿元年(692)被逐出西域以后,到万岁通天元年(696)为止,只有延载元年(694)这一次重新进入西域,因此,实际上大勃律役属吐蕃,从而吐蕃开通进入西域的西道,只能是长寿元年至延载元年这两年中间的事。[④]

吐蕃对勃律的经略,有其深刻的历史原因。7世纪初叶,吐蕃迅速强盛

[①] 季羡林等:《大唐西域记校注》,第299页。
[②] 张毅:《往五天竺国传笺释》,中华书局1994年版,第69页。
[③] 张毅:《往五天竺国传笺释》,第64页。
[④] 王小甫:《唐、吐蕃、大食政治关系史》,第119页。

起来后，由于对外扩张的需要，它不仅向东和向西发展，而且也瞄准了中亚这块民族众多、小国林立的空间。尽管唐朝在中亚设立了众多的羁縻州，但是真正能够控制住的，只是葱岭以东、碎叶水东南的地区，这基本上就是今天中国的新疆部分。而且就是这一部分，也经常受到吐蕃的进扰。

吐蕃开始出现在西域，是7世纪60年代。在7世纪后半叶的几十年中，吐蕃频繁地进攻于阗、疏勒、龟兹等，迫使唐朝多次放弃这些地方。在这一系列进攻中，吐蕃军队所取的路线，多半经由从青海湖往西过柴达木盆地出鄯善而至四镇的"吐谷浑道"，以及从今西藏阿里取道于阗南山进入西域的"于阗道"。但是到7世纪末，形势有了变化。唐朝自武则天长寿元年（692）重新夺回四镇以来，加强了对西域东南部的控制，四镇周围都配以重兵把守，使吐蕃欲再寻"吐谷浑道"、"于阗道"出入西域，已为不易，因而它极力要另寻去往西域的通道。这就是吐蕃经略勃律地区的根本原因。[①]

吐蕃是如何策划、怎样行动才攻占大勃律的，史料阙载，但是仍可以从史籍中找出一点线索。《通典·边防》"吐蕃"条载，万岁通天二年（697），吐蕃大论钦陵遣使请和，武则天遣郭元振至野狐河与之议事。钦陵请唐朝拔去西域镇守，使四镇诸国、西突厥十姓各建王侯，人自为守，既不款汉，又不属蕃。其理由之一是："十姓中，五咄六部诸落，僻近安西，是与吐蕃颇为辽远。俟斤诸部，密近蕃境，其所限者，唯界一碛，骑士腾突，旬日即可以蹂践蕃庭，为吐蕃之巨蠹者，唯斯一隅。""俟斤诸部"，即西突厥五弩失毕部，分布在今中亚的碎叶水西南一带。其地与今拉萨的吐蕃王廷相去甚远，钦陵何以谓其"密近蕃境"，"旬日即可以蹂践蕃庭"呢？

结合上文对形势的分析来看，可以理解为唐朝收复四镇以后，吐蕃已着手经略能够从西面进入四镇的"勃律道"，至7世纪末，已进入今帕米尔地区，此地与五弩失毕部弥近，故有钦陵视其为"吐蕃之巨蠹者"之说。于

[①] 参见拙文《唐代吐蕃—勃律道考》，《西北历史研究》（1987），三秦出版社1989年版。

此,尚可举一史料佐证之。开元初年,慧超从护密国经播蜜川(帕米尔)至葱岭镇(今塔什库尔干)时,虽见"此即属汉,兵马见今镇押",但他也了解到"此即旧日王裴星国境,为王背叛,走投吐蕃"。① 既曰"旧日",足见其王走投吐蕃已有一定年月,其时间似可追溯至 8 世纪之初。此可证明 7 至 8 世纪之际,吐蕃确已在帕米尔地区活动,而当时的勃律地区,还在帕米尔之南,其已为吐蕃所控制,自是预料中的事情,至少大勃律是如此。

在大勃律被吐蕃征服约半个世纪后的天宝年间,唐朝为了驱逐吐蕃在帕米尔地区的势力,发起了一场意在夺回大勃律的战争。《旧唐书·段秀实传》载,天宝十二载(753)"封常清代仙芝,讨大勃律,师次贺萨劳城,一战而胜。常清逐之,秀实进曰:'贼兵羸,饵我也,请备左右,搜其山林。'遂歼其伏,改绥德府折冲"。这是大勃律第一次受到唐军的远征,虽然吐蕃军队没能把它守住,看来唐朝也没有将其真正地控制于自己手中。因此有学者评价说,如果说 751 年怛罗斯战役具有东部唐朝和西部大食决定中亚命运的性质,那么,753 年唐军在大勃律的活动似乎是难以理解的。②

吐蕃吞并大勃律之后,进一步向北发展,兵力达及小勃律国。《新唐书·西域传》曰:小勃律"东南三百里大勃律,南五百里箇失密,北五百里当护密之娑(婆)勒城","开元初,王没谨忙来朝,玄宗以儿子畜之,以其地为绥远军。国迫吐蕃,数为所困。吐蕃曰:'我非谋尔国,假道攻四镇尔!'"看来,开元初年(713 年左右),小勃律已为吐蕃所攻扰,故其王亲至唐廷,以求声援,玄宗以其地为"绥远军"而嘉之。

至开元十年,吐蕃进围小勃律,夺其九城,其王没谨忙求救于北庭,节度使张孝嵩率兵前往,在小勃律兵的配合下,"大破吐蕃,杀其众数万,复九城"③,自嵩此征之后,吐蕃不敢西向。但十余年后,小勃律与吐蕃的关系有了很大的变化。《新唐书·西域传》记载此事说,小勃律王"为吐蕃阴

---

① 张毅:《往五天竺国传笺释》,第 146 页。
② 森安孝夫:《吐蕃の中央アジア进出》,《金泽大学文学部论集·史学科篇》4 (1984),第 43 页。
③ 《新唐书》卷二二一《西域传》。

诱,妻以女,故西北二十余国皆臣吐蕃,贡献不入。安西都护三讨之无功"。《大事纪年》亦记载了吐蕃控制小勃律的情况,第 88 条:及至牛年(737),"论·结桑龙(东)则布引兵至小勃律国。冬,赞普牙帐居于扎玛,小勃律王降,前来致礼";第 91 条:及至龙年(740),"嫁王姐赤玛类与小勃律王为妻"。①

由于从小勃律北上便可控制葱岭的东西通道,故吐蕃控制其地后,便会阻断西域各国与唐朝的交通,唐朝在西域的辖制权受到威胁。因而,天宝六载(747),唐玄宗诏安西副都护高仙芝征讨小勃律。是年,高仙芝率马步万人出安西(龟兹),经拨换城、疏勒、葱岭守捉(揭盘陀)、播蜜川(帕米尔)、五识匿国(什格南)、护密国(瓦罕)、婆勒川(萨尔哈德)②、坦驹岭(兴都库什山山口)、阿弩越城,及至小勃律之孽多城,一举克之。破城后,仙芝令官兵断娑夷水(吉尔吉特河)之绳桥,拒吐蕃援军于对岸。③

唐朝平定小勃律之事,在《敦煌本吐蕃历史文书》中亦有记载,《大事纪年》第 103 条曰:"及至猪年(747)夏,赞普驻于那玛,廓州一带出现唐人斥候军兵。勃律、高地被击溃。"④可见,汉、藏文史料对此事件的记载是一致的。

高仙芝平小勃律后,携小勃律王及吐蕃公主班师还朝,诏改小勃律国号"归仁",置归仁军,以数千士兵镇之。唐朝此举,对西域诸国皆有震动,"于是拂菻、大食诸胡七十二国皆震慑降附"。⑤吐蕃在此役中虽受挫折,但并未因此而放弃对勃律之地的经略,《册府元龟·外臣部》记天宝八载(749),吐火罗叶护夫里尝伽罗遣使来朝,献表曰:"臣邻境有一胡,号曰揭师,居在深山,恃其险阻,违背圣化,亲辅吐蕃。知勃律地狭人稠,

---

① 王尧、陈践译注:《敦煌本吐蕃历史文书》(增订本),第 153 页。
② 婆勒川,《资治通鉴》卷二一五作"娑勒川",据《旧唐书》卷一〇四《高仙芝传》改。王小甫认为,婆勒川即今瓦罕河,婆勒川其实是 Baroghil 的音义合译。参见王小甫:《七、八世纪之交吐蕃入西域之路》,《庆祝邓广铭教授九十华诞论文集》,河北教育出版社 1997 年版,第 74—85 页。
③ 《旧唐书》卷一〇四《高仙芝传》。
④ 王尧、陈践译注:《敦煌本吐蕃历史文书》(增订本),第 154 页。
⑤ 《新唐书》卷二二一《西域传》;《旧唐书》卷一〇四《高仙芝传》。

无多田种，镇军在彼，粮食不充，于箇失密市易盐米，然得支济，商旅来往，皆著朅师国过。其王遂受吐蕃货求，于国内置吐蕃城堡，捉勃律要路。自高仙芝开勃律之后，更益兵二千人，勃律因之。朅师王与吐蕃乘此虚危，将兵拟入。臣每忧思，一破凶徒，若开得大勃律已东，直至于阗、焉耆、卧凉、瓜、肃已来，吐蕃更不敢停住。望安西兵来载五月到小勃律，六月到大勃律。"

吐火罗，在今阿富汗北境，从其王称叶护可看出，此似指臣服于西突厥阿史那氏叶护可汗的吐火罗国。朅师，从其扼小勃律至箇失密（克什米尔南段）商道的情况看，其地当在巴基斯坦北境之吉德拉尔（chital）一带。吐火罗使者的表奏说明，吐蕃在小勃律失利之后，转而拉拢朅师，在其国筑城驻军，控制小勃律至箇失密间的商道，欲使驻守小勃律的唐军受困，其目的在于重新打通自大勃律至小勃律然后北去护密、东向四镇的道路。唐朝在吐火罗王的请求下，再度遣高仙芝出兵，"破朅师，虏其王勃特没"，另立其兄"素迦为朅师王"，其时在天宝九载（750）[①]，这就阻止了吐蕃欲卷土重来小勃律的计划。直到"安史之乱"（755）爆发以前，小勃律之地似掌握在唐朝手中。

"安史之乱"爆发后，唐朝忙于平定内部，无力西顾，吐蕃乘势在东线攻占河陇，西面攻占于阗等地，葱岭诸国及小勃律之地，似均为吐蕃所据。这种情况，虽汉史不载，但从藏文史料中可看出端倪。

8世纪下半叶，桑耶寺建成后，吐蕃赞普赤松德赞决心奉佛教为国教。为防止发生灭佛事件，遂制订《不得灭法之诏书》，召诸大臣及小邦王进行盟誓，盟誓诏书存于桑耶寺府库，人们今天得见于《智者喜宴》ja函之中。其中，第一诏书结尾部分写道："有关叙述佛法在吐蕃前后产生情况之文书

[①] 《资治通鉴》卷二一六"天宝九载二月"条，其下引《考异》曰："《实录》去载十一月，吐火罗叶护请使安西兵讨朅师，上许之。不见出师。今载三月庚子，册朅师国王勃特没兄素迦为王，册曰：'顷勃特没，于卿不孝，于国不忠'，不言朅师为谁所破。按十载正月，高仙芝擒朅师王来献；然则朅师为仙芝所破也。"

有正副两本，如是之抄本共十三份，其中一份置于地窖，两份盖印之后分存于大昭寺及红岩桑耶寺。十份均于（文书）下部盖印，分别置于大昭寺、桑耶寺、昌珠之扎西拉玉寺、王宫所属僧团、逻些之汉人所建小昭寺、红岩三界不变解脱寺、勃律地区、象雄地区、多麦及各地地方长官，对于上述诸寺院之僧团各赐以盟誓文书一份。"①

很明显，收到盟誓诏书的，包括"勃律地区"（bru sha yul），它是与羊同（zhang zhung）、多麦（mdor smad）地区并列的收藏诏书的十个单位之一，可以看出，到8世纪下半叶，勃律在吐蕃诸辖地中占有举足轻重的地位。

我们还可以举出一条史料，来说明勃律地区在吐蕃王朝中的重要性。大致是在9世纪，译师达玛菩提、达那剌乞答等在勃律完成了《金刚瑜伽成就授记》的译本，在译本的题记中，出现了 bru shavi yul gyi khrom 这样一个地名。bru sha 就是勃律的藏文拼法，而且很多学者都认为，bru sha 实际上是指小勃律，因为在《大事纪年》中，有关 bru sha 的记载，其年代与内容都与汉文史书中记载的小勃律相符。至于 khrom，现代藏语的含义是市场、集市，但它在吐蕃时代有另外一层含义。根据匈牙利藏学家 G. 乌瑞的研究，khrom 是吐蕃时期设在边境，或至少是在东、北和极西边境地区的军镇组织，它的长官实际上就是敦煌汉文文书或唐史中提到的吐蕃节度使、留后使等。根据目前所能见到的资料来看，吐蕃设立了玛曲（黄河）军镇、野猫川（青海湖东）军镇、姑臧军镇、瓜州军镇、小勃律军镇等。②这里再一次证明，勃律地区在吐蕃向外扩张的前沿要塞中，有着重要的战略地位。

此外，近年才见于国内学术期刊发表的巴尔蒂斯坦的古藏文石刻，也能反映大、小勃律为吐蕃占领的重要地方。据了解，这段残古藏文石刻长

---

① 巴俄·祖拉陈瓦：《智者喜宴》，第372页。引文参见黄颢：《〈贤者喜宴〉摘译（九）》，《西藏民族学院学报》1982年第4期。
② G. Uray, "KHROM: Administrative Units of the Tibetan Empire in the 7th-9th Centuries", *Tibetan Studies in Honour of Hugh Richardson*, pp.310-318.

180.34 厘米，宽 20.32 厘米，厚 12.7 厘米，存三行文字，第一行仅残存几个字，无法辨读，第二行文字为：

  ... myi vjig par gso zhing gces pa dang / mngon par byang cub kyi mchod pavi dus su / ce te mchod pavi rkyen yang / so so sgo sgos phul nas / mngon par byang cub kyi lha ris dang thang yig gzhung gcig tu brisbzhag go // ce te vdi rnams

  ……使其不坏而保养和爱护，在现证菩提的供祭之时，供祭的顺缘（物品）也由各家各户奉献。现证菩提的神佛画像和记事文书也一并写造成一册放置。如是此等……

第三行文字为：

  g.yog rnams so / ce te vdivi yon kyis // lha btsan po sku tshe ring / chab srid che / mthar bla na med med pavi go vphang bsnyes pa dang / bdag cag dad pa mthun par gso dang /... bla na med pavi sangs rgyas su grub par shog //

  ……仆人等，如是，因此功德，祈愿天神赞普圣寿绵长，国政广大，最终证得无上果位，对我等以共同信仰养育……成就无上佛陀！

  上述碑刻刻有"祈愿天神赞普圣寿绵长，国政广大"等这一吐蕃王朝文献中常用的习语，说明这一碑刻的年代应该是 8 世纪中叶到 9 世纪中叶这一段吐蕃王朝统治巴尔蒂斯坦的时期。这一发现再一次证明巴尔蒂斯坦即大、小勃律地区是吐蕃通过该地到中亚的重要通道。①

---

① 陈庆英、马丽华、穆罕默德、尤素夫、侯赛因阿巴迪：《巴基斯坦斯卡杜县发现的吐蕃王朝时期的藏文碑刻》，《中国藏学》2010 年第 4 期。

（二）迦湿弥罗

迦湿弥罗，又作箇失密，今言克什米尔（kasmira）。① 7 至 9 世纪，其领域大约就是今克什米尔的西南段（印度实际控制区）。《大唐西域记》卷三曰："迦湿弥罗国周七千余里，四境负山。山极峭峻，虽有门径，而复隘狭，自古邻敌无能攻伐。国大都城西临大河，南北十二三里，东西四五里。宜稼穑，多花果。出龙种马及郁金香、火珠、药草。气序寒劲，多雪少风。服毛褐，衣白氎。土俗轻僄，人多怯懦。国为龙护，遂雄邻境。容貌妍美，情性诡诈。好学多闻，邪正兼信。伽蓝百余所，僧徒五千余人。有四窣堵波，并无忧王建也，各有如来舍利升余。"②

藏文用 ka che 记迦湿弥罗，吐蕃与其有关系是很早的。据说，吐蕃的藏文名称 bod 一词，就是因迦湿弥罗人称呼拉达克为"朵博"（stod bod）或"朵巴"（stod pa）而转成的。③ 甚至藏文的创制，也有人认为是以迦湿弥罗文为蓝本的。根据古藏文传说资料的记载，吐蕃的第八代赞普止贡王，就曾征伐过迦湿弥罗，获得了大胜。④ 但实际可信的情况，还当是松赞干布在位时，吐蕃征服了羊同之后，才与迦湿弥罗相邻，因之有了较密切的关系。《红史》"吐蕃简述"说，松赞干布由尼泊尔迎娶赤尊公主，又迎娶唐朝宗室女文成公主，修建大昭寺、小昭寺、昌珠寺等，并迎请印度大师古萨热、婆罗门香噶热、泥婆罗大师西拉曼殊、迦湿弥罗大师达努达、噶努达、印度堪布李敬、和尚玛哈德哇等，由吞米桑布扎任译师，由达磨郭夏、拉隆多杰贝等任传话，译定多种经典。⑤ 来自迦湿弥罗的大师达努达、噶努达两人，也都担任过译师。

唐贞观年间，沙门玄照初向印度，先至吐蕃，蒙文成公主送往北天竺。

---

① 箇失密又作箇失蜜，隋唐史书中互见，今为行文方便，一律作"箇失密"。
② 季羡林等：《大唐西域记校注》，第 321 页。
③ 根敦琼培著、法尊大师译：《白史》，第 4 页。
④ 巴俄·祖拉陈瓦：《智者喜宴》，第 161 页。
⑤ 蔡巴·贡嘎多吉著、东嘎·洛桑赤列校注：《红史》，陈庆英、周润年译，西藏人民出版社 1988 年版，第 32 页。

后，他返回唐朝，"遂蒙敕旨，令往羯湿弥罗国，取长年婆罗门卢迦溢多"。于是他"重涉流沙，还经碛石"，路"遭吐蕃，脱首得全"，到北印度界。后终因"泥波罗道吐蕃拥塞不通，迦毕试途多氏捉而难度"，不得返国。[①] 由此可知，彼时迦湿弥罗往来唐朝，吐蕃—泥婆罗道是主要路线之一。其间，吐蕃与迦湿弥罗双方当有交往关系。

唐玄宗开元十年（722），吐蕃攻小勃律，为唐朝北庭节度使张孝嵩所败。大约与此同时，迦湿弥罗王遣使来朝，《新唐书·西域传》"箇失密"条，记其使者言："有国以来，并臣天可汗，受调发。国有象、马、步三种兵，臣身与中天竺王陁吐蕃五大道，禁出入，战辄胜。有如天可汗兵至勃律者，虽众二十万，能输粮以助。"可见，吐蕃在勃律地区的扩张，危及了迦湿弥罗国的安全，故遣使至唐，请求发兵至勃律，以阻止吐蕃的西进。"吐蕃五大道"一句中，"五"可能为"王"之误，为"吐蕃王大道"。否则，"五大道"殊不可解。此道就是历史上，吐蕃通过羊同、迦湿弥罗而进入天竺的交通要道，故称"吐蕃王大道"。

箇失密受吐蕃威胁，欲求得唐朝声援一事，尚可引《册府元龟·外臣部》载所谓金城公主欲奔其国的事件，作为旁证。玄宗开元十二年（724）八月，谢䫻（今阿富汗东部之加药尼）国王特勒遣使罗火拨来朝。火拨奏曰：

> 谢䫻国去箇失密国一千五百里，箇失密国去吐蕃金城公主居处七日路程。公主去年五月，遣汉使二人偷道向箇失密国传言曰："汝赤心向汉，我欲走出投汝，容受我否？"箇失密王闻其言，大喜，报曰："公主但来，竭心以待。"时箇失密王又遣使报臣国王曰："天子女欲走来投我国，必恐吐蕃兵马来逐，我力不敌，乞兵于我。即冀吐蕃破散，公主得达。"臣国王闻之极欢，遣使许诺于箇失密王。令臣入朝，面取进止。

[①] 义净著、王邦维校注：《大唐西域求法高僧传校注》，中华书局 1988 年版，第 11 页。

玄宗听后，甚许嘉奖，"赐帛百匹，放还蕃"①。不过，此处所言金城公主事，甚有可疑之处。一是金城公主入蕃后，一直致力于唐蕃关系的友好，曾多次遣使上书朝廷，为双方排除纠纷、和盟相处而效力，其间不见有弃蕃西奔的迹象。二是谢飓国使者言箇失密国去吐蕃金城公主居处"七日路程"事，与克什米尔至西藏的实际路程不合。《西藏图考》"外夷附考"条说，克什米尔"东北至和阗，东南至阿里，俱两月余程"②。即使当时金城公主不住逻些，而在羊同某地，至箇失密亦远远不止"七日路程"。因而可以认为，箇失密王为求得唐朝的声援以抵御吐蕃，不惜编造了金城公主欲奔其国的故事。所以，尽管罗火拨说得煞有其事，玄宗听后也只是嘉奖一番，放还蕃而已，并未采取任何对应行动。

约8世纪中叶，高僧悟空与迦湿弥罗归国使者及唐使48人往该国，并在彼受戒出家。《悟空入竺记》叙及迦湿弥罗国的形势说："总开三路，以设关防，东接吐蕃，北通勃律，西门一路通乾陀罗。"③这反映了当时迦湿弥罗与吐蕃相邻的情况。

看来，吐蕃在7至8世纪向西和向北发展的过程中，始终没有实际进入到迦湿弥罗境内，而只是在经略勃律的过程中，曾经采取一些战略性的行动，以扩大自己的声势，因而威胁到迦湿弥罗国的安全。所以，在8世纪上半叶的唐、蕃在葱岭及克什米尔北段的争夺中，往往能见到迦湿弥罗与唐朝站在一起，抗御吐蕃的记载。到"安史之乱"后，吐蕃因唐朝的后撤，在中亚东南部站稳了脚跟，反而很少能见到吐蕃威胁迦湿弥罗的报告了。原因很明显，吐蕃在克什米尔地区只是致力于打通一条通道，它真正的目的还在于与唐朝或大食争夺中亚。

最后，有必要谈一下吐蕃经略克什米尔地区的后方基地。这个基地就是

---

① 《册府元龟》卷九七九《外臣部》。上引奏文中，"箇失密国去吐蕃金城公主居处……"中的"箇失密国"原作"其失密国"，"乞兵与我"原作"乞兵于我"，据《全唐文》卷九九九谢飓国罗火拨《陈金城公主事宜奏》改。

② 黄沛翘：《西藏图考》，西藏人民出版社1982年版，第266页。

③ 杨建新主编：《古西行记选注》，第123页。

后世所说的拉达克，当时为吐蕃王朝极西边的一个前哨堡垒。它今天已成为克什米尔的一部分，其地域以今列城为中心。20世纪70年代，有人在列城附近发现了一些藏文石刻，根据表音方法、人名、石刻技术等所作的分析，可以确定这些石刻是吐蕃时期的，年代大约是760—840年之间。其中，有两条有特殊的意义。如"图84A（楷字）"的文字为"论·东赞写于鸡年"，另一条"图84F（草书）"为"东本仲〔写〕"。我们知道，"论"（blon）是吐蕃贵族被封为官吏后的一种称号，有此种头衔的人，至少是吐蕃的基层官吏以至大臣。而"东本"（sto[ng] vpon），即千户长，是吐蕃军事组织的一级官吏。结合其余藏文石刻的记载，可知8世纪中叶到9世纪中叶，吐蕃王朝在拉达克驻扎了一支军队。[①] 其目的，正如前面说到的，向西威慑迦湿弥罗，向北经略大小勃律通道，以达中亚。

三、护密、吐火罗

（一）护密

从小勃律孽多城往北，约五日路程，跨过海拔约4694千米高的坦驹岭山口，再北行三日，便抵达护密国（今阿富汗瓦罕）之婆勒城。[②] 至此，接通了从大勃律过绳桥经孽多城越坦驹岭入护密的道路。而护密之地，正当一条东入唐朝四镇、西抵吐火罗的通道。这条道路就是《释迦方志》所说的西行僧人求法中道的一段，唐贞观年间，玄奘曾由此道归国；开元初，慧超亦经此道返至安西。此道既西抵吐火罗，东至四镇，又南通小勃律、大勃律，当然是吐蕃由南而北进入西域的理想路线。因而，吐蕃在勃律得手之后，自然会北上进入护密地区。

《大唐西域记》卷一二曰："从此（屈浪拿国）东北，登山入谷，途经艰

[①] 邓伍德著、陈楠译：《拉达克石刻录》，《国外藏学研究译文集》第2辑，西藏人民出版社1987年版，第137—149页。
[②] 护密又作护蜜，隋唐史书中互见，今为行文方便，一律作"护密"。

险，行五百余里，至达摩悉铁帝国，亦名镇侃，又谓护密"，"在两山间，睹货逻国故地也，东西千五六百里，南北广四五里，狭则不逾一里。临缚刍河，盘纡曲折，堆阜高下，沙石流漫，寒风凄烈。唯植麦豆，少树林，乏花果。多出善马，马形虽小而耐驰涉。俗无礼仪，人性犷暴。形貌鄙陋，衣服毡褐。眼多碧绿，异于诸国。伽蓝十余所，僧徒寡少"①。《新唐书·西域传》"护密"条说："显庆时（656—661）以地为鸟飞州，王沙钵罗颉利发为刺史。地当四镇入吐火罗道，故役属吐蕃。"护密从属于吐蕃，当在8世纪初吐蕃控制小勃律之后。

天宝初年，护密王子颉吉匐遣使来朝，"请绝吐蕃，赐铁券"②，但是没有结果。天宝六载，高仙芝远征小勃律，于婆勒川（今萨尔哈德附近）攻克了吐蕃的城堡，史载："吐蕃连云堡，堡中有兵千人。又城南十五里，因山为栅，有兵八九千人。城下有婆勒川，水涨不可渡。"③《新唐书·西域传》"小勃律"条云"北五百里当护密之婆勒城"，婆勒城当在婆勒川上，而吐蕃连云堡亦临婆勒川，两城当相去不远。

吐蕃在护密一带驻防的情况，波斯文古地理书《世界境域志》亦有相关的记载。此书第二十六章"关于河中诸边境地区及其城镇"中说："哈姆达德（khamdādh），其地有瓦罕人的偶像寺，寺中发现有少数的吐蕃人。其左边有一个城堡，为吐蕃人所占据。"哈姆达德，即昏驮多（kandud），是今阿富汗瓦罕地区一个有名的村庄，本节中所述的城堡故址在村子对面。④ 此处又提到吐蕃人的城堡，可见他们在护密的据点不止一处。紧接着，《世界境域志》还写道："撒马尔罕达克是一个大村庄，其中住着印度人、吐蕃人、瓦罕人以及穆斯林"；"安德拉思（？）是一个城镇，城中住有吐蕃人和印度

---

① 季羡林等：《大唐西域记校注》，第974页。
② 《新唐书》卷二二一《西域传》。
③ 《旧唐书》卷一〇四《高仙芝传》。
④ V. Minorsky, translated and explained, HUDŪD al-'ĀLAM: "The Regions of the World". A Persian Geography 372 A. H.-982 A. D.,1970, pp.121, 366, 369-370. 佚名著、王治来译注：《世界境域志》，上海古籍出版社2010年版，第121页。

人。从其地到克什米尔是两天的旅程"。撒马尔罕达克很可能就是今天的萨尔哈德（sarhadd），亦在瓦罕地区；安德拉思当指去克什米尔路上的drās。[①] 这些记载，同汉文史料中说吐蕃在连云堡及城南山寨中驻有数千军队的情况，可以互相印证。

此外，还可以举出僧侣、商人来往求法中道的记载，来说明吐蕃控制护密时的情况。《高僧传》记中印度人善无畏，其东来，先至迦湿弥罗国，复至乌苌国，后至"突厥之庭"。遂"路出吐蕃，与商旅同次，胡人贪货，率众合围。畏密运心印，而蕃豪请罪。至大唐西境"，抵西州，唐睿宗诏将军史献等出玉门塞相迎。开元初，至长安。[②] 此处"突厥之庭"，当指初唐时西突厥叶护可汗长子呾度设控制的"活国"，在今阿富汗东北境之昆都士（kuduz）。这样，可以看出善无畏的东行路线是：中印度—迦湿弥罗—乌苌—突厥（活国）—吐蕃—西州—长安。而其中的"吐蕃"，当是指驻防于护密地方的吐蕃军队。不然，很难想象善无畏已经翻过了兴都库什山，又转而南下到拉萨，然后再北上到西州（高昌），最后至长安。可以认为，善无畏"与商旅同次"经过护密时，受到了当地"胡人"的围攻。但因"蕃豪请罪"，就是说吐蕃驻当地的军队首脑出来解围，才使善无畏等安然出境。可以想见，吐蕃的驻军还发挥着维护交通的作用。通过善无畏东行的路线和时间表，还可以得知吐蕃在护密得手的时间，还在开元以前（713年以前），这与前面根据吐蕃对小勃律的经略而推算在8世纪初的估计是相符合的。

（二）吐火罗

与护密紧邻的有吐火罗，这在前文已经提到。《大唐西域记》曰："出铁门至睹货逻国。故地，南北千余里，东西三千余里，东阨葱岭，西接波剌

---

① V. Minorsky, translated and explained, *HUDŪD al-'ĀLAM: "The Regions of the World". A Persian Geography 372 A. H.-982 A. D.*, pp.121, 366, 369-370. 佚名著，王治来译注：《世界境域志》，第121—122页。
② 赞宁撰：《宋高僧传》，中华书局1987年版，第19页。

斯，南大雪山，北据铁门。"①其范围相当于今阿富汗北境。不过，两《唐书》中所载的吐火罗，当指臣服于西突厥阿史那氏叶护可汗的吐火罗国，此从其王称叶护可以看出。其境已非睹货逻国"故地"的全部疆域，故前述护密已不在其范围内。

吐火罗虽不与吐蕃接境，且吐蕃军队似乎没有远征过彼地，但由于吐蕃在其邻国羯师驻军，故危及吐火罗的安全。所以，它遣使致唐，报告吐蕃在勃律、羯师等地的活动，并请求唐朝出兵至勃律。这些，已见前述勃律一节中。之后，吐蕃可能曾一度计划进攻吐火罗，故《新唐书·西域传》"吐火罗"条曰："开元、天宝间数献马、骡、异药、乾陀婆罗二百品、红碧玻璃，乃册其君骨咄禄顿达度为吐火罗叶护、挹怛王。其后，邻胡羯师谋引吐蕃攻吐火罗，于是叶护失里忙伽罗丐安西兵助讨，帝为出师破之。"羯师谋引吐蕃攻其国的事件，可能发生在天宝八载（749）之后。因天宝八载时，吐火罗曾遣使至唐，报告羯师联合吐蕃、断勃律要路的情况。《资治通鉴》"天宝十载正月"条曰："安西节度使高仙芝入朝，献所擒突骑施可汗、吐蕃酋长、石国王、羯师王。"时高仙芝正在安西节度使任上，则可知助吐火罗讨羯师与吐蕃者为高仙芝。大概此与前述因吐蕃与羯师扼小勃律镇军而高仙芝出师平之，系同一事件，时间约在天宝九载。

在北面与护密紧邻的有识匿国。《大事纪年》第 72 条：及至鸡年（721），"上部地区之使者多人前来致礼"；第 105 条：及至猴年（756），"黑邦瑕、廓、识匿等上部地区之使者前来致礼"。②可见所谓上部地方，就是包括识匿（shig nig）、廓（gog）、黑邦瑕（ban vjag nag po）等小国在内。ban vjag nag po，可以比定为今吉尔吉特河口印度河地区的本吉（bun ji）；而 shig nig 就是《新唐书·西域传》之"识匿"、《大唐西域记》之"尸弃尼"，

---

① 季羡林等：《大唐西域记校注》，第 100 页。
② 王尧、陈践译注：《敦煌本吐蕃历史文书》（增订本），第 151、155 页。译文略有改动。

其地在今帕米尔之锡克兰（shighnan）。①《新唐书·西域传》曰："天宝六载，王跌失伽延从讨勃律战死，擢其子都督、左武卫将军，给禄居藩。"天宝六载，即高仙芝讨小勃律之役，其王从高仙芝战死。可见，由于吐蕃与唐朝在帕米尔地区争夺激烈，迫使识匿等小国左右其间。《大事纪年》说721年上部地方使者入蕃，次年就发生了吐蕃攻小勃律，其王没谨忙求救北庭的事件。天宝六载，唐朝发大军远征小勃律，路经识匿，其国王又随唐军征战，以致捐躯。而天宝十载，高仙芝与大食军队在怛逻斯（今中亚之江布尔城）大战，唐军败绩。继之，"安史之乱"爆发，唐朝驻军东撤中原，在西域的实力大大减弱，吐蕃乘虚进攻河陇等地。此时，又见《大事纪年》载756、760年，识匿、黑邦瑕等上部地方之使者朝蕃。

四、昭武九姓、大食

（一）昭武九姓

昭武九姓，即隋唐时的康国及其他昭武九姓诸国的总称。其中以撒马尔罕为中心的康国最大，此外还有布哈拉的安国、苏对沙那（sutrūshana）的东曹国、劫布呾那（kapūtānā）的中曹国、瑟底痕（ishtīkhan）的西曹国（即曹国）、赭时（chach）的石国、弭秣贺（māymurgh）的米国、屈霜你迦（kushānika）的何国、花剌子模的火寻、贝梯克（betik）的戊地、羯霜那（kashāna）的史国等，不同时期或有分合，史称"昭武九姓"。②唐永徽年间（650—655），高宗以其地置康居都督府、大宛都督府，至8世纪上半叶，为大食（阿拉伯）所征服。但大食对中亚诸国的统治，仅征其贡赋而保留原地方王。因此，特别是初期，康国等还保有半独立的地位，其外交、军事等基

---

① G. Uray, "The old Tibetan Sources of the History of Central Asia up to 751 A. D.: A survey", *Prolegomena to the Sources on the History of Pre-Islamic Central Asia*, pp.275-304.
② 参见《新唐书》卷二二一《西域传》；许序雅：《粟特、粟特人与九姓胡考辨》，《西域研究》2007年第2期。

本上不受制于大食。

吐蕃在向中亚扩张的过程中，也曾与康国等有过不同形式的交往。7 世纪初，大批的昭武九姓居民移居西域东南部的鄯善地区，建兴谷城、弩支城等。7 世纪后半叶，吐蕃开始进略鄯善，与当时归属唐朝的昭武九姓移民相冲突。武则天延载元年（694），吐蕃与唐军在鄯善至鄯州（西宁西境）一线激战，结果吐蕃大败。而鄯善地区的昭武九姓移民，乘吐蕃败军之际，俘获了其大臣噶尔·达古。至 8 世纪初，吐蕃入据鄯善，该地的昭武九姓移民自然受到吐蕃的统治，此可以视为吐蕃与昭武九姓的间接联系。①

唐代的敦煌同样居住着一批昭武九姓移民或其后裔。据敦煌文书记载，8 世纪中叶，敦煌县城东面一里处有一个昭武九姓聚居的村落，被称作"从化乡"，为敦煌十三乡之一。"从化乡"共约 300 户、1400 多人，其居民中以康、安、石、曹、罗、何、米、史、贺为姓的昭武九姓占绝大多数。吐蕃攻占敦煌后，"从化乡"与敦煌其他乡都被取消，被部落制代替。此后，在吐蕃统治敦煌的数十年间，一部分昭武九姓人沦为身份较低的寺户，而另一些昭武九姓人在吐蕃治下任职。

此外，吐蕃统治时期敦煌的昭武九姓人信仰佛教，在佛教教团中有很大的势力。S.2729《吐蕃辰年（788）三月沙州僧尼部落米净辩牒》是吐蕃占领敦煌后于当年三月五日对敦煌诸寺僧尼清查的名单，敦煌诸寺僧尼共 310 人，其中昭武九姓人有 49 人，占总数近六分之一，姓安、史、米、曹、康、石的共 29 人，占了近十分之一。据 S.542《吐蕃戌年（818）六月沙州诸寺丁仕车牛役簿》统计，在 184 笔供役记录中，属于康、安、石、曹等九姓的寺户共 52 笔，占全部供役户的三分之一弱。②

唐德宗贞元十七年（801），剑南西川节度使韦皋部将杜毗罗潜袭吐蕃险

---

① 王尧、陈践译注：《敦煌本吐蕃历史文书》（增订本），第 148 页。参见拙文《古藏文文书 Sogpo 一词再探》，《西藏研究》1988 年第 1 期；《唐代吐蕃统治鄯善的若干问题》，《新疆历史研究》1986 年第 2 期；《吐蕃统治下的河陇少数民族》，《西藏民族学院学报》1987 年第 3 期。
② 池田温：《中国古代籍帐研究》，第 502—506、523—535 页。

要。《新唐书·南蛮传》载,是役"虏大奔。于时康、黑衣大食等兵及吐蕃大酋皆降。获甲二万首"。这些康国士兵为何千里迢迢来到四川西部？原来吐蕃在向中亚的发展过程中,从 8 世纪初到后半叶,因先与大食结盟而后转变为交恶,在与大食的战争中,俘获了其军队中的康国士兵,然后将其充兵东调,进攻唐朝,这就是上述康国士兵的由来。

关于吐蕃与康国之间的使臣往返,见于在拉达克地方发现的粟特碑铭文。在德兰茨村的石刻中,有这样一段粟特铭文:"210 年,来自撒马尔罕(samarkander)的诺斯凡作为大使,致吐蕃可汗(khagan)。"据研究,这件铭文的年代,当在 825 年 4 月 24 日至 826 年 4 月 12 日之间。它反映了 9 世纪上半叶,吐蕃与昭武九姓交使的情况。[1]

(二) 大食

大食,为波斯文 tazi 的音译,原系一波斯部族的名称,后因阿拉伯人征服波斯,唐代史书遂称东进的阿拉伯帝国为大食。《通典·边防》"大食"条:"大食,大唐永徽中遣使朝贡。云其国在波斯之西。或云：初有波斯胡人,若有神助,得刀杀人。因招附诸胡,有胡人十一来据,次第摩首,受化为王。此后众渐归附,遂灭波斯,又破拂菻及婆罗门城,所向无敌。兵众有四十二万,有国以来三十四年矣。初王已死,次传第一摩首者,今王即是第三,其王姓大食。"

"大食"古藏文拼为 ta zig,或更加藏语化而写作 stag gzig。不过,藏语中的这个词不是直接来自波斯语,而是转译自中亚的粟特语(sogdian)[2],即是通过与康国等的接触,而得知 tazi 这个词的。

8 世纪初,白衣大食(哈里发王朝,660—749)的军队,在其呼罗珊总督屈底波的率领下,攻占了今楚河以南、帕米尔以西的中亚地区,并有继续

---

[1] G. Uray, "Tibets Connections with Nestorianism and Manicheism in 8th-10th Centuries", in Ernst Steinkellner and Helmut Tauscher (eds), *Contributions on Tibetan Language, History and Culture*, p.406.
[2] 劳费尔著、赵衍苏译:《藏语中的借词》,第 2 页。

向东推进的势头。而这一时期,吐蕃正在经略克什米尔及帕米尔地区,以图攻夺唐朝的安西四镇。大食欲东进,吐蕃欲向西域发展,其目标是相同的,因而出现了双方联合的情况。据阿拉伯史书的记载,704 年,白衣大食发生了穆沙(musa)叛乱,地点在今中亚的捷尔梅兹(tirmidh),吐蕃与突厥等曾前去协助镇压。① 715 年,则发生了吐蕃与大食军队联合进攻拔汗那的事件。拔汗那,本汉之大宛,《魏书》称破洛那,《隋书》作沛汗,两《唐书》均作拔汗那,即今中亚之费尔干纳(farghana)。唐高宗显庆三年(658),封其国为休循州,以王为刺史。玄宗开元三年(715),吐蕃与大食另立阿了达为拔汗那王,发兵攻其城,"拔汗那王兵败,奔安西求救"。其时,正适唐监察御史张孝嵩在安西视察,遂发都府戍兵及羁縻州士兵万余人,出龟兹数千里,下数百城,长驱而进,败阿了达于连城下,孝嵩等勒石记功而还。② 紧接两年后,又发生了吐蕃、大食联合谋夺四镇的事件。开元五年,安西副大都护汤嘉惠上奏朝廷,称"突骑施引大食、吐蕃,谋取四镇,围钵换及大石城,已发三姓葛逻禄兵与阿史那献击之"③。突骑施原为西突厥之一部,强盛于唐武后年间,建牙帐于碎叶川,其首领为苏禄,他曾娶吐蕃公主为妻。钵换、大石城分别为今新疆之阿克苏与乌什。此次吐蕃与大食的联合行动,由于唐朝安西大都护的迅速反击而再度失败。

阿拉伯史学家雅库比写道,在奥马尔二世统治时期(717—720),吐蕃曾派出一个使团,到大食的呼罗珊总督加拉赫处进行外交活动,并要求派一名穆斯林教师到吐蕃去。④ 波斯文古地理书《世界境域志》也说,逻些(拉萨)"是一个小镇,有许多偶像寺(佛寺?)和一个清真寺。其中住着少数的穆斯林"⑤。可见,在吐蕃时期确已有伊斯兰教传入。关于 8 世纪上半叶吐蕃与大食之间的使臣交往,还见于《大事纪年》的 732 年条记载,"大食与突

---

① Christopher I. Beckwith, "Tibetan Empire in the West", *Tibetan Studies in Honour of Hugh Richardson*, p.33.
② 《资治通鉴》卷二二一"开元三年"条。
③ 《资治通鉴》卷二二一"开元五年"条。
④ Christopher I. Beckwith, "Tibetan Empire in the West", *Tibetan Studies in Honour of Hugh Richardson*, p.33.
⑤ 佚名著、王治来译注:《世界境域志》,第 66 页。

骑施之使者，均前来赞普王廷致礼"①。以上史料说明，8世纪上半叶，是吐蕃与大食联系密切、互相配合的时期。

750年，阿拔斯王朝代替了前哈里发王朝，这个王朝时期（750—1055）的阿拉伯帝国在汉文史书中被称作黑衣大食。天宝十载（751），大食军队在怛逻斯击败唐安西节度使高仙芝所率的军队，自此战之后，唐朝在中亚的势力开始退缩。天宝十四载，唐朝发生"安史之乱"，吐蕃在此后约30年中，相继攻占陇右、河西及西域东南部的一些地方，遂出现了与回纥、大食争夺西域的局面。

德宗贞元二年（786），唐润州节度使韩滉至长安，上言曰："吐蕃盗有河湟，为日已久。大历以前，中国多难，所以肆其侵轶。臣闻其近岁以来，兵众寖弱，西迫大食之强，北病回纥之众，东有南诏之防，计其分镇之外，战兵在河陇者，五六万而已。"②《资治通鉴》卷二三三引李泌之言更详，其曰："大食在西域为最强，自葱岭尽西海，地几半天下，与天竺皆慕中国，代与吐蕃为仇，臣故知其可招也。"唐朝欲招结大食以抗吐蕃，后来终无结果。但我们能从唐人所言中，见到吐蕃与大食对抗的事实。前引《新唐书·南蛮传》所载的贞元十七年西川一战，被唐军俘获的人众中，就有"黑衣大食等兵"，他们当是在吐蕃与大食的战争中，被掳掠至吐蕃东线的。

雅库比还写道，809年，河中发生了由拉飞·伊本·来斯（rafi ibn layth）发动的暴乱，他利用昭武九姓人对大食统治的不满，在突厥人的支持下，率领群众杀死大食官吏，完全控制了这个地区。当时，九姓乌古斯人、葛逻禄人及吐蕃人都给拉飞派来了援军。③ 这个事件再一次证明，从8世纪后半叶至9世纪上半叶，吐蕃与大食是尖锐对立的。到9世纪30年代，波斯人建立了独立的伊斯兰王朝——塔赫尔王朝，取代了阿拉伯人对中亚的统治。9世纪40年代末，吐蕃内部因灭佛与护佛而发生战乱，河陇及西

---

① 王尧、陈践译注：《敦煌本吐蕃历史文书》（增订本），第153页。
② 《册府元龟》卷四四六《将帅部》。
③ Christopher I. Beckwith, "Tibetan Empire in the West", *Tibetan Studies in Honour of Hugh Richardson*, p.35.

域等地复归于唐。自是,吐蕃与大食都脱离了中亚,双方的交往也就告一段落。

五、吐蕃与南亚、中亚诸国的经济文化交流

以上为吐蕃与南亚、中亚各国的关系史勾勒出了基本的线索。但这还仅仅涉及政治史、战争史方面,有关双方经济、文化、宗教等领域内的交流,将在以下论述。

首先,论及宗教方面的情况。佛教传入之前,在吐蕃流行的宗教称作"苯教"(bon)。苯教是在原始宗教思想的基础上产生的一种信仰与仪式,它崇奉地方神、守舍神、战神、娘舅神等不同的神祇,并杀牲畜以祭诸神。苯教还认为,人死后可以成为鬼神;反之,鬼神也可转生为人。这实际上是主张有前世后世。传说公元 100 年左右,吐蕃第八代王止贡赞普时,羊同地方一个叫辛饶米沃切的苯教祖师,把一种从印度西面的大食传来的外道,同原来的苯教相结合,创造了一种新的经典"恰尔本"(vkhyar bon)。这种新的苯教不同于原来的苯教,主要区别是新的苯教不承认前世和后世,但仍然认为有鬼神的存在。[①]

这里,值得注意的是苯教新观点所来自的"大食地方"。东汉之世,"大食"一名尚未出现,它是直至唐代才见于史书的。因此,藏文史籍是把后来的名称用来记以前的地名了。与吐蕃交往的大食,实际上是唐代东进到今伊朗、中亚的阿拉伯人,因而所谓"印度西面的大食",当是指今印度与伊朗间的某一地方。《智者喜宴》ja 函在止贡赞普一节中说:"其时,自天竺及大食交界处的古然瓦札(gu ran wa tra)地方,得到外道'阿夏(va zha)苯教'。他们翱翔于空,割树成条,裂石为砾,并常以酒肉供奉鬼怪,王对这

[①] 东嘎·洛桑赤列著、郭冠忠等译:《论西藏政教合一制度》,中国社会科学院民族研究所民族学研究室印,1983 年,第 7—8 页。

些苯教徒奉为上师。"①

更为具体的说法是,苯教是从勃律传入吐蕃的,至少是途经勃律的。据《嘉言宝藏》记载,勃律的苯教大师南木赛吉杜,在乌仗那、勃律和吐火罗地方,制伏了兴妖作怪、为害人畜的魔鬼南木伦那,并在这些国家中传播了苯教的教义。为此,吐火罗国王将整个王国献给了南木赛吉杜。后来,南木赛吉杜的后代,经羊同国王的邀请,来到了吐蕃,被封为上师。结果,羊同和吐蕃的全部土地都在勃律的管辖之下了。② 这里涉及的一些人名和世系,大概已不能详考,但这些国名或地名,以及人物的活动,却清楚地反映出苯教的传播路线。因而,可以确信苯教的某些重要教义,是从今天伊朗的某个地方,经印度、克什米尔传入吐蕃的。

在苯教的教理中,多处讲到了发光的巨大作用。"通过两束光线(一白一黑)而出现了一次奇迹般的怀孕",苯教大师辛饶米沃切由此而诞生。一白一黑光束的出现,分别变成了制造恶行的"黑地狱"和制造善行的"热爱存在的主人"。然后,又从未创造的生物中冒出了一丝白光。从白光中生出一枚完善的发光的卵,从中钻出一个人来,这就是"协调人",他统治世界,调整了时间流失的规律。③ 众所周知,3世纪以来,在波斯流行的摩尼教,就宣传善恶二论:以光明与黑暗为善与恶的本原,光明王国与黑暗王国对立,善人死后可以获得幸福,而恶人死后则堕入地狱。可见,光明与黑暗,善与恶,是摩尼教教义的二元论的基本点。而在苯教的教义中,这两种对立,同样占有主导的地位。也许能把这种现象看作摩尼教教义对苯教的影响,为某些苯教经典外来说提供证据。而且,摩尼教的确传入了吐蕃,归于赤松德赞赞普的一部著作,成书时间是公元800年左右,其中就提到了"波

---

① 巴俄·祖拉陈瓦:《智者喜宴》,第160页。引文见黄颢:《〈贤者喜宴〉摘译(一)》,《西藏民族学院学报》1980年第4期。
② 噶尔美著、王尧等译:《苯教史》,《国外藏学研究译文集》第1辑,西藏人民出版社1985年版,第271—272页。
③ 参见R.A.石泰安著、耿昇译:《西藏的文明》,第246、255、259、260页。

斯大骗子摩尼"。①

吐蕃的佛教最早是从印度传入的,藏文史书《青史》说,《诸佛菩萨名称经》等佛教典籍,是由印度的班抵达洛生措等人带到吐蕃的,因为当时还没有创立藏文,无人懂得佛经的内容,于是又被印度人带了回去,这个时间是5世纪。②佛教大规模传入吐蕃,是在松赞干布之时。当时,松赞干布先后娶泥婆罗的赤尊公主和唐朝的文成公主,两位公主都从自己的家乡带去了佛像。不过,佛教传入吐蕃主要的途径还是印度,《智者喜宴》说,松赞干布时"自东方汉地及木雅获得工艺与历算之书,自南方天竺翻译了诸种佛经"③,反映的就是这种情况。当时来到吐蕃的著名译师,有天竺的阿阇黎古萨热、婆罗门香嘎、迦什弥罗的达努,泥婆罗的尸罗曼殊,汉地和尚玛哈德瓦茨等。④

8世纪是佛教在吐蕃广为传播、被接受为国教的时期。赤德祖赞(704—755年在位)时,大力促进佛教的发展,派人去迎请印度法师,引进佛教经典等。同一时期,由于大食的东侵、伊斯兰教的传播,曾经迫使康国、拔汗那、疏勒、于阗等地的佛教徒逃往吐蕃,寻求庇护。他们到逻些后,受到赞普的礼遇,特地为他们修建了寺庙。⑤

到赤松德赞之时,佛教在吐蕃进一步发展。赤松德赞派大臣巴·赛囊到印度迎请高僧,请来了著名僧人寂护和密宗大师莲花生。莲花生(padmasambhava)是邬仗那(uddiyana,今巴基斯坦斯瓦特)人,据说他是邬仗那国王之子。⑥莲花生来到吐蕃以后,不仅大力弘扬佛法,还修建了吐蕃佛教史上第一座剃度僧人出家的寺院——桑耶寺(bsam yas),时间大约是在779年。此后,赤松德赞继续派人去印度迎请僧人,请来的人当中,有

---

① 参见R.A.石泰安著、耿昇译:《西藏的文明》,第45页。
② 郭·循努白:《青史》,四川民族出版社1984年版,第63—64页。
③ 巴俄·祖拉陈瓦:《智者喜宴》,第184页。引文见黄颢:《〈贤者喜宴〉摘译(二)》,《西藏民族学院学报》1981年第1期。
④ 巴俄·祖拉陈瓦:《智者喜宴》,第182页。
⑤ 王森:《西藏佛教发展史略》,第5—6页。
⑥ 巴色朗:《巴协》,第22页。

大乘密宗派的无垢友、法称，还有迦湿弥罗僧人阿难陀等。《智者喜宴》说，赤松德赞王之时，"比丘、沙弥广为发展，并自印度萨霍、迦湿弥罗、中印度及汉地等地，迎请来许多标准的大班哲达。一些精通翻译的人，将印度、汉地和于阗等地区的佛经，凡是能得到者大部分译到吐蕃。诸僧侣的生活由吐蕃政权机构提供"[①]。

约792年至794年间，由赤松德赞主持，召集印度佛教和汉地佛教的僧人，在桑耶寺进行辩论，内容主要是"顿悟"和"渐悟"之争。据说这场辩论以汉地和尚失败而告终。从此，印度佛教便在吐蕃取得了优势地位。

与南亚和中亚各国的宗教影响有关的，是吐蕃文字的起源。一般的藏文史书都把藏文的创制归功于吞米桑布扎，他是松赞干布的大臣。但吞米向谁学习、如何创制藏文，又各说不一。《布顿佛教史》说，吞米是去印度学习，回来后根据迦湿弥罗的文字，在逻些的玛如堡创制出了藏文的30个声母、4个韵母。《西藏王统记》等认为，吞米是向印度一位婆罗门李敬（li byin）大师学习，回来后创制藏文的。也有人从 li 这个词，认为李敬是西域于阗国的人，因为藏文史书都称于阗为 li。近代著名的藏族学者根敦琼培认为，吐蕃文字显然是吞米依据笈多（gubt）文字为蓝本创制的。笈多为4世纪初至6世纪末统治北印度的王朝，由于嚈哒人的入侵而崩溃。7世纪上半叶，戒日王（606—647）重新统一北印度，首都设在曲女城。此正当吐蕃松赞干布时期，而吞米赴印度学文字亦在此时。根敦琼培说，戒日王时所制作的铜牌等，保留到今天的还很多，他旅居印度时曾亲眼所见。其上所刻的文字，与藏文极其相像。稍远望之，竟似一手不熟练之人写的藏文。即使未学过此种文字的藏人，亦能充分识读。可见，说藏文所据之蓝本为笈多文字，似为可信。[②]

藏语词汇中，外来词最多的也要数印度词汇。这些词汇不是来自梵语，

---

① 巴俄·祖拉陈瓦：《智者喜宴》，第358页。引文见黄颢：《〈贤者喜宴〉摘译（八）》，《西藏民族学院学报》1982年第3期。
② 根敦琼培著、法尊大师译：《白史》，第55—56页。

而是来自一些土语，如普拉克里特土语（prākrits）。这些借词，至少是其中的一部分，可能是由吐蕃人和印度部族之间的交往接触，而在佛教传入吐蕃之前，就已经进入藏语了。换句话讲，印度土语进入藏语，要早于吐蕃文字的年龄。① 以上的情况说明，印度的语言和文字，与藏语文有着深刻的历史联系。

在佛教和文字传入的同时，南亚和中亚各国的建筑、医学、艺术、风俗等，也影响到吐蕃。松赞干布时，泥婆罗赤尊公主在逻些建宫堡，就曾仿照"粟特人宫堡"（sog povi mkhar），建神岩吉祥无量宫。松赞干布则以吐火罗人（tho gar）、泥婆罗人（bal po）为工头，于门域（mon）等地，建杰曲寺和仓巴嫩寺。又如建大昭寺时，四角都绘有"永仲"（gyung drung）纹，即万字纹，立柱皆作橄形。② 根敦琼培说，他在印度曾朝礼一古寺，见彼寺四角皆有永仲纹，立柱亦皆作橄形。他说，非但装饰结构相同，甚至彼等柱量之大小，与今天所存的大昭寺的立柱，均可互相更换使用。③ 看来，《智者喜宴》说大昭寺是依印度的毗礼玛尸罗（bi kram zhi la）佛殿为蓝本修建的，足以相信。8 世纪后半叶，吐蕃修建桑耶寺，工匠们问，神像是建造印度型，还是汉地型？菩提萨埵回答：因佛降临于印度，故当用印度风格。据说，桑耶寺依据的楷模是印度的欧丹塔普里寺（otanta puri）和那烂陀寺（nalanda）。④ 可见，印度等国的建筑、艺术风格，对吐蕃的影响是巨大的。有人说，吐蕃的艺术品越是古老，就越与印度风格近似。而"印度风格"只是一种泛称，它还应包括其变种，即尼泊尔和克什米尔风格。所以，一直到 15 世纪，藏地各种神殿所表现出来的佛教画像艺术，都还被说成是"尼泊尔式"或"克什米尔式"的。⑤

有人认为，佛教传入吐蕃的同时，南亚和中亚各国的其他宗教的零乱观

---

① 劳费尔著、赵衍荪译：《藏语中的借词》，第 18 页。
② 巴俄·祖拉陈瓦：《智者喜宴》，第 205、230 页。
③ 根敦琼培著、法尊大师译：《白史》，第 58—59 页。
④ 巴俄·祖拉陈瓦：《智者喜宴》，第 336 页；佚名：《五部遗教》，第 117 页。
⑤ R. A. 石泰安著、耿昇译：《西藏的文明》，第 303—304 页。

念，也传到了吐蕃。通过突厥人（回鹘人）、粟特人传来了摩尼教，通过伊朗人传来了景教，通过大食人传来了伊斯兰教。这些外来的诸种宗教给予吐蕃很大的影响，以致在吐蕃的民间文学中，可以看出某些特征。此外，新年礼仪和有关狮子的民间文学，也在唐代自伊朗经康国传到了吐蕃。① 最后，根据《莲花生遗教》、《医学总纲》等藏文史籍记载，赤松德赞时，吐蕃曾向四邻各族学习医疗技术和医学理论，派人迎请"四方九名医"，其中，有汉族医生三人，大食、突厥、泥婆罗、迦湿弥罗、印度和粟特医生各一人。②

吐蕃与南亚和中亚各国的交往中，还有经济贸易的内容。《世界境域志》说，当时"所有的印度产品皆输入吐蕃，再从吐蕃输出到穆斯林各国"；"博洛尔藏，是吐蕃的一个省，与博洛尔边境相接。当地人主要是商人，住在帐篷与毡房中"。③ 可见，当时在吐蕃、印度与中亚各国之间，商业贸易量和从事过境贸易的商人是很多的。《世界境域志》还说："巴达赫尚，是一个很令人喜爱的国家和商人常去之地。其地有银、金、石榴石、青金石诸矿。其麝香是从吐蕃输入的。"④ 巴达赫尚在今阿富汗北境，联系大勃律、小勃律、巴达赫尚等地名来看，吐蕃主要是利用勃律—护密道进行贸易的，其货物已运抵阿富汗境内。货物的品种，除西方人喜欢的麝香以外，还有来自吐蕃或吐蕃控制地区的绵羊、布匹等。⑤

同样，中亚的产品也输入到了吐蕃。《通典·吐蕃》记载吐蕃风俗时说："人马俱披锁子甲，其制甚精，周体皆遍，唯开两眼，非劲弓利刃之所能伤也。"而锁子甲正是康国贡献给唐朝的贡品，《旧唐书·康国传》载：开

---

① R. A. 石泰安著、耿昇译：《西藏的文明》，第52—53页。
② 李竹青：《唐代杰出的藏族医学家玉妥宁玛·云丹贡布》，《西藏民族学院学报》1984年第2期。
③ V. Minorsky, translated and explained, HUDŪD al-'ĀLAM: "The Regions of The World". A Persian Geography 372 A.H.-982 A.D., pp.92-93, 254-258. 佚名著、王治来译注：《世界境域志》，第65—66页。V. Minorsky 在注释中提出："博洛尔藏"就是汉文史书中的"大勃律"（great bolor）。笔者认为，"博洛尔"（bolor）就应相当于汉文史书中的"小勃律"。
④ 佚名著、王治来译注：《世界境域志》，第104页。
⑤ Christopher I. Beckwith, "Tibet and the Early Medieval Florissance in Eurasia: A Preliminary Note on the Economic History of the Tibetan Empire", Central Asiatic Journal, vol.21, 1977, pp.100-102.

元六年（718），康国王"遣使贡献锁子甲、水精杯、马脑瓶、鸵鸟卵及越诺之类"。另据《汉藏史集》记载，吐蕃时期曾流行一种所谓的"索波（sog po）刀剑"，实际上就是产自中亚粟特人地区的兵器。美国藏学家白桂兹根据上述记载指出：唐代吐蕃从中亚的康国、安国及其他昭武九姓地方得到了钢铁制成的武器，包括有锁子甲和长剑，输入量很大，因为在吐蕃军队中骑兵的比重很大，骑士和战马全都需要披上这种细锁子甲。①

吐蕃与泥婆罗、印度的交往，还起到了沟通东亚与南亚各国之间的经济文化交流的桥梁作用。根据泥婆罗史的记载，鸯输伐摩逝世的前一年（639），吐蕃与泥婆罗之间最捷近的道路，即"班尼巴—固帝山口"的通道就开放了。这条通道的开放，当是蕃泥联姻的结果。吐蕃—泥婆罗道的北段，系今拉萨至青海，因此该道创通后，大大缩短了唐朝与南亚各国之间的路程。贞观年间，王玄策三次出使印度，都是走的这条通道。此外，西行求法的高僧，如玄照、道希、道方、道生、末底僧诃、玄会等，他们从唐土赴印求法，皆经过了吐蕃—泥婆罗道。所以，成书于650年左右的《释迦方志》，把这条道路列于中印三条通道之首，并在泥婆罗国条后说："比者国命并从此国而往还矣。"可见吐蕃—泥婆罗道在当时东西方使臣、僧侣的往返中，起过巨大的作用。②

最后，唐朝的纸和造纸法，也是经由吐蕃—泥婆罗道传入南亚各国的。《旧唐书·吐蕃传》载，唐太宗新崩、高宗嗣位但未改元之前（649），松赞干布上书，表示要继续唐、蕃和好的事业，并献金银珠宝15种，"因请蚕种及造酒、碾、硙、纸、墨之匠。并许焉。"可知大约在650年时，内地的纸和造纸法输入了吐蕃。再过20年，印度用纸已很普遍，而在此之前，印度是没有纸的。而这个时期恰好是吐蕃—泥婆罗道通行期间，大约在670年之

---

① 达仓宗巴·班觉桑布：《汉藏史集》，第232—235页；陈庆英汉译本，第138—141页。Christopher I. Beckwith, "Tibet and the Early Medieval Florissance in Eurasia: A Preliminary Note on the Economic History of the Tibetan Empire", *Central Asiatic Journal*, vol.21, 1977, pp.100-102.
② 黄盛璋：《关于古代中国与尼泊尔的文化交流》，《历史研究》1962年第1期；范祥雍：《唐代中印交通吐蕃一道考》，《中华文史论丛》1982年第4辑。

后，此道就闭塞了。因此，可以认为泥婆罗和印度的纸和造纸法，当是从唐朝经由吐蕃传过去的。关于这一点，还可以从今天西藏、尼泊尔造纸所用的原料和基本技术相同上，得到佐证。①

结　语

综上所述，从 7 世纪初到 9 世纪中叶，由于吐蕃王朝的政治、军事、经济力量十分强大，加之其奴隶主贵族政权的对外扩张政策，它与南亚和中亚的一些国家有过程度不同的交往关系。可归纳出以下诸种类型：

1. 与泥婆罗、大小勃律的关系。这种关系是建立在征服与被征服基础上的。属于这种类型的国家或地区，一般都处在吐蕃向外扩张的交通要冲上，加之幅员较小，人口不多，因而被吐蕃征服较早，臣民为吐蕃所役使。

2. 与印度、迦湿弥罗的关系。与前一类国家相比，吐蕃与印度、迦湿弥罗的关系，有质的区别。由于力量对比或地理的原因，吐蕃没有完全地、长期地征服过这些国家；而仅是在某一个时期，因为某种需要，对上述国家中的某些地方实施过占领。吐蕃与这些国家的关系，在它与南亚和中亚各国的关系中，具有代表性。

3. 与护密、吐火罗、昭武九姓和大食的关系。这一类基本上属于中亚地区的国家，由于吐蕃与它们不接境，因而双方来往的频率和内容，都次于以上两类。但由于吐蕃进入中亚以后，也直接或间接地与这些国家有交使或过境贸易关系，也有战争等，因而作为吐蕃对外交往的一个方面，是不容忽视的。

在经济贸易和文化艺术方面，吐蕃与南亚和中亚各国都有密切的联系。其中，以印度最为突出。印度的佛教、文字、文学和建筑艺术等，对吐蕃社会有巨大的影响，以至人们在今天都还能看到这方面的现象。其次，要提到

---

① 黄盛璋：《关于古代中国与尼泊尔的文化交流》，《历史研究》1962 年第 1 期。

的是吐蕃与南亚和中亚各国之间的贸易联系。《世界境域志》说，"所有印度的产品皆输入吐蕃，再从吐蕃输出到穆斯林各国"，或有夸张的成分，但它所反映的，以吐蕃或其控制的今克什米尔地区为中枢的亚洲内陆过境贸易，却是事实。难怪有人在谈到"欧亚中世纪早期繁荣"之时，把吐蕃王朝与阿拉伯帝国、唐朝、回纥草原帝国、法兰克王国等相提并论，认为吐蕃为这种繁荣作出了贡献。[①] 看来，这种说法是不过分的。

除此之外，吐蕃与南亚和中亚各国的关系史，还涉及是削弱还是有利于唐朝与这些国家的关系的问题。从现象上看，吐蕃与这些国家的交往，特别是像对小勃律的攻略、早期与大食联合攻掠四镇等，不利于唐朝对西域的控制，有消极的作用。但从今天的角度来看，这又是一个多民族国家所要经历的必然过程。尤其是"安史之乱"以后，吐蕃对西域东部的控制，与大食的对抗，还应当视为是从唐朝手中接过了抵御外族侵扰、保卫祖国疆土的任务，这是古代藏族人民对中国历史的一大贡献。

---

① Christopher I. Beckwith, "Tibet and the Early Medieval Florissance in Eurasia: A Preliminary Note on the Economic History of the Tibetan Empire", *Central Asiatic Journal,* vol.21, 1977, pp.89-95.

征引与参考文献

一、汉文

阿里·玛扎海里著、耿昇译：《丝绸之路：中国—波斯文化交流史》，法国西域敦煌学名著译丛，中华书局 1993 年版。

阿米·海勒著、霍川译：《青海都兰的吐蕃时期墓葬》，《青海民族学院学报》2003 年第 3 期。

安应民：《略论噶氏家族专权时期唐蕃之间的吐谷浑之争》，《西藏民族学院学报》1991 年第 2 期。

安忠义：《吐蕃攻陷沙州之我见》，《敦煌学辑刊》1992 年第 1—2 期。

巴桑旺堆：《藏文文献中的若干古于阗史料》，《敦煌学辑刊》1986 年第 1 期。

巴托尔德著、罗致平译：《中亚突厥史十二讲》，中国社会科学出版社 1984 年版。

伯希和著、冯承钧汉译：《苏毗》，《西域南海史地考证译丛》第 1 卷，中华书局 1995 年版，第 20—21 页。

布尔努瓦著、耿昇译：《西藏的金矿》，《国外藏学研究译文集》4，西藏人民出版社 1988 年版，第 331—332 页。

才让太：《古老象雄文明》，《西藏研究》1985 年第 2 期。

才让太：《再探古老的象雄文明》，《中国藏学》2005 年第 1 期。

岑仲勉：《突厥集史》（上、下册），中华书局 1958 年版。

岑仲勉：《西突厥史料补阙及考证》，中华书局 1958 年版。

陈戈：《新疆米兰古灌溉渠道及相关的一些问题》，《考古与文物》1984 年第 6 期。

陈国灿：《唐朝吐蕃陷落沙州的时间问题》，《敦煌学辑刊》1985 年第 1 期。

陈光国：《青海藏族族源初探》，《民族学研究》第 2 辑，民族出版社 1982 年版。

陈光国：《青海藏族史》，青海民族出版社 1997 年版。

陈践践：《笼馆与笼官初探》，《藏学研究》，中央民族学院出版社 1993 年版。

陈楠：《藏史丛考》，民族出版社 1998 年版。

陈庆英主编：《中国藏族部落》，中国藏学出版社 1991 年版。

陈庆英主编：《藏族部落制度研究》，中国藏学出版社 2002 年版。

陈庆英、端智嘉：《一份敦煌吐蕃驿递文书》，《社会科学》（甘肃）1981 年第 3 期。

陈庆英、马丽华、穆罕默德、尤素夫、侯赛因阿巴迪：《巴基斯坦斯卡杜县发现的吐蕃王朝时期的藏文碑刻》，《中国藏学》2010 年第 4 期。

陈铁民、候忠新：《岑参集校注》，上海古籍出版社 1979 年版。

陈寅恪：《金明馆丛稿二编》，上海古籍出版社 1980 年版。

陈宗祥：《试论格萨尔与不弄（白兰）部落的关系》，《西南民族学院学报》1981 年第 4 期。

陈宗祥：《隋唐婢药（附国）历史研究——兼论该国为〈格萨尔王传〉重要史料来源之一》，《中国藏学》2008 年第 3 期。

陈小平：《石堡城地理位置考察》，《青海民族学院学报》1987 年第 2 期。

陈小平：《唐蕃古道》，三秦出版社 1989 年版。

陈小强：《试析吐蕃王朝社会结构》，《藏学研究论丛》，西藏人民出版社 1995 年版，第 235—295 页。

程起骏：《吐蕃治下的"吐谷浑邦国"初探》，《西藏研究》2003 年第 3 期。

程溯洛：《从〈九姓回鹘毗伽可汗碑〉汉文部分看唐代回鹘民族和祖国的关系》，《新疆社会科学》1986 年第 2 期。

池田温著、龚泽铣译：《中国古代籍帐研究》（概说），中华书局 1984 年版。

达热泽仁：《苏毗社会状况述论》，《西藏研究》1988 年第 2 期。

戴密微著、耿昇译：《吐蕃僧诤记》，甘肃人民出版社 1984 年版。

道宣著、范祥雍点校：《释迦方志》，中华书局 1983 年版。

丹曲、朱悦梅：《藏文文献中"李域"（li-yul，于阗）的不同称谓》，《中国藏学》
　　2007年第2期。
邓伍德著、陈楠译：《拉达克石刻录》，《国外藏学研究译文集》2，西藏人民出版社
　　1987年版，第137—149页。
邓文科：《试论吐谷浑与吐蕃的关系》，《西北民族学院学报》1987年第1期。
敦煌研究院编：《敦煌莫高窟供养人题记》，文物出版社1986年版。
段文杰：《敦煌壁画中的衣冠服饰》，《敦煌研究文集》，甘肃人民出版社1982年版，
　　第165—188页。
樊保良：《回鹘与吐蕃及西夏在丝路上的关系》，《民族研究》1987年第4期。
樊锦诗、赵青兰：《吐蕃占领时期莫高窟洞窟的分期研究》，《敦煌研究》1994年第4期。
范祥雍：《唐代中印交通吐蕃一道考》，《中华文史论丛》1982年第4辑。
费琅编、耿昇等译：《阿拉伯波斯突厥人东方文献辑注》，中外关系史名著译丛，中华
　　书局1989年版。
冯承钧编、陆峻岭增订：《西域地名》，中华书局1982年版。
冯智：《东巴教与滇西北苯教流行史迹试探》，《中国藏学》2008年第3期。
高永久、王国华：《吐蕃统治下的于阗》，《西北民族研究》1991年第2期。
高永久：《萨毗考》，《西北史地》1993年第3期。
格勒：《论藏族文化的起源形成与周围民族的关系》，中山大学出版社1988年版。
格勒：《藏族早期历史与文化》，商务印书馆2006年版。
郭峰：《唐代前期唐、蕃在西域的争夺与唐安西四镇的弃置》，《敦煌学辑刊》1985年
　　第1期。
郭平梁：《突骑施苏禄传补阙》，《新疆社会科学》1988年第4期。
哈密顿著、耿昇译：《鲁尼突厥文碑铭中的地名姑臧》，《甘肃民族研究》1985年第3—
　　4期。
哈密顿著、耿昇译：《仲云考》，《西域史论丛》第2辑，新疆人民出版社1985年版，
　　第163—189页。
侯灿：《麻扎塔格古戍堡及其在丝绸之路上的重要作用》，《文物》1987年第3期。

胡小鹏：《吐谷浑与唐、吐蕃的关系》，《西北史地》1985年第4期。

胡小鹏、杨惠玲：《敦煌古藏文写本〈吐谷浑（阿豺）纪年〉残卷再探》，《敦煌研究》2003年第1期。

黄布凡：《敦煌〈藏汉对照词语〉残卷考辨订误》，《民族语文》1984年第5期。

黄布凡、马德：《敦煌藏文吐蕃史文献译注》，甘肃教育出版社2000年版。

黄颢：《藏文史书中的弥药（西夏）》，《青海民族学院学报》1985年第4期。

黄颢：《唐代汉藏文化交流》，《藏学研究文集》，民族出版社1985年版。

黄颢：《敦煌吐蕃佛教的特点》，《藏族史论文集》，四川民族出版社1988年版。

黄盛璋：《关于古代中国与尼泊尔的文化交流》，《历史研究》1962年第1期。

黄盛璋：《黄河上源的历史地理问题与测绘的地图新考》，《历史地理论集》，人民出版社1982年版，第332—362页。

黄盛璋：《钢和泰藏卷与西北史地研究》，《新疆社会科学》1984年第2期。

黄盛璋：《于阗文〈使河西记〉的历史地理研究》，《敦煌学辑刊》1986年第2期。

黄盛璋：《于阗文〈使河西记〉的历史地理研究（续完）》，《敦煌学辑刊》1987年第1期。

黄盛璋：《敦煌文书中"南山"与仲云》，《西北民族研究》1989年第1期。

黄盛璋：《关于沙州曹氏和于阗交往的诸藏文文书及相关问题》，《敦煌研究》1992年第1期。

黄盛璋：《敦煌遗书藏文Ch.73.IV〈凉州节度、仆射致沙洲、瓜州刺史敕牒〉及其重要价值》，《蒙藏国际学术研讨会论文集》，台北，1995年，第353—381页。

黄盛璋：《西藏吉隆县新发现"大唐天竺使出铭"主要问题考辨》，《故宫学术季刊》第15卷第4期，1998年。

黄文弼：《塔里木盆地考古记》，科学出版社1958年版。

黄文弼：《新疆考古发掘报告》，文物出版社1983年版。

黄文焕：《吐蕃经卷里的数码研究》，《敦煌学辑刊》1986年第1期。

黄永武编：《敦煌宝藏》，台湾新文丰出版公司1985年版。

黄新亚：《唐蕃石堡城之争辨析》，《青海社会科学》1982年第6期。

黄振华：《略述吐蕃文化对西夏的影响》，《藏族学术讨论会论文集》，西藏人民出版社 1984 年版，第 260—269 页。

慧超著、张毅笺释：《往五天竺国传笺释》，中华书局 1994 年版。

慧立、彦悰著，孙毓棠、谢方点校：《大慈恩寺三藏法师传》，中华书局 1983 年版。

霍巍：《大唐天竺使出铭及其相关问题的研究》，《东方学报》京都第 66 册，1994 年。

霍巍：《从考古材料看吐蕃与中亚、西亚的古代交通》，《中国藏学》1995 年第 4 期。

霍巍：《从新出唐代碑铭论"羊同"与"女国"之地望》，《民族研究》1996 年第 1 期。

霍巍：《论青海都兰吐蕃时期墓地考古发掘的文化史意义——兼评阿米·海勒〈青海都兰的吐蕃时期墓葬〉》，《青海民族学院学报》2003 年第 3 期。

霍巍：《于阗与藏西：考古材料所见吐蕃时期两地间的文化交流》，《藏学学刊》(3)，四川大学出版社 2007 年版，第 146—156 页。

霍巍：《吐蕃马具与东西方文明的交流》，《考古》2009 年第 11 期。

季羡林等：《大唐西域记校注》，中华书局 1985 年版。

金滢坤：《吐蕃统治敦煌时期的部落使考》，《民族研究》1999 年第 2 期。

金滢坤：《吐蕃瓜州节度使初探》，《敦煌研究》2002 年第 2 期。

金滢坤：《吐蕃沙州都督考》，《敦煌研究》1999 年第 3 期。

金滢坤：《吐蕃统治敦煌的社会基层组织》，《中国边疆史地研究》1998 年第 4 期。

金滢坤：《吐蕃节度使考述》，《厦门大学学报》2001 年第 1 期。

金滢坤、盛会莲：《吐蕃沙州节儿及其统治新探》，《中国边疆史地研究》2000 年第 3 期。

姜伯勤：《唐敦煌"书仪"写本中所见的沙州玉关驿户起义》，《中华文史论丛》1981 年第 1 辑。

姜伯勤：《突地考》，《敦煌学辑刊》1984 年第 1 期。

姜伯勤：《沙州道门亲表部落释证》，《敦煌研究》1986 年第 3 期。

卡尔梅著、王尧等译：《苯教史》，《国外藏学研究译文集》1，西藏人民出版社 1985 年版，第 271—272 页。

柯宗等著、吴泽霖等译：《穿越帕米尔高原》，社会学人类学译丛，民族出版社 2004 年版。

朗措：《吐蕃与于阗关系考述——于阗和鄯善地区吐蕃部落的族属及特点》，《西藏研究》2005 年第 4 期。

拉施特主编、余大钧等译：《史集》，汉译世界学术名著丛书，商务印书馆 1983—1986 年版。

劳费尔著、赵衍荪译：《藏语中的借词》，中国社会科学院 1981 年版。

李吉和：《唐朝时期党项族的迁徙与社会文化变迁》，《青海民族学院学报》2006 年第 3 期。

李文实：《吐谷浑族与吐谷浑国》，《青海社会科学》1981 年第 1 期。

李文实：《吐谷浑国地理考略》，《青海社会科学》1981 年第 2 期。

李文实：《西陲古地与羌藏文化》，青海人民出版社 2001 年版。

李吟屏：《佛国于阗》，新疆人民出版社 1991 年版。

李吟屏：《和田春秋》，新疆人民出版社 2006 年版。

李吟屏：《和田考古记》，新疆人民出版社 2006 年版。

李延恺：《从史籍和口碑看青海藏族的来源及变迁》，《青海民族学院学报》1982 年第 4 期。

李正宇：《吐蕃子年（808）沙州百姓汜履倩等户籍手实残卷研究》，《1983 年全国敦煌学术讨论会文集》（文史·遗书编）上，甘肃人民出版社 1987 年版，第 176—218 页。

李正宇：《沙州贞元四年陷蕃考》，《敦煌研究》2007 年第 4 期。

李宗俊：《唐代河西走廊南通吐蕃道考》，《敦煌研究》2007 年第 3 期。

李宗俊：《敦煌寿昌县的废置与唐前期对西域石城、播仙二镇地区的经营》，《中国边疆史地研究》2008 年第 2 期。

黎宗华、李延恺：《安多藏族史略》，青海民族出版社 1992 年版。

林冠群：《论唐代吐蕃之对外扩张》，蒙藏专题研究丛书，台北，1991 年。

林冠群：《由地理环境论析唐代吐蕃向外发展与对外关系》，《唐代文化研讨会论文集》，文史哲出版社 1991 年版，第 241—274 页。

林冠群：《唐代前期唐蕃竞逐青海地区之研究》，《西藏与中原关系国际学术研讨会论文集》，台北，1993 年，第 1—37 页。

林冠群：《〈敦煌本吐蕃历史文书〉与唐代吐蕃史研究》，《新世纪敦煌学论集》，巴蜀书社 2003 年版，第 358—374 页。

林冠群：《唐代吐蕃对外联姻之研究》，《唐研究》第 8 卷，北京大学出版社 2002 年版，第 175—204 页。

林冠群：《唐代吐蕃史论集》，中国藏学出版社 2006 年版。

林梅村：《藏文古籍所述于阗王谱系迄始年代研究》，《新疆社会科学》1985 年第 5 期。

林梅村：《沙海古卷——中国所出佉卢文书》（初集），文物出版社 1988 年版。

林梅村：《粟特文买婢契与丝绸之路上的女奴贸易》，《西域文明——考古、民族、语言和宗教新论》，东方出版社 1995 年版，第 68—79 页。

林梅村：《新疆和田出土汉文于阗文双语文书》，《考古学报》1993 年第 1 期。

林梅村：《新疆和田出土汉文—于阗文双语文书跋》，《西域文明——考古、民族、语言和宗教新论》，东方出版社 1995 年版，第 209—233 页。

林梅村：《青海都兰出土伊斯兰织锦及其相关问题》，《中国历史文物》2003 年第 6 期。

林梅村：《丝绸之路考古十五讲》，北京大学出版社 2006 年版。

刘进宝：《关于吐蕃经营河西地区的若干问题》，《中国边疆史地研究》1994 年第 1 期。

陆离：《吐蕃统治敦煌基层兵制新考论》，《中国史研究》2003 年第 4 期。

陆离：《吐蕃僧官制度试探》，《华林》第 3 卷，中华书局 2003 年版，第 77—90 页。

陆离：《吐蕃统治时期敦煌酿酒业简论》，《青海民族学院学报》2004 年第 1 期。

陆离：《大虫皮考——兼论吐蕃、南诏虎崇拜及其影响》，《敦煌研究》2004 年第 1 期。

陆离：《吐蕃三法考——兼论〈贤愚经〉传入吐蕃的时间》，《西藏研究》2004 年第 3 期。

陆离：《吐蕃统治时期敦煌僧官的几个问题》，《敦煌研究》2004 年第 3 期。

陆离：《敦煌、新疆等地吐蕃时期石窟中着虎皮衣饰神祇、武士图像及雕塑研究》，《敦煌学辑刊》2005 年第 3 期。

陆离：《吐蕃统治河陇时期司法制度初探》，《中国藏学》2006 年第 1 期。

陆离：《吐蕃统治河陇西域时期职官四题》，《西北民族研究》2006 年第 2 期。

陆离：《吐蕃统治敦煌的基层组织》，《西藏研究》2006 年第 1 期。

陆离：《吐蕃统治河陇西域时期的军事、畜牧业职官二题》，《敦煌研究》2006 年第 4 期。

陆离：《吐蕃统治敦煌时期的官府牧人》，《西藏研究》2006 年第 4 期。

陆离、陆庆夫：《关于吐蕃告身制度的几个问题》，《民族研究》2006 年第 3 期。

陆庆夫：《论王玄策对中印交通的贡献》，《敦煌学辑刊》1984 年第 1 期。

陆庆夫、陆离：《论吐蕃制度与突厥的关系》，《兰州大学学报》2005 年第 4 期。

陆水林：《巴基斯坦》，世界列国国情习俗丛书，重庆出版社 2004 年版。

陆水林：《乾隆时期巴尔蒂斯坦（小西藏）与清朝关系初探》，《中国藏学》2004 年第 1 期。

陆水林：《关于科域（Kog yul）地望的补充材料》，《西域研究》2009 年第 3 期。

罗秉芬：《从三件〈赞普愿文〉看吐蕃王朝的崩溃》，《敦煌吐鲁番学研究文集》，书目文献出版社 1996 年版，第 339—349 页。

马长寿：《乌桓与鲜卑》，上海人民出版社 1962 年版。

马德：《吐蕃统治敦煌的几个问题》，《敦煌研究》1987 年第 1 期。

马德：《沙州陷蕃年代再探》，《敦煌研究》1985 年第 3 期。

马德：《吐蕃统治敦煌初期的几个问题》，《敦煌研究》1987 年第 1 期。

马德：《Khrom 词义考》，《中国藏学》1992 年第 2 期。

马德：《敦煌文书所记南诏与吐蕃的关系》，《西藏民族学院学报》2004 年第 11 期。

马德：《甘肃藏敦煌古藏文文献概述》，《敦煌研究》2006 年第 3 期。

马德：《从敦煌史料看唐代陇右地区的后吐蕃时代》，《丝绸之路民族古文字与文化学术讨论会文集》，三秦出版社 2007 年版，第 341—352 页。

马林：《敦煌文书 P.T.1083 号藏文写卷考释》，《甘肃民族研究》1986 年第 4 期。

马雅伦、邢艳红：《吐蕃统治时期敦煌的两位粟特僧官——史慈灯、石法海考》，《敦煌学辑刊》1996 年第 2 期。

马子海、徐丽：《吐蕃统治下的河西走廊》，《西北师大学报》1994 年第 5 期。

马国荣：《唐代吐蕃在新疆的活动及其影响》，《新疆社会科学》1985 年第 5 期。

芈一之：《八至十世纪甘青藏族社会状况述论》，《青海民族学院学报》1986 年第 2 期。

芈一之：《论藏族的来源和形成——兼论青海藏族来源问题》，《青海藏学会论文选辑》（1），1987 年，第 11—27 页。

穆舜英：《新疆出土文物中关于我国古代兄弟民族的历史文化》，《新疆历史论文集》，新疆人民出版社 1977 年版,第 41—68 页。

梅林:《吐蕃和归义军时期敦煌禅僧寺籍考辨》,《敦煌研究》1992 年第 3 期。

恰白·次旦平措等:《西藏通史——松石宝串》,西藏古籍出版社 2008 年版。

强俄巴·次央:《试析敦煌藏文 P.T.999 写卷》,《西藏研究》1990 年第 1 期。

冉光荣、李绍明、周锡银:《羌族史》,四川民族出版社 1984 年版。

任乃强、曾文琼:《〈吐蕃传〉地名考释 6》,《西藏研究》1984 年第 1 期。

任新建:《白狼、白兰考辨》,《社会科学研究》1995 年第 2 期。

任树民:《唐代吐蕃与西部民族大迁徙》,《青海师专学报》2008 年第 4 期。

任树民、白自东:《仕蕃汉人官职考述——P.T.1089 号卷子研究》,《西藏民族学院学报》1990 年第 2 期。

荣新江:《归义军及其与周边民族的关系初探》,《敦煌学辑刊》1986 年第 2 期。

荣新江:《通颊考》,《文史》33,中华书局 1990 年版,第 119—144 页。

荣新江:《唐代于阗史概说》,《龙谷史坛》97,京都,1991 年,第 28—38 页。

荣新江:《英国图书馆藏敦煌汉文非佛教文献残卷目录(S.6981—13624)》,台湾新文丰出版公司 1994 年版。

荣新江:《于阗花毡与粟特银盘——九、十世纪敦煌寺院的外来供养》,《佛教物质文化——寺院财富与世俗供养》,上海书画出版社 2003 年版,第 249—251 页。

沙畹编、冯承钧译:《西突厥史料》,中华书局 1958 年版。

沙武田:《吐蕃统治时期敦煌石窟供养人画像考察》,《中国藏学》2003 年第 2 期。

邵文实:《沙州节儿考及其引申出来的几个问题》,《西北师大学报》1992 年第 5 期。

邵文实:《尚乞心儿事迹考》,《敦煌学辑刊》1993 年第 2 期。

森安孝夫著、罗贤佑译:《究竟是回鹘还是吐蕃在公元 789—792 年间夺据了别失八里?》,《民族译丛》1984 年第 1 期。

森安孝夫著、劳江译:《吐蕃在中亚的活动》,《国外藏学研究译文集》1,西藏人民出版社 1986 年版,第 64—130 页。

石硕:《西藏文明东向发展史》,四川人民出版社 1994 年版。

石硕:《藏族族源与藏东古文明》,四川人民民族出版社 2001 年版。

石硕:《附国与吐蕃》,《中国藏学》2003年第3期。

石硕:《从唐初的史料记载看"附国"与"吐蕃"》,《民族研究》2003年第4期。

石硕:《论大非川战役以前吐蕃和亲为核心发展战略及与其强盛的关系》,《藏学研究论丛》3,西藏人民出版社1991年版,第161—176页。

石泰安著、耿昇译:《西藏的文明》,西藏社会科学院1985年版。

石泰安:《敦煌藏文写本综述》,《国外藏学研究译文集》3,西藏人民出版社1987年版,第1—14页。

石泰安:《川甘青藏走廊古部落》,四川民族出版社1992年版。

石羊、明星:《回鹘与吐蕃的文化联系述论》,《西北民族学院学报》1994年第3期。

史苇湘:《丝绸之路上的敦煌与莫高窟》,《敦煌研究文集》,甘肃人民出版社1982年版,第43—121页。

史苇湘:《河西节度使覆灭的前夕》,《敦煌研究》1983年创刊号。

史苇湘:《吐蕃王朝管辖沙州前后》,《敦煌研究》1983年创刊号。

斯坦因著、向达译:《斯坦因西域考古记》,中华书局1936年版。

斯坦因著、巫新华等译:《西域考古图记》,广西师范大学出版社1998年版。

宋家钰、刘忠编:《英国收藏敦煌汉藏文献研究》,中国社会科学出版社2000年版。

孙修身:《敦煌遗书吐蕃文书P.T.1284号第三件书信有关问题》,《敦煌研究》1989年第2期。

孙修身:《王玄策事迹钩沉》,西域佛教研究丛书,新疆人民出版社1998年版。

谭立人、周原孙:《唐蕃交聘表》,《中国藏学》1990年第2期。

汤开建:《〈隋书〉之附国非吐蕃》,《思想战线》1986年第4期。

汤开建:《隋唐时期党项部落迁徙考》,《暨南学报》1994年第1期。

汤开建:《党项源流新证》,《宁夏社会科学》1996年第1期。

汤开建:《关于弥罗国、弥药、河西党项及唐古诸问题的考辨》,《西北第二民族学院学报》2000年第1期。

汤开建:《宋金时期安多藏族部落史研究》,上海古籍出版社2007年版。

汤开建、马明达:《对五代宋初河西若干民族问题的探讨》,《敦煌学辑刊》1983年总第 4 期。

唐长孺:《唐西州差兵文书跋》,《敦煌吐鲁番文书初探》,武汉大学出版社 1983 年版,
　　第 439—454 页。

唐耕耦:《吐蕃时期敦煌课麦粟文书介绍》,《中国社会经济史研究》1986 年第 3 期。

唐耕耦、陆宏基:《敦煌社会经济文书真迹释录》(1—4),北京图书馆文献出版社
　　1986—1990 年版。

托马斯编著,刘忠、杨铭译注:《敦煌西域古藏文社会历史文献》,民族出版社 2003
　　年版。

万学汇:《吐蕃统治时期敦煌石窟艺术的时代特性》,《中国藏学》2007 年第 1 期。

王继光、郑炳林:《敦煌汉文吐蕃史料综述》,《敦煌吐鲁番文献研究》,兰州大学出
　　版社 1995 年版。

王森:《西藏佛教发展史略》,中国社会科学出版社 1987 年版。

王献军:《唐代吐蕃统治河陇地区汉族琐谈》,《西藏研究》1989 年第 2 期。

王欣:《吐蕃驿站制度在西域的实施》,《新疆社会科学》1989 年第 5 期。

王小甫:《七、八世纪之交吐蕃入西域之路》,《庆祝邓广铭教授九十华诞论文集》,河
　　北教育出版社 1997 年版,第 74—85 页。

王小甫:《唐、吐蕃、大食政治关系史》,北京大学出版社 1992 年版。

王小甫:《盛唐与吐蕃在西域的较量(720—755)》,《新疆大学学报》1992 年第 4 期。

王小甫:《西藏—新疆间最早的交通路线》,《北京大学校报·理论副刊》1989 年 3 月
　　12 日。

王尧:《吐蕃文化》,吉林教育出版社 1989 年版。

王尧:《西藏文史考信集》,中国藏学出版社 1994 年版。

王尧:《藏学概论》,山西教育出版社 2004 年版。

王尧:《西藏文史探微集》,中国藏学出版社 2005 年版。

王尧主编:《法藏敦煌藏文文献解题目录》,民族出版社 1999 年版。

王尧、陈践:《敦煌吐蕃文书论文集》,四川民族出版社 1988 年版。

王忠:《新唐书吐蕃传笺证》,科学出版社 1958 年版。

王忠:《论西夏的兴起》,《历史研究》1962年第5期。

汶江:《吐蕃治下的汉人》,《西藏研究》1982年第3期。

汶江:《吐蕃官制考——敦煌藏文卷子P.T.1089号研究》,《西藏研究》1987年第3期。

乌瑞著、耿昇译:《吐蕃统治结束后甘州和于阗官府中使用藏语的情况》,《敦煌译丛》第1辑,甘肃人民出版社1985年版,第212—220页。

乌瑞著、沈卫荣译:《释KHROM:七—九世纪吐蕃帝国的行政单位》,《国外藏学研究译文集》1,西藏人民出版社1986年版,第131—138页。

乌瑞著,王冀青、李超编译:《有关怛逻斯战役前中亚史地的古藏文文书和文献资料》,《敦煌学辑刊》1986年第1期。

乌瑞著、荣新江译:《KHROM(军镇):公元七至九世纪吐蕃帝国的行政单位》,《西北史地》1986年第4期。

乌瑞著、吴玉贵译:《公元9世纪前半叶吐蕃王朝之"千户"考释》,《国外藏学研究译文集》2,西藏人民出版社1987年版,第49—53页。

乌瑞著、肖更译:《吐蕃编年史辨析》,《国外藏学研究译文集》2,西藏人民出版社1987年版,第54—67页。

乌瑞著、荣新江译:《有关公元751年以前中亚史的藏文史料概述》,《国外藏学研究译文集》5,西藏人民出版社1989年版,第39—81页。

乌瑞著、王湘云译:《景教和摩尼教在吐蕃》,《国外敦煌吐蕃文书研究选译》,甘肃人民出版社1992年版,第56—72页。

乌瑞著、沈卫荣译:《吐谷浑王国编年史》,《国外敦煌吐蕃文书研究选译》,甘肃人民出版社1992年版,第170—212页。

吴逢箴:《长庆会盟准备阶段的重要文献》,《藏学研究论丛》2,西藏人民出版社1990年版,第48—56页。

武内绍人著、石应平译:《"占"(tshan):吐蕃王朝千户部落下属的行政单位》,《西藏考古》1,四川大学出版社1994年版,第149—163页。

吴景敖:《西陲史地研究》,中华书局1948年版。

吴均:《日月山与大非川——佐藤长"西藏历史地理研究"商榷之一》,《青海民族学院学报》1985 年第 1 期。

向达：《罗叔言补唐书张义潮传补正》，《唐代长安与西域文明》，三联书店 1957 年版，第 417—428 页。

邢海宁：《果洛藏族社会》，中国藏学出版社 1994 年版。

谢重光：《吐蕃占领期与归义军时期的敦煌僧官制度》，《敦煌研究》1994 年第 4 期。

熊文彬：《两唐书〈吐蕃传〉吐蕃制度补证》，《中国藏学》1989 年第 3 期。

熊文彬：《吐蕃本部地方行政机构和职官考》，《中国藏学》1994 年第 2 期。

许新国：《都兰吐蕃墓中的镀金银器属粟特系统的推定》，《中国藏学》1994 年第 4 期。

许新国：《都兰热水血谓吐蕃大墓殉马坑出土舍利容器推定及相关问题》，《中国历史博物馆馆刊》1995 年第 1 期。

许新国：《都兰吐蕃墓出土含绶鸟织锦研究》，《中国藏学》1996 年第 1 期。

许新国：《都兰出土织锦——"人兽搏斗"图像及其文化属性》，《青海社会科学》2007 年第 2 期。

许序雅：《粟特、粟特人与九姓胡考辨》，《西域研究》2007 年第 2 期。

薛宗正：《突骑施汗国的兴亡》，《历史研究》1984 年第 3 期。

薛宗正：《噶尔家族专国与吐蕃的北部领土扩张——兼论唐蕃间河源、西域争夺》，《西藏研究》1988 年第 4 期。

薛宗正：《乞黎苏笼猎赞在位前期吐蕃盛世与唐朝陇右、河西领疆的陷没》，《甘肃民族研究》1992 年第 1 期。

薛宗正：《吐蕃王国的兴衰》，民族出版社 1997 年版。

薛宗正：《安西与北庭——唐代西陲边政研究》，黑龙江教育出版社 1998 年版。

薛宗正：《噶尔家族与附蕃西突厥诸政权——兼论唐与吐蕃间的西域角逐》，《中国边疆史地研究》2002 年第 4 期。

薛宗正：《中亚内陆大唐帝国》，新疆人民出版社 2005 年版。

严耕望：《唐代交通图考》，历史语言研究所专刊之 83，台北，1985 年。

杨富学：《敦煌吐鲁番文献所见吐蕃回鹘之文化关系》，《首都师范大学学报》2001 年第 1 期。

杨富学：《20世纪国内敦煌吐蕃历史文化研究述要》，《中国藏学》2002年第3期。

杨富学、李吉和：《敦煌汉文吐蕃史料辑校》，甘肃人民出版社1999年版。

杨际平：《吐蕃子年左二将户状与所谓"擘三部落"》，《敦煌学辑刊》1986年第2期。

杨际平：《吐蕃时期沙州经济研究》，《敦煌吐鲁番出土经济文书研究》，厦门大学出版社1986年版，第357—413页。

杨际平：《吐蕃时期敦煌计口授田考》，《社会科学》（甘肃）1983年第2期。

杨建新：《唐代吐蕃在新疆地区的扩张》，《西北史地》1987年第1期。

杨建新主编：《古西行记选注》，宁夏人民出版社1987年版。

杨铭：《唐代吐蕃统治于阗的若干问题》，《敦煌学研究》5，1986年。

杨铭：《唐代吐蕃统治鄯善的若干问题》，《新疆历史研究》1986年第2期。

杨铭：《"东叶护可汗"考》，《甘肃民族研究》1986年第3期。

杨铭：《通颊考》，《敦煌学辑刊》1987年第1期。

杨铭：《唐代吐蕃—勃律道考》，《西北历史研究》（1987），三秦出版社1989年版，第95—107页。

杨铭：《吐蕃简牍中所见的西域地名》，《新疆社会科学》1989年第1期。

杨铭：《唐代西北吐蕃部落述略》，《中国藏族部落》，中国藏学出版社1991年版，第559—570页。

杨铭：《关于敦煌藏文文书〈吐蕃官吏呈请状〉的研究》，《马长寿纪念文集》，西北大学出版社1993年版，第363—386页。

杨铭：《吐蕃时期河陇军政机构设置考》，《中亚学刊》4，北京大学出版社1995年版，第113—121页。

杨铭：《吐蕃经略西北的历史作用》，《民族研究》1997年第1期。

杨铭：《〈大事纪年〉所载吐蕃与突厥关系考》，《中亚学刊》2000年第5期。

杨铭：《羊同国地望辑考》，《敦煌学辑刊》2001年第1期。

杨铭：《四件英藏敦煌藏文文书考释》，《2000年敦煌学国际学术讨论会文集》，甘肃民族出版社2003年版，第289—298页。

杨铭：《吐蕃统治鄯善再探》，《西域研究》2005年第2期。

杨铭:《吐蕃与突厥、回纥关系考述》,《西南民族大学学报》2005年第6期。

杨铭:《新刊西域古藏文写本所见的吐蕃官吏》,《中国藏学》2006年第3期。

杨铭:《唐代中西交通吐蕃——勃律道考》,《西域研究》2007年第2期。

杨铭:《"弥不弄羌"考》,《民族研究》2007年第1期。

杨铭:《唐蕃古道地名考略》,《四川藏学论文集》(9),巴蜀书社2007年版,第165—175页。

杨铭:《敦煌藏文文献所见的南诏及其与吐蕃的关系》,《敦煌研究》2008年第2期。

杨铭:《唐代吐蕃与粟特关系考述》,《西藏研究》2008年第2期。

杨铭:《伊斯兰文化视野中的吐蕃人文社会》,《西藏民族学院学报》2008年第4期。

杨铭:《吐蕃统治敦煌史研究的回顾与展望》,《敦煌学国际联络委员会通讯》,上海古籍出版社2008年版,第101—111页。

杨铭:《〈岱噶玉园会盟寺愿文〉研究》,《西北民族研究丛刊》(6),中国社会科学出版社2008年版,第230—251页。

杨铭:《尚绮心儿事迹补正》,《国学》第8、9辑,上海古籍出版社2008年版,第1023—1028页。

杨铭:《近三十年来唐代吐蕃与西北民族关系史研究评述》,《民族研究》2008年第6期。

杨铭:《唐代吐蕃与突骑施关系考述》,《纪念柳陞祺先生百年诞辰及藏族历史文化论集》,中国藏学出版社2008年版,第185—192页。

杨铭、何宁生:《曹(Tshar)——吐蕃统治敦煌、西域的一级基层兵制》,《西域研究》1995年第4期。

杨清凡:《由服饰图例试析吐蕃与粟特关系(下)》,《西藏研究》2001年第4期。

杨元芳:《从敦煌藏文翼邦的神话看党项的经济与宗教信仰》,《西南民族学院学报》1985年第2期。

杨正刚:《苏毗大事记》,《西藏研究》1989年第1期。

杨正刚:《苏毗初探》(一、续),《中国藏学》1989年第3、4期。

杨正刚:《苏毗与吐蕃及其他邻近政权的关系》,《西藏研究》1992年第3期。

伊本·胡尔达兹比赫著、宋岘译注:《道里邦国志》,中外关系史名著译丛,中华书局

1991年版。

佚名著、穆根来等译：《中国印度见闻录》，中外关系史名著译丛，中华书局1983年版。

佚名著、王治来译注：《世界境域志》，上海古籍出版社2010年版。

尹伟先：《唐蕃长庆会盟辨考三题》，《西北师大学报》1992年第5期。

尹伟先：《840年之后回鹘与吐蕃的关系》，《西藏民族学院学报》1992年第2期。

尹伟先：《畏吾尔族与藏族历史关系研究》，甘肃文化出版社1999年年版。

义净著、王邦维校注：《大唐西域求法高僧传校注》，中华书局1988年版。

易漫白：《弓月城及双河位置考》，《新疆历史论文续集》，新疆人民出版社1982年版，第194—210页。

殷晴：《古代于阗和吐蕃的交通及其友邻关系》，《民族研究》1994年第5期。

赞宁撰、范祥雍点校：《宋高僧传》，中华书局1987年版。

张广达：《唐代六胡州等地的昭武九姓》，《北京大学学报》1986年第2期。

张广达：《吐蕃飞鸟使与吐蕃驿传制度》，《西域史地丛稿初编》，上海古籍出版社1995年版，第175—188页。

张广达：《唐代禅宗的传入吐蕃及有关的敦煌文书》，《西域史地丛稿初编》，上海古籍出版社1995年版，第189—216页。

张广达、荣新江：《关于和田出土于阗文献的年代及其相关问题》，《东洋学报》第69卷第1、2号，1988年。

张广达、荣新江：《于阗史丛考》，上海书店1993年版；中国人民大学出版社2008年增订版。

张广达、荣新江：《8世纪下半与9世纪初的于阗》，《唐研究》第3卷，北京大学出版社1997年版，第339—361页。

张琨著、玉文华译：《论象雄（On Shang Shung）》，《西藏研究》1982年第1期。

张毅：《往五天竺国传笺释》，中华书局1994年版。

张云：《新疆藏文简牍所见吐蕃职官考述》，《西域研究》1992年第4期。

张云：《"节儿"考略》，《民族研究》1992年第6期。

张云：《丝路文化·吐蕃卷》，浙江人民出版社1995年版。

张云:《党项名义及族源考证》,《中国藏学》1996年第1期。

张云:《论吐蕃与党项的民族融合》,《西北民族研究》1988年第2期。

张云:《论吐蕃文化对西夏的影响》,《中国藏学》1989年第2期。

张云:《吐蕃与党项的政治关系初探》,《甘肃民族研究》1988年第3—4期。

张云:《吐蕃与西域诸族的关系》,《新疆社会科学》1990年第5期。

张云:《唐代吐蕃与西域的文化交流》,《甘肃民族研究》1991年第4期。

张云:《吐蕃在西域的部落及其组织制度》,《甘肃民族研究》1992年第2—3期。

张云:《吐蕃统治西域的各项制度》,《新疆大学学报》1992年第4期。

张云:《新疆出土简牍所见吐蕃职官考略》,《西域研究》1992年第4期。

张云:《唐代吐蕃史与西北民族史研究》,中国藏学出版社2004年版。

张云:《上古波斯与西藏文明》,中国藏学出版社2005年版。

张星烺编注:《中西交通史料汇编》,中华书局1978年版。

郑炳林:《敦煌地理文书汇辑校注》,甘肃教育出版社1989年版。

郑炳林:《敦煌碑铭赞辑释》,甘肃教育出版社1992年版。

郑炳林、王尚达:《吐蕃统治下的敦煌粟特人》,《中国藏学》1996年第4期。

志费尼著、何高济译:《世界征服者史》,内蒙古人民出版社1981年版。

中国科学院历史研究所资料室编:《敦煌资料》第1辑,中华书局1961年版。

中国西北文献丛书编辑委员会:《中国西北文献丛书》,兰州古籍出版社2008年版。

周伟洲:《略论碎叶城的地理位置及其作为唐安西四镇之一的历史事实》,《新疆历史论文集》,新疆人民出版社1977年版,第135—150页。

周伟洲:《关于唐贞观九年对吐谷浑的战争》,《西北历史资料》1982年第2期。

周伟洲:《吐谷浑史》,宁夏人民出版社1985年版。

周伟洲:《唐代党项》,三秦出版社1988年版。

周伟洲:《关于吐谷浑的来源、迁徙和名称诸问题》,《西北史地》1983年第3期。

周伟洲:《吐蕃与吐谷浑关系史述略》,《藏族史论文集》,四川民族出版社1988年版,第301—319页。

周伟洲:《唐末党项拓跋部割据势力的形成和发展》,《西北民族研究》1988年第2期。

周伟洲：《嗢末考》，《西北历史资料》1980年第2期。

周伟洲：《吐蕃对河西的统治及归义军前期的河西诸族》，《甘肃民族研究》1990年第2期。

周伟洲：《苏毗与女国》，《大陆杂志》第92卷第4期，1996年。

周伟洲：《多弥史钩沉》，《民族研究》2002年第5期。

周伟洲：《早期党项史研究》，中国社会科学出版社2004年版。

周伟洲：《唐代吐蕃与近代西藏史论稿》，中国藏学出版社2007年版。

周伟洲、黄颢：《白兰考》，《青海民族学院学报》1983年第2期。

周伟洲、杨铭：《关于敦煌藏文写本〈吐谷浑（阿柴）纪年〉残卷的研究》，《中亚学刊》3，中华书局1990年版，第95—108页。

佐藤长著、刘韶军译：《关于羊同国的位置》，《日本学者研究中国史论著选译》（九），中华书局1993年版，第263—291页。

佐藤长著、秦永章译：《论"吐蕃""羊同"等名称》，《青海民族学院学报》1988年第2期。

二、藏文

拔塞囊：《拔协》，民族出版社1980年版；佟锦华、黄布凡译注，四川民族出版社1990年版。

根敦琼培著、法尊译：《白史》，西北民族学院研究所资料丛刊之7，1981年。

达仓宗巴·班觉桑布：《汉藏史集》，四川民族出版社1985年版；陈庆英汉译本，西藏人民出版社1986年版。

郭·循努白：《青史》，四川民族出版社1985年版；郭和卿汉译本，西藏人民出版社1985年版。

佚名：《拉达克史》，西藏人民出版社1986年版。

佚名：《五部遗教》，民族出版社1986年版。

巴俄·祖拉陈瓦：《智者喜宴》，民族出版社1986年版；黄颢《〈贤者喜宴〉摘译》（一至二十四），《西藏民族学院学报》1980年第4期至1984年第2期。

弟吴贤著：《弟吴宗教源流》，西藏人民出版社 1987 年版。

索南坚赞：《西藏王统记》，民族出版社 1988 年版；陈庆英、仁庆扎西汉译本，辽宁人民出版社 1985 年版；刘立千汉译本，民族出版社 2000 年版。

金雅声、郭恩主编：《法国国家图书馆藏敦煌藏文文献》（1—12），上海古籍出版社 2006—2011 年版。

王尧编著：《吐蕃金石录》，文物出版社 1982 年版。

王尧、陈践译注：《敦煌本吐蕃历史文书》，民族出版社 1980 年版；1992 年增订版。

王尧、陈践译注：《敦煌吐蕃文献选》，四川民族出版社 1983 年版。

王尧编著：《吐蕃简牍综录》，文物出版社 1986 年版。

三、外文

Bacot, J. et Thomas, F. W. et Toussaint, Ch. *Documents de Touen-houang relatifs à l'histoire du Tibet*, Paris, Librairie Orientaliste Paul Geuthner 12, Rue Vavin, VIᵉ 1940-1946.

Beckwith, Christopher I. "Tibet and the Early Medieval Florissance in Eurasia: A Preliminary Note on the Economic History of the Tibetan Empire", *Central Asiatic Journal*, vol.21, 1977.

Beckwith, Christopher I. "The Tibetan Empire in the West", M. Aris and Aung San Sua Kyi, ed., *Tibetan Studies in Honour of Hugh Richardson*, Warminster, 1980, pp.30-38.

Beckwith, Christopher I. *The Tibetan Empire in Central Asia*, Princeton University Press, Princeton, 1987.

Bailey, H. W. "The Staël-Holstein Miscellany", *Asia Major*, new series vol. II, part I, 1951.

Bailey, H. W. "ŚRĪ VIŚA ŚŪRA and the Ta-Uang", *Asia Major*, new series vol. XI, part I, 1964.

Chang Kun（张琨）. "An Analysis of The Tun-huang Tibetan Annals", *Journal of Oriental Studies* V. 5 (1959-1960).

Chang Kun（张琨）. "On zhang zhung", *Academia Sinica, Bulletin of the National Research Institute of History and Philology*, Extra Number IV-1, Taipei, 1960.

Clauson, Gérard. "Manuscrit Pelliot Tibétain 1283", *Journal asiatique*, vol.245,1957.

Emmerick, R. E. *Tibetan Texts concerning Khotan*, London, Oxford University Press, 1967.

Emmerick, R. E. "Tibetan Loanwords in Khotanese and Khotanese Loanwords in Tibetan", *Orientalia Iosephi Tucci Memoriae Dicata*, Roma, 1985, pp.301-307.

Fang-Kuei Li. "Notes on the Tibetan Sog", *Central Asiatic Journal*, vol.3, 1957.

Fang-Kuei Li and Coblin, W. South. *A Study of the Old Tibetan Inscriptions*, Institute of History and Philology, Academia Sinica Special Publications No.91, Taipei.

Kapstein, Matthew. "The treaty temple of Da-ga g. yu-tshal: Identification and iconography", 霍巍等主编:《西藏考古与艺术》,《藏学学刊》第 1 辑,四川人民出版社 2004 年版,第 98—127 页。

Lalou, M. *Inventaire des Manuscrits Tibétains de Touen-houang Conservés à la Bibliothèque Nationale* (Founds Pelliot Tibétain), I. (No.1-849)1939, II. (No.850-1282)1950, III. (No.1283-2216)1961, Paris.

Lalou, M. "Revendications des fonctionnaires du grand Tibet au VIIIe Siècle", *Journal Asiatique*, vol.243,1955.

Lalou, M. "Catalogue des principautés du Tibet ancien", *Journal Asiatique*, vol.253, 1965, pp.189-215.

Ligeti, L. "Notes sur le Lexique Sino-Tibétain de Touen-houang en Écriture Tibétaine", *Acta Orient. Hung*, Tomus XXI. Fasc. 3,1968.

Macdonald-Spanien, A. et Yoshiro Imaeda. *Choix de documents Tibétains conservés à la Bibliothèque Nationale Complété par Quelques Manuscrits de l'India Office et du British Museum*, Tome I, Paris, 1978; Tome II, Paris, 1979.

Macdonald, A. "Une Lecture des Pelliot Tibétain 1286, 1287, 1038, 1047, et 1290", *Études Tibétaines Dédiées à La Mémoire de Marcelle Lalou*, Paris, 1971, pp.190-391.

Minorsky, V. translated and explained: *HUDŪD al-'ĀLAM:* "The Regions of The World". *A Persian Geography 372 A. H.-982 A. D.*, Second Edition, London, 1970.

Petech, L. *The Kingdom of Ladakh c. 950-1842 A. D.*, Istituto Italiano per il media ed Estremo Oriente, Roma, 1977.

Richardson, Hugh. "How old was Srong-brtsan Sgam-po?", *Bulletin of Tibetology*, vol.2, no.1, 1965.

Richardson, Hugh. "A fragment from Tun-huang", *Bulletin of Tibetology*, vol.2, no.3, 1965.

Richardson, Hugh. "A Corpus of Early Tibetan Inscriptions", *Royal Asiatic Society*, London, 1985.

Richardson, Hugh. "Hunting accidents in early Tibet", *Tibet Journal*, vol.15-4, 1990.

Richardson, Hugh. "Notes and Communications Bal-po and Lho-bal", *Bulletin of the School of Oriental and African Studies,* Vol. XXXXVI, part I, 1983.

Rongxinjiang（荣新江）. "Mthong-khyab or Tongjia: a tribe in the Sino-Tibetan frontiers in the seventh to tenth centuries", *Monumenta Serica*, vol.39,1990-1991.

Stein, Rolf Alfred. *Les tribus anciennes des marches sino-tibétaines: légendes, classifications et histoire*, Institut des Hautes Études Chinoises, Paris, 1959.

Stein, Rolf Alfred. *La Civilisation tibétaine*, édition définitive, l'Asiathèque, Paris, 1987.

Takeuchi, T.（武内绍人）"On the Old Tibetan Word Lho-bal", *Preceedings of the 31th International Congress of Human Sciences in Asia and North Africa*, II, Tokyo, 1984, pp.986-987.

Takeuchi, T. "TSHAN: Subordinate Administrative Units of the Thousand-districts in the Tibetan Empire", *Tibet Studies: Proceedings of the 6th Seminar of the International Association for Tibetan Studies,* Fagernes 1992, volume 2, edited by per Kvaerne, Oslo, 1994, pp.848-862.

Takeuchi, T. *Old Tibetan contracts from Central Asia,* Daizo Shuppan, Tokyo, 1995.

Takeuchi, T. *Old Tibetan Manuscripts from East Turkestan in The Stein Collection of the British Library*, The Centre for East Asian Cultural Studies for Unesco, The Toyo Bunko–The British Library, 1997, 1998.

Thomas, F. W. *Tibetan Literary Texts and Documents concerning Chinese Turkestan*, part I: Literary Texts, London, 1935, part II: Documents, London, 1951, part III, London, 1955.

Thomas, F. W. *Nam, An Ancient Language of the Sino-Tibetan Borderland*, London, 1948.

Thomas, F. W. *Ancient-Literature from North-Eastern Tibet*, Abhandlungen des deutsche Akademie der Wissenschaften zu Berlin, 1957.

Thomas, F. W. & Konow, S. "Two Medieval Documents from Tun-huang", Oslo *Etnografiske Museums Skrifter,* vol.3. 3, 1929.

Tucci, Giuseppe. *Preliminary Report on Two Scientific Expeditions in Nepal*, Rome, 1956.

Uebach, Helga. "Dbyar-mo thang and Gong-bu ma-ru, Tibetan historiographical tradition on the treaty of 821 / 823", in E. Steinkellner (ed.), *Tibetan history and language: studies dedicated to Uray Géza on his seventieth birthday*, Arbeitskreis für Tibetische und Buddhistische Studien Universität Wien, Wien, 1991, 497-526.

Uray, G. "Notes on a Tibetan Military Document from Tun-huang", *Acta Orient. Hung*, Tomus XII. Fasc. 1-3. 1961.

Uray, G. "The Annals of the 'A-ZA Principality—The Problems of Chronology and Genre of the Stein Document, Tun-huang, vol.69, fol.84", *Proceedings of the Csoma de Körös Memorial Symposium*, Edited by Louis Ligeti, Budapest, 1978, pp.541-548.

Uray, G. "KHROM: Administrative Units of the Tibetan Empire in the 7th-9th Centuries", *Tibetan Studies in Honour of Hugh Richardson* ed. by Michael Aris and Aung San Sua Kyi, Aris and Pillips LTD. Warminster England, 1979, pp.310-318.

Uray, G. "The old Tibetan Sources of the History of Central Asia up to 751 A. D.: A survey", *Prolegomena to the Sources on the History of Pro-Islamic Central Asia* by J. Harmatta (ed.), Budapest,1979, pp.275-304.

Uray, G. "L'Emploi du tibétain dans les Chancelleries des États du Kan-sou et Khotan Postérieurs à la Domination tibétaine", *Journal Asiatique*, Tome 269, 1981.

Uray, G. "Notes on the Thousand-districts of the Tibetan Empire in the First Half of the Ninth Century", *Acta Orient. Hung*, Tomus XXXVI. Fasc. 1-3, 1982.

Uray, G. "Tibets Connections with Nestorianism and Manicheism in the 8th-10th Centuries", *Contributions on Tibetan Language, History and Culture* ed. by Ernst Steinkellner and Helmut Tauscher, Wien: Arbeitskreis für tibetische und buddhistische

Studien, Universität Wien, 1983 [1984], pp.339-429.

Uray, G. "New Contributions to Tibetan Documents from the post-Tibetan Tun-huang", *Tibetan Studies: Proceedings of the 4th Seminar of the International Association for Tibetan Studies Schloss Hohenkammer*-Munich 1985. EdS. Helga Uebach and Jampa L. Panglung. (Studia Tibetica: Quellen und Studien zur tibetische Lexicographie 2). Munich: Kommission für Zentralasiatische Studien Bayerische Akademie der Wissenschaften, 1988, pp.514-528.

Uray, G. "Ñag. ñi. dags. po: A Note on Historical Geography of Ancient Tibet." *Orientalia Iosephi Tucci Memoriae Dicata.* EdS. G. Gnoli and L. Lanciotti. (Serie Orientale Roma 61. 3) Rome: Instituto Italiano per il medio ed estremo oriente, 1988, pp.1503-1510.

Uray, G. "The title dbang-po in Early Tibetan Records." *Indo-Sino-Tibetan: Studi in Onore di Luciano Petech.* Ed. Paolo Daffinà. (Studi Orientali 9). Rome: Bardi Editore, 1990, pp.419-433.

Uray, G. "The Location of Khar-can and Leng-cu of the Old Tibtan Sources", *Varia Eurasiatica: Festschrift fur Profeesor Andras Rona-Tas,* Szeged, 1991, pp.195-227.

Uray, G. and Helga Uebach. "Clan Versus Thousand-District Versus Army in the Tibetan Empire." *Tibetan Studies*, Ed. Per Kvaerne. Oslo: The Institute for Comparative Research in Human Culture, 1994.

Voha, R. "Sogdian Inscriptiorns from Tangtse in Ladakh", *Tibetan Studies: Proceedings of the 6th Seminar of the International Association for Tibetan Studies,* Fagernes 1992, vol.2, ed. by P. Kvaerne, Oslo 1994, pp.920-929.

Yamaguchi, Z. (山口瑞凤) "Su-p'i 苏毗 and Sum-po 孙波: A Historic-geographical Study on the Relation between rTsang yul and Yan Lag gsum pavi ru", *Acta Asiatica*, no.19, 1970.

Yamaguchi, Z. The geographical location of Sum-yul, *Acta Asiatica,* No.29, 1975.

池田温:《8世纪中叶における敦煌のソグド人聚落》,《ユーラツア文化研究》1 (1965)。

池田温：《沙州图经略考》，《榎博士还历纪念东洋史论丛》，明和印刷株式会社 1975 年版，第 31—101 页。

池田温：《中国古代籍帐研究》，东京大学出版会 1979 年版。

吉田丰：《コータン出土 8—9 世纪のコータン语世俗文书に关する觉え书き》，神户市外国语大学研究丛书 38，2006。中译文见荣新江、广中智之译：《有关和田出土 8—9 世纪于阗语世俗文书的札记》（一），《敦煌吐鲁番研究》第 11 卷，上海古籍出版社 2009 年版，第 147—182 页；《有关和田出土 8—9 世纪于阗语世俗文书的札记》（二），《西域文史》第 3 辑，科学出版社 2009 年版，第 79—108 页。

前田正明：《河西の历史地理学的研究》，吉川弘文馆 1964 年版。

森安孝夫：《ウィグルと吐蕃の北庭争夺战及びその后の西域情势について》，《东洋学报》55—4，1973 年；增补：《ウィグルと吐蕃の北庭争夺战及びその后の西域情势について》，流沙海西奖学会（编）：《アジア文化史论丛 3》，山川出版社 1979 年版。

森安孝夫：《ウィグルの西迁について》，《东洋学报》59，1977 年。

森安孝夫：《チベット语史料中に现われる北方民族：Dru-gu と Hor》，《アジア・アフリカ言语文化研究》14，1977 年。

森安孝夫：《吐蕃の中央アジア进出》，《金泽大学文学部论集·史学科篇》4，1984 年。

森安孝夫：《チベット文字で书かれたウィグル文仏教教理问答（P.T.1292）の研究》，《大阪大学文学部纪要》25，1985 年。

森安孝夫：《中央アジア史の中のチベット——吐蕃の世界史的位置付けに向けての展望》，长野泰彦、立川武蔵（编）《チベットの言语と文化》，冬树社 1987 年版，第 44—68 页。

山口瑞凤：《苏毗の领界》，《东洋学报》第 50 卷第 4 号，1968 年。

山口瑞凤：《白兰と Sum pa の rLangs 氏》，《东洋学报》第 52 卷第 1 号，1969 年。

山口瑞凤：《东女国と白兰》，《东洋学报》第 54 卷第 3 号，1971 年。

山口瑞凤：《吐蕃の国号と羊同の位置——〈附国传〉と大、小羊同の研究》，《东洋学报》第 58 卷第 3、4 号，1977 年。

山口瑞凤:《吐蕃支配时代》,《讲座敦煌》第 2 卷《敦煌の历史》,大东出版社 1980 年版,第 195—232 页。

山口瑞凤:《沙州汉人による吐蕃二军团の成立と mkhar tsan 军团の位置》,《东京大学文学部文化交流研究施设研究纪要》4,1981 年。

山口瑞凤:《汉人及び通颊人による沙州吐蕃军团编成の时间》,《东京大学文学部文化交流研究施设研究纪要》5,1982 年。

山口瑞凤:《吐蕃王国成立史研究》,岩波书店 1983 年版。

山口瑞凤主编:《讲座敦煌 6 敦煌胡语文献》,大东出版社 1985 年版。

藤枝晃:《吐蕃支配期の敦煌》,《东方学报》31,1961 年。

武内绍人:《スタイン收集トルキスタン出土古チベット语文书——概要とカタログ作成プロジェクト》,《内陆アジア言语の研究》XI (1996)。

武内绍人:《归义军期から西夏时代のチベット语文书とチベット语使用》,《东方学》第 104 辑,2002 年。

武内绍人:《チベット语木简概略》,森安孝夫主编:《中央アジア出土文物论丛》,朋友书店 2004 年版,第 137—141 页。

岩尾一史:《Pelliot tibétain 1078bis よりみた吐蕃の土地区画》,《日本敦煌学论丛》,vol.1,2006 年。

佐藤长:《唐代青海东道诸城塞について》,《史林》58,1975 年。

佐藤长:《古代チベット史研究》2 卷,同朋舍 1977 年版。

佐藤长:《チベット历史地理研究》,岩波书店 1978 年版。

藏、汉译名对照

A

a ma ca　　　　　　　　　　　　　阿摩支
an kim kang gi tshan　　　　　　　　安金刚将

B

ba lam　　　　　　　　　　　　　　帕郎木
bal po　　　　　　　　　　　　　　泥婆罗
bam stag zigs　　　　　　　　　　　泛达季
ban pa　　　　　　　　　　　　　　遍巴
ban vjag nag po　　　　　　　　　　黑邦瑕
bar mo ro nya tshar　　　　　　　　巴麻诺列曹
bde blon　　　　　　　　　　　　　德伦
bde blon dun tsa　　　　　　　　　　德伦会议
bi kram zhi la　　　　　　　　　　　毗礼玛尸罗
blon btsan bzher / bzhre　　　　　　论·赞热
blon byang bzher　　　　　　　　　论·坚热
blon gyu bzher　　　　　　　　　　论·喻热
blon gyu sgra　　　　　　　　　　　论·喻卓
blon klu bzher sngo brtsan　　　　　论·录热葛赞
blon legs bzher khyi ma vdrod　　　　论·腊热弃玛窦
blon legs sgra　　　　　　　　　　　论·腊卓
blon mang rje　　　　　　　　　　　论·莽杰
blon rgyal sgra　　　　　　　　　　论·结卓
blon rgyal tsan　　　　　　　　　　论·结赞
blon stag bzher rgod khyung　　　　论·悉诺热合乾

blon zla bzang	论·塔桑
bod gyi btsan po	土蕃天子
bod kyi sa btasd	吐蕃地界
bod sum gyi stong cung	吐蕃、孙波之小千户长
bod sum gyi stong pon	吐蕃、孙波之千户长
bon	苯教
bra skyes bu	札喀布
brag lung	扎垄
bran ka blon stag bzher hab ken	勃阑伽论悉诺热合乾
brang yul	昌域
brgyevu rje	百户主
bri dzi	毗日即
brag rom	扎茹木
bro tshams	卓擦
brong tsam	仲昝
bru sha yul	勃律地区
bru zha	勃律
bsam yas	桑耶寺
bshag lung pa	夏垄巴
btsan to re	赞咄热
bun ji	本吉
byang phug	羌浦
byang vtsho ched po	畜产大管理官
byung vtsho chungu	畜产小管理官
bzang vor	桑俄尔

C

cang devu vdo	张德多
cang ka dzovi tshan	张嘉藏将
cang mdo tse	张多子
cang stag legs	张大力
car chen	且末
cha sla	恰拉
chu mngan	水官
cog ro cung bzangv dam kong	属庐·穷桑达贡

cog ro legs vdus 属庐·腊都
cog ro stong re khong zung 属卢·东热孔孙

D

da re davi ltong jeng 达热达通井
da red da blon yi 达热达弄益
dags po 达布
dar ci tshar 达孜曹
dar pavi sde 丝绵部落
dar tshan 旗将
dbavs stong re gnad nyung 韦·通热纳云
dbavs khri bzang spo skyes 韦·赤尚钵叶
dbavs stag sgra khong lod 韦·达札恭禄
dbu ru 伍茹
dbul sde 卫德
dgra blon 守备长
dgra blon chen po 大守备长
dgra blon chungu 小守备长
dgra blon go cu rub 州内守备长
dgra blon vbring po 中守备长
dgra yag 扎亚
dgyid lung pa 济垄巴
di ra hi da 底惹赫达
dig zhing 弟兴
dkor pa 廓尔巴
dmag pon 将军
dmag pon ched po 大将校
dmag pon chunguvi rnams 小将校等
do stag skyes 杜大客
dog tshan 督将
dog zhung gnyis 多雄尼
dor sde 岛岱
dpav chad 巴切
dpung pon 军事长
drangs so 昌索

dro tir tshar	卓特曹
dru gu	突厥
dru gu cor	突厥州
dru gu rgyal po	回鹘王
dru gu vjon man	突厥君门
dru gu yul	突厥之境
dru gyis	突骑施
dung lung pa	董垄巴
dza van	沙安
dzen lha rton	陈纳同

G

gyu lung pa	玉垄巴
gad sram	岗呈木
gad sram lung pa	岗呈木垄巴
gang bar	岗哇
gcong pa	局巴
gdeg lung pa	德垄巴
glang ma lung	兰麻梁
gnyi vod	尼娥
gnon lung pa	伦垄巴
gom pa	孔巴
gra lung pa	扎垄巴
grang brtsang	章赞
gring nga	征阿
grom lung	仲垄
grom pa	仲巴
gsang gi pho nya	机密使者
gsang gi rub ma pa dang vgyed ma pav	机密[情报]收集官与传递官
gsang gi yi ge ched po	机密大书吏
gsang gi yi ge pa chungu	机密小书吏
gsang gi yi ge pa phra mo	机密书吏小官
gsang gi yi ge pa vbring po	机密中书吏
gtsan cen pa	大藏
gtsang shod	藏雪

gu ran wa tra	古然瓦札
gu zan	龟兹
gung po	公波
gyang can	羊山堡
gyas ru	叶茹
gyu mo	媲摩
gyu ru	约茹
gzad chu shul	塞曲水
gzhi rdzongs	地方财务总管
gzhis pon spyan	牧地管理都护
gzhis pon vog pon	副牧地管理长
gzong sde	松岱

H

ha ban tshar	哈班曹
has ro nya tshar	哈罗列曹
hel ge	赫格
hor	回鹘

J

jam nya tshar	坚列曹
ji ma gol	且末国

K

ka dag	怯台
kha dro	喀若
khab so	卡卜索
khang sevu tam	康塞堂
kho mthing	科丁
khral po chen po	大收税官
khral pon	税吏
khram pa	简牍文书官
khram tshan	书将
khri bangs	赤邦
khri dang	赤塘

khri dpon	万户长
khri dpon go chu rub	万户长州内权限者
khri dpon yi ge pa	万户长书吏
khri sbom	赤邦木
khri sde	万户部落
khri spyan	万户都护
khri thang pa	赤塘巴
khrim bon	司法吏
khrom	节度衙/节度使
khrom chen po	大节度衙
khyar mo thang	雅莫塘
khyung po klu rma	琼波·卢玛
klu len	禄楞
klu rtse	弩支
klung shod	龙雪
knyav kub dza	羯若鞠门
kwa cu dmag pon	瓜州将军
kwa cu khrom	瓜州节度衙
kyab	峡地
kyi smad	畿麦
kyi stod	畿堆

L

la khyung	拉琼
lang ma	郎玛
lang mi	朗迷
las ro nya tshar	拉若列曹
leng cu	灵州
leng hyan	兰永
lha lung zigs	罗伦季
lha rtse	拉孜
lho yo	洛约
lho bal	南山部族
lho brag	洛札
li bun dar ma	李班达麻

li byin	李敬
li phyir	李平
li pu hvar	李布华
li rje	于阗王
li shire de	李谢德
li smad	李麻德
li tsa bi	离遮毗
li vdzas	李杂
li yul chos kyi lo rgyus	《于阗教法史》
li yul lung bstan pa	《于阗国授记》
livu hvang	刘憨
lnga bcu rkang	五十长
lo ro	洛若
long cu	陇州
lug ngan sde gnyis	陆、岸两部落
lung dor gyi dmag pon	龙家将军

M

ma ga tho gon kha gan	莫贺吐浑可汗
mal gro	墨竹
mang dkar	芒噶
mang yul	芒域
mdor smad	多麦
me ska	墨格尔
mi nyag	弭药
mkhar dpon chen po	大城塞长
mkhar gsar	卡萨
mkhar sar	喀尔萨
mkhar tsan	姑臧
mkhas pavi dgav ston	《智者喜宴》
mngad vphan	埃彭
mngan	岸本
mngon go cu rub	财务官州内权限者
mthong khyab	通颊
mthong khyab drug cun	通颊小突厥

mthong khyab sde	通颊部落
mthong khyab khri sde lnga	通颊五万户
mtsho nyang	措娘
mtsing sa bor sgavi	琛萨波噶
mu rto lying	曼头岭
mug lden	慕登
mug lden davi dben sben	慕登达奔奔
mug lden ha rod par	慕登阿里拔
myag myi	尼雅米
myang ro	娘若
myang mdav lung pa	娘达垄巴
myang ro	娘若
myang stod pa	娘堆巴
myen mkhar	辗噶尔

N

na ri ba ba	那日巴巴
nag khrid gyi sde	那赤部落
nag shod	那雪
nam	难磨
nan ru	南茹
nang rje po	朗儿波
nga rabs	阿热卜
ngam ru pa	恩木茹巴
ngan lam	恩兰
nob	罗布泊
nob ched po	大罗布
nob ched po kyi rje zhing	大罗布王田
nob chung	小罗布
nos go nya tshar	罗噶列曹
nul po	绿波
nyag tshwe	略才
nyen kar	辗克尔
nyi mo bag	尼木巴

P

pang kuvi tshan	潘库之将
pho brang von cang do	温江岛宫
phod dkar	帕噶尔
phrin blon	递送大臣
phrin byang	通告牌
phuyg vtshams	曲仓
pyug pon	司牧官

R

ra gash	热噶夏
rbong yo du	彭域度
rgod sar gyi sde	阿骨萨部落
rgod tshang smad	下郭仓
rgod tshng stod	上郭仓
rgya rje	汉天子
rgya sha cu pa	汉沙州百姓
rgya spyivi khral pon ched po	全体汉人的大收税官
rgyavi khri dpon	汉人之万人户长
rgyavi khri spyan	汉人之万户都护
rgyavi spyan	汉人都护
rkong nya	工涅
rog pa	若巴
rongs po gyu gong	戎波·喻贡
rta nag lung pa	达那垄巴
rta nu	达努
rtsa rje vog pon	副节儿
rtsal mo pag	蔡莫巴
rtsang yul	藏域
rtse rje spyan	节儿都护
rtse rje	节儿
rtse rje blon	节儿论
rtse rje chung	小节儿
rtse rje vbring po	节儿中官

rtse rje zhangs pa	节儿红铜告身者
rtse rjevi zla	节儿辅佐
rtse vton	七屯/则屯
rtshal mo pag	材茂巴
rtsis pa	事务吏/财务官
rtsis pa ched po	事务总长
ru lag	茹拉
ru pon	茹本

S

sag khun tshe tshan	索君子将
sag pho sngon	索播公
sam mkhan	占卜风水师
sde gcig gi khral pon	部落收税官
sde mtshams	岱仓
sdevi chu mngan	部落水官
ser lha rma	塞·拉马
sgra yo sto khrig das	蔡·牙咄赤达
sgrom pa	仲巴
sha cu	沙州
sha cu spyivi dgra blon	沙州守备长
shab lung	夏卜埄
shangs stong bu chung	象小千户
shav kya	释迦
shel chab dbus	玉河间
shi ri dan	西日登
shig nig	识匿
shing shan	神山
shud pu khri gzu sbur cung	苏仆赤苏布均
skyi stod	畿堆
slung dpon	笼官
snye mo	聂莫
snye nam	聂拉木
snying tsoms gyi sde	悉宁宗部落
sog dag / sog po	粟特

sog povi mkhar	粟特人宫堡
spa rongs	巴绒
spyan	都护
spyi gcod	总管
spying rtsang	计藏
sra bal	萨巴
srad lung pa	色垄巴
sta gu khrom	达古军镇
stag shul	达墟
ste vjom	德宗木
stod bod	朵博
stod gyi dru gu	上部突厥
stod lung	堆垄
stod pa	朵巴
ston pon	秋收监临官
stong chung / cung	小千户
stong cung / stong cung pon	小千户长
stong nyen sbur kong	东列布孔
stong pon	千户长
stong sar	悉董萨
stong sde	千户
stong zla	副千户长
sum po	孙波

T

tevu tevu	笃笃
thang vbrang	塘厂
tho gar	吐火罗
to dog	都督
to dog ched po	大都督
to dog chungu	小都督
to dog rtse rje	都督节儿
to dog vog pon	副都督
to rabs	约若
ton ya bgo kha gan	东叶护可汗

tsar ma	赞摩
tse nge pong	支恩本
tshal byi	萨毗
tshal byi car chen	萨毗且末
tshan bcu	十将
tshar dpon	曹长
tshar lo spa sho	查洛·帕索
tsha shod	查雪
tshe spang	蔡邦
tshevu cang zhi	曹昌季
tshevu shun tse	曹勋子
tshugs pon	驿站长

V

va lye bang dig zhing	阿列班弟兴
va zha	吐谷浑
va zha khri sde gsar	吐谷浑新万户
va zha khri sde stod pa	吐谷浑上部万人部落
va zha rje	退浑王
va zha steg	吐谷浑路
van bun yig	安本义
van hing tse	安兴子
vbal bu song dar	迈布宋达尔
vbal dra ma legs	末·塔玛腊
vbri cher	支村
vbrin yes btsan kong	没琳·页赞贡
vbrings vtshams	征仓
vbro zhang br tan sgra ya ston	没庐·尚贡蔡牙咄
vbro zhang khri bzang kha che stong	没庐·尚赤桑喀切通
vbrog yu gong	没庐·喻贡
vbrong tsams	章村
vbug cor	默啜
vbyad lung pa	杰垄巴
vchings lung	秦垄
vdam shod	当木雪

vdzom 宗木
vgo klu gzigs kyi tshan 郭禄吉将
vkhyar bon 恰尔本
vo co 火州
vo tso pag 俄卓巴
vo yug 沃玉
vo zo po 倭措巴
vphags rgyal 帕杰
vphan yul 彭域
vphrang po 厂波
vu lag 乌拉
vu ten 于阗

W

wang rma snang gyi tshan 王马郎将
wang van 王安

Y

ya vgrog rnam gsum 羊卓那松
yang klu legs 杨六力
yang rtsang 雅藏
yar lung 雅垄
yar mdav 雅达
yar rgyang 雅江
yel rab 叶若布
yem pheng 阎本
yu sha kug ti 宇那孤地
yung nga 雍阿

Z

za ga 萨噶
zang zang 桑桑
zangs dkar 桑噶尔
zhal ce pa ched po 大司法吏
zhan thag 贤塔

zhang btsan bzang	尚·赞桑
zhang khri brtsan	尚·弃桑
zhang khri dog rje	尚·弃都杰
zhang klu sgru	尚·录卓
zhang lon ched po	大尚论
zhang nyen	尚宁
zhang rgyal mtshan lha snang	尚·结赞洛朗
zhang rgyal tsan	尚·结赞
zhang zhung	羊同
zhing pon	农田官

作者主要论著

一、专著、译著

1.《氐族史》，吉林教育出版社，1991年。

2.《吐蕃统治敦煌研究》，台湾新文丰出版公司，1997年。

3.《西南民族研究》，重庆出版社，2000年。

4.《土家族与古代巴人》（主编），重庆出版社，2003年。

5.《敦煌西域古藏文社会历史文献》（合译），民族出版社，2003年。

6.《唐代吐蕃与西域诸族关系研究》，黑龙江教育出版社，2005年。

7.《吐蕃统治敦煌与吐蕃文书研究》，中国藏学出版社，2008年。

8.《唐代吐蕃与西北民族关系史研究》，兰州大学出版社，2012年。

9.《国外敦煌学、藏学研究——翻译与评述》（编），兰州大学出版社，2012年。

二、论文、译文

1.《唐代吐蕃统治于阗的若干问题》，《敦煌学研究》第5期（1986）。

2.《吐蕃时期敦煌部落设置考》，《西北史地》1987年第2期。

3.《通颊考》，《敦煌学辑刊》1987年第1期。

4.《吐蕃统治下的河陇少数民族》，《西藏民族学院学报》1987年第3期。

5.《唐代吐蕃—勃律道考》，《西北历史研究》（1987），三秦出版社，1989年。

6.《吐蕃迎金城公主遣使考》，《西藏研究》1987年第4期。

7.《古藏文文书Sog-po一词再探》，《西藏研究》1988年第1期。

8. 《试论吐蕃统治下汉人的地位》，《民族研究》1988 年第 4 期。

9. 《吐蕃简牍中所见的西域地名》，《新疆社会科学》1989 年第 1 期。

10. 《试论巴人中的氐羌成分》，《巴渝文化》1，重庆出版社，1989 年。

11. 《关于敦煌藏文写本〈吐谷浑（阿柴）纪年〉残卷的研究》（合著），《中亚学刊》3，中华书局，1990 年。

12. 《吐蕃与南亚中亚各国关系史述略》，《西北民族研究》1990 年第 1 期。

13. 《唐代西北吐蕃部落述略》，《中国藏族部落》，中国藏学出版社，1991 年。

14. 《汉魏时期氐族的分布、迁徙及社会状况》，《民族研究》1991 年第 2 期。

15. 《试论联豫筹办新政及其成效》，《中国民族史学会第三次学术讨论会论文集》，改革出版社，1991 年。

16. 《蒙哥之死辩》，《巴渝文化》2，重庆出版社，1991 年。

17. 《重庆汉藏教理院始末》，《巴渝文化》2，重庆出版社，1991 年。

18. 《氐族的姓氏与婚姻》，《西北民族研究》1992 年第 1 期。

19. 《清末中英关于西藏交涉的若干论争》，《西藏民族学院学报》1992 年第 1 期。

20. 《巴渝舞新探》，《巴渝舞学术讨论会文集》，重庆出版社，1992 年。

21. 《关于敦煌藏文文书〈吐蕃官吏呈请状〉的研究》，《马长寿纪念文集》，西北大学出版社，1993 年。

22. 《敦煌文书中的 Lho bal 与南波》，《敦煌研究》1993 年第 3 期。

23. 《和田出土有关于阗王的藏文写卷研究》，《西域研究》1993 年第 4 期。

24. 《藏文史料中关于萨毗的记载》，《西北史地》1993 年第 4 期。

25. 《吐蕃在敦煌计口授田的几个问题》，《西北师大学报》1993 年第 5 期。

26. 《试论氐与蜀的关系》，《三星堆与巴蜀文化》，巴蜀书社，1993 年。

27. 《英国蓝皮书中有关"巴塘事件"的若干文件》，《四川藏学论文集》，中国藏学出版社，1993 年。

28. 《SOG-PO 源流考》，《中国藏学》1994 年第 1 期。

29. 《前秦冯翊相氏族属辨》，《陕西历史博物馆馆刊》2，三秦出版社，1994 年。

30. 《关于敦煌藏文卷子中 Lho bal 的研究》，《西北民族研究》1994 年第 2 期。

31.《一件有关敦煌陷蕃时间的藏文文书》,《敦煌研究》1994 年第 3 期。

32.《关于"三峡学"与"三峡文化"的构想》,《中华文化论坛》1995 年第 1 期。

33.《试论重庆地区古代的濮、僚族》,《重庆师范学院学报》1995 年第 4 期。

34.《吐蕃时期河陇军政机构设置考》,《中亚学刊》4,北京大学出版社,1995 年。

35.《散发历史芬芳的麝香之路》,《丝绸之路》1995 年第 1 期。

36.《杨增新等所藏敦煌吐鲁番写卷》,《西域研究》1995 年第 2 期。

37.《曹 (Tshar)——吐蕃统治敦煌及西域的一级基层兵制》,《西域研究》1995 年第 4 期。

38.《徐人王巴考》,《先秦史与巴蜀文化论文集》,历史教学社,1995 年。

39.《重庆市博物馆馆藏西藏地方钱币考述》(合著),《重庆钱币研究文集》,重庆出版社,1995 年。

40.《重庆市博物馆藏敦煌吐鲁番写经目录》,《敦煌研究》1996 年第 1 期。

41.《吐蕃"十将"(Tshan bcu) 制补证》,《中国藏学》1996 年第 2 期。

42.《8—16 世纪阿拉伯波斯文献中的西藏》,《西北民族研究》1996 年第 2 期。

43.《清末川军入藏与达赖喇嘛出走事件》,《中国边疆史地研究》,1996 年第 1 期。

44.《巴的历史与文化研究综述》,《巴渝文化》3,西南师范大学出版社,1996 年。

45.《吐蕃经略西北的历史作用》,《民族研究》1997 年第 1 期。

46.《西周时期的气候变化与民族迁徙》(合著),《中原文物》1997 年第 2 期。

47.《从〈史记〉看司马迁的民族思想》,《重庆师范学院学报》1997 年第 3 期。

48.《义渠族属考辨》,《陕西历史博物馆馆刊》4,三秦出版社,1997 年。

49.《巴子五姓晋南结盟考》,《民族研究》1997 年第 5 期。

50.《朝天门灵石题记》,《四川文物》1997 年第 6 期。

51.《试论清末西藏地方的改革》,《四川藏学研究》4,四川民族出版社,1997 年。

52.《有关沙州地区的藏文文书》(合译),《敦煌研究》1997 年第 3 期。

53.《徐人西迁与重庆涂山的由来》,《西南师范大学学报》1998 年第 5 期。

54.《光绪年间"巴塘事件"史料辑译》,《历史档案》1998 年第 3 期。

55.《"巴"为虎义考》,《三峡文化研究》,重庆大学出版社,1999 年。

56.《巴人源出东夷考》,《历史研究》1999 年第 6 期。

57.《北魏经略仇池的几个问题》,《陕西历史博物馆馆刊》6,1999 年。

58.《〈大事纪年〉所载吐蕃与突厥关系考》,《中亚学刊》5,2000 年。

59.《羊同国地望辑考》,《敦煌学辑刊》2001 年第 1 期。

60.《试析重庆土家族文化的资源和利用》(合著),《重庆城市史研讨会论文集》,重庆出版社,2001 年。

61.《重庆禹文化及其由来》,《蚌埠涂山华夏文明》,黄山书社,2002 年。

62.《重庆市博物馆藏敦煌吐鲁番写经题录》,《敦煌吐鲁番研究》6,北京大学出版社,2002 年。

63.《四件英藏敦煌藏文文书考释》,《2000 年敦煌学国际学术讨论会文集》,甘肃民族出版社,2003 年。

64.《南北朝至宋重庆地区的蛮系民族——向氏、田氏和冉氏研究》,《重庆三峡学院学报》2003 年第 2 期。

65.《土家族与古代巴人的历史文化渊源》,《中华文化论坛》2004 年第 1 期。

66.《吐蕃统治鄯善再探》,《西域研究》2005 年第 2 期。

67.《吐蕃与突厥、回纥关系考述》,《西南民族大学学报》2005 年第 6 期。

68.《晋南访古记:廪君传说的历史地理考察》,《巴蜀文化研究》第 3 辑,巴蜀书社,2006 年。

69.《新刊西域古藏文写本所见的吐蕃官吏》,《中国藏学》2006 年第 3 期。

70.《巫山得名、诸多地望及其历史内涵考》,《中华文化论坛》2007 年第 1 期。

71.《唐代中西交通吐蕃—勃律道考》,《西域研究》2007 年第 2 期。

72.《"弥不弄羌"考》,《民族研究》2007 年第 1 期。

73.《新疆安得悦出土古藏文写本研究》(合著),《丝绸之路民族古文字与文化学术讨论会文集》,三秦出版社,2007 年。

74.《〈敦煌西域古藏文社会历史文献〉译后记》,《中国民族研究西南论坛文集》,民族出版社,2008 年。

75.《论刘裕北伐后秦之战及其历史影响》,《西南民族大学学报》2008 年第 2 期。

76.《敦煌藏文文献所见的南诏及其与吐蕃的关系》,《敦煌研究》2008 年第 2 期。

77.《近三十年来唐代吐蕃与西北民族关系史研究评述》,《民族研究》2008 年第 6 期。

78.《唐代吐蕃与粟特关系考述》,《西藏研究》2008 年第 2 期。

79.《"廪君传说"的姓氏由来与分布研究》,《巴蜀文化研究集刊》4,巴蜀书社,2008 年。

80.《伊斯兰文化视野中的吐蕃人文社会》,《西藏民族学院学报》2008 年第 4 期。

81.《吐蕃统治敦煌史研究的回顾与展望》,《敦煌学国际联络委员会通讯》,上海古籍出版社,2008 年。

82.《〈岱噶玉园会盟寺愿文〉研究》,《西北民族论丛》6,中国社会科学出版社,2008 年。

83.《尚绮心儿事迹补正》,《国学》第 8—9 辑,上海古籍出版社,2008 年。

84.《唐代吐蕃与突骑施关系考述》,《纪念柳陞祺先生百年诞辰及藏族历史文化论集》,中国藏学出版社,2008 年。

85.《略论唐代吐蕃与象雄(羊同)的关系》,《藏族历史与文化论文集》,西藏人民出版社,2009 年。

86.《"嗢末"古藏文对音考》,《敦煌吐蕃文化学术研讨会论文集》,甘肃民族出版社,2009 年。

87.《有关藏文史料 nam "难磨"的记载补正》,《藏学学刊》5,四川大学出版社,2009 年。

88.《松域(Sum-yul)地理位置考》(合译),《兰州学刊》2009 年第 11 期。

89.《〈英国图书馆藏斯坦因收集品中的新疆出土古藏文写本〉导言》(合译),《西域研究》2009 年第 1 期。

90.《吐蕃没庐氏考》,《王尧先生八十华诞藏学论文集》,中国藏学出版社,2010 年。

91.《论吐蕃治下的吐谷浑》,《青海民族研究》2010 年第 2 期。

92.《试论吐蕃与西北各族的文化交流》,《中国边疆史地研究》2010 年第 1 期。

93.《试论唐代西北诸族的"吐蕃化"及其历史影响》,《民族研究》2010 年第 4 期。

94.《"嗢末"职官与姓氏考》,《西北民族论丛》7,中国社会科学出版社,2010 年。

95.《长安兴唐寺与两次唐蕃会盟》,《首届长安佛教国际学术研讨会论文集》4,陕西师范大学出版社,2010 年。

96.《敦煌西域古藏文文献所见的苏毗与吐蕃关系史事》,《西域研究》2011 年第 3 期。

97.《〈新唐书·南蛮传〉吐蕃"苏论"考》,《民族研究》2011 年第 4 期。

98.《再论吐蕃小邦制的演变及其外来影响》,《青海民族研究》2012 年第 2 期。

99.《唐代吐蕃与于阗的交通路线考》,《中国藏学》2012 年第 2 期。

100.《新疆米兰出土的一件古藏文告身考释》(合著),《敦煌学辑刊》2012 年第 2 期。

101.《试论孙中山民族关系思想的形成及其意义》(合著),《西南民族大学学报》2013 年第 2 期。

102.《魏晋南北朝时期羌族部落考》(合著),《青海民族研究》2014 年第 1 期。

103.《有关吐蕃"九大尚论"的若干问题》,《历史研究》2014 年第 1 期。

后 记

我从大学二年级始，就在民族史、地方史学者邓子琴、董其祥等先生的引导下，研读"前四史"(《史记》、《汉书》、《后汉书》、《三国志》)中的少数民族传记和近人的民族史著作，写下了十余万字的资料卡片，并撰有《秦汉时期的羌、汉关系》、《论孙中山的民族意识》等文。

考入西北大学历史系后，我在周伟洲先生、王宗维先生的指导下，系统地学习了民族学、民族史、民族志等课程。其间，我还到中央民族大学进修了藏文。我撰写的硕士学位论文题为《唐代吐蕃对河陇地区的统治》，全文共4万余字，较深入地考述了吐蕃统治敦煌及河陇地区的军政机构，以及统治胡、汉诸族的政治、经济政策等。论文答辩中，获得了藏族史专家王辅仁先生等的好评。

1986年毕业后，我回到原籍重庆市博物馆工作。近十年来，除了从事博物馆的考古、陈列、文物及地方史研究以外，我一直都没有放松对敦煌学、藏学及西北民族史的研究，并对研究所涉及的内容进行了实地、实物考察，足迹遍及新疆、西藏、甘肃、青海、云南、贵州及川西北地区。目前，我已发表专著一部，论、译文80余篇，获得省、市社会科学三等奖两次，被收入新近出版的《中国当代历史学学者大辞典》之中。

我的学术道路和成就，一开始就受到有关专家、学者的扶持和关注。除了以上已经提到的各位先生，我还曾当面受过饶宗颐先生、张广达先生、王尧先生、黄颢先生、李绍明先生、文国根先生等的教诲。同时，耿昇、余太山、荣新江、王邦维、苗普生、罗华庆、胡小鹏、董志勇、泽旺夺吉、仁真洛色等一批卓有成就的中、青年学者，也给了我大量的帮助。

当然，我要再次提到周伟洲先生和王宗维先生，我从他们那里师承了自马长寿先生以来的勤奋加严谨的学风。可以说，没有二位先生对我的学术指导和严格要求，我今天仍有可能只是一名碌碌无为者。顺便指出，本书中《关于〈吐谷浑纪年〉残卷的研究》一文，就是周伟洲先生与我合作的。

我要特别感谢饶宗颐先生和荣新江先生，他们自始至终关心本书的选题、编写、修改和出版工作。尤其是荣新江先生，还对本书的编写，提供了宝贵的建议和重要的外文资料。此外，我还要感谢我的妻子马筑女士，她在本职工作和操持家务之余，还长年累月地为我誊写文章和整理资料，这本书的问世，当然也包含着她的一份心血！

杨 铭

丙子年正月十五日

于重庆枇杷山

再版后记

《吐蕃统治敦煌西域研究》一书出版于20世纪90年代中期（原名《吐蕃统治敦煌研究》），当时经北京大学的荣新江教授推荐，入选饶宗颐先生主编的"香港敦煌吐鲁番研究中心丛刊"之七，由台湾新文丰出版公司于1997年12月出版。

此书出版后，新文丰出版公司给我邮寄来40册以代稿酬。考虑到此书在台湾出版，大陆学者不易买到，所以除了寄赠师友、同行外，我还特地给国内部分涉及敦煌学、藏学研究的高校、社科或文博单位的图书馆赠送了样书。到了21世纪初，40册书基本分送完毕，每逢有学者向我索取此书时，我只能摇摇头，给对方一个令人失望的答复。

正因为如此，这次余太山先生一跟我提起此书的再版事宜，我便立即答应了。我想此书能够再版，至少有两方面的意义：一是该书出版于20世纪末的台湾，印量较少而不易获得，大陆的一些学者或图书馆至今尚未得以入藏；二来自认为此书研究的内容到今天可能仍有一些参考价值。基于这两点，这次再版我除了在个别地方增添或删节了少量文字，或者对个别引文作了新的注释以外，对全书没有作大的修改，以保持原貌。

尽管内容基本未动，但在全书的体例上作了几点小的改动：一是考虑到书名要尽可能地反映全书的内容，故把原书名《吐蕃统治敦煌研究》改为《吐蕃统治敦煌西域研究》；二是改动了原书下编的文章标题，当初写成那种统一的短标题，初衷是让版面整齐好看，现在换成文章最初的标题，反而能更准确、直观地反映各篇讨论的内容和研究的特点；三是把全书各篇的章、节标题的层次、序号以及注释等，改为大陆学者更为习惯的格式；四是增添了一个《藏、汉译名对照》，以方便读者查阅。需要说明的是，这个对照表是我的研究生武丹在通读全书的基础上编写的，在此表示感谢！

最后，我要借此书再版的机会，感谢饶宗颐先生、余太山先生、荣新江先生和新文丰出版公司、商务印书馆的同仁，他们对此书的初版、再版给予了极大地支持，付出了不少的劳动！同时我也要感谢学界同仁对此书的引用和借鉴，以及批评指正，学术本身就是在不断的争论中得以进步的，只有那些言之成理、论之有据的成果，才能经得起时间的考验而传之后世。

杨 铭

辛卯年三月十五日

于西南民族大学成都武侯校区